Bibliothek des Widerstands · Band 29

Herausgegeben von Willi Baer und Karl-Heinz Dellwo

Diktatur und Widerstand in Chile

LAIKA-Verlag

Inhalt

5

Der 2. Jahrestag der Gründung der
Unidad Popular. Massenveranstaltung
vor dem Präsidentenpalast »La Moneda«
am 4. September 1972.

Oktober 1970: Das chilenische Parlament wählt Salvador Allende zum Staatspräsidenten.

1º DE MAYO
1889 - 1971

CUT
CHILE

UNIDAD

U PARA NACIONALIZAR EL COB

N PARA ESTATIZAR LA BANCA

I PARA UNA REFORMA AGRAR

D CONTRA LOS MONOPOLIOS

A CONTRA EL IMPERIALISMO NORT

D POR LA SOLIDARIDAD INTERN

Massenveranstaltung am 1. Mai 1971:
Allende hat den demokratischen Konsens
gesucht.

Parolen beim 2. Jahrestag der Gründung der Unidad Popular: Arbeiterkontrolle in der Produktion und in der Verteilung, Landreform, Volksmacht.

OPERADORES DE CINE: FIRMES JUNTO AL Gobierno POPULAR.

CONTROL OBRERO
DE LA PRODUCCIÓN
CONTROL POPULAR
EN LA DISTRIBUCIÓN

Allende wurde von der Mehrheit der
chilenischen Bevölkerung gewählt.

Die Maßnahmen der Regierung brachten reale Veränderungen in ihrem Leben und die befreiende Erfahrung, Subjekt der eigenen Lebens- und Gesellschaftsgeschichte zu sein.

Eines der Hauptanliegen Allendes war es, eine flächendeckende Gesundheitsversorgung für die Armen aufzubauen und die hohe Kindersterblichkeit zu bekämpfen.

Salvador Allende

Letzte Rede – Santiago de Chile, 11. September 1973

7:55 Radio Corporación

Hier spricht der Präsident der Republik aus dem »Palacio de la Moneda«. Bestätigte Informationen weisen daraufhin, dass ein Sektor der Marine Valparaiso isoliert hat und diese Stadt besetzt werden wird. Dies bedeutet einen Aufstand gegen die Regierung – gegen die Regierung, die rechtmäßig eingesetzt wurde, gegen die Regierung, die unter dem Schutz des Gesetzes und dem Willen des Volkes steht.

Unter diesen Umständen wende ich mich an alle Arbeiter. Bleibt an euren Arbeitsplätzen, versammelt euch in den Fabriken, bewahrt Ruhe und Gelassenheit! Bis jetzt hat es in Santiago keine außergewöhnliche Truppenbewegung gegeben, und laut den Informationen des Garnisonsführers ist Santiago einquartiert und die Lage normal.

Ich bin auf alle Fälle hier, im Regierungspalast, und ich werde hier bleiben und die Regierung verteidigen, die den Willen des Volkes repräsentiert. Was ich mir wünsche, ist im Wesentlichen, dass die Arbeiter aufmerksam und wachsam sind und Provokationen vermeiden. Als ersten Schritt müssen wir die hoffentlich positive Reaktion der Soldaten unseres Vaterlandes abwarten, die geschworen haben, die durch den erklärten Volkswillen eingesetzte Regierung zu verteidigen und den Grundsätzen zu folgen, die dem chilenischen Land Ansehen verliehen haben, und das für die Professionalität seiner Streitkräfte gerühmt werden wird. Auch unter diesen Umständen habe ich die Gewissheit, dass die Soldaten ihrer Pflicht nachkommen werden. Auf jeden Fall sollen sich vor allem das Volk und die Arbeiter an ihren Arbeitsplätzen aktiv bereit halten, um den Aufruf und die Anweisungen zu empfangen, die der Genosse Staatspräsident geben wird.

8:15 – Arbeiter Chiles:

Hier spricht der Präsident der Republik. Die Nachrichten, die wir bis jetzt erhalten haben, besagen, dass es einen Aufstand der Marine in der Provinz von Valparaiso gegeben hat. Ich habe angeordnet, dass die Truppen des Militärs sich nach Valparaiso begeben, um diesen Putschversuch zu ersticken. Wartet auf Anordnungen des Präsidenten. Ihr könnt euch sicher sein, dass der Präsident im »Palacio de la Moneda« verbleibt und die Regierung der Arbeiter verteidigen wird. Seid gewiss, dass ich dem Willen des Volkes, das mir bis zum 4. November 1976 die Führung der Nation übertragen hat, Respekt verschaffen werde. Bleibt wachsam an euren Arbeitsplätzen und wartet auf weitere Informationen. Die treuen Kräfte, die den geleisteten Eid respektieren, werden zusammen mit den organisierten Arbeitern den faschistischen Putsch, der das Vaterland gefährdet, zerschlagen.

8:45 – An alle Genossen, die mich hören:

Die Situation ist kritisch, wir stehen einem Staatsstreich gegenüber, an dem der Großteil der Streitkräfte teilnimmt. Zu diesem Zeitpunkt möchte ich euch an einige meiner Worte, die ich im Jahre 1971 gesagt habe, erinnern. Ich spreche sie mit Ruhe, mit absoluter Gelassenheit, und ich habe weder das Zeug zum Apostel noch zum Messias. Ich bin kein Märtyrer, ich bin ein Sozialkämpfer, der den Auftrag, den das Volk mir gegeben hat, ausführt. Diejenigen, die die Geschichte zurücksetzen möchten und den Willen von Chiles Mehrheit nicht anerkennen wollen, sollen wissen, dass ich, ohne das Zeug zum Märtyrer zu haben, nicht einen Schritt zurückweichen werde. Sie sollen es wissen, sie sollen es hören, sie sollen es sich tief einprägen: Ich verlasse den Palast erst, wenn der Auftrag, den das Volk mir gegeben hat, erfüllt ist. Ich werde diese chilenische Revolution verteidigen, und ich werde die Regierung verteidigen, denn dies ist die Aufgabe, die das Volk mir aufgetragen hat. Ich habe keine andere Alternative. Nur indem sie mich mit Kugeln durchsieben, werden sie meine Entschlossenheit aufhalten können, dem Willen des Volkes Ausdruck zu verleihen. Wenn sie mich umbringen, wird das Volk seiner Route weiterhin folgen, es wird seinen Weg gehen, vielleicht mit dem Unterschied, dass die Dinge sehr viel härter sein werden, sehr viel gewalttätiger, denn es wird objektiv eine sehr klare Lektion für die Massen sein, dass diese Leute vor nichts zurückschrecken. Ich habe diese Möglichkeit bereits mit einkalkuliert, ich biete sie nicht an, ich erleichtere sie nicht. Der soziale Prozess wird nicht verschwinden, weil eine Führungsperson verschwindet. Er mag sich verzögern, er mag sich in die Länge ziehen, aber letztendlich wird er nicht aufzuhalten sein. Genossen, verfolgt weiterhin aufmerksam die Nachrichten an euren Arbeitsplätzen. Der Genosse Präsident wird weder sein Volk noch seinen Arbeitsplatz verlassen. Ich werde hier in »La Moneda« bleiben, und wenn es mich mein Leben kostet.

9:03 Radio Magallanes

Jetzt fliegen die Luftstreitkräfte über uns. Es ist möglich, dass sie uns beschießen. Aber es soll ihnen bewusst sein, dass wir hier sind, dass wenigstens wir Vorbild sind, dass es in diesem Land Menschen gibt, die der Verpflichtung, die ihnen aufgetragen wurde, nachkommen. Ich tue dies für das Mandat des Volkes und für das bewusste Mandat eines Präsidenten, der die Würde des Amtes trägt, das ihm sein Volk in freien und demokratischen Wahlen erteilt hat. Im Namen der ehrwürdigsten Interessen des Volkes, im Namen des Vaterlandes, rufe ich euch auf Vertrauen zu haben. Die Geschichte ist nicht aufzuhalten, weder mit Repression noch mit Verbrechen. Es ist eine Phase, die überwunden werden wird. Dies ist ein harter und schwieriger Moment: Es ist möglich, dass sie uns zerschlagen. Aber der Morgen gehört dem Volk, der Morgen gehört den Arbeitern. Die Menschheit bewegt sich nach vorne zur Eroberung eines besseren Lebens.

Ich werde die Verteidigung der Prinzipien, die diesem Land teuer sind, mit meinem Leben bezahlen. Schande über die, die ihre Verpflichtung missachtet, ihr Wort gebrochen und gegen die Grundsätze der Streitkräfte verstoßen haben.

Das Volk muss aufmerksam und wachsam bleiben. Es darf sich nicht provozieren lassen und es darf sich nicht massakrieren lassen, aber es muss seine Eroberungen verteidigen. Es muss sein Recht verteidigen, mit seinen Kräften ein würdigeres und besseres Leben zu schaffen.

9:10

Es ist sicherlich das letzte Mal, dass ich mich an euch wende. Die Luftstreitkräfte haben die Sendeanlagen von Radio Portales und Radio Corporación bombardiert. Meine Worte enthalten keine Bitterkeit, jedoch Enttäuschung. Sie werden die moralische

Strafe sein für diejenigen, die ihren Schwur verraten haben: Soldaten Chiles, amtierende Oberbefehlshaber und Admiral Merino, der sich selbst ernannte, der niederträchtige General Mendoza, der noch gestern der Regierung seine Treue und Loyalität bezeugte und sich dann selbst zum Generaldirektor der Carabiniere erklärte. Angesichts solcher Tatsachen kann ich den Arbeitern nur eines sagen: Ich werde nicht zurücktreten! In diese historische Situation gestellt, werde ich meine Loyalität gegenüber dem Volk mit meinem Leben bezahlen. Und ich kann euch sagen, dass ich die Gewissheit habe, dass nichts verhindern kann, dass die Saat, die von uns in das würdige Bewusstsein von Tausenden und Abertausenden Chilenen ausgesät wurde, nicht mehr erstickt werden kann. Sie haben die Macht, sie können uns überwältigen, aber man kann weder durch Verbrechen noch durch Gewalt die sozialen Prozesse aufhalten. Die Geschichte gehört uns, und es sind die Völker, die sie schreiben.

Arbeiter meines Vaterlandes: Ich möchte euch danken für die Loyalität, die ihr immer bewiesen habt, für das Vertrauen, das ihr in einen Mann gesetzt habt, der nur ein Werkzeug der großen Bestrebungen nach Gerechtigkeit war, der sich in seinen Erklärungen verpflichtet hat, die Verfassung und das Gesetz zu respektieren, und der seiner Verpflichtung treu war. In diesem endgültigen Moment, dem letzten, in dem ich mich an euch wenden kann, möchte ich, dass wir die Lektion erkennen: Das Auslandskapital und der mit der Reaktion verbündete Imperialismus haben ein Klima geschaffen, das zum Bruch der Streitkräfte mit ihren Traditionen führte, die sie General Schneider gelehrt hat und die von Kommandant Araya bekräftigt wurden. Beide wurden Opfer derselben Gesellschaftsschicht, der gleichen Leute, die heute zu Hause sitzen in der Erwartung, durch Mittelsmänner die Macht zurückzuerobern, um weiterhin ihre Profite und ihre Privilegien zu verteidigen.

Ich wende mich vor allem an die einfache Frau unseres Landes, an die Bäuerin, die an uns glaubte, an die Arbeiterin, die mehr arbeitete, an die Mutter, die unsere Fürsorge für die Kinder kannte. Ich wende mich an die Angehörigen der freien Berufe unseres Landes, an jene Patrioten, die gegen den Aufstand kämpften, der von den Berufsvereinigungen, den Klassenvereinigungen, angeführt wurde, um die Vorteile zu verteidigen, die eine kapitalistische Gesellschaft einer Minderheit zu bieten hat.

Ich wende mich an die Jugend, an diejenigen, die sangen und ihre Freude und ihren Kampfgeist zum Ausdruck brachten. Ich wende mich an den chilenischen Mann, an den Arbeiter, an den Bauern, an den Intellektuellen, an diejenigen, die verfolgt werden, denn der Faschismus ist in diesem Land schon seit vielen Stunden gegenwärtig: in den Terrorattentaten, in den Sprengungen von Brücken, dem Abschneiden der Bahnlinien, in der Zerstörung von Öl- und Gasleitungen, all dies im Angesicht des Schweigens derjenigen, deren Pflicht es war, einzuschreiten. Die Geschichte wird über sie richten.

Radio Magallanes wird sicherlich zum Schweigen gebracht werden und der ruhige Ton meiner Stimme wird euch nicht mehr erreichen. Das macht nichts. Ihr werdet sie weiterhin hören. Ich werde immer an eurer Seite sein. Zumindest wird man sich meiner als einen würdigen Menschen erinnern, der seinem Land treu war. Das Volk muss sich verteidigen, aber nicht opfern. Das Volk darf sich nicht unterdrücken oder vernichten lassen, aber es darf sich auch nicht erniedrigen lassen.

Arbeiter meines Vaterlandes, ich glaube an Chile und sein Schicksal. Andere Menschen werden diese düsteren und bitteren Augenblicke, in denen sich der Verrat durchsetzte, überstehen. Bewahrt euch die Gewissheit, dass sich die großen Alleen eher früher als später wieder öffnen werden, auf denen der Mensch in Würde dem Aufbau einer besseren Gesellschaft entgegengeht.

Es lebe Chile! Es lebe das Volk! Es leben die Arbeiter!

Dies sind meine letzten Worte, und ich habe die Gewissheit, dass mein Opfer nicht vergebens sein wird. Ich habe die Gewissheit, dass es zumindest eine moralische Lektion sein wird, die den Treuebruch, die Feigheit und den Verrat verurteilt.

»Nicht das kleinste bisschen soll Chile unter Allende erreichen. Sobald Allende an der Macht ist, sollten wir alles in unserer Macht stehende tun, um Chile und alle Chilenen zu äußerster Entbehrung und Armut zu verdammen.«
Edward M. Korry, US-Botschafter von 1967 bis 1971 in Chile, nach dem Wahlsieg Salvador Allendes 1970.

»Lasst die Wirtschaft [in Chile] aufschreien, dass Allende nicht an die Macht gelangt oder dass er gestürzt wird.«
Anordnung von US-Präsident Nixon an den CIA-Direktor Helms am 15. September 1970.

Pinochet am 27. November 1973,
16 Tage nach dem Putsch. Bis dahin
waren bereits Tausende Regimegegner
gefoltert und ermordet worden.

Die Junta-Generale, v. l.: Gustavo Leigh, Kommandeur
der Luftwaffe; Augusto Pinochet, Heereschef und
Putschführer; Jose Toribio Merino Castro, Marineadmi-
ral: Cesar Mendoza Frank, Polizeichef

Henry Kissinger war von 1969–1973 Nationaler Sicherheitsberater unter US-Präsident Richard Nixon und Gerald Ford. Von 1973–1977 war er US-Außenminister. Es gab zahlreiche Versuche, Kissinger wegen seiner Beteiligung an staatlichen Verbrechen vor ein Gericht zu stellen, unter anderem durch die Söhne des 1970 ermordeten chilenischen Generals Schneider. Sie scheiterten bislang. In einige Länder – wie Brasilien – kann Kissinger heute nicht mehr einreisen, da ihm dort Verhaftung droht. In den westlichen Metropolen

hat er nichts zu befürchten. Helmut Schmidt, Bundeskanzler in der BRD von 1974–1982, bezeichnet Kissinger als einen besten Freund seit Jahrzehnten.

Richard Milhous Nixon, Republikaner, von 1969–1974 der 37. Präsident der Vereinigten Staaten, der am 9. August 1974 wegen diverser illegaler Machenschaften (»Watergate«-Komplex) und zur Abwendung eines drohenden Impeachment-Verfahrens (Amtsenthebungsverfahren) zurücktrat.

»Ich kann nicht verstehen, warum wir untätig zusehen, wie ein Land aufgrund der Verantwortungslosigkeit des eigenen Volkes kommunistisch wird«. H. Kissinger.

Telefonmittschnitt: Telefonat zwischen Nixon und Kissinger am 16. September 1973, fünf Tage, nachdem Präsident Salvador Allende sich während des Militärputsches, angeführt durch General Augusto Pinochet, erschossen hatte.

N: Hi Henry.

K: Herr Präsident.

N: Wo bist du? In New York?

K: Nein, ich bin in Washington. Ich arbeite. Ich gehe vielleicht heute Nachmittag zum Football-Spiel, wenn ich es schaffe.

N: Gut, gut. Naja es ist das Eröffnungsspiel. Es ist besser als Fernsehen. Es gibt nichts Neues von Wichtigkeit, oder?

K: Nichts von großer Bedeutung. Das Chile-Ding wird fest gemacht und natürlich flennen die Zeitungen, weil eine pro-kommunistische Regierung verjagt wurde.

N: Das ist doch was. Das ist doch was.

K: Ich meine anstatt zu feiern. In der Eisenhower-Ära wären wir Helden.

N: Gut, wir haben nichts gemacht¬ —wie du weißt— sie können uns nichts nachweisen.

K: Wir haben es nicht getan. Ich meine, wir haben ihnen geholfen ... haben Voraussetzungen geschaffen, so gut wie sie nur sein konnten.

N: Das ist richtig. Und auf diese Weise wird es gespielt werden. Aber hör mir zu, soweit die Menschen auch besorgt sind, lass mich dir sagen, dass sie den Liberalen die Scheiße dieses Mal nicht abkaufen werden.

K: Absolut nicht.

N: Sie wissen, dass es sich um eine prokommunistische Regierung handelt und so ist es.

K: Exakt. Und pro Castro.

N: Naja die Hauptsache war ja – lass uns das Prokommunistische nicht vergessen –, dass es von Anfang an eine antiamerikanische Regierung war.

K: Oh, hemmungslos.

Augusto Pinochet und Henry Kissinger auf der Generalversammlung der OAS in Santiago am 8. Juni 1976.
Kissinger bekam von der »Münchner Sicherheitskonferenz« 2009 den Ewald von Kleist-Preis verliehen. »Mit dem Preis sollen herausragende Persönlichkeiten ausgezeichnet werden, die sich in besonderer Weise für Frieden und Konfliktbewältigung eingesetzt haben.« (Begründung der Sicherheitskonferenz).

Mario Garcés, Sebastián Leiva

Symbol des Widerstands

Der 11. September 1973 in La Legua

Fragt man irgendeinen Bewohner mittleren Alters von Santiago, ob am Tag des Putsches etwas in La Legua passierte, dann wird er zögernd antworten, dass er das nicht genau wisse, aber es ihm so vorkomme, als sei »irgendwas passiert«. Viele jedoch werden zustimmend antworten und sagen, sie haben davon reden hören, dass dort gekämpft und den Militäreinheiten Widerstand geleistet worden sei: Man habe mit einer Panzerfaust einen Bus der Polizei angegriffen und alle Insassen seien dabei umgekommen, ein Hubschrauber sei abgeschossen worden und anscheinend wurde die »Población« [Bezeichnung für Armenviertel in Chile, gemeint ist La Legua; Anm. d. Verl.] von der Luft aus angegriffen, wenn nicht sogar bombardiert. Das bedeutet, in La Legua geschah etwas anderes als in der übrigen Stadt: Dort leistete das Volk Widerstand.

Diese Erzählung steht auf jeden Fall im Gegensatz zu den meisten Darstellungen über den Putsch, in denen sich die Protagonisten und der Platz des Geschehens im Stadtzentrum befinden, im Zentrum der politischen Macht, also in »La Moneda«. Dort kämpfte Salvador Allende und seine Leibwache »Gruppe von persönlichen Freunden« (*Grupo de Amigos Personales* – GAP). Dort verloren die ersten Chilenen ihr Leben, die die gesetzmäßig gebildete Regierung gegen bewaffnete Einheiten verteidigten, welche – angefeuert von Zivilisten – die Demokratie zerstörten. Diese Leute gingen wenig später auf die Straßen der höher gelegenen Viertel, um die Niederlage der Unidad Popular zu feiern.

Der Einsatzplan des Putsches, den wir bisher kaum kennen, aber auf den man teilweise schließen kann, sah auf jeden Fall einen Blitzangriff auf die Moneda und auf die der Regierung nahestehenden Radiosender – die früh zum Schweigen gebracht wurden – vor sowie die Lahmlegung der Stadt durch vom Militär gebildete »konzentrische Ringe«, welche die Bewegungen der Einwohner und der zivilgesellschaftlichen Kräfte, die die Regierung unterstützten, verhindern sollten. »Die Schlacht um die Moneda« wurde durch die Bombardierung des Regierungsgebäudes entschieden, eine Aktion, die von Tausenden von Menschen in Santiago beobachtet wurde, und die als »Inszenierung des Putsches« eine klare Botschaft vermittelte: Die Regierung konnte gestürzt werden, weil die Putschisten weder auf menschlicher noch symbolischer Ebene irgendeine Grenze respektierten. Die gigantische, todbringende Feuergewalt überrollte die Stadt wie in einem Krieg. Dem Volk blieb nur zu beobachten, zu applaudieren oder sich zu fürchten, vor allem aber den neuen Militärmachthabern zu gehorchen.

Verschiedene Zeugnisse von Militärs, die erst sehr viel später öffentlich bekannt wurden, zeigen, dass die militärische Kontrolle über das ganze Land – nicht nur über Santiago – tatsächlich innerhalb weniger Stunden, nicht mehr als 24 oder 48 Stunden, hergestellt war. Und dass infolge dessen die Aktionen von angeblichen bewaffneten widerständigen Gruppen – nach Angaben der Militärs waren es tausende von bewaffneten Männern, sowohl Chilenen als auch Kubaner, Uruguayer, Brasilianer, Argentinier usw. – entweder nicht stattfanden oder, falls es sie gab, es sehr viel weniger waren als die Militärs erklärten.

Diese Wahrnehmung der Ereignisse beim Staatsstreich, jenseits aller Militärpropaganda – in der die paramilitärische Stärke der Linken überdimensioniert wurde – und unter Berücksichtigung einer taktischen Fehleinschätzung, die von der Haltung bestimmter Teile der Linken beeinflusst worden sein könnte, die mehr zu tun vorgaben als sie tatsächlich tun konnten, diese also realistischere Einschätzung eines tatsächlich überwältigenden Putsches findet in La Legua ihre andere Seite: Hier setzte das Volk tatsächlich dem Staatsstreich Widerstand entgegen. Eine unbestreitbare Tatsache, die dem Volk im Gedächtnis bleibt: An irgendeinem Ort der städtischen Geografie gab es doch eine Reaktion gegen die Militärs – als alles darauf hinzuweisen schien, dass man nichts gegen die Militärmacht, die in kurzer Zeit zu einer »totalen Macht« wurde, unternehmen konnte.

In verschiedenen, in den letzten Jahren veröffentlichten Arbeiten lässt sich die Spur verfolgen, die darauf hinweist, dass etwas Außergewöhnliches am Tag des Putschs in La Legua passiert ist. Zum Beispiel wird im vom Journalisten Patricio Verdugo herausgegebenen Bandmittschnitt (*Interferencia Secreta*), den eine Privatperson von den Gesprächsverbindungen zwischen Pinochet, Leigh und Carvajal[1] am Tag des Staatsstreichs aufnahm, die Besorgnis Pinochets über die »Pobladas« deutlich, die die Pläne der Militärs stören könnten. Der Putschgeneral, der die Einsätze von Peñalolén aus leitete – also ziemlich weit vom Schauplatz der Einsätze entfernt war – machte sich Sorgen über die Verzögerung am Sitz der Moneda. Pinochet schimpfte: »Befehlt Brady, dass er mit der Artillerie eingreifen soll … Denn ihr seid zehn Minuten zu spät dran. Denn diese Hunde werden irgendwas unternehmen … sie bilden schon woanders Aufstände!« Und etwas später hörte man in den Aufnahmen die von Pinochet ausgegebenen Befehle: »Aber wenn wir sie [er bezieht sich hier auf Allende und seine Mitarbeiter] vor Gericht stellen, geben wir ihnen Zeit. Anstandshalber … glaube ich … damit bekommen sie Werkzeuge an die Hand, um Beweise anzuführen … Am Ende könnten sich die Pobladas erheben, um sie zu retten … ich glaube, das beste wäre es mit Leigh zu besprechen … meine Meinung ist, dass wir sie festsetzen und dann sonst wohin schicken. Am Ende werden sie sie doch auf dem Weg abschießen.«[2] Pinochet bezieht sich also zweimal auf die Pobladas als Ausgangspunkt für eine mögliche Reaktion des Volkes. Ferner gibt es in der Aufnahme klare Indizien für einige Zusammenstöße im südlichen Gebiet von Santiago in der Nähe von La Legua:

»Posten Zwei: Einverstanden drei. Bitte COFA informieren, bitte COFA informieren, welche Maßnahmen ergriffen werden bezüglich dem, was am Haltepunkt Sechs Santa Rosa passiert. Bodentruppen der FACH und Personal der Polizei wurden von einer großen Zahl bewaffneter Personen eingekesselt. Ende.

Posten Drei: Ok, perfekt. Welche Maßnahmen ergriffen werden gegen die Situation am Punkt Sechs Santa Rosa, welche Boden- und Lufttruppen und Polizei von Zivilen eingekesselt werden. Geben Sie mir…

Posten Zwei: Das ist richtig. Teilen Sie mir ihre Antwort mit. Ende.

Posten Drei: Perfekt.

(Stimmen am Verbindungsposten: »Worum geht es?«, »Es gibt Probleme, Blödmann.«)

Posten Fünf: Achtung, Posten Zwei an Posten Fünf. Ende.

Posten Zwei: Ich höre Fünf, hier Zwei. Ich höre Fünf, hier Zwei.

Posten Fünf: Zwei, wegen der Information, die sie angefragt haben. Über die Daten …. Über die Zusammenstöße beim Haltepunkt Sechs Santa Rosa, COFA wird informiert, dass jetzt in diesem Moment Panzer dorthin aufgebrochen sind plus Verstärkung von der Infanterie-Schule. Geben Sie mir ein Verstanden. Ende.

Posten Zwei: Erhalten, perfekt gehört. Ende«[3]

Hier endet die Aufnahme, die ein Amateur von der Kommunikation der Streitkräfte am Tag des Putsches gemacht hatte. Der Journalist geht von einigen Zusammenstößen in La Legua aus und schreibt:»Aus La Legua zog ein Bataillon von Bürgern los, um den Widerstand der Arbeiter in der Anlage von Madeco zu verstärken. Ein Bote kam und forderte Verstärkung. Auf dem Marsch dorthin stießen sie auf ein Bataillon der FACH, das in dem Gebiet patrouillierte. Die Schüsse und Maschinenpistolensalven schallten durch den südlichen Teil von Santiago. Die Leichen blieben in den Straßen liegen.«[4]

Tatsächlich ist die Information noch heute ungenau, denn man müsste die Uhrzeit dieser Kommunikation kennen, und wir neigen zu der Annahme, dass der Zusammenstoß, auf den sich hier bezogen wird, der vor dem Betrieb INDUMET in der Avenida San Joaquín (zwei Straßenecken von Santa Rosa entfernt) war, wo ein Koordinierungstreffen hoher Führer der chilenischen Linken stattfand. Dieses Treffen wurde tatsächlich unterbrochen, es gab einen bewaffneten Zusammenstoß mit Polizei-Einheiten, und eine Gruppe der dort Versammelten zog sich in Richtung der Población La Legua zurück, die nicht weiter als zweihundert Meter vom Betrieb entfernt lag.

Andererseits zitiert Volodía Teitelboim in seinem Buch *La gran guerra de Chile y otra que nunca existió* [*Der große Krieg in Chile und ein anderer, der nie existierte*; A. d. Ü.] eine Mitteilung der CIA, die darauf hinweist,»dass die Luftwaffe zwar ihren Plan, das Gebiet von La Legua zu bombardieren, aufgab, aber es dort eine große Zahl von Toten gab: 500, die meisten davon Zivilisten«[5]. Diese Information ist offensichtlich sehr ungenau, aber sie bestätigt die Vorstellung der meisten Menschen von Santiago: Es gab am Tag des Staatsstreichs in La Legua Kämpfe.

Die Einwohner von La Legua diskutieren bis heute darüber, was wirklich geschah; einige weisen darauf hin, dass Kämpfer von außerhalb kamen und die Menschen von La Legua nicht daran teilnahmen; andere dagegen bestätigen, dass es mehr als einen Kampf gab, und man kann lange darüber diskutieren, ob sie von der einen oder anderen Partei der chilenischen Linken bestritten wurden. Die meisten Bewohner von La Legua, egal ob älter oder jünger, erzählen verschiedene Geschichten des 11. September: dass man sie bombardieren wollte, dass Tiefflüge über dem Viertel durchgeführt wurden und viele Personen aus dem Viertel flüchteten, dass in der Nacht des Putsches Leuchtraketen die Población erleuchteten, dass sie mehrere Tage lang eingekesselt waren, dass es Plünderungen gab, Nahrungsmittel und auch einige Tücher aus Depots benachbarter Textilfirmen verteilt wurden. Natürlich erinnern sich viele Bewohner von La Legua an die Repression, die sie selbst, Familienangehörige oder Nahestehende erlebt haben, die in den Tagen oder Monaten nach dem Putsch starben oder verschwanden. Wie wir bei dieser Untersuchung feststellen konnten, wurden im Bericht der *Comisión Nacional de Verdad y Reconciliación* (Nationale Kommission für Wahrheit und Versöhnung) von 1992 viele dieser Repressionsfälle dokumentiert.

Da die Presse nicht über das Geschehen informierte, wussten die Chilenen jener Tage wenig über die Vorkommnisse von La Legua. Die Personen, die etwas wussten, erfuhren es entweder direkt durch Zeugen oder einfach durch »Gerüchte«. Es mussten erst noch einige Tage vergehen, bis die Presse bruchstückhaft über La Legua informierte. Die ersten Presseinformationen gab es am 17. September aus Anlass einer großen Durchsuchungsaktion, die Einheiten der Luftwaffe und der Polizei am Sonntag zuvor in La Legua durchgeführt hatten. Die Tageszeitung *La Tercera* berichtete über »eine Durchsuchung, die sich über mehr als sieben Stunden hinzog […] in einem Großteil der Población im Stadtviertel San Joaquín. Die uniformierten Truppen von Militär und Polizei kamen um sieben Uhr morgens dorthin. Sie durchsuchten zuerst ›Aníbal Pinto‹, danach machten sie weiter in La Legua«.[6] Auch *Las Últimas Noticias* und *El Mercurio* informierten über die Durchsuchung und die bei diesem Einsatz in La Legua gefundenen Waffen. Besonders *El Mercurio* versuchte die Information abzuschwächen, indem darauf hingewiesen wurde, dass die Aktivitäten in der Población in völliger »Normalität« weitergingen. Es gäbe zwar »Informationen über Militäraktionen bei denen Gebiete dem Erdboden gleichgemacht wurden, […] von Massakern und anderen angeblichen Gewaltakten sprechen Gerüchte. Die Realität ist jedoch anders: Es herrscht absolute Ruhe in La Legua – wo traditionell Personen leben, die sich am Rande des Gesetzes bewegen – nachdem dort Extremisten verhaftet wurden, die einen Bus der Polizei angegriffen hatten«.[7] Tatsächlich wurde erst Ende September – die Tageszeitung *La Prensa* brachte es am 27. und *El Mercurio* am 30. – über die Erschießung von drei »Extremisten« informiert, die beim Angriff auf einen Schutzpolizei-Ambulanzwagen am 11. September und an der Ermordung eines Polizisten beteiligt gewesen sein sollten. In der Presse informierte *El Mercurio* erst am 8. Oktober durch ein Interview mit einem Polizisten über den Angriff auf einen Polizeibus am Tag des Putsches. Zusammenfassend kann man sagen, dass es für jeden Einwohner von Santiago sehr schwierig war, genauer zu erfahren, was am Tag des Putsches in La Legua geschehen war.

Die Población La Legua ist eine Elendssiedlung in der Stadt Santiago. Sie bildete sich in den dreißiger Jahren, als Arme und Arbeiter aus dem Salpeterabbau Zugang zu Land, das nur »eine Meile vom Zentrum« [un legua del centro] entfernt war, erhielten.

Natürlich war es Land ohne jegliche städtische Infrastruktur, und es brauchte die langandauernde Anstrengung der Bewohner, um Gesundheitsversorgung, Strom, Straßenpflaster usw. zu erhalten. Doch schon sehr früh hatte La Legua die Struktur eines Viertels, die einer geregelten Verteilung von Land an arme Familien folgte. Anders als bei einer Ansammlung von Familien, die auf Brachland ganz in der Nähe von La Legua im »Zanjon de la Aguada« entstanden war, wo sich das »Elendesviertel« armseliger Baukonstruktionen aus Wellblech, Karton, Plastik und »Fonolitas« [gewellte Abdeckplatten aus Asphalt, A.d.Ü.] ausbreitete.[8] Das Wohnungsproblem war damals sehr ernst, sodass eine Gruppe von »Pobladores« aus Mietskasernen und Elendshütten beschloss, illegal Land im Gebiet von Zañartu in Pedro de Valdivia Süd zu besetzen. Von dort kamen sie mit der Unterstützung des kommunistischen Bürgermeisters von Santiago nach La Legua und gründeten »La Legua Nueva«. Im Unterschied zu den ersten Bewohnern dieses Gebietes waren sie besser organisiert und erreichten schneller eine Versorgung mit städtischer Infrastruktur. Gemeindeorganisationen wie die Sportklubs belebten die Población, und Kommunisten und Christen stritten um die Führungsrolle, darum, wer Weiterentwicklung und Fortschritt besser garantieren könne. Sie alle gaben La Legua ein militanteres Gepräge, und ihr Handeln war ein deutlicher Beweis für die großen Organisationsfähigkeiten des Volkes. Die Bewohner von La Legua sind stolz auf diese ihre Vergangenheit.[9]

Zu Beginn der fünfziger Jahre erreichte die Wohnungsnot ein solches Ausmaß – der Wohnungsmangel erfasste mehr als dreißig Prozent der Einwohner von Santiago –, dass im Norden des alten Viertels von La Legua ein Komplex von kleinen Wohnungen errichtet wurde, der dann »Legua, sector de Emergencia« [Legua, Stadtteil Emergencia, A.d.Ü.] genannt wurde. Es sollte eine Übergangssiedlung sein, um die soziale Not anzugehen, die das Wohnungsproblem verursachte. Natürlich kamen in den Stadtteil Emergencia verschiedene der ärmsten Familien der Stadt, und darunter einige, die dank illegaler Strategien überlebten oder sich am Rande der Legalität bewegten. Sie gaben der Población noch eine andere Prägung, die der »Taschendiebe« von La Legua. Die Bewohner von La Legua hegen ambivalente Gefühle gegenüber dieser Realität, die sie bis heute prägt. Hinzu kommt, dass die ursprüngliche Kriminalität sich hin zum Drogenhandel entwickelt und auch La Legua davon nicht verschont bleibt.

In Santiago war La Legua der Ort, an dem sich alle Komponenten des komplexen Entstehungsprozesses von Stadtteilen der »einfachen Bevölkerung« konzentrierten: Sportler und Aktivisten; Arbeiter und Hausbesitzerinnen; »Taschendiebe« und »eitle Gecken«; Kommunisten, Sozialisten und Christen; Notunterkünfte und Wohnungen aus festem Baumaterial mit bis zu zwei Stockwerken; Plätze und enge Gassen; Kirche und Feuerwehr; Schule und Arzt-Station; kleine Läden und Werkstätten; gute und schlechte Beleuchtung; ab und zu eine Ampel an den schwierigsten Kreuzungen; und die Straße, meistens mit Menschen, die hin und her gehen oder junge Leute und Arbeitslose, die an den Ecken stehen.

Der 11. September in La Legua: Das Zusammenwirken von Linken, Einwohnern und Gewerkschaftlern

Von den Radionachrichten alarmiert gingen viele am Morgen des 11. September durch die Straßen von La Legua und versuchten herauszufinden, was geschah, was man tun konnte, um die »Regierung des Volkes« zu verteidigen, ob jetzt wirklich ein Putsch kam und ob man ins Stadtzentrum gehen sollte wie am 29. Juni.[10] Andere, die wie gewohnt sehr früh zu ihrer normalen Arbeit gegangen waren – zum Bau, zu freien Märkten, in die kleinen und mittleren Betriebe – kehrten zu Fuß zurück, denn es fuhren nur noch wenige Transportfahrzeuge, und sie schlossen sich den Wartenden an, den Fragenden und natürlich den Aktivisten; sie standen vor der Notwendigkeit »etwas zu tun«.

Margarita Durán und Luis Orellana waren unter denen, die sich an diesem Tag für den Kampf rüsteten. Margarita war zum Unterricht ins Pädagogische Institut gegangen, kam jedoch früh zurück und versammelte gegen Mittag bei sich zuhause – gegenüber dem Sitz des lokalen Komitees der KP in La Legua – eine Gruppe junger Leute. Sie diskutierten darüber, was zu tun sei und beschlossen, durch die Avenida Comandante Riesle zu laufen, die von »Legua Nueva« Richtung »Emergencia« ging , eine Ost-West-Achse. Es erreichte sie jedoch die Nachricht über ein Treffen des Militärapparats der *Sozialistischen Partei* im Betrieb INDUMET (in San Joaquín gelegen, neben der Población La Legua), der durchsucht werden sollte, und über die Möglichkeiten, über La Legua zu entkommen. Sie warteten einige Zeit, setzten aber dann ihren Weg fort, als sie plötzlich auf eine Kolonne bewaffneter Männer unter Führung von Arnoldo Camú, Chef des Militärapparats der PS, stießen. Luis kannte ihn, da er im Sicherheitsapparat der KP gearbeitet und es einige Treffen vor dem Putsch gegeben hatte. Er erkannte auch andere Aktivisten und er bat sie Ruhe zu bewahren, da das Viertel von Linken dominiert war. Gemeinsam mit Gerardo Rubilar schlossen sie sich der Kolonne an und versuchten zum Betrieb SUMAR (neben La Legua, im Osten der Población) zu gelangen. Margarita erinnert sich, dass sich viele Menschen auf der Straße befanden und viele dabei halfen, ihr Fortkommen ohne Unterbrechungen zu ermöglichen. Man bewegte sich jetzt Richtung Osten, also in umgekehrter Richtung zu der von Luis und seinen Gefährten vorher eingeschlagenen.

So kamen bei den Ereignissen von La Legua an diesem Tag drei zentrale Akteure aus der Geschichte der Unidad Popular zusammen: 1. Die Aktivisten der Linken, die an diesem Morgen des 11. September ein Koordinierungstreffen im Betrieb INDU-MET mit Vertretern der *Sozialistischen Partei*, der *Kommunistischen Partei* und der *Movimiento de Izquierda Revolucionaria* (MIR) abhielten. Als das Treffen von der Polizei unterbrochen wurde, mussten sie den Ort in verschiedene Richtungen verlassen, aber eine bedeutende Gruppe ging Richtung La Legua und zum Textilbetrieb SUMAR. 2. Die Bewohner, die den Linken halfen, ihnen den Weg in der Población zeigten und an mehr als einem Zusammenstoß während des 11. September teilnahmen. 3. Die Gewerkschafter von SUMAR, die seit dem Morgen im Betrieb geblieben waren und versuchten, Aktionen mit den Aktivisten und den Anwohnern von La Legua zu koordinieren, um gegen den Putsch Widerstand zu leisten.

Das Zusammenwirken dieser drei zentralen Akteure aus der Zeit der Unidad Popular ist sinnbildlich, denn jeder von ihnen hatte vor und während der Regierung von Salvador Allende eine entscheidende Rolle gespielt. Tatsächlich war das politische Projekt der Unidad Popular das Ergebnis einer Allianz von Parteien der Linken gewesen, die die Unidad Popular 1969 aus der Taufe gehoben hatten. Die Politik der chilenischen Linken war zumindest seit 1930 durch ihre enge Verbindung mit den Gewerkschaften gekennzeichnet, da die Linke als politische Repräsentantin, als Verbündete in den Kämpfen um gewerkschaftliche Forderungen und als Führung im Kampf für den Sozialismus handeln wollte. Andererseits schufen die »Pobladores« seit Ende der fünfziger Jahre eine starke soziale Bewegung im Kampf um Wohnungen und für die Selbstorganisation der Armen in der Stadt. In diesem Prozess konnten sie in den sechziger Jahren auf die Unterstützung der christdemokratischen Regierung von Eduardo Frei zählen, als die Wohnungsbaupläne ausgebaut und die Stadtteilorganisation seitens des Staates gefördert wurde. Die Allianz zwischen den »Pobladores« und der Regierung Frei wurde jedoch geschwächt, als die Bewegung an Autonomie gewann und ihre Forderungen erhöhte. Die Regierung versuchte, die Mobilisierungen durch Repression zu bremsen. Darum neigten die organisierten »Pobladores« dazu, ihre Verbindungen zur Linken zu verstärken und auszubauen, sowohl zur traditionellen (KP, PS) als auch zur »neuen« Linken (MAPU, MIR), die in den sechziger Jahren entstanden war.

Widerstand und Repression am 11. September bei INDUMET, SUMAR und in La Legua

Seit dem 11. September 1973 ist das Bild der Moneda und ihrer unmittelbaren Umgebung zum Inbegriff des Militärputsches geworden. Dort wurde gekämpft, dort wurde bombardiert, dort wurde gestorben. An diesem Ort werden Heldentum, politische Loyalität, Verrat und Schutzlosigkeit sichtbar. Vielleicht aufgrund der symbolischen Kraft dieses Ortes sind die anderen Bilder dieses 11. September vergessen. Vielleicht auch, weil ein guter Teil der Linken ihre Genossen als Opfer und nicht als Kämpfer zeigt; und schließlich, weil keine Fotos, keine Audioaufnahmen und keine Fernsehbilder existierten. Es gab aber die Erinnerungen – diese individuellen, kollektiven, fragmentierten, vergesslichen Erinnerungen – sie zeigen uns, dass es andere Kämpfer gab, andere würdevolle Widerstandsversuche, andere Tote und andere Schutzlose.

Die ersten Zusammenschlüsse und die Versuche, den Widerstand zu organisieren: Die vergängliche Einheit der Linken bei INDUMET

Seit dem Morgengrauen des 11. September kamen die ersten Informationen über den Aufstand der Marine von Valparaíso. Von diesem Moment an wurden die verschiedenen politischen Führer der Linken über einen neuen Putschversuch informiert. Die Sozialisten versetzten folglich ihre Parteistrukturen in Alarmbereitschaft, und es wurde begonnen, die vorher besprochenen Aktionspläne im Fall eines Militärputsches in die Praxis umzusetzen. Diesen Fall hatten alle seit dem »Tanquetazo« Ende Juni erwartet. So erhielt der Militärapparat der *Sozialistischen Partei* in den frühen Morgenstunden des 11. September den Befehl zu handeln:

»6.30. Wir haben in der Funkzentrale des Apparats die Mitteilung erhalten, dass die Erhebung begonnen hat. Wir kannten noch nicht die Einzelheiten, aber für uns war das die Stimme des Staatsstreichs. Ich war zuhause mit meiner Frau und schlief, als ich die Nachricht von der Kommunikationszentrale bekam. Da haben wir uns voneinander verabschiedet …
8.00. Wir versammelten uns mit der Parteileitung und dort wurden die Aufgaben verteilt, die jeder zu erfüllen hatte. Meine Aufgabe war es, den Chef des Lagers zu begleiten, um die Waffen rauszuholen und zum Park CORMU zu bringen.«[11]

Zeitgleich zur Versammlung des Militärapparats gab es auch die Koordination der Politkommission im Betrieb FESA von Maipú. Ab sieben Uhr morgens kamen Jorge Mac Ginty, Ricardo Lagos Salinas, Rolando Calderón, Exequiel Ponce, Arnoldo Camú[12] und andere hohe Führer dorthin. Einige von ihnen gingen später zu den Industriebetrieben CORMU und danach zu INDUMET.

An die Waffen zu kommen und sie abzutransportieren war nicht einfach, unter anderem deshalb, weil die Verstecke sich an verschiedenen voneinander entfernt liegenden Orten befanden und die meisten nicht mit Autos kamen. Weshalb die Aktivisten auf eine Notlösung zurückgreifen mussten: Sie organisierten mit Gewalt einen Lieferwagen für den Transport der Waffen auf der Avenida Irarrázabal:

»10.30: Der ganze Apparat war schon ohne Waffen versammelt. Als wir ankamen, haben sich alle sehr gefreut.

11.00. Die Politkommission gibt den Befehl zum Kampf. Die Menschen versammeln sich, fünfzehn Minuten später kommt der Widerruf: »Wir sind 130 uns gegenüber stehen Hunderttausend. Wir werden sicher sterben, aber wir können die Regierung nicht ohne Verteidigung aufgeben.

Wir wussten schon, dass wir vor der schlimmsten Alternative standen: alle bewaffneten Kräfte waren schon im Einsatz. Da wurde der Apparat zu INDUMET verlegt«[13]

Der Historiker Patricio Quiroga, der die Geschichte der Leibwache von Allende (der GAP) rekonstruiert hat, bezieht sich auch auf diese ersten Stunden des 11. September:

»In Santiago kam um 6.00 die Nachricht von der Besetzung von Valparaiso und der Verlegung von Truppeneinheiten aus den Anden und San Felipe an. Danach kamen plötzlich die Anweisungen: Aufmarsch zur Schlacht. Um 8.30 befanden sich die meisten Mitglieder des Militärapparats am ausgemachten Ort: dem Stadion von CORMU ganz in der Nähe des Schlachthofs Lo Valledor. Gegen 9.00 kamen Elio und Eduardo López mit den Waffen und begannen mit der Verteilung, es konnte eine verstärkte Kompanie bewaffnet werden, das heißt, ungefähr hundert Aktivisten ....«[14]

Zu diesem Aufmarsch in CORMU kam auch Carlos Altamirano, Generalsekretär der *Sozialistischen Partei*. Er sandte Hernán del Canto zur Moneda, um sich mit Allende in Verbindung zu setzen und übertrug Arnaldo Camú die Verteilung der Waffen, über die die *Sozialistische Partei* verfügte. Ein Mitglied der GAP gab Anweisungen die Regierung zu verteidigen: die Verlegung zum Cordón Santa Rosa [Industriegebiet, A. d. Ü.], die Koordinierung aller Kräfte mit den Parteien der UP und dem

MIR, die Befreiung eines Gebiets und der Marsch, um der Moneda zu Hilfe zu eilen. Nachdem der Plan für alle Eventualitäten aufgestellt war, sollte gegen 9.30 Uhr das Vorrücken in Richtung auf den Cordón Santa Rosa beginnen:

»Das Ziel war INDUMET, einer der metallverarbeitenden Betriebe, dessen Lage eine Koordinierung der Aktionen im Industriegürtel San Joaquín, Santa Rosa und Vicuña Mackena erlaubte. Nach einer relativ ruhigen Verlegung kam die Kolonne an den Treffpunkt; ungefähr 200 Arbeiter schlossen sich an. Danach wurden die Waffen verteilt. Währenddessen kamen einige Führer der CUT dazu, darunter Luis Guzman und eine von Celsa Parrau geführte Gruppe von Krankenschwestern [...] An den Schauplatz der kampfbereiten Aktivisten kamen drei Mitglieder der Politkommission: Arnaldo Camú, Exequiel Ponce und Rolando Calderón [...] Gegen 11.30 mitten in der Ungewissheit und fehlender Information gab es in INDUMET ein entscheidendes Treffen: Vertreter der KP, des MIR und der PS versammelten sich, um die Situation einzuschätzen und Entscheidungen zu treffen«.[15]

An dem genannten Treffen nahmen unter anderen auch Víctor Dìaz und José Oyarce von der *Kommunistischen Partei*, Miguel Enríquez und Pascal Allende vom MIR und die drei vorher genannten Mitglieder der Politkommission der PS – Arnaldo Camú, Exequiel Ponce und Rolando Claderón – teil. In dem Treffen übernahmen die Mitglieder der PS die Initiative und schlugen den Überfall auf eine Militäreinheit vor, um Waffen zu bekommen und anschließend in Richtung Moneda vorzurücken, um Allende zu retten. Aber der Vorschlag wurde nicht umgesetzt: Die Mitglieder der KP gaben bekannt, dass sie den Verlauf der Ereignisse und das Schicksal des Parlaments abwarten wollten und deshalb in die Illegalität gehen würden. Miguel Enríquez unterstützte den Plan, schlug aber vor einige Stunden zu warten, um die Hauptkräfte der Partei zu mobilisieren (vierhundert Männer, fünfzig von ihnen in voller Ausrüstung). Patricio Quiroga, der sich auch vor Ort befand, beschreibt das Gefühl, das im Moment armseliger Antworten auf große Herausforderungen entstand:

»Kälte erfasste die Anwesenden. Bestürzt überprüften sie die Realität und die Unverantwortlichkeit jener Sozialisten, die zur Machtübernahme aufgerufen hatten. Womit? Die Kommunisten hatten 20 Tage vorher darauf hingewiesen, dass über 10 % ihrer Aktivisten bewaffnet seien [...] und sie waren mächtig, denn nach verschiedenen Berechnungen hatten sie nicht weniger als 180.000 Mitglieder (Jungkommunisten eingeschlossen). Und vom MIR: 50 Männer für eine Strategie, bei der die UP schachmatt gesetzt wurde?«[16]

Parallel zu diesem Treffen und nicht mehr als einen Kilometer davon entfernt, erfuhren die Arbeiter des Betriebs SUMAR von der militärischen Erhebung und begannen den Widerstand zu organisieren. Was tun? An den Arbeitsplätzen bleiben und auf die Befehle wie es weitergehen sollte und auf die seit Wochen versprochenen Waffen für ihre sozialen und politischen Organisationen warten?

Die Arbeiter von SAR und die Gewerkschaftsaktivität vor dem Putsch

Das Unternehmen SUMAR, ursprünglich im Besitz von Amador Sumar, wurde im Mai 1971 im Zusammenhang damit verstaatlicht, dass die von der Regierung der Unidad Popular definierte Area de Propiedad Social (APS) (Bereich Gesellschaftlichen Eigentums) geschaffen wurde. Von diesem Moment an wurden verschiedene Fabriken, die zu den Manufakturen SUMAR gehörten – Nylon, Baumwolle, Polyester und Seide – , beschlagnahmt und der Kontrolle von Regierungsverwaltern unterstellt. Im Fall des Betriebs Polyester[17], einem bei den Ereignissen des 11. September zentralen Ort, wurde Don Rigoberto Quezada[18] eingesetzt, damals sozialistischer Aktivist und ehemals Arbeiter in diesem Betrieb, der sich erinnert:

>»Die Sozialistische Partei rief mich um mir zu sagen, dass … denn ich war seit vielen Jahren, vielleicht seit 1950 Arbeiter auf dem Bau. Ich war auch Mitglied der CUT Abteilung Pedro Aguirre Cerda, ich war Sekretär der Organisation CUT hier. Man sagte mir also, ›du warst so viele Jahre lang Gewerkschaftsführer, jetzt ist es wichtig, dass du zur Polyesterfabrik gehst. Denn der, den wir da haben, hat sich mit den Arbeitern zerstritten, er muss also ausgewechselt werden. Und es sollte eine Person sein, die Zugang zu den Arbeitern hat, die mit den Arbeiter umzugehen weiß, die die Probleme der Arbeiter kennt. Die Werte der Arbeiter kennt, es kann nicht eine Person sein – der Andere war, glaube ich, ein Lehrer –, die von Arbeitern nichts versteht, und die außerdem vielleicht nichts von Kindern versteht, also für nichts taugt‹ … Also kam ich im Jahr 1970 dahin – Ende 1970 – als es schon schlechte Erfahrung mit dem anderen gegeben hatte und ich habe mich dort an die Arbeit gemacht«.[19]

Die Gewerkschaftsaktivität erfuhr mit der neuen Verwaltung des Betriebes keine großen Veränderungen, einige Charakteristika aus den Zeiten der Familie Sumar wurden beibehalten, aber im Fall des Polyester-Betriebes wurden auch einige politische Reorganisierungen durchgeführt. Don Rigoberto Quezada erinnert sich, dass

als er in die Verwaltung kam die wesentlichen Gewerkschaftsführer »Christdemokraten waren, die Hand in Hand mit den Besitzern arbeiteten, verstehst du? Das
heißt, es gab keine Reibungen mit den Besitzern, sie unterwarfen sich ihren Interessen und waren wie Dienstboten«. Eine Situation, die sich nun zu verändern begann:

> »Als ich also damals dahin kam, als die Firma 1970 schon im
> Veränderungsprozess war, haben wir angefangen mehr Arbeiter einzustellen,
> vorzugsweise Compañeros, die jung waren und aus der Partei kamen, und
> andere von hier und andere von da, das heißt in meinem persönlichen Fall
> habe ich sofort damit angefangen, Leute aus der Partei einzustellen, ihnen
> sofort zu sagen, wie die Sachen laufen, also wurden die Christdemokraten
> rausgedrängt«[20]

Die Gewerkschaftsleitung der Arbeiter ging also in die Hände von Aktivisten der
Linken über, die Leitung war zusammengesetzt aus zwei Kommunisten, zwei Sozia-
listen und einem Miristen. Den Vorsitz übernahm bis zum 11. September 1973 der
Sozialist Hugo Valenzuela. Auch im Betrieb SUMAR-Algodón[21] war die Position der
Unidad Popular stark und die Leitung der Betriebsgewerkschaft aus drei Aktivisten
der UP zusammengesetzt. Die Leitung übernahmen das Mitglied der *Partido Comu-
nista Revolucionario* (PCR) [Revolutionäre Kommunistische Partei; A.d.Ü.] Ramón
Sandoval und ein Aktivist der DC [Christdemokraten; A.d.Ü.].[22]

Während es einerseits einige Veränderungen bei den Gewerkschaftsführungen
gab, wurden andererseits auch, wie bereits erwähnt, Gewerkschaftscharakteristika
aus der Zeit vor der Beschlagnahme durch die UP beibehalten. So hielt man zum
Beispiel die Gewerkschaftsorganisation je nach Betrieb aufrecht und schuf keine ver-
einigte Gewerkschaft von SUMAR. In diesem Sinn erinnert sich Guillermo Vega:

> » … in dieser Zeit war Manufacturas SUMAR ein einziges Unternehmen,
> und es hätte wirklich, glaube ich, eine einzige Gewerkschaft geben sollen,
> aber das war nicht so, ich weiß nicht, warum das nicht so war, wir waren ein
> einziger Betrieb, ich spreche von Nylon[23], von Polyester und von Algodón,
> aber alle hatten sie unabhängige Gewerkschaften, und ihre kollektiven Ver-
> handlungen liefen auch unabhängig voneinander, da konnte also plötzlich
> einer streiken, und die andern arbeiteten weiter, also das habe ich nie ver-
> standen …«[24]

Was die Beziehung zwischen den Gewerkschaften und den Verwaltern der einzelnen Betriebe angeht, so verfügen wir zwar nicht über ausreichend Informationen, aber es gab Unterschiede zwischen ihnen. Don Rigoberto Quezada hebt in Bezug darauf die guten Beziehungen hervor, die mit den Arbeitern vom Polyester-Betrieb bestanden, die dehnten sich auch auf die Gewerkschaftsführer der Arbeiter und der Angestellten aus, besonders gut waren sie aber zu ersteren, was sich in einer direkten und konstanten Kommunikation ausdrückte, die beide Seiten aufrecht erhielten:

> »[W]ir hatten uns daran gewöhnt, dass die Compañeros, die Gewerkschaftsführer der Arbeiter, sich jeden Tag für eine halbe oder eine ganze Stunde in meinem Büro trafen, wir lasen die Presse, machten Kommentare und bereiteten die Ausfahrten vor, bei denen die Lastwagen mit Leuten zu den Kundgebungen (Versammlungen) fuhren, und alles andere, was auf den Straßen passierte, besser gesagt, wir organisierten alle täglichen Aufgaben«.[25]

Im Betrieb SUMAR-Algodón war die Situation anscheinend anders. Don Luis Mora[26] Gewerkschaftsdelegierter der Ingenieursabteilung während der UP, erinnert sich an Diskussionen zwischen einigen Abteilungen und dem Verwalter »das Unternehmen vollständig zu politisieren«. Ferner entstand im Oktober 1972 eine Streikbewegung, was in den anderen Betrieben nicht der Fall war.

Insgesamt lässt sich im Bereich des Gewerkschaftslebens von SUMAR eine starke Politisierung feststellen, die nicht nur auf die möglichen Unterschiede zwischen den Gewerkschaftsführern und den Verwaltern der Betriebe zurückzuführen ist, sondern auch auf die soziale Mobilisierung seit Ende der sechziger Jahre, die sich mit der Regierungsübernahme der Unidad Popular zuspitzte. Zur Politisierung bemerkt Don Luis Mora:

> »Ich habe oft und an vielen Versammlungen teilgenommen, aber es ging da nie um eine Gewerkschaftsfrage, sondern alles drehte sich um die Politik, die Politik, die Politik; es passierte sogar manchmal, dass, wenn wir bei einem Seminar im Gebäude Diego Portales waren, da Typen kamen, die nichts mit uns zu tun hatten, und begannen uns etwas über Politik zu erzählen, wie es sein würde, wie man handeln sollte und da sind so manches Mal viele weggegangen, denn das waren keine Gewerkschaftsfragen wie wir

das wollten, sondern sie trugen immer die Politik vor sich her, so machten es die Linken und die Rechten, sie versuchten uns in die Politik zu ziehen.«[27]

Dieses »in die Politik ziehen« war wahrscheinlich keine Besonderheit der Arbeiter von SUMAR, sondern ein verbreitetes Phänomen in den verschiedenen Arbeitsbereichen und führte zu einer zunehmenden und konstanten Mobilisierung, die sich in Protesten, Demonstrationen, Versammlungen der Gewerkschaften – insbesondere in den Industriegürteln – ausdrückte. Es entstand allmählich ein doppeltes Bild bezüglich dieses sozialen Bereichs und seiner Organisationsräume: Einerseits wurden für die Linken die Arbeiter und ihre jeweiligen Organisationen zu einem der wichtigsten Bereiche, in denen sich das Schicksal der UP entschied, und von dem aus im Fall eines Putsches die Verteidigung der Regierung ausgehen könnte; auf der anderen Seite erkannten die Militärs die Notwendigkeit, schnell diese Bereiche zu neutralisieren und so den Ausgang des Putsches zu garantieren. Wie wir wissen, lagen beide Parteien mit ihren Annahmen richtig, aber die letzteren waren schließlich durchsetzungsstärker.

Die Arbeiter von SUMAR und die ersten Berichte über den Putsch

Schon vor dem 11. September hatten sich Probleme zwischen den Arbeitern von SUMAR und den Streitkräften ergeben, besonders zwischen den Arbeitern der Nylon-Fabrik und den Streitkräften. Tatsächlich hatte es am 7. September, so berichtete die Tageszeitung *La Tercera,* eine Durchsuchung im genannten Betrieb unter einem Vorwand, den das Gesetz zur Waffenkontrolle bot, gegeben. Nach Angaben der Tageszeitung fand die Durchsuchung zwischen 19 und 21 Uhr statt, und es wurden drei Personen verletzt, darunter zwei Arbeiter des Betriebes. Zehn andere wurden verhaftet, aber Waffen wurden keine gefunden. Die Zeitung *El Siglo* berichtete, dass die Durchsuchung eigentlich auf ein neben SUMAR-Nylon gelegenes Haus beschränkt gewesen sei und dass die Mitglieder der FACH ohne eine vorherige Provokation begonnen hatten, in Richtung des Betriebes zu schießen, wobei die Schüsse besonders im Bereich der Verwaltungsbüros einschlugen und einen Arbeiter verletzten. Abgesehen von diesem Arbeiter wurden noch zwei weitere verletzt, die in einem Fahrzeug saßen, das in der Nähe vorbeifuhr und dem Befehl des Militärs anzuhalten nicht folgte. Die Version der FACH schließlich, die *El Siglo* am 9. September veröffentlichte, war viel detaillierter und spektakulärer: Sie seien vom Betrieb und den benachbarten Wohnungen aus beschossen worden, als sie ein nahe gelegenes Haus durchsuchten. Sie hätten zurückfeuern müssen und es habe sich eine mehrstündige Schießerei entwickelt. Danach wären diejenigen, die sich im Gebäude von SUMAR befanden mit weißen Fahnen in den Händen herausgekommen. Gleichzeitig hätten die Sirenen des Betriebes und aus der Nachbarschaft angefangen zu schrillen und rote Leuchtraketen seien als Reaktion auf eine ca. fünfhundert Personen starke Gruppe, die sich dem Gebiet näherte, abgeschossen worden, »alle waren dunkel angezogen und trugen Sportschuhe oder leichte Schuhe und ließen sich von den Mauern, Dächern etc. der Häuser des Viertels herunter«. Um einen Zusammenstoß mit den »Pobladores« zu vermeiden, hätten sich die Mitglieder der FACH zum Rückzug entschlossen und dabei 23 der Personen mitgenommen, die die Fabrik geräumt hatten. Diese Durchsuchung, bei der es Schüsse, Verletzte und Verhaftete gab, war der Beginn einer Reihe von weiteren Durchsuchungen verschiedener Betriebe von SUMAR. Ab dem 11. September wurden diese dann eingekesselt, angegriffen und besetzt.

An jenem 11. September befanden sich Don Rigoberto und Don Luis Mora seit dem frühen Morgen in ihren jeweiligen Betrieben. Hier erfuhren beide, dass der Putsch begonnen hatte. Don Luis Mora erinnert sich:

» … am 11. bin ich früh aufgestanden, und wie gewöhnlich ging ich zur Arbeit. Wir waren dort und gegen halb neun hieß es, dass es richtig los gegangen sei. Aber wir haben im Betrieb die Maschinen angehalten, ich habe meine Leute rausgebracht, denn jeder Delegierte hatte seine Gruppe, und so hielten wir eine Versammlung im Hof des Unternehmens ab, es sprachen die Führer der Angestellten und die Führer der Arbeiter, ›wer will, soll gehen‹, und fast alle entschieden sich zu gehen. Wie das Schicksal so will, keine Ahnung, warum ich blieb«. Don Rigoberto seinerseits berichtet: »Also, am 11. so gegen sechs Uhr morgens, wir waren daran gewöhnt, dass die Compañeros jeden Tag eine halbe oder eine Stunde hatten, die Führer der Arbeitergewerkschaft, die trafen sich bei mir im Büro […]. Gegen 11 Uhr am Vormittag kamen die Jungs in mein Büro gerannt und sagten: ›Compañero, mach das Radio an, denn da ….‹, nein, so gegen acht, es war gegen acht oder neun Uhr morgens, ›mach das Radio an, denn der Putsch ist da‹, in ihrer Sprache eben, ja? Ich machte also das Radio an und hörte, dass sich alle Arbeiter in den Höfen versammelten, da befahl ich, dass drei Lastwagen – von denen, die Waren transportieren, geschlossene – alle Frauen mitnehmen sollten, mit Säuglingen und kleinen Kindern, die waren da, weil wir einen Krippensaal hatten, weil

die Frauen weinten und schrien und all diese Sachen, deshalb war es so ….
Es blieben nur noch die unverheirateten Frauen dort, diejenigen, die keine
Probleme hatten, und wir waren dann noch ungefähr hundert Arbeiter,
denn es war noch die erste Schicht, die zweite Schicht und die dritte Schicht
waren schon nach Hause gegangen, also blieben noch ungefähr hundert
Compañeros. Und dann kam der Lieferwagen mit Camú.«[28]

In den Betrieben Algodón und Polyester wurde es den Arbeitern erlaubt zu gehen. Die meisten – achtzig Prozent meinte Don Luis – verließen den Betrieb aus
Angst, obwohl vielen von ihnen für die Regierung von Allende waren. Und trotzdem, so Don Luis: » … mehrere von uns blieben, mehrere, und wir fingen an, uns zu
organisieren. Und da war es inzwischen schon zwölf Uhr mittags. Nun war bekannt,
was alles wirklich in der Moneda passiert war, dass Allende tot war, und mittendrin,
daran erinnere ich mich immer, kamen zwei Lastwagen der Marke Pegaso.«[29]

Die Ankunft dieser Lastwagen, die Waffen brachten, zeigt, dass es ein gewisses
Maß an Vorbereitung gab, um einem Putsch zu begegnen, denn man verfügte nicht
nur über die jeweiligen Lastwagen und die Waffen, sondern sie waren genau zu diesen Betrieben geschickt worden. Ob es eine Entscheidung außerhalb der Fabrik oder
eine vorbereitete Koordination unter den Arbeitern von Algodón gegeben hatte,
konnte bis heute nicht geklärt werden.

> »Und wie ich gesagt habe, da kamen diese Lastwagen, die mysteriösen
> Lastwagen, von Pegasus, sie stellten sie neben die Hauptverwaltung, das
> werde ich nie vergessen, und sie baten uns um Hilfe, wir sollten die Lastwagen
> ausladen, das heißt, wir sollten die Lastwagen, die angekommen waren, die
> mit geschlachteten Lämmern in Säcken gekommen waren. Die sollten wir
> abladen und man sah nicht, dass die Lämmer etwas verbargen. Ich erinnere
> mich daran, dass wir diese Lastwagen ausladen gingen […] Ich erinnere mich,
> ein Lastwagen wurde dahin gestellt, und wir begannen mit dem Ausladen,
> und dann kamen ein paar Typen mit Bart, von denen wir niemals erfuhren,
> woher sie kamen. Sie rissen mit einem Haken das Tuch um das Lämmchen
> auf, das geschlachtet gekommen war, und drinnen steckten Waffen.«

Gleichzeitig organisierten sich auch die Arbeiter und Angestellten vom Betrieb
Polyester; einige von ihnen gingen einen anderen Weg als ihre Compañeros von Algodón. Don Rigoberto erklärt:

»Es war halb elf, als wir am Tor ein eindringliches Hupen hörten, ich lief hin und sah durchs Guckloch, dann habe ich sofort den Befehl zum Türöffnen gegeben, und ein Lieferwagen ist mit Vollgas reingefahren und hielt mitten im ersten Hof. Arnaldo Camú [Mitglied des ZK der Partei] stieg aus mit einer Maschinenpistole in der Hand, mit zwei Compañeras und drei Genossen. Sie sagten, dass sie einen durch einen Schuss ins Bein verletzten Compañero brächten … In dem Lieferwagen lagen unter einer Zeltplane mehr als zwanzig Maschinenpistolen, außerdem eine Menge Gewehre und noch mal so viele großkalibrige Pistolen. Robles[30] und Araya verteilten die Waffen und übergaben mir eine Maschinenpistole und ein Pistolenhalfter mit hundert Schuss.«[31]

Mit diesen Waffen begann man den Widerstand von SUMAR-Polyester aus zu organisieren, und die Kräfte der Arbeiter wurden in den ersten Stunden des Nachmittags verstärkt, als einige Arbeiter und Aktivisten zur Fabrik stießen, die sich direkt von INDUMET aus zurückgezogen hatten, sowie diejenigen, die den Weg durch die Población La Legua gemacht hatten; diese waren außerdem durch einige »Pobladores«, Mitglieder des lokalen Komitees Galo González der KP, verstärkt worden. Auf diese Weise knüpfte sich in den ersten Nachmittagsstunden des 11. September ein spontanes Netz zum Kampf gegen den Putsch.

Der Rückzug von INDUMET und der Weg zu SUMAR

Die Versammlung der Linken im Betrieb INDUMET wurde kurz nach Mittag unterbrochen, als Polizei sie entdeckte, und es begann ein verzweifelter Rückzug:

»Gegen 13 Uhr füllte sich plötzlich das Operationszentrum mit dem Getöse von Schüssen, mit Rauch und Pulver. Es gab Explosionen und Klagen von Verletzten, unter ihnen eines der acht anwesenden Mitglieder des MIR. Die Kugel aus einer Kriegswaffe hatte seinen Oberschenkel durchschossen. Das Durcheinander wuchs, über Lautsprecher wurde verlangt, sich zu ergeben, draußen fuhren drei Mowag Roland [Radpanzer; A.d.Verl.], und in der Luft flogen Hubschrauber. Sofort wurde der Befehl zur Evakuierung gegeben, es blieb nur eine kleine Gruppe zur Sicherung des Rückzugs zurück, während an einer Seite des Betriebs der Rückzug Richtung SUMAR begann.«[32]

Pascal Allende erzählt davon, was die Mitglieder des MIR während des Rückzug gemacht haben:

»Miguel schob zusammen mit anderen Compañeros einige Fahrzeuge zum Eingang, um ihn zu blockieren und sich zu verschanzen. Bald wurde klar, dass es nicht nur unmöglich war, die Putschisten zum Rückzug zu zwingen, sondern dass wir im Gegenteil Gefahr liefen, von diesen eingekesselt zu werden. Es wurde dann entschieden, die Einkesselung nach hinten zu durchbrechen. Es wurde eine kleine Kolonne mit Miguel an der Spitze aufgestellt, wir wichen nicht von seiner Seite, um ihn zu schützen und uns folgte ein guter Teil der sozialistischen Compañeros. Als wir auf die Straße kamen, befanden wir uns in nächster Nähe zu einer anderen Kolonne der Polizei, die versuchte, den Kessel zu schließen, und es kam zu einem Zusammenstoß auf kurze Distanz ohne Deckung. Wir eröffneten sofort das Feuer, schneller als der Feind, und fügten ihm einige Verluste zu. Der Großteil der Kolonne, die uns folgte, ging zurück und zog sich zum Betrieb zurück, dessen Eingang sich auf der anderen Straßenseite befand. Unter ihnen war auch unser Compañero León, der später am selben Ort starb. Miguel, der um jeden Preis die Einkesselung durchbrechen wollte, um sich wieder dem Rest der Führung anschließen zu können, befahl uns weiterzugehen, wozu wir die Straße unter Beschuss überqueren mussten, auf die sich die Kolonne der Polizei zurückgezogen und wo sie sich verschanzt hatte; wir selbst gingen weiter zur Población La Legua.«[33]

Beim Ausgang von INDUMET gab es Verluste unter der Polizei und Aktivisten der Linken. Nach dem *Rettig Bericht* der Wahrheitskommission starben bei den Zusammenstößen Manuel Ojeda Disselkoen, Aktivist des MIR, und der Polizist Raúl Lucero Ayala[34]. Außerdem wurden die Polizisten Esteban Cifuentes Cifuentes und Fabriciano González Urzúa verletzt, die beide Tage später am 14. September an den erlittenen Verletzungen starben. Nach den Zusammenstößen wurden verhaftet: Sócrates Ponce (Inspektor von INDUMET), Teodoro Konoba Krul und Miguel Angel Lacorte (die beiden letzten Argentinier), ersterer wurde am 12. oder 13. September ermordet, während Teodoro Konoba und Miguel Angel Lacorte zum Nationalstadion gebracht und später ermordet wurden. Man fand ihre Leichen am 14. September auf der Straße.

Diejenigen, die sich im Gebäude von INDUMET aufgehalten hatten, zerstreuten sich beim Herauskommen und einige begaben sich sofort zum Betrieb SUMAR, während mindestens zwei Gruppen in die Población La Legua hineingingen. Eine dieser Gruppen von dreißig oder vierzig Personen bestand aus sozialistischen Aktivisten, so Rafael Ruiz Moscatelli; die zweite kleinere Gruppe aus Aktivisten des MIR, die entgegen der Erinnerungen von Pascal Allende nicht in die Población hinein, sondern nur um sie herum gingen.[35]

Sozialisten in La Legua: Das Zusammentreffen mit den »Pobladores« und der erste Zusammenstoß

Nachdem die Aktivisten der Linken »die Einkesselung« von INDUMET »durchbrochen hatten«, beschlossen zumindest die Sozialisten sich im Betrieb SUMAR, der ungefähr fünfhundert Meter von INDUMET entfernt lag, zu reorganisieren. Es gab nur zwei Möglichkeiten: entweder direkt über die Avenida San Joaquín vorbei an einer Polizeikaserne – heute ist es ein Kommissariat – oder über »einen indirekten Weg nach hinten weg und nach La Legua reingehen«. Die Wahl einer Gruppe der Sozialisten fiel auf die zweite Möglichkeit.[36] Der einzige Weg nach La Legua führte über die Gasse Venecia, eine kleine Straße ohne Pflasterung von ungefähr zweihundert Meter Länge, die von den Mauern der Betriebe im Viertel (Coca Cola im Westen und Comandari unter anderen im Osten) umgeben war. Einige der Zeitzeugenberichte vermitteln die herrschende große Unsicherheit:

> »Eine verfluchte Gasse. Verflucht, weil, wenn irgendjemand aus der ganzen Gruppe die Reaktionsfähigkeit oder die Fähigkeit zur Orientierung gehabt hätte, wäre ich nie in diese Gasse gegangen. Es war eine sehr lange Gasse mit sehr hohen Mauern und das Einzige, was ich wollte, war irgendwohin zu gelangen, denn ich wusste, wenn sie uns hier erwischten, würde nichts von uns übrig bleiben, da gäbe es nichts mehr …«[37]

Nach Ruiz hatten die Diskussionen im Betrieb INDUMET kein klares Ergebnis gebracht, ob man zur Moneda vorrücken oder ob man die Kräfte reorganisieren und verstärken sollte um Widerstand zu leisten oder ob es vielleicht besser wäre, sich einfach zurückzuziehen. Ruiz war Mitglied des GAP und war von Allendes Sitz »Tomás Moro« mit der Anweisung des Präsidenten sich zurückzuziehen zu INDUMET gekommen: »Wir telefonierten mit dem Präsidenten und er sagte, wir sollten zu SUMAR oder zu INDUMET gehen … Wir sollten Tomás Moro verlassen, denn sie würden Tomás Moro noch vor der Moneda bombardieren, er meinte es sei eine

Dummheit dieses Haus zu verteidigen, da es keinerlei Wichtigkeit habe… wir sollten dorthin gehen«.[38]

Die Mitglieder des GAP, die zu INDUMET kamen, hatten deshalb auch nach Ansicht von Ruiz keinen spezifischen Plan, was nicht heißen soll, dass die Sozialisten des Militärapparats der PS keinen gehabt hätten. Der Abzug nach La Legua verlief ungeordnet und improvisiert. Er war Ergebnis einer Notsituation und nur einige kamen bei SUMAR an. Der Empfang durch die »Pobladores« war jedoch »herzlich«, obwohl sich natürlich einige vor der Gruppe bewaffneter Männer in der Población erschreckten.

Maria, heute eine ältere Frau, Mutter zweier Kinder, arbeitete in jener Zeit auf einem »freien Markt«, und sie war vielleicht eine der ersten, die Kontakt zu der Gruppe hatten, denn ihr Haus befindet sich ganz nah am Ende der Gasse Venecia:

> »Sie kamen vorbei, und natürlich haben wir ihnen Wasser gegeben, wir haben ihnen Äpfel gegeben … Sie hatten Maschinenpistolen dabei, und sie haben gemeint, wir sollten uns hinten anstellen, und wir ›Nein‹, denn wenn wir nicht schießen konnten, warum sollten wir die Waffen nehmen. … Sie fragten nach SUMAR, denn sie sagten, es gäbe Leute, die dort arbeiteten, und dass man die Leute dort rausholen und töten würden … und dass sie ihnen helfen würden. Das haben sie gesagt.«[39]

Delia, damals ein Mädchen, erinnert sich, dass ihre Mutter sagte, es seien »Compañeros, die für sie kämpfen«. Sie stellten ihnen eine Leiter hin, damit sie sich besser im Viertel orientieren konnten. Danach rückte die Gruppe weiter durch die Straßen bis zur Ost-West Achse Comandante Riesle vor, die nach Legua Nueva und zu SUMAR führte.

Einen zweiten Kontakt, diesmal einen politischen, gab es auf der Comandante Riesle mit kommunistischen Aktivisten aus La Legua. Seit dem Morgen überlegten sie, was sie gegen den Putsch tun könnten. Margarita Durán, eine der wenigen überlebenden Zeuginnen dieser Ereignisse, erzählt uns, dass sie an jenem Morgen zum Unterricht ins Pädagogische Institut gegangen und dann mittags nach Hause zurückgekehrt war, wo sie ihren Lebenspartner Luis Orellana traf. Sie aßen bei ihren Eltern zu Hause zu Mittag, die gegenüber dem Sitz des lokalen Komitees der *Kommunistischen Partei* in der Straße Los Copihues, wenige Meter von Alcalde Pedro Alarcón entfernt, wohnten. Die beiden teilten eine besondere Erfahrung als Aktivisten in La Legua, denn sie waren aus dem lokalen Komitee ausgeschlossen und in den »Sicherheitsapparat« (also Nachrichtendienst) der *Kommunistischen Jugend* aufgenommen worden. Dies war sicher vielen öffentlich auftretenden Aktivisten der KP in La Legua unbekannt. Besonders im Falle von Margarita ist davon auszugehen, da sie vorher »wegen eines Konfliktes« ausgeschlossen und unter dem Siegel der Verschwiegenheit nachrichtendienstlichen Aufgaben zugeteilt worden war.

Margarita erinnert sich, dass sie wenige Tage vor dem Putsch Kontakt zu den Compañeros von SUMAR aufgenommen hatten. Anlass war die Durchsuchung des Betriebs am 7. September durch die FACH, die zur Vorbereitung des Putsches diente. Auch ihr Compañero Luis verfügte über mehr Informationen, denn er hatte Kontakt zu sozialistischen und miristischen Aktivisten. Kurz nach Mittag entschieden sie, über die Straße Comandante Riesle nach Legua de Emergencia zu gehen und begegneten der Kolonne der sozialistischen Aktivisten:

> »Wir gingen zu Fuß über Comandante Riesle Richtung Santa Rosa los ... als wir auf die Kolonne trafen ... da kam Camú. Wir kannten uns, Arnoldo Camú war Mitglied im Militärapparat (der PS) ... kurz bevor wir an die Ecke San Gregorio und Comandante Riesle kamen, hielten wir an. Luis kannte sie, denn er hatte manche Versammlungen mit diesen Leuten gehabt, was weiß ich, der Apparat der KP, der sehr klein war, mit dem Apparat der Sozialistischen Partei, wir hatten schon Versammlungen und Treffen gehabt ... Luis kannte zwei Personen und sagte, also, halt, fangt nicht an zu schießen ... Lucho sagte ihm: ›Schau, Freund, das ganze Gebiet hier ist von der Linken und im Augenblick sind eine Menge Leute auf der Straße (...) Ich bin umgekehrt und Luis schloss sich mit Gerardo der Kolonne an und brachte sie zu SUMAR«.[40]

Als die Kolonne jedoch in Richtung SUMAR vorrückte, stießen sie auf einen Bus der Polizei mit einer begrenzten Zahl von Uniformierten, drei oder vier, so erinnert sich Margarita. Es gab einen Schusswechsel, aber die Polizisten ergaben sich und hielten ein weißes Tuch hoch. Die Aktivisten diskutierten, was sie mit den Gefangenen machen sollten. Einer von ihnen sagte zur Gruppe »laßt uns keine Kriminellen sein, wir töten sie nicht«, so entwaffneten sie sie und der Bus fuhr weiter in Richtung des Krankenhauses Barros Luco.

Die sozialistische Gruppe rückte weiter Richtung SUMAR vor, aber als sie an die Ecke Los Copihues und Pedro Alarcón kamen, stießen sie auf den Feuerwehrwagen von La Legua. Sie entschieden, ihn zu übernehmen ohne irgendjemand zu verletzen, um weiter vorwärts zu kommen. Es war Martina, eine Frau aus der Gruppe, die sich vor dem Feuerwehrwagen aufstellte und drohend von den Feuerwehrleuten verlangte, aus dem Auto zu steigen, weil sie es brauchten, um die Verlegung der bewaffneten Aktivisten zu SUMAR zu ermöglichen.

Unter den aktivsten Bewohnern von La Legua waren ca. fünfzehn jungen Mitglieder der KP: »Tita, Raúl und Chelo, die zwei Salamanca, Luis und ich, mein Bruder, Arturo«, die meisten von ihnen wurden exekutiert oder man ließ sie in den Tagen und Monaten nach dem Putsch verschwinden. Die Menschen in der Población war mobilisiert:

> »Viele Leute machten mit, als sie diese Aktivitäten sahen, als diese Aktivisten kamen, als diese Kolonne kam, und nach dem Zusammenstoß waren die Leute sehr solidarisch, sie bewaffneten sich, sagen wir, die Kleinen guckten zu […] die ganze Población machte mit, sie öffneten den Compañeros die Türen, sie halfen ihnen reinzukommen, das war so eine beeindruckende Sache, ich sag dir, das hätte ich nie von diesen Leuten erwartet, die waren nicht mal Linke, aber es gab so etwas wie ein Klassenbewusstsein.«[41]

Die Ankunft bei SUMAR und die Reorganisierung der Kräfte

Nachdem die Zusammenstöße bei INDUMET begonnen hatten, wurde aus dem Betrieb SUMAR der neue Ort für die Reorganisierung, ohne dass man festlegte, an welche der drei Fabriken man sich wenden sollte, deshalb ist es möglich, dass einige der Gruppen zu den Betrieben Algodón oder Nylon gingen. Trotzdem weist alles daraufhin, dass sich der Großteil der Kräfte in der Polyester-Fabrik zusammenfand, denn hier tauchten die Mitglieder der Politkommission und des Militärapparats der PS und die Mitglieder des GAP auf.

In der Polyester-Fabrik, in der noch immer die mittlerweile um Waffen und Kämpfer verstärkte Gruppe aus Arbeitern aushielt, geschah etwas, das auch von den Militärs dokumentiert wurde.

Don Rigoberto erinnert sich so:

> »Es wurden die Waffen verteilt. Und ein Hubschrauber, der morgens über dem ganzen Viertel flog, der das ganze Viertel immer wieder überflog, seine Kreise zog, was weiß ich, der flog da nach La Legua, vor allem über La

Legua und den Fabriken, die an La Legua angrenzen. Als wir sahen, dass sich der Hubschrauber wieder näherte, in ziemlicher Höhe, er flog nicht tief, die müssen mit einem Fernglas nach unten geguckt haben, da sagte also Camú ›Versteckt euch!‹, also haben wir uns unter Markisen aus Material versteckt, die es in der Fabrik gab – sie müssten jetzt noch da sein –, damit man uns nicht von oben sah, und als er sich näherte, sind wir alle zusammen raus – er schrie: ›Rauskommen‹ und wir begannen, den Hubschrauber zu beschießen. Da ist er weg, er ist nach Los Cerrillos, das liegt hier in der Nähe … Von überall stieg Rauch auf, aber er fiel nicht runter, wir sahen nicht, ob er explodierte, nichts, er ist nur verschwunden, man konnte nur die Spur sehen, er war getroffen worden«.[42]

Nach Informationen der Streitkräfte fand der Beschuss nach 15 Uhr statt, als der fragliche Hubschrauber losgeschickt wurde, um über den Industriegürteln zu kreisen und den Landstreitkräften Unterstützung zu geben. Im Bericht, der auf den Ausführungen des Hubschrauberpiloten basiert, steht:

»Wir kannten das Viertel, weil wir das überflogen hatten, und wir waren dann schnell über dem Objekt; die Vorinformationen, die wir hatten, ließen uns sehen, dass dort Aufstandselemente waren, aber wir waren darauf vorbereitet, was auch immer in Angriff zu nehmen und siegreich daraus hervorzugehen. Wir befanden uns über dem Betrieb SUMAR, und da waren sie tatsächlich; verschanzt und leicht zu identifizieren, denn sie trugen gelbe Helme, sie waren bemüht, die Zugangswege zu blockieren.

Das Aufschlagen der Projektile zwang den Feind, in nahegelegenen Häusern Schutz zu suchen, aber er machte weiter in seinem Tun, Barrikaden zu bauen und brennbare Materialien wie Holz und Reifen aufzutürmen.

Unsere Maschine zog immer größere Kreise.

Bei einer dieser Wendungen, als wir in Richtung West-Ost flogen, um dann auf Richtung Nord-Süd zu drehen, Geschwindigkeit aufnahmen und unsere Waffen auf das Gebäude richteten, ungefähr auf der Mitte des Blocks, hörten wir Schüsse, die auf einen Zusammenstoß zwischen Extremisten und Landstreitkräften schließen ließen. Die nächsten Minuten waren angespannt, als der große eiserne Vogel plötzlich schwankte, fast verlor er die Stabilität und damit verloren wir auch den Schusswinkel, sodass die Kanoniere keinerlei Möglichkeit fanden, den Angriff zurückzuschlagen, dazu kam ein starker Geruch nach verbranntem Material als Ergebnis der Einschüsse, die die zentralen Rotorblätter abbekommen hatten.«[43]

In dem Artikel wird erklärt, dass auch der Pilot von einem Schuss getroffen wurde, weshalb sie den Ort verlassen und sich zur Notfallstation der Gruppe Nr. 10 der Luftstreitkräfte begeben mussten, wo sie schließlich landeten und die Schäden insgesamt festgestellt wurden: achtzehn Einschüsse.

Was den Beschuss des Hubschraubers und speziell den genauen Zeitpunkt des Geschehens angeht, so gibt es keine Übereinstimmung zwischen den Informationen der Militärs und denen der Beteiligten von SUMAR. Die Ausführungen der Streitkräfte besagen, dass der Vorfall nach 15 Uhr stattfand, während Don Rigoberto sie kurz nach der Ankunft von Arnoldo Camú mit den Waffen legt, das heißt auf die Zeit nach halb 11 Uhr morgens. Der auf der Webseite lafogata.org erschienene Bericht legt den Beschuss auf die Zeit zwischen 13 und 14 Uhr:

»13.00. Wir kamen zu SUMAR, dem Sammelpunkt. Hier mussten wir unser weiteres Vorgehen bestimmen. Von Tomás Moro war ein Compañero des GAP gekommen und ein anderer von der Leitung des GAP. Sie kamen mit einem Lieferwagen voller Waffen.

Bei SUMAR gab es ungefähr 200 bewaffnete Männer. Wir stellten eine gute Außenverteidigung her …

Da kam ein Puma vom Heer runter und beschoss uns. Er kam bis auf die Höhe des Wasserspeichers runter. Wir haben angefangen ihn zu beschießen. Wir haben den Hubschrauber zur Sau gemacht. Er ist schwankend weg.«

Nachdem die Schüsse den Hubschrauber getroffen hatten, was nach den Erinnerungen von Don Rigoberto der einzige Zusammenstoß beim Polyester-Betrieb war, der während seiner Anwesenheit in der Fabrik[44] stattfand, teilten sich diejenigen, die in der Fabrik waren, in verschiedene Gruppen auf, deren Hauptziel darin bestand, zur im Gürtel Santa Rosa gelegenen Fabrik MADECO[45] zu gelangen, um eine größere Einsatztruppe zu bilden, den Widerstand fortzusetzen und der Moneda zu Hilfe zu eilen, von wo es noch keine sicheren Informationen gab.

Über die Anzahl der Gruppen, die sich bildeten, gibt es noch keine Klarheit, unter anderem deshalb, weil der Rückzug von INDUMET zu SUMAR nicht sehr geordnet ablief, was bedeutete, dass einige kamen (direkt von INDUMET oder auch aus dem Zentrum von La Legua), während andere schon weggingen oder dabei waren, zu MADECO zu gehen. Patricio Quiroga zufolge bildeten sich drei Kolonnen (eine vierte war seiner Meinung nach schon losgezogen), eine davon wurde ganz schnell in der Avenida Santa Rosa gestoppt; eine andere, in der er mitging, kam bis zum Camino Agricola und musste dann zu MADECO umkehren, und eine dritte, in der Arnoldo Camú war, kämpfte am Ende innerhalb der Población La Legua. Nach Ansicht von Don Rigoberto bildeten sich auch drei Gruppen, von denen eine zum Schutz in der Polyester-Fabrik blieb, eine andere zog mit Roberto Robles an der Spitze zum Betrieb FERROMAT, und eine dritte, in der er selbst, Camú und zwölf weitere Arbeiter der Anlage gingen, zog im Feuerwehrwagen in Richtung La Legua.

Genau wie im Fall der Beschießung des Hubschraubers gibt es auch in Bezug auf den Feuerwehrwagen verschiedene Darstellungen der Protagonisten, besonders bezüglich der Uhrzeit und der Richtung, in der er sich bewegte. Nach dem Bericht von Margarita Durán wurde der genannte Feuerwehrwagen von der Kolonne requiriert, die sich von INDUMET durchgeschlagen hatte und in der Población La Legua geblieben war, das geschah ungefähr zwischen 15 und 16 Uhr nachmittags. Bei der Beschlagnahme hatten Martina, Arnoldo Camú und Rolando Calderón mitgemacht, die danach das Fahrzeug zu SUMAR brachten. Don Rigoberto Quezada erzählte uns, dass der erwähnte Wagen ungefähr gegen Mittag zur Anlage Polyester gelangt sei, als er sich schon mit Camú dort befand. Andererseits sahen ein anderer von uns Befragter – Juan Rodríguez, »Yaco« – und die Personen, die sich außerhalb von SUMAR-Nylon befanden, einen Feuerwehrwagen von La Legua aus kommen (über den ihnen mitgeteilt worden war, dass er zu SUMAR kommen und Waffen dalassen würde), der schließlich am Ende auf einige Panzer der Polizei traf; das geschah ungefähr gegen 12 oder 13 Uhr.[46] Der auf lafogata.org erschienene Augenzeugenbericht legt dar, dass die Beschlagnahme des Wagens gegen 12 oder 13 Uhr passierte, damit wurden ungefähr fünfzig Personen zu SUMAR transportiert (es wird nicht genauer ausgeführt, aber wir nehmen an, dass es zur Polyester-Fabrik ging), wo sie ohne größere Schwierigkeiten ungefähr um 13 Uhr ankamen. In einem der Augenzeugenberichte schließlich, die Patricio Quiroga sammelte, wird gesagt, dass die in Frage stehende Gruppe nach einem Zusammenstoß mit einem Polizeibus in La Legua auf einen Feuerwehrwagen stieß, in dem ungefähr siebzig Personen mit Renato Moreau an der Spitze fuhren.[47] Eine der Erklärungen für die Unterschiede (neben den offensichtlichen Irrtümern und dem nach so vielen Jahren Vergessenen) könnte darin liegen, dass der erwähnte Feuerwehrwagen mehr als eine Fahrt zu SUMAR machte, oder auch, dass sich bei dieser(n) Fahrt(en) die Zeit bis zur Ankunft bei SUMAR-Polyester, SUMAR-Nylon und in der Población La Legua hinzog.

Wie wir vorher gesehen haben, fuhr die Gruppe mit Rigoberto Quezada und Arnoldo Camú im erwähnten Feuerwehrwagen ins Zentrum von La Legua. Warum dorthin? Weil einige der Aktivisten, die sich von INDUMET aus verstreut hatten, in der Población geblieben waren, und weil das außerdem einer der Wege war, um zu MADECO zu kommen. So bestand die Bewegung dieser Gruppe aus einem improvisierten Transport, und damit war sie später Teil eines der wichtigsten und symbolträchtigsten Zusammenstöße jenes 11. September, dem »Kampf von La Legua«.

Wieder in La Legua: der größte Zusammenstoß

Die Sozialisten hatten nun entschieden, sich bei MADECO, einem Betrieb zur Kupferverarbeitung, der zwischen Santa Rosa und Gran Avenida im Süd-Westen von La Legua lag, neu zu organisieren. Es war also eine neue Verlegung notwendig, die über verschiedene Wege lief, aber einer der wichtigsten führte über die Población La Legua. Hierbei entwickelten sich die heftigsten Zusammenstöße.

Don Luis Durán, der Vater von Margarita, erinnert sich, dass die Bewohner von La Legua vom frühen Morgen an versuchten, sich über die Geschehnisse zu informieren. Er erklärt, dass die Leute sich versammelten, »aber ohne zu wissen, was tun, sie waren unentschlossen, ob sie ins Zentrum gehen sollten, denn es gab keinen Transport mehr«. Während einige Nachbarn auf der Straße blieben, sahen sie die bewaffneten jungen Leute auftauchen, die mit der Polizei zusammenstießen: »Aber die Polizisten verschwanden, sie hauten ab, aber danach kamen sie zurück, verstehst du, aber besser ausgerüstet, sie kamen hierher zurück, über Alvarez de Toledo, mit einem Polizeibus.«[48]

Tatsächlich: Wie sich Don Luis erinnert, entwickelte sich der heftigste Zusammenstoß, der zweite an diesem 11. September, mitten in der Población – wir schätzen gegen 16.30 Uhr –, als die Gruppe von SUMAR zurückkehrte und intern alarmierte Polizei -Kräfte sich in Richtung des Viertels von San Joaquín sammelten. Der Zusammenstoß entwickelte sich also auf der Straße Los Copihues und auf der Höhe des folgenden Häuserblocks Richtung Westen, in Toro y Zambrano, zwischen Alvarez de Toledo und Alcalde Pedro Alarcón:

> »Es erschien dieser Bus mit den bewaffneten Polizisten, und es erschien ein junger Mann, keine Ahnung woher, mit einer Panzerfaust, und als er zur

Straße Alvarez de Toledo kam, oder wie heißt diese Straße nach Teniente Soto?, blieb er stehen, machte die Panzerfaust fertig und schoss, und er hatte das Glück, ich weiß auch nicht wie, dass er genau in der Mitte traf, und da blieb dieses zerstörte Ding übrig, da fielen sie also, andere flohen, der Wagen blieb also zerstört liegen und tote Polizisten, und danach erschien Polizei mit Panzern, und sie schossen überall hin, da mussten wir uns einschließen, und sie fuhren schießend mitten auf der Straße Los Copihues, blockierten die Straße, dann drehten sie in Toro y Zambrano um, und es gab da ein paar junge Leute, die waren nicht aus dieser Población .... Sie stiegen auf die Dächer und schossen auf die Polizei und dort, gegenüber vom Haus unseres Nachbarn, wie heißt er noch, Raul Rivera, fiel ein Polizist .... Aber von denen, die schossen, war keiner aus dieser Población, das waren junge Leute, die von woanders kamen«.[49]

Der Polizei-Major Mario Salazar vom 22. Kommissariat von La Cisterna berichtete, dass sie um 15 Uhr einen Anruf erhielten, in dem das 12. Kommissariat von San Miguel Verstärkung anforderte: »Gegen 15 Uhr rief der Präfekt, Präsident Pedro Aguirre Cerda, an. Ich war im Büro und nahm persönlich den Anruf an. Im Bereich des 12. Kommissariats würden die äußeren Ersatztruppen von bewaffneten Banden angegriffen und bräuchten Verstärkung [...]«.[50]

Gemäß dem Bericht von Major Salazar wurde Verstärkung für die Feldwache Erradicacion angefordert, aber ohne genaue Ortsbestimmung. Genauer wird Major Salazar in Bezug auf die Ereignisse, die ihn schließlich zur Población La Legua führen. Seinem Bericht nach gruppierte er nach dem Anruf von Pedro Aguirre Cerda aus der Präfektur seine Männer, verlangte Freiwillige, und alle waren bereit, für die Verteidigung ihrer Compañeros zu kämpfen:

»Wir zogen zuerst zum 12. Kommissariat, aber niemand von uns kannte das Viertel, und wir brauchten jemanden, der uns den Weg zeigte. Wir fuhren in einem Bus, in dem sich zwei Offiziere und 25 Polizisten befanden, und in einem Auto, in dem ich mit drei Männern saß.

Bei unserer Ankunft wurden wir von dem wachhabenden Offizier darüber informiert, dass die Feldwache El Pinar (an der Avenida Central und Comercio in der Población El Pinar neben La Legua gelegen) von Extremisten überfallen wurde, und dass ein Offizier verletzt war.«[51]

Die Ankunft der Verstärkung »war von der Vorsehung bestimmt«, so Salazar, und nachdem der Angriff beendet worden war, ließ der Major einige seiner Män-ner auf der Feldwache El Pinar zurück und zog, einem neuen Befehl gehorchend, weiter in Richtung des Betriebs Comandari in Carlos Valdovinos (ex- Avenida San Joaquín):

> »Der Bus fuhr vorn, gefolgt von mir mit dem Auto, als plötzlich das erste Fahrzeug, während wir durch eine Straße, ich denke, sie hieß Los Copihues, fuhren, unerwartet stoppte. Ich konnte erkennen, dass an der Ecke ein Lieferwagen hielt, und ungefähr acht Individuen, bewaffnet mit automatischen Gewehren oder Maschinenpistolen, stiegen aus und begannen sofort uns mit Feuersalven einzudecken.
>
> Das Personal stieg aus dem Bus, um den Angriff abzuwehren, und das-selbe machten ich und meine Männer. Ich ging zum Bus vor und befahl in Deckung zu gehen, rannte bis zur Ecke, während ich schoss, dabei folgten mir die Polizisten Martin Vega Antiquera und Raúl Lucero Ayala.
>
> Als ich mich auf der Hälfte der Entfernung zwischen dem Bus und der Ecke, in der der Lieferwagen stand, befand, wurde mir bewusst, dass wir nicht nur von vorn beschossen wurden, sondern dass wir von verschiede-nen Orten aus mit Feuer belegt wurden, und zwar immer mit automatischen Waffen.
>
> Gleichzeitig wurde ich von einer Kugel in der Leistengegend getroffen und fiel zu Boden. Im selben Moment fiel einige Schritte weiter vorn der Polizist Vega tödlich getroffen.
>
> Hinter uns rannte der Polizist Raúl Lucero Ayala, der, als er anhielt um uns zu decken, ebenfalls von einer Salve getroffen wurde und sofort starb.«[52]

Major Salazar blieb seiner eigenen Erzählung nach ausgestreckt auf dem Boden liegen und konnte sich nicht mehr mit eigener Kraft bewegen, während seine Männer weiter schossen. Es verging einige Zeit, bis man ihn rettete. Major Salazar erwähnt nicht den Angriff mit der Panzerfaust auf den Polizeibus. Die Presse jedoch, die in den darauf folgenden Tagen nichts über diese Ereignisse berichtete, veröffentlichte am 8. Oktober 1973, das heißt fast einen Monat später, Zeugnisse von Polizisten, die den Zusammenstoß überlebt hatten. Sie erzählten den Journalisten von *El Mercurio* folgendes über das, was am Nachmittag des 11. September in La Legua passiert war:

»Wir wurden mit jeder Art von Waffen beschossen. Aus den Ecken schossen Gruppen von drei oder vier Extremisten mit Maschinenpistolen. Von verschiedenen Häusern, durch die Fenster und selbst durch die Öffnungen der Dachböden mit Gewehren. Eine Gruppe hatte sich verschanzt und bediente eine Panzerfaust. Ein Schuss mit der Panzerfaust traf unseren Bus. Wie durch ein Wunder explodierte das Geschoss nicht …«[53]

Der Polizist Carlos Yavar führt aus, dass der Aufschlag der Panzerfaust die Vorderscheibe des Busses durchschlug ohne zu explodieren, »die Uniformierten kamen einer nach dem anderen aus dem Fahrzeug, während sie gleichzeitig schossen. Der Pegasus blieb weiter Ziel von vielen Projektilen und war am Ende völlig zerstört.«[54] Trotz allem wurde Major Salazar gerettet und von dem ebenfalls verletzten Polizisten Alejandro Castillo zu einer Ambulanz gebracht.[55]

Margarita, Zeugin des Zusammenstoßes in der Straße Los Copihues, meint, dass der Schuss mit der Panzerfaust den Bus der Polizei traf, »denn es gab viele Verletzte«, und dass einige der Aktivisten aufs Dach ihres Hauses kletterten und von dort aus schossen. Auf der Straße, die sie von ihrem Haus aus einsehen konnte, schoss ein Mitglied des GAP mit zwei Maschinenpistolen, um seine Compañeros zu decken und auch denjenigen, der die Panzerfaust bereit machte, um auf den Bus der Polizei zu schießen.

Major Salazar bezieht sich nur auf das Auto, in dem er fuhr, und auf den Bus der Polizei in der Straße Los Copihues. Aber sowohl Margarita als auch Don Luis sahen Panzer der Polizei nahe bei der Schule, die im selben Viertel wie der Ort des Zusammenstoßes neben dem Hauptplatz von La Legua lag, fahren. Auch Margarita ihrerseits erinnert sich daran, dass Gerardo und Ernesto Salamanca (beide heute verschwunden) ihr von einem zweiten Bus der Polizei erzählten, der durch die Straße Toro y Zambrano fuhr, und andere Zeugen beziehen sich ebenfalls auf dieses Viertel (die Ecke Toro y Zambrano/Alcalde Pedro Alarcón) als Ort der Zusammenstöße am 11. September. Zusammenfassend müssen es nach diesen Angaben zwei Busse und drei Panzer der Polizei gewesen sein, die an diesem Tag in La Legua unterwegs waren.

Wenn wir auf der einen Seite durch Major Salazar von zwei Polizisten wissen, die starben und anderen, die verletzt wurden, so wissen wir über Margarita von drei weiteren Opfern, einem Poblador, Benito Rojas, wohnhaft an der Ecke Los Copihues/Alcalde Pedro Alarcón, der versuchte, ein verletztes Kind zu retten und dabei von Polizeikugeln getroffen wurde.[56] An derselben Ecke wurden zwei der Aktivisten schwer verletzt, und als die Ambulanz kam, wollte sie die beiden nicht aufnehmen. Margarita erinnert sich, »die Ambulanz wollte sie nicht mitnehmen und die Compañeros starben dort, … mit der Ohnmacht … ohne ihnen helfen zu können.« Eine Frau wagte es, einen der Verletzten zu sich herein zu holen, aber es war vergeblich, ihm erste Hilfe zu geben, er hatte einen Kopfschuss erhalten. »Die Leute, die Compañeros, holten sie dann herein und brachten sie wieder heraus, denn sie hatten Angst … diese Frau war sehr mutig, sie behielt ihn die ganze Nacht, aber als der Compañero starb, brachte sie ihn aus ihrem Haus.«[57]

Was die Ambulanz angeht, die sich weigerte, die verletzten Zivilen mitzunehmen, so wissen wir durch eine in der Veröffentlichung der Streitkräfte enthaltene Darstellung und durch spätere Presseinformationen, dass eine Ambulanz mehrmals am Nachmittag des 11. September nach La Legua fuhr. Dieser Quelle zufolge war Rafael Folle, Fahrer der zweiten Ambulanz des Polizei-Krankenhauses, während des 11. September »schon fünfmal in die Población La Legua gefahren, um bei Zusammenstößen verletztes Personal abzuholen«, und gegen 17 Uhr ließ Folle ein neuer Anruf nach La Legua fahren, diesmal begleitet von dem Feldwebel, 1° Practicante [erster Praktikant; A.d.Ü.] José Wetlin, von dem Krankenpfleger René Catrilaf und dem Polizisten Mamerto Rivas. Letzterer war als Begleitschutz für die Ambulanz mit einem automatischen Gewehr bewaffnet.

Das Ziel der Mission war, aus einem Haus im Viertel den Feldwebel 2° Evaristo Cerdo des 22. Kommissariats abzuholen, der bei den Zusammenstößen am Nachmittag, so nehmen wir an, einen Kopfschuss erhalten hatte. Nachdem sie den Verletzten abgeholt hatten und die Ambulanz versuchte, aus der Población herauszufahren, traf sie eine Maschinenpistolensalve, bei der der Fahrer verletzt wurde, das Fahrzeug kam von der Straße ab, und der Motor ging aus. Als sie versuchten, das Auto wieder in Gang zu setzen, deckte erneutes Feuer die Ambulanz und die Polizisten ein. Der Praktikant Wetlin »starb […] auf der Stelle. Den Krankenpfleger Catrilaf traf ein Schuss ins rechte Bein, und der Polizist Rivas wurde in die Schulter getroffen, wobei er seine Waffe verlor, die auf die Straße fiel«.[58] Im Artikel von *El Mercurio* steht, dass die Ambulanz von achtzehn Maschinenpistoleneinschüssen getroffen wurde, dem Fahrer gelang es trotzdem »mit Geistesgegenwart« und »das Steuer mit nur einer Hand lenkend« aus La Legua herauszukommen.

Mit den partiellen Informationen und Augenzeugenberichten, die wir haben, ist es sehr schwierig, die Uhrzeit und den Ort des Angriffs auf die Ambulanz genauer zu bestimmen. Die Aussage eines Pobladors aus dem Viertel Legua Emergencia bestätigt den Angriff und weist ihn einer Person zu, die aus der Gruppe von INDUMET kam. Der von *El Rodriguista*, eine linke Publikation der neunziger Jahre, verbreitete Bericht eines Protagonisten besagt jedoch: »wir haben der Ambulanz die Möglichkeit gegeben, ihre Leute zurück zu ziehen, klar, da gab es eine Schießerei, aber das war das Werk von Lumpen, nicht von Kämpfern aus der Linken.«[59] Wir sind zwar nicht in der Lage, diesen letzten Hinweis zu bestätigen, aber er kann sich auf eine offizielle Bestätigung berufen, dass nach der Durchsuchung der Población La Legua am Sonntag, den 16. September, drei der Polizei bekannte »Pobladores« verhaftet und erschossen wurden, denen der Angriff auf die Ambulanz zugeschrieben wurde. Über die Hinrichtung dieser Personen wurde in der Presse breit berichtet, aber erst Ende September und in den Zeitungen, denen die Militärjunta die Genehmigung zur Veröffentlichung erteilt hatte.

Der Fall der Ambulanz hat eine große symbolische Bedeutung, denn die Presse schrieb diese Aktion Individuen »mit einem umfassenden Polizeiregister« [*Las Ultimas Noticias*, A.d.Verl.] zu, das stand in Chile für »Kriminelle«. Im Fall der Tageszeitung *La Prensa* waren es extremistische »Marxisten und Kriminelle«. Beide Personengruppen waren das Hauptziel der Repression in La Legua: linke Aktivisten und polizeibekannte »Pobladores«. Letztere stellten in den auf den Putsch folgenden Monaten die größte Zahl der Opfer, wie wir später sehen werden.

Der Rückzug der Aktivisten, der Gewerkschafter und der »Pobladores«

Während sich in La Legua, Santa Rosa und in der Gegend von Camino Agrícola lange und verschiedene Konfrontationen ereigneten, waren die Arbeiter in der Anlage Algodón von den Militärs eingekesselt, sowohl aus der Luft (Hubschrauber) als auch zu Boden. Und die Waffen, die gekommen waren – nach den Worten von Don Luis Mora wenige – dafür gedacht, »Widerstand zu leisten und anzugreifen«. Jedoch teilten nicht alle die Option zum Widerstand: »Sache ist, dass ich wusste, wie man diese Waffen bedient, aber ich wollte keine einzige nehmen, andere nahmen welche, aber wozu? Es fiel kein Schuss, keine Ahnung warum sie sie nahmen, um sich aufzuspielen, um sich bekannt zu machen … Wir sahen wie die Situation war – wir wussten, dass Allende tot war, dass die Militärs schon fast die ganze Macht hatten – warum sollten wir Widerstand leisten?«[60]

Wie Don Luis Mora sagt, gab es andere, die Widerstand leisten wollten: »Dort gab es auch einen Jungen, den sie später umgebracht haben, Adrián Sepúlveda … Einer von SUMAR, Arbeiter, aber ein Junge, der mitreißen konnte … Adrián Sepúlveda. Was er also wollte, das war Widerstand zu leisten, aber wir sagten ihm Nein, das sei unmöglich.«

In der Zwischenzeit hatten die Militärs entschieden anzugreifen, sie begannen zu schießen, aber sie kamen nicht rein: »Sache ist, dass es Widerstand gab, und sie haben sich zurückgezogen. Gegenüber von SUMAR gab es zu dieser Zeit noch nicht das geschlossene Stadion, sie ließen uns eingeschlossen da drinnen und griffen uns nicht mehr an.«

Der Bericht auf lafogata.org legt dar, dass die Polizei den Gruppen, die von SUMAR-Polyester kommend nach La Legua gingen, einen Hinterhalt legte, ungefähr fünfzig Personen gelang es, die Einkesselung zu durchbrechen und bis zu MADESMA durchzukommen. Von dieser Gruppe heißt es auf lafogata.org:

> »Wir haben dort sofort eine Außenverteidigung aufgebaut. Mit Fahrzeugen und im Umkreis von ein paar Häuserblocks versuchten wir, unsere Einheiten neu zu organisieren und denen, die uns hinterher kamen, beim Vorrücken zu helfen.
>
> 15.00. Bei MADESMA habe ich mich mit der Funk-Zentrale in Verbindung gesetzt. Die Zentrale erklärte, dass sie keinerlei Informationen von den Regionalbüros erhalten habe. Dass die Militärs auf nationaler Ebene dabei seien, die Radios zu besetzen …
>
> 17.00. Ich befal der Radiozentrale, sich in die Fahrzeuge zu setzen und mit dem ganzen Personal zu MM zu fahren. Das wurde gemacht …
>
> 18.30. Ich fuhr mit zwei Lieferwagen voller Compañeros los, um zu versuchen, die Einkesselung in La Legua zu durchbrechen, ein bißchen, um ihnen den Kampf, den es da drinnen gab, zu erleichtern …
>
> Wir versuchten, die Einkesselung – die war ziemlich weit – an verschiedenen Punkten zu durchbrechen, aber die Einkesselung war wirklich sehr stark. Wir warteten auf die Nacht um, zu erfahren, was im Rest von Santiago und im übrigen Chile passierte.
>
> 23.00. Die Nachricht, dass Allende in der Moneda gestorben war, war schon bekannt … Wir fingen an, mit verschiedenen Teilen von Santiago zu telefonieren um zu erfahren, was passierte. Wir erfuhren, dass der Kern der Kolonne, mit der wir gekommen waren, La Legua verlassen hatte. In der kam auch Arnoldo Camú mit 50 oder 60 Compañeros, sie durchbrachen die Einkesselung in der Nacht …

23.30. Sie bestätigten uns den Tod von Allende, und wir erfuhren, dass der Kampf objektiv zu Ende war. Die letzte Kolonne von all denjenigen, die mit uns von SUMAR aus losgezogen waren, konnte erst drei Tage später wegkommen.«

Zur gleichen Zeit gab es eine Versammlung bei MADECO, wohin Teile der Kolonnen gelangt waren, die ursprünglich von SUMAR aus losgezogen waren. Auf dieser Versammlung, an der unter anderem Mitglieder der Politkommission der PS – Exequiel Ponce und Rolando Calderón – und Mitglieder des GAP – Renato Moreau, Pedro Plaza, Robinson Pérez, Hans, Félix Vargas und Patricio Quiroga – teilnahmen, wurde die Lage eingeschätzt und beschlossen, in die Illegalität zu gehen, die Waffen zu retten und den Kontakt zu den Strukturen aufrecht zu erhalten. Gleichzeitig wurden Bemerkungen gemacht, die den Gemütszustand derjenigen widerspiegelten, die den Tag über gekämpft hatten: »Die Revolution ist gescheitert«, »Das ist eine strategische Niederlage«.

Don Rigoberto Quezada, der in der Gruppe mit Camú im Feuerwehrwagen fuhr, erinnert sich, dass sie in La Legua auf einen Bus der Polizei stießen, ihn beschossen und die Insassen zwangen sich zu ergeben. Später hatten sie andere Scharmützel mit der Polizei und kamen schließlich am späten Nachmittag bei MADESMA an. Dort wurden sie darüber informiert, dass im Laufe des Nachmittags Leute gekommen waren, sich aber wieder zurückgezogen hatten. So machte sich die ganze Gruppe auf den Weg zurück zu SUMAR auf, wo sie nie ankam, sie zerstreuten sich unterwegs auf Initiative von Camú, der einen Lieferwagen im Viertel beschlagnahmte, ihn mit den Waffen belud, die sie dabei hatten, und dann auf die Suche nach einem Versteck dafür ging. Don Rigoberto schließlich schlief am Ende im Haus eines Compañero aus der Fabrik.

Einige der sozialistischen Aktivisten konnten zu MADECO gelangen, aber andere blieben in La Legua. Als die Zusammenstöße nachließen und es Nacht wurde, sagt Margarita, »kamen die Hubschrauber mit Leuchtraketen« und die Aktivisten, die immer noch in La Legua waren, »versuchten zu schießen, denn es gab überall Waffen«. Am 12. September war es ruhiger, aber es gab noch viel zu tun, so erzählt uns Margarita:

»Der 12. war ruhig, wir begannen aufzuräumen, wir begannen Leute raus zu schaffen, denn wir waren umstellt […] auf Salesianos waren schon Panzer, sie fuhren dort vorbei, durch Santa Rosa, durch Vicuña [Mackena], denn sie konnten nicht in die Straßen von La Legua fahren, das waren Panzer, so große Dinger […] Und da haben wir angefangen zu versuchen, die Leute rauszuholen, so viele wie möglich rauszuholen. Zuerst wollten sie die[Waffen] nicht übergeben, weil die Leute sich begeistern, danach begann die Angst, und dann haben sie sie weggeworfen, das waren die, die wir eingesammelt haben, und wir brachten sie dann in das Haus Ecke Toro y Zambrano mit Estrella Polar [so hieß früher die Straße Alcalde Pedro Alarcón]. Da wurden sie gefunden, es war das Haus eines Compañero der Partei […] und seine Kinder haben es uns erlaubt, […] der Ort war leer, und wir haben sie eingewickelt …. Was weiß ich, und wir ließen sie dort.«[61]

Schließlich, so fügt Margarita hinzu, trafen sich noch in derselben Nacht einige Aktivisten, die von außerhalb kamen, mit jungen Kommunisten in La Legua und sprachen darüber, dass etwas von dem, was in der Población geschehen war, auch an anderen Orten geschehen sein musste, sie debattierten über

»die Reaktionen vor allem der Miristen, die Reaktion des Proletariats. Das heißt über die geringe Weitsicht, und dann kamen da plötzlich Leute von woanders her, [die sagten], das sei ein befreites Gebiet, Compañeros … was weiß ich was, wieviel, und von hier ziehen wir los. Da wir eingeschlossen waren, ohne Informationen […] Als sie endlich mit den Füssen auf den Boden kamen, war es schon Freitag, der 14. nachmittags, da kam einer von diesen Freunden, die wir rausgeholt hatten, er kam zurück, erzählte uns, dass sich diese Frage weder in Santiago noch sonst wo stellte, der einzige Ort in Santiago, wo wirklich Widerstand geleistet wurde, war hier, ein paar Scharmützel noch in den Industriegürteln … aber in jenem Moment, wir könnten sagen, flüchtig … vorbei, aber das einzig Starke, das war hier passiert. Und genau dieser Compañero, der die Panzerfaust abgefeuert hatte, der später kam und sagte, bereitet euch vor auf das, was kommt … am Samstag besteht die Möglichkeit, dass sie bombardieren …«[62]

Die lange Finsternis nach der Niederlage des 11. September: Die Repression bei SUMAR

Während die Leute, die zu MADECO gefahren waren, bei Einbruch der Nacht in verschiedene Richtungen aufbrachen und der Versuch einer Neuorganisierung scheiterte, blieben Don Luis Mora und weitere dreißig bis vierzig Personen in der Anlage, mussten dort in der Fabrik übernachten, während sie weiter von einem Hubschrauber überflogen und von Militärs bewacht wurden, die in regelmäßigen Abständen ins Innere schossen; aber keiner der nächtlichen Besetzer wurde getroffen, genauso wenig wie während der Schießereien am Vormittag und Nachmittag des 11. September Die Belagerungssituation änderte sich am 12., als die Militärkräfte entschieden, auf das Fabrikgelände vorzurücken: »[…]… am 12. kam ein militärisches Sonderkommando und griff von dem Kommissariat aus an, aber das waren ungefähr 200 Uniformierte mit einem Jeep – ich werde mich immer daran erinnern – mit Kaliber 130, und sie griffen den Betrieb an. Tatsache ist, dass viele von uns abhauen konnten, während wir uns versteckten und andere nicht wegkommen konnten.«[63]

Die Mehrheit der Arbeiter, die sich noch in der Anlage befanden, beschloss sich zu ergeben, später wurden sie dann ins Nationalstadion transportiert, und eine Gruppe von vier Personen, unter ihnen befanden sich Don Luis Mora und Adrián Sepúlveda,[64] schafften es, sich zu verstecken und so den ganzen Tag des 12. dort zu bleiben, denn die Militärs hatten diesmal das ganze Fabrikgelände besetzt. Deshalb suchten die Widerständigen im Morgengrauen des 13. September einen Fluchtweg, dabei dachten sie an die Abwasserkanäle, die die Anlage Algodón durchzogen. Don Luis:

> »[D]ie Militärs waren schon permanent dort, es gab keinen Zivilisten, die einzigen Zivilisten waren wir, wir waren dort, aber sie konnten uns nicht finden, sie wussten nicht, dass dort vier Personen waren. Tatsache ist, ich erinnere mich nicht, welche Uhrzeit es war, jedenfalls im Morgengrauen des 13., wir sahen, dass es in einem Sektor keine Wachen gab, und wir gingen in einen Abwasserkanal, die Abwasserkanäle des Betriebs sind hoch, da kann eine Person drin stehen, das war also der Weg, wie wir aus dem Betrieb kommen konnten … wir gingen raus, und wir kamen zur Straße, es war der 13., es war mittags, wir hoben den Kanaldeckel des Abwasserkanals hoch – die sind schwer – und wir kamen da raus … Wir stiegen da raus, und als wir mitten dabei waren rauszukommen, haben sie uns gesehen und erwischten

uns mit Schüssen … Den zwei Compañeros, die zuerst rauskamen, passierte nichts, denn sie liefen los, mich erwischte ein Schuss, der erste Schuss traf mich in die Brust, und ich fiel hin, und als der nächste Typ raus stieg und ich ihm sagte, er solle abhauen, und ich wieder aufstehe, ich bin wieder aufgestanden, da traf mich der nächste Schuss hier in die Seite. Sie sind durch die Gasse abgehauen, und ich bin wieder aufgestanden, und da haben meine Beine nachgegeben, und ich bin hingefallen.«[65]

Nachdem er von den Schüssen verletzt worden war, kamen ihm einige Leute zu Hilfe, die sich in einem nahen Kindergarten befanden. Sie waren sich der Schwere seiner Verletzungen bewusst und wagten es, aus dem Kindergarten zu kommen, damit die Polizisten es übernähmen, Don Luis zu einer Rettungsstelle zu bringen. Aber die Situation war nicht einfach, denn die Polizisten waren davon überzeugt, dass der Verletzte getroffen worden war, als er sich in seinem Haus befand. Einige Uniformierte wollten ihn in den Graben von (Zanjon de) Aguada werfen, dann hielt die Polizei ein Privatauto an und Don Luis wurde damit zur Station des Krankenhauses Barros Luco gefahren, wo er drei Monate lang blieb. In dieser Zeit konnte er die zwei Gesichter sehen, die ab dem 11. September konstant nebeneinander bestehen sollten: die Solidarität und die Brutalität. Er erinnert sich so: »Dort im Krankenhaus erlebten wir auch viel Hilfe, denn dort im Krankenhaus bekam ich, wenn es Durchsuchungen gab – sie machten verschiedene Durchsuchungen –, ein Schild mit dem Vermerk ›an der Gallenblase operiert‹, wenn man also hörte, dass es eine Durchsuchung gab, nahm man mir den Wundverband ab und das richtige Schild legten sie hier runter … und machten das andere Schild dran.«

Darüber hinaus veränderten die Krankenhausmitarbeiter bei Don Luis auch das Datum seiner Aufnahme und legten es auf den 10. September, denn das Personal von Barros Luco war sich dessen, was passierte, bewusst. Und sie wussten, dass die nach dem 11. September von Schüssen Verletzten Gefahr liefen, bei einer der vielen Durchsuchungen verhaftet zu werden. Auf diese Weise wurde Don Luis vor dem Tod oder einer möglichen Verhaftung (was in jenen Tagen schnell zum Tod führen konnte) gerettet, er wurde aus dem Krankenhaus entlassen und kehrte wieder zu seiner Arbeit zurück, wo er erfuhr, was nach dem 11. September in der Anlage geschehen war, Ereignisse, die er nicht persönlich erlebt hatte, aber zwei andere Arbeiter des Betriebs, Frau Victoria und Don Guillermo Vega.

Frau Victoria, in dieser Zeit Arbeiterin in der Spulenabteilung, erinnert sich, dass sie über Radio dazu aufgerufen wurden zur Anlage zu kommen, wobei sie sich nicht genau daran erinnert, ob es der 18., 19. oder der 20. September war. Als sie schon in der Fabrik waren, begannen die dort anwesenden Militärs damit, mehr als zwanzig Personen aufzurufen, die von der Gruppe getrennt und zu einer nahe bei der Verwaltung der Anlage gelegenen Unterführung gebracht wurden, danach hat sie niemand mehr gesehen. Eine dieser Personen war Donato Quispe,[66] Arbeiter, der außerdem mit einer Compañera derselben Abteilung verheiratet war, die wahrscheinlich im selben Betrieb ermordet wurde, Ofelia Villarroel:

> »Sie war kein Parteimitglied, das heißt ich würde sagen, dass sie sich mit der Zeit engagiert hat, was weiß ich, sie stand der Kommunistischen Partei nahe, aber ich habe sie nie als eine Person wahrgenommen, die, sagen wir, sich so engagiert hätte, um bis dahin zu kommen, ich habe aber gehört, dass in einem bestimmten Augenblick, als die Militärs kamen oder als sie sie mitgenommen haben, da hat sie einen Anfall gekriegt, einen Nervenzusammenbruch, irgend so etwas, ich glaube, sie soll sich auf einen von ihnen geworfen haben.«[67]

Dieses Bild, das uns Don Guillermo über die Umstände des Todes von Ofelia Villarroel[68] vermittelt, stimmt teilweise überein mit der Sicht von Frau Victoria, die sich an die späteren Kommentare erinnert, dass ein Mädchen an einem Herzanfall gestorben sei, als sie verhaftet wurde. Diese Aussagen stimmen allerdings nicht vollständig mit der Information überein, die der Rettig-Bericht über die Situation zusammengetragen hat, die Ofelia Villarroel, Donato Quispe und Adrián Sepulveda erlebten, als sie zur Fabrik kamen. Nach dem zitierten Bericht wurden die erwähnten Arbeiter von SUMAR am 23. September in der Fabrik verhaftet, später aus ihr fortgeschafft, und ihre Körper fand man im Laufe desselben Tages mit tödlichen Schussverletzungen auf der Autobahn General San Martin. Außerdem waren die Körper in denselben Sarg gelegt und auf dem Generalfriedhof begraben worden. Unabhängig davon, ob die erwähnten Arbeiter von SUMAR direkt in der Fabrik oder außerhalb ermordet worden sind, ist es offensichtlich, dass die Repression gegen die Arbeiter dieser Anlage besonders heftig war, vielleicht deshalb, weil die Uniformierten nicht vergaßen, dass es in diesem Gebiet am 11. September Widerstand gegeben hatte.

Schließlich war die Anwesenheit des Militärs in der Anlage Algodón nicht auf den 23. beschränkt, ein Datum, das der Rettich-Bericht als den Tag benennt, an dem die Arbeiter von SUMAR aufgerufen wurden, an ihre Arbeit zurückzukehren. Sowohl Frau Victoria als auch Don Guillermo erinnern sich, dass sie noch einige

Monate blieben, ungefähr bis zum Dezember, als ihren Angaben nach die Familie Sumar wieder den Betrieb übernahm und das Arbeitsleben zur Normalität zurückkehrte, zumindest der vom Militärregime definierten Normalität.

In den anderen Anlagen von SUMAR blieb die Lage nach dem 11. September nicht ganz so »normal«. Es gab dort eine Reihe von Durchsuchungen bis Ende des Jahres, eine nicht geringe Zahl von Arbeitern wurde verhaftet und laut Presse fand man Waffen jeder Art. Zum ersten Mal wurde am 13. September eine Durchsuchung bei SUMAR bekannt gemacht, als *El Mercurio* den Erlass Nummer 26 der Junta wiedergab, in dem die Aktionen aufgelistet waren, die zwischen dem 11. und dem 12. September stattgefunden hatten, und worin es heißt, dass eine davon die »Besetzung und Durchsuchung des Betriebs SUMAR war, bei der Widerstand von bewaffneten Extremisten geleistet wurde«. Später, am 31. Oktober, informierte dieselbe Zeitung über eine Operation bei SUMAR-Polyester, bei der eine Maschinenpistole, ein Magazin und Unterlagen gefunden worden seien. Einen Monat später, am 1. Dezember, bezog sich die zitierte Tageszeitung auf die Verhaftung von sieben Arbeitern des mit FTR verbundenen Betriebs, und am 7. Dezember berichtete *La Tercera* über die Verhaftung von zwei weiteren Arbeitern, Carlos Ramírez und Julio Herranz. Schließlich informierte die Zeitung am 22. Dezember über eine neue Durchsuchung bei SUMAR-Polyester, wobei sich auf dem Dachboden der Anlage zwei Maschinengewehre, Munition und Material zum Bombenbau gefunden hätten. Zu den vorher genannten Vorkommnissen, bei denen neun Arbeiter verhaftet wurden, muss noch der gegen 47 Arbeiter angestrengte Prozess hinzu gezählt werden, der am Ende eingestellt wurde. Bezüglich dieser 47 Arbeiter gibt es keine Information darüber, ob sie verhaftet wurden oder nicht (wenn man von den Anklagen ausgeht, ist es sehr wahrscheinlich, dass sie gefangen genommen wurden), in welchem Augenblick sie festgenommen oder angeklagt wurden, aber die Anschuldigungen gegen sie wurden genau aufgezählt: Besitz von Schusswaffen, die am 11. September in die Fabrik gebracht worden sein sollen, um »den Betrieb zu verteidigen«; ihre Verantwortung für die Ermordung von Ernestina López Estay, die bei einem Schusswechsel zwischen Arbeitern des Betriebs und Polizei verletzt worden war und später starb; die Herstellung von Flugblättern, die die Regierungsjunta verunglimpfen, und tätliche Misshandlung von Polizisten mit Schusswaffen.

Die vorhergehenden Informationen aus Presse und Justiz offenbaren uns einen Teil dessen, was in der Fabrik SUMAR und mit den Arbeitern in den Tagen nach dem Putsch passierte. Aber sie erwähnen natürlich einige Vorkommnisse nicht, von denen unsere Interviewten erzählten oder die man anderen Quellen entnehmen kann. So wissen wir zum Beispiel nichts über die Personen, die in SUMAR-Algodón am 12. verhaftet und, so sagt Don Luis Mora, ins Nationalstadion gebracht wurden (können das die 47 Angeklagten des Prozesses sein, auf den wir hinwiesen?). Wir wissen auch nicht, was mit den meisten der am 23. ebenfalls bei SUMAR-Algodón Verhafteten passierte, nachdem sie zur Arbeit zurückgekehrt waren. Von SUMAR-Nylon wissen wir gar nichts, kennen nur Äußerungen darüber, dass es dort tatsächlich Zusammenstöße gegeben haben soll, das dachten jedenfalls Frau Victoria, Don Guillermo und Don Luis. Klar ist, dass nicht wenige Arbeiter von SUMAR schlimme Konsequenzen des Putsches erfuhren, sei es, dass sie ermordet, verhaftet oder entlassen wurden. Andere mussten die neue Realität akzeptieren, die Einzug in die Fabriken hielt – nach der nur für kurze Zeit verwirklichten Idee, etwas mehr als nur Arbeitskraft und menschliches Kapital zu sein.

Wie ging das Leben einiger Protagonisten der Ereignisse des 11. September bei INDUMET, SUMAR und in La Legua weiter?

Don Rigoberto Quezada war sich bewusst, dass man ihn zu Hause suchen könnte, und er verbrachte den ganzen September über in Wohnungen von Compañeros oder Familienangehörigen, während seine Ehefrau die Flucht aus dem Land organisierte. Ende September schließlich gelang es ihm, in der Botschaft Venezuelas Asyl zu finden, und Tage später ging er ins Exil, wo er sich später wieder mit seiner Familie zusammenfand. Im Jahr 1990, achtzehn Jahren später, kehrte er nach Chile zurück. Die Verletzungen von Don Luis Mora heilten, und er kehrte zu seiner Arbeit bei SUMAR zurück, aber die Ähnlichkeit seines Namens mit dem einer wegen Terrorismus gesuchten Person machte ihm Probleme, unter anderem war er Gefangener in Concepcion. Er arbeitet immer noch bei SUMAR. Frau Victoria Barrientos und Don Guillermo Vega arbeiteten weiter bei SUMAR, und letzterer steht immer noch in Verbindung mit dem Betrieb. Rafael Ruis Moscatelli ging in die Illegalität und führte seine politische Aktivität sowohl in Chile als auch im Ausland weiter, bis er im Jahr 1983 verhaftet wurde. Der Lehrer und Historiker Patricio Quiroga ging auf eine langdauernde Reise durch Lateinamerika, bis er sich wieder in Chile niederließ, wo er heute an der Universität ARCIS unterrichtet. Das Leben mehrerer Protagonisten der Ereignisse vom 11. September endete im Widerstand, unter ihnen Arnoldo Camú, der Ende September 1973 fiel, als die Sicherheitskräfte vielleicht schon von seiner Bedeutung bei den Ereignissen des 11. September wussten und von der Rolle, die er in der Reorganisierung der Linken und des Widerstands gegen das Militärregime hätte spielen können.

Die Repression in La Legua

So wie uns Margarita Durán erzählte, kam es nach den Zusammenstößen des 11. September zu einer Pause, in der einige, die von außerhalb der Población kamen, dachten, dass La Legua ein »befreites Gebiet« sein könnte. Aber die Realität war anders, denn der größte Teil der Energien, zumindest die der Aktivisten, richtete sich darauf, Waffen und Personen zu verstecken. Andererseits begann in diesen Tagen auch das Gerücht die Runde zu machen, dass La Legua bombardiert werden würde, ein Gerücht, das immer stärker wurde, und das dazu führte, dass viele »Pobladores« das Viertel verließen und Zuflucht in den Häusern von Familienangehörigen in anderen Poblaciónes von Santiago suchten. Mitten in diesem Klima der Unsicherheit jedoch – das bis zum Sonntag, den 16. September andauerte, als La Legua mit einem enormen polizeilich-militärischem Aufgebot durchsucht wurde – brachten der Hunger und der Nahrungsmittelmangel einige »Pobladores« dazu, Betriebe im Viertel und einen kleinen Supermarkt mitten in La Legua an der Ecke San Gregorio/Alcalde Pedro Alarcon zu überfallen. Viele »Pobladores« erinnern sich bis heute an diese Überfälle als eine Maßnahme der Not und Solidarität, denn sie liefen organisiert ab. Die Tageszeitung *La Tercera* informierte über den Betrieb Comandari, der »von Unbekannten geplündert wurde, die die Räumung des Betriebs ausnutzten«, und darüber, dass eine große Menge Nahrungsmittel und Waren, die in diesem Unternehmen hergestellt wurden, entwendet worden sei.[69]

Aber stärker als die Plünderungen prägte die sich unter den »Pobladores« ausbreitende Angst vor einer Bombardierung durch die Militärs die Atmosphäre. Eine Angst, die sich am Morgen des 16. zu bestätigen schien, als tief fliegende Flugzeuge die Bewohner von La Legua weckten; diese Aktion ging der groß angelegten Durchsuchung mit kombinierten Kräften aus Polizei, Heer und Luftwaffe voraus. Die Tageszeitung *La Tercera* informierte folgendermaßen über dieses Geschehen: »Es war noch früh in der Hauptstadt, als die Población davon überrascht wurde, dass sie ständig von Flugzeugen überflogen wurde. Die Militäreinheiten gingen in Nueva La Legua gegen eine extremistische Gruppe vor, die die Zivilbevölkerung und Militär-Patrouillen angegriffen hatte. Die Aktion fand statt, nachdem die Kinder und Frauen in Sicherheit gebracht worden waren. Auch die Männer wurden dazu aufgerufen, die Población zu räumen.«[70]

Offensichtlich hatten die Flugzeugbewegungen kein anderes Ziel, als der Población Furcht einzuflößen, besonders in La Legua. Einige »Pobladores« erinnern sich heute daran als an eine psychologische Bestrafungsaktion, und sicherlich war dies eine furchtbare Erfahrung von Verwundbarkeit und Wehrlosigkeit.

Nach dem Tiefflug der Flugzeuge kam die Durchsuchung, bei der die Räume durchkämmt, die Habseligkeiten zerstört, die Menschen auf der Straße misshandelt und erniedrigt wurden – mit Kolbenstößen, Schlägen, Haare-Schneiden, Beschimpfungen usw. – und Gladys Balboa durch einen Schuss von der Polizei ihr Leben verlor, als sie sich im Hof ihres Hauses aufhielt.[71] Die Durchsuchung dauerte von der Morgendämmerung bis zum Nachmittag des 16. September mit einem Ergebnis von mehr als zweihundert Verhafteten, die zuerst zur Luftwaffenbasis El Bosque und dann zum Nationalstadion gebracht wurden, wo sie die Zahl der dort bereits befindlichen Verhafteten vergrößerten. Unter den Gefangenen befand sich Don Luis Durán, der am 16. in den frühen Morgenstunden dieses Sonntags aus seinem Haus geholt worden war.

Noch im Oktober und dann im Dezember gab es neue Durchsuchungen, aber die Repression richtete sich nach allgemeiner Wahrnehmung eindeutig auf zwei Ziele: gegen die Aktivisten der Linken, besonders die der lokalen *Kommunistischen Partei*, und gegen als »Kriminelle« oder »anti-sozial« bezeichnete Personen.

Die Aktionen gegen die Aktivisten führten die entstehende DINA – deren Operationsbasis im Folterzentrum in der Straße Londres 38 mitten im Stadtzentrum von Santiago lag – und das von Oberst Manuel Contreras geleitete Regiment Tejas Verdes in Llo Lleo am Zentralen Küstenstreifen neben dem Hafen von San Antonio durch. Beim Vorgehen gegen die kommunistischen Aktivisten von La Legua, in der Mehrzahl Jugendliche, von denen einige an den Zusammenstößen am 11. September teilgenommen hatten, lassen sich zwei Phasen erkennen: eine, die in der Presse als »Plan Leopardo« bezeichnet wurde und die mit dem Tod unter der Folter von fünf Jugendlichen endete; und eine weitere von Tejas Verdes ausgehende Phase, bei der man im Januar 1974 die Brüder Salamanca verhaftete und verschwinden ließ.

Nach Erklärungen des Vaters eines der Opfer des Plan Leopardo, Don Pedro Rojas, wurde sein Sohn mit demselben Namen am 20. Dezember in seinem Haus von »Individuen in Zivil, die sich in einem Kühlwagen ohne Nummernschild bewegten, und die ihn unter Schlägen herausholten und ihn fesselten«, verhaftet.[72] Dieselben Polizisten, so konnte Don Pedro herausfinden, verhafteten unter ähnlichen Bedingungen am Dienstag, dem 18. Dezember Alejandro Gómez und am Mittwoch, dem 19. Luis Orellana, Luis Canales und Carlos Cuevas. Das heißt, zwischen Dienstag, dem 18. und Donnerstag, dem 20. waren die fünf Jugendlichen in den Händen von Sicherheitskräften, die sie zur Straße Londres 38 brachten, und an diesem Ort wurden sie zu Tode gefoltert.

Am Samstag, dem 22. Dezember 1973 stand in einer Presse-Erklärung des Leiters des unter Ausnahmezustand stehenden Gebiets, Sergio Arellano Stark – verurteilt wegen des Falls der sogenannten Karawane des Todes –, dass »die Streitkräfte letzte Nacht einen bösartigen, perfekt ausgearbeiteten Plan vereitelt haben, der eine spätere subversive Aktion zum Ziel hatte«, und er lieferte reichlich Informationen dazu:

»In dieser Nacht wurden um 21.05 Uhr fünf Individuen von einer Patrouille des Heeres überrascht, weil sie sich unter zwei Starkstrommasten im Cerro Navia nahe bei der Población Violeta Parra seltsam verhielten... Sie trugen zahlreiche Dynamit-Ladungen und sowjetische Waffen mit sich ... Als die Patrouille sie überraschte, empfahl sie ihnen sich zu ergeben, jene antworteten mit Schüssen, und die Streitkräfte sahen sich gezwungen, sie bei einem Schusswechsel, der 20 Minuten dauerte, außer Gefecht zu setzen, dabei wurden die fünf mit der terroristischen Aktion beauftragten Extremisten getötet (...) Alle diese Subjekte waren Mitglieder der ehemaligen Kommunistischen Partei und Teil des Plan Leopardo, in den Taschen von einem der Kriminellen wurden ein Manuskript mit dem Namen Plan Leopardo und sehr wichtige Codes gefunden«.[73]

Die Tageszeitung *El Mercurio* informierte in ähnlichen Worten über das Ereignis, wiederholte die Argumentation von General Arellano und fügte hinzu, vielleicht um die Nachricht glaubhafter klingen zu lassen, dass zwei Soldaten bei der Konfrontation »nicht unbedeutend verletzt« worden seien.[74] Das war der typische Fall eines so nicht stattgefundenen Ereignisses, der während der ganzen Zeit der Militärdiktatur von den Sicherheitsapparaten und der Presse unermüdlich wieder aufgegriffen wurde. Ein in Wahrheit brutales und grausames repressives Vorgehen, das später als Zusammenstoß zwischen Zivilisten und Uniformierten dargestellt wurde. Der Rettig-Bericht beschrieb die Situation von Pedro Rojas mit folgenden Worten: »Pedro Rojas, 21 Jahre alt, ledig, war als Arbeiter bei Sumar beschäftigt und lokaler Führer in der Kommunistischen Partei. Am 20. September wurde er von drei Sicherheitsbeamten verhaftet und an einen unbekannten Ort gebracht. Er wurde gefoltert und am 21. Dezember von Staatsbeamten außerhalb jeden legalen Verfahrens hingerichtet.«[75]

In ähnlicher Weise berichtet der Rettig-Bericht über den Tod von Luis Emilio Orellana, »25 Jahre alt, ledig. War als Angestellter der Kooperative Pinacoop beschäftigt und Aktivist in der Kommunistischen Jugend.« Er wurde »am 20. Dezember im

Haus von Freunden in La Granja von Sicherheitsbeamten verhaftet, die ihn an einen unbekannten Ort brachten. Er wurde gefoltert und am 21. Dezember von Staatsbeamten außerhalb jeden legalen Verfahrens hingerichtet.«[76]

Das Zeugnis von Don Pedro Rojas lässt die Widersprüche innerhalb der Militärbehörden erkennen, denn als die Schwester von Pedro über Radio vom Tod ihres Bruders erfuhr, rief sie den Sekretär von Humberto Limonelli an, der für den Betrieb Sumar verantwortliche Militär, der sie darüber informierte, dass es sich um eine Namensverwechslung handeln müsse, denn sie wüssten von der Verhaftung von Pedro am 20. Er versprach ihr, sich mit dem Innenministerium in Verbindung zu setzen, wo man ihm den Namen von Pedro Rojas bestätigte; dafür wurde der erwähnte Limonelli später abgemahnt. Als dann die Nachricht im Betrieb bekannt wurde, sagte man das Weihnachtsfest ab.

Mit Hilfe des Priesters Luis Díaz, der Sekretär von Kardinal Silva, konnten sie außerdem die Leichen der drei jungen Männer in der Leichenhalle von Santiago finden:

> »Wir gingen mit dem Sekretär des Kardinals, Priester Luis Díaz, um die Körper in der Leichenhalle abzuholen. Dort war die Wirkung noch viel stärker, die Körper der Opfer waren vollkommen entstellt von den Folterungen, die sie erlitten hatten. Die Leiche unseres Sohnes, Pedro Rojas, hatte keine Fingernägel mehr, sie hatten sie ihm ausgerissen, Fesselungsspuren an den Händen, Verbrennungsspuren durch elektrischen Strom, der rechte Arm war gebrochen, die Ohren waren voller Blut, und das Schlimmste war, sein Kopf war oben plattgedrückt und seine Kiefer locker, offensichtlich hatten sie ihm mit einer Art Presse, wie man sie in weit zurückliegenden Zeiten benutzte, den Kopf zusammengedrückt. Das war sicher die letzte Folter, die unser Sohn erlebt hatte. Er hatte keine Schussverletzung.«[77]

Der Zustand der anderen Opfer weicht nicht sehr von dem Pedros ab. Der Verantwortliche der Leichenhalle informierte sie darüber, dass die Leichname mit dem Befehl gebracht wurden, sie ins Krematorium zu bringen – er war jedoch bereit, sie den Familienangehörigen zu übergeben. Drei von ihnen wurden in einem Fahrzeug des Christus-Heims nach La Legua gebracht, dort wurden sie in der Kirche San Cayetano aufgebahrt, wo sie viele Nachbarn besuchen und begleiten konnten. Der Bischof Fernando Aristía hielt für sie eine Abschiedsmesse.

Nach der Beerdigung der kommunistischen Aktivisten unternahm die Kirche durch Vermittlung des Kardinals Schritte bei den Militärs, um deren Tod aufzuklären. Der Kardinal wies die Militärs tatsächlich darauf hin, dass es Beweise dafür gebe, dass die jungen Männer vor ihrem Tod verhaftet und dann gefoltert worden seien. Nach Don Pedro war die Antwort der Militärs, den Kardinal »wegen der Schwere der Anschuldigungen« zur Vorsicht zu mahnen und eine Untersuchung der Geschehnisse zu versprechen. Die Mitteilung seitens des Generals Bonilla jedoch, die später bei der Kirche eintraf, war ausweichend:

> »Man hatte die Extremisten tatsächlich Tage vorher festgenommen, aber am Tag vor dem Geschehen wurden sie frei gelassen. Leider kann ich nicht ihre Beunruhigung zufrieden stellen und eine neue Autopsie der Leichen machen lassen, denn das hieße, das Wort der Streitkräfte und der Polizei von Chile anzuzweifeln. Was das Leben der Familienangehörigen der Extremisten angeht, so können sie ganz unbesorgt sein, denn sie werden respektiert werden.«[78]

Der sogenannte Plan Leopardo war nicht nur eine Art, die Vernichtung des örtlichen Komitees der *Kommunistischen Partei* von La Legua zu verschleiern, sondern eine grausame und brutale Aktion außerhalb jeden Gesetzes oder Verfahrens, um die Bewohner von La Legua zu bestrafen, die am Tag des Putsches Widerstand geleistet hatten. Margarita Durán, die auch zusammen mit den jungen Männern der KP aus La Legua verhaftet worden war, folterte man brutal in der Londres 38 und ließ sie dann zusammen mit ihrem Schwager, beide gefesselt, nachts auf dem Camino a Lampa in den Randgebieten von Santiago liegen. Margarita war eine der wenigen Überlebenden aus La Legua, sie wurde zum zweiten Mal verhaftet, bis sie auf Anraten von Guido Peters, Priester aus Legua, schließlich ins Exil ging.

Aber die Repression gegen La Legua richtete sich nicht nur gegen die Aktivisten aus der Linken, sondern auch gegen als »Kriminelle« verdächtigte »Pobladores«. René Sáez hat uns erzählt, dass die Militärs bei ihren Runden durch die Población die Männer ihre Hemden hochheben ließen um zu sehen, ob sie Tätowierungen oder Schnitte hatten – und sie dann bedrohten, verhafteten oder sie später ermordeten.[79] Die Härte der Repression gegenüber den als Kriminellen verdächtigten »Pobladores« ist erstaunlich. Auch wenn der Rettig-Bericht selbst ein repressives Vorgehen im südlichen Bezirk von Santiago gegen diese Personen (was man »Razzien gegen Kriminalität« nannte) bestätigt, so kann man bis heute auf keine Gesamtsicht zurückgreifen, die eine Vorstellung vom Ausmaß dieses Vorgehens in der Población La Legua vermittelt. Nach einer Durchsicht des Rettig-Berichts und einer Gegenüberstellung von »Pobladores« von La Legua, die einige der Betroffenen kannten, sind wir mit den so gewonnenen Informationen auf eine Zahl von 32 Opfern in dieser Kategorie von Personen gekommen, die Bewohner von La Legua und von diesem Viertel nahegelegenen Poblaciónes einschließt.[80]

Ganz sicher stellt die Repression gegen die als Kriminelle verdächtigten Personen eine Verletzung der Menschenrechte dar, ebenso wie jene gegen die Aktivisten der Linken angewendete. In beiden Fällen kann man den Willen zur »Vernichtung« oder zum im strikten Sinne Völkermord erkennen. Es handelt sich tatsächlich um Staatsbeamte, die der Aufgabe nachgehen, eine bestimmte Gruppe von Menschen physisch zu eliminieren, wobei sie Gründe der »öffentlichen Sicherheit« oder »sozialen Säuberung« anführen oder sonst einen »Wert« sozialer Art (und sich vor allem auf soziale Vorurteile berufen). Im Fall der als Kriminelle verdächtigten Menschen ist die Situation besonders schwerwiegend, weil es sich um Personen handelt, die aufgrund einer Gesetzesübertretung (zum Beispiel wenn sie Vorstrafen haben) oder wenn sie von Diebstahl oder anderer Art illegalen Handelns leben, eine sehr niedrige Stellung in der Gesellschaft haben, was ein repressives Vorgehen gegen sie erleichtert.

Im Fall von La Legua waren die ersten hingerichteten »Pobladores« drei als Kriminelle verdächtigte Personen, die beschuldigt wurden, am 11. September eine Ambulanz der Polizei angegriffen zu haben. Obgleich es sehr schwierig ist, die Teilnahme der Betroffenen an dem Angriff zu beweisen, informierte die Presse Ende September, dass die Beschuldigten ein umfangreiches Vorstrafenregister gehabt hätten, und dass sie vor einen Kriegsgerichtsrat gestellt worden seien, der sie zum Tod durch Erschießen verurteilt habe. Der Rettig-Bericht verweist jedoch darauf, dass es nicht einmal möglich gewesen sei festzustellen, ob jener Kriegsgerichtsrat überhaupt existiert habe:

> »Die Kommission forderte von den zuständigen Behörden die Prozessunterlagen, wonach die Betroffenen verurteilt worden sein sollen, ohne diese zu erhalten.
>
> Deswegen entstand bei der Kommission die Überzeugung, dass die drei Betroffenen hingerichtet wurden, ohne ihnen das Recht auf einen angemessenen Prozess zu geben, besonders da es auch nicht glaubhaft feststeht, dass sich der angebliche Kriegsgerichtsrat tatsächlich versammelt hat, und falls das doch passiert ist, fehlte den Angeklagten das Recht auf eine legale Vertei-

digung, die eventuell die Verurteilung verhindert oder ihre Verantwortlich-
keit oder ihren Beteiligungsgrad verringert hätte. Das Vorige, egal welche reale Verantwortung die Hingerichteten an den Geschehnissen trugen, wegen
der sie verurteilt wurden, stellt eine Verletzung der Menschenrechte dar.«[81]

Nach der Erschießung von Oscar Lobos, Amado Ríos und Manuel Arancibia am
26. September 1973 und nur wenige Tage nach diesen Ereignissen wurde eine weitere Gruppe von »Pobladores« in der Gegend um den Friedhof Metropolitano
und in der Rotonda Departamental in den Nachtstunden des 30. September 1973
einfach hingerichtet – nachdem sie verhaftet worden waren. Das war der Fall von
Carlos Donoso, Jorge Nuñez und Romelio Vásquez.

In der benachbarten Población Isabel Riquelme wurden drei weitere Menschen
zwischen September und Oktober umgebracht, ebenfalls im Oktober weitere zehn
Bewohner von La Legua , fünf Personen im Dezember und sechs im Januar. Noch
zwei Jahre später betraten Uniformierte im Zusammenhang mit einer familiären
Auseinandersetzung die Wohnung der Contreras González und töteten die Brüder
Jorge Edilio und Juan Orlando.

Die meisten der Opfer von La Legua wurden zwischen September 1973 und Januar 1974 getötet. La Legua leistete am 11. September Widerstand, wurde am 16. mit
einer beispiellosen Durchsuchung bestraft, und der Tod zog in den ersten Monaten
nach dem Staatsstreich von 1973 seine Runden durch die Población. Schon im Dezember 1973 jedoch begleitete die Población den Trauerzug der Opfer des sogenannten Plan Leopardo, und später lebten die Organisationen langsam wieder auf, vor
allem unter dem Schutz der Kirche San Cayetano. Hier organisierten sich Christen
und Nicht-Christen neu, um sich zu unterstützen, bei kulturellen Ereignissen und im
christlichen Glauben, der über die bitteren Tage des Putsches, die Repression und die
Verletzung der Menschenrechte hinausweisen konnte.

Das Gedächtnis von La Legua – von Erfahrungen, Gefühlen und Fragmenten

Diejenigen, die nicht mehr unter uns sind

Es ist Samstagmorgen, der 5. August des Jahres 2000, und eine Gruppe von »Pobladores« aus La Legua und wir, zwei Historiker, treffen uns. Wir haben den »Pobladores«

ein Projekt vorgeschlagen, um im Gedächtnis der Bewohner von La Legua über die Jahre der Diktatur zu forschen. Wir erklären Schritt für Schritt, worin das Projekt besteht und besonders die Idee, dass wir zusammen an der Erforschung des kollektiven Gedächtnisses arbeiten. Auf diese Weise werden wir alle ein bisschen zu Historikern der Población, dafür ist es aber notwendig, dass alle lernen Interviews zu machen.[82] Wir schlagen als ersten Schritt vor, gemeinsam den Dokumentarfilm »La memoria obstinada« von Patricio Guzmán zu sehen und danach darüber zu diskutieren, um herauszufinden, wie jeder von uns sich an »den Putsch« erinnert.

So machen wir es, und nachdem wir den Film gesehen haben, der uns mit Bildern der Unidad Popular, dem Angriff auf La Moneda und dem zu einem Gefangenenlager verwandelten Nationalstadion konfrontiert, erfüllt ein tiefes Schweigen den Saal. Wir betrachten uns gegenseitig mit einem Gemisch zurückgehaltener Gefühle, bis eine Compañera das Schweigen bricht:

> »Gottseidank habe ich keinen Familienangehörigen verloren, aber es tut mir so leid für alle Personen, die gefallen sind, denn auch sie sind meine Geschwister… Ich komme aus einer der *Sozialistischen Partei* sehr verbundenen Familie, und wenn man mich fragt: ›Warum sind Sie für die PS?‹, dann antworte ich, naja, das ist eben meine Partei, und man muss ja nicht über alles Erklärungen abgeben und allen Leuten erzählen […] Auf dieses Weise wollten sie alle Personen zum Schweigen bringen… Darüber hinaus muss man sie auch noch grüßen, was für eine Heuchelei, muss sie mit ›Die Herren Polizisten‹ ansprechen und das auch den kleinen Jungs beibringen: ›Das sind die Herren Polizisten‹, aber mit was für einem Zorn, denn die Wahrheit ist doch, dass sie so viel Missbrauch getrieben haben, aber sie hatten ja ihre Befehle. Und wenn sie sie nicht gehabt hätten? Damals hatte ich einen Neffen, und als der mich einmal besuchen kam, brach als erstes aus mir heraus: ›Wie viele sind auf deine Kappe gegangen?‹ Danach… Mein Mann hätte mich fast umgebracht, denn der war doch ein Neffe… Das war ein Ausdruck, der mir rausgerutscht ist. Wie viele sind auf deine Kappe gegangen? Kann ja sein, dass er niemanden umgebracht hat, aber es hat mir gereicht, nur die Uniform zu sehen, das hat mir sehr weh getan, ich erinnerte mich daran, wie da die Schlangen standen und die Militärs auf die Jungen zielten, auf die ganz jungen…«

In diesem ersten Zeitzeugenbericht werden schon einige der Themen angesprochen, die uns während der Untersuchung begleiten werden, der Verlust von Familienangehörigen, die unterdrückte Militanz und die negative und kritische Sicht auf die Streitkräfte und die Polizei, die in den Tagen nach dem Staatsstreich 1973 in La Legua ihre Aktionen durchführten. Ein zweiter Wortbeitrag zielt direkt auf die Frage nach der Wahrheit über die verschwundenen Gefangenen:

»Warum reden sie von so vielen Konzentrationslagern, aber in den Zeitungen ist nie etwas über Puchuncaví erschienen? Es gibt ein großes Schweigen. Ich werde in meinen Papieren, die ich aufbewahrt habe, suchen, denn wir haben Fotos von dort, die haben wir heimlich gemacht. Mein Cousin war dort, und wir haben nie wieder etwas von ihm gehört. Nie wieder haben wir etwas von ihm erfahren. Das letzte Mal, als er wegging und wir von ihm hörten, da war er dort, denn er hat meinem Papa über andere Personen einen Zettel mit der Botschaft zukommen lassen, denn mein Papa lebte in Zapallar, da erfuhren wir, dass er dort war, er stand auf der Liste, aber danach haben wir nie wieder etwas von ihm gehört. Das sind also Erinnerungen, wir warten immer darauf, dass….«

Die Erinnerungen an die Familienangehörigen, die nicht mehr da sind, kommen ganz plötzlich hoch, und das ist vielleicht einer der wichtigsten Knotenpunkte des Gedächtnisses, weshalb Amnesie nicht möglich ist. Die Erinnerung kann nicht den, der nicht mehr da ist, von denen trennen, die ihn umbrachten und ihn verschwinden ließen, das heißt, das Opfer und die Täter:

»Ich denke, dass das Video, das wir heute gesehen haben, schmerzhafte und bittere Erinnerungen zeigt, denn es passiert Folgendes, es kommt eine Zeit, wo die Kinder fragen: ›Mama, warum passiert das? Warum passiert jenes? Warum kann ich meinen Onkel nicht besuchen gehen? Warum kann ich meinen Cousin nicht mehr sehen?‹ Das sind also bittere Erinnerungen, sehr bittere. Meine Töchter konnten nie ihren Onkel kennenlernen, denn man hat ihn am 13. Oktober 1973 verschwinden lassen. […] Er verschwand im Eingang der Argentinischen Botschaft, das letzte Mal, dass wir von ihm hörten, war, als er aus dem Krankenhaus San Borja verschwand (damals lag dieses Krankenhaus neben der Botschaft), und bis heute wissen wir nichts von ihm, sobald aber irgendwo eine Nachricht über den Fund sterblicher Überreste oder so aufgetaucht ist, sind wir dort gewesen, vor allem im Patio 29. Und in dem Maße, in dem man diese Sachen sieht, meine Töchter davon hören: ›Warum kann man nicht erfahren, wo die Überreste sind?‹ Und es gibt viele, von denen wir nichts wissen, das heißt, die Überreste meines Onkels, der dort in San Vicente starb, der verschwunden ist, wir wissen auch nichts von meinem Cousin, nichts über die Onkel meiner Töchter, es sind viele Personen… Sie sagen mir, man soll ›Polizist‹ sagen, aber nein, für mich sind das ›Bullen‹, die Hälfte von ihnen sind die schlimmsten Mörder auf der Welt; die Luftwaffe, noch schlimmere Mörder. Dieser Mann also, der beim Attentat, das sie auf ihn verübten, nicht starb, der La Legua bombardieren ließ, diese ganzen Erinnerungen sind schmerzhaft für mich, denn sie mussten mit kleinen Kindern von fünf oder sechs Jahren in andere Poblaciónes aufbrechen, weil La Legua bombardiert werden sollte.«

Aber es handelt sich hier nicht um einzelne Familienerinnerungen, sondern um kollektive oder gemeinschaftliche Erinnerungen, besonders aus der Población, die Opfer von verschiedenen Angriffen wurde. Die Bedrohung, bombardiert zu werden, ist besonders schwer zu vergessen:

»Für viele Personen aus La Legua war es eine psychologische Bestrafung, denke ich, wegen der Flugzeuge, die runterkamen, das war etwas Fürchterliches, ich erinnere mich, von meinen sechs waren da die drei Kleineren, und wirklich, alle unter der Pritsche, meine Schwiegermutter unter der Pritsche. Das Einzige, was ich wollte, war, dass sie mich töten, dass sie meine Kinder töten, denn, wer würde mir schon helfen? Also ich denke, dass die psychologische Bestrafung, die sie in La Legua vollzogen, die war, dass wir dachten, wir würden in jedem Moment alle umgebracht werden. Und sie machten sich lustig, ich sage, sich psychologisch lustig machen […] Daran zu denken, was in jenen Jahren passiert ist, daran erinnert man sich mit Schmerz, mit viel Zorn«.

Die Aggressionen summieren sich, und alles deutet darauf hin, dass sie nicht vergessen werden. La Legua wurde zwischen September und Dezember 1973 mehr als einmal durchsucht, und bei jeder Durchsuchung wurden verschiedene Repressionserfahrungen gemacht, einschließlich des Todes von mehr als einem Nachbarn, Misshandlungen sowie in einigen Fällen die Zerstörung des Besitzes der »Pobladores«:

»Ich habe keinen Verlust von Familienangehörigen erlitten, aber die Milizen sind gekommen und haben verlangt, dass ich alles wegschmeiße.

Zu der Zeit hatte ich kleine Kinder, ich musste alles wegschmeißen, die Matratzen, das ist alles ein Trauma für die Kinder. Gott sei Dank hat keiner einen falschen Weg eingeschlagen, denn es ist eine Sache, wenn was passiert und es uns danach schlecht geht, aber was wird dann mit den Kindern? Ich hatte damals acht Kinder, und ich wohne gegenüber von der Fabrik SUMAR, das war das Heftigste, jeden Tag schossen sie von oben von der Fabrik, und die Milizen standen da oben und zielten auf uns gegenüber. Es war fürchterlich, ich ließ die ganze Zeit die Tür abgeschlossen, damit die Kinder nicht auf die Straße laufen konnten und sie sie töteten … Wir standen da unter doppeltem Feuer, und wir sind alle in den Hinterhof, damit uns die Kugeln nicht erreichen konnten… Sie haben mir mit Kugeln die Fenster kaputt gemacht, es war fürchterlich, davon bleibt einer gezeichnet, und die Kinder, was wird aus denen, sie schrien wie kleine Tiere«.

»Das andere war, Personen sterben zu sehen, Nachbarn, ich erinnere mich, dass eine Nachbarin gerade ihre Tochter im Hof kämmte, als ein Schuss sie traf. Das war schrecklich, fürchterlich, so etwas vergisst man nie. Man bleibt gezeichnet, die Kinder sehen das, diese Tochter wurde traumatisiert, sie sah ihre Mutter sterben, mit einem zerstörten Kopf, ein Mädchen von fünf Jahren, die sah, wie ihre Mutter ihr in den Schoss fiel, das war fürchterlich.«

»Ich glaube, das hat uns härter gemacht, heute sehen wir eine Tote und rühren uns nicht, denn ich erinnere mich, neben meinem Haus lag eine Leiche, und ich bin nicht rausgegangen, um sie aufzuheben, aus Angst, dass sie uns auch töten.«

»Ich erinnere mich, wenn man in jener Zeit raus musste, um etwas zu Essen zu kaufen, dann musste man in Begleitung eines Milizionärs gehen, um ein Brot für die Kinder zu kaufen, musste man mit einem Milizionär gehen. Wir durften nicht von hier bis zu Gran Avenida gehen, denn wir wurden überwacht. Ich glaube, das ging noch viele Jahre lang, ich erinnere mich an das Jahr 1980 herum, da haben sie uns auch durchsucht, sie haben die Sachen weggeworfen, die wir uns neu gekauft hatten, einfach so haben sie all unsere Sachen kaputt gemacht […]«.[83]

Die ersten Erinnerungen, die im Gespräch in einer Runde mit Zeitzeugen auftauchen, sind verbunden mit den Gefühlen von Schmerz und Bitterkeit, die bis heute der Tod oder das Verschwinden von Familienangehörigen hervorrufen, sowie mit einer negativen Sicht auf die Streitkräfte und die Polizei. Es gibt mehr als fünfzig Opfer in La Legua und den benachbarten Poblaciónes in einer städtischen Gemeinde von wenig mehr als 20.000 Einwohnern.[84] Die »hartnäckigste« Erinnerung, die tiefer unter der Haut zu sitzen scheint, ist also die vom Tod, der die Población in den ersten Tagen und Monaten nach dem Staatsstreich 1973 traf. Der Tod in diesen beiden Formen: derjenigen, bei der man weiß, dass jemand gestorben ist, wie im Todesfall der Nachbarin, »die ihre Tochter im Hof kämmte« in der Población Sumar, und der Tod dessen, der verschwand, wie der Schwager eines Teilnehmers in unserer Werkstatt, der versuchte, Asyl in der argentinischen Botschaft zu bekommen.

Zudem ist auch die Erinnerung an die Angriffe, die die Bewohner von La Legua erlitten, sehr präsent. Sie ist verbunden mit einem Gefühl von Unsicherheit, Ohnmacht und Furcht, das sie jedes Mal hatten, als Polizei, Flieger und Militärs zwischen September und Dezember 1973 in die Población einfielen. Die erste massive Durchsuchung gab es am Sonntag, dem 16. September mit mehr als zweihundert Verhafteten, und auch die Zusammenstöße am 11. September hatten zweifellos eine große Wirkung auf die Población und darüber hinaus. Zwischen Dienstag, dem 11. und Sonntag, dem 16. September erlebten sie Tage der Unsicherheit, in denen niemand wusste, was passieren würde. Damals verbreitete sich auch die Furcht vor einem Luftangriff, offensichtlich zum Zweck der Bestrafung, aber es war schwierig vorherzusehen, welches Ausmaß und welche Größe er haben würde. Damals begann sich die Angst in der Población festzusetzen.

Die Drohung mit einer Bombardierung

Das Gerücht und die Drohung, dass die Población bombardiert werden würde, war eine Erfahrung von Furcht und Unsicherheit, die mit dem Putsch begann und in den darauf folgenden Tagen realer wurde, besonders am Sonntag, dem 16. September, als Flugzeuge Tiefflüge über dem Viertel machten und das Gebiet tatsächlich von einem großen Aufgebot an Luft- und Bodentruppen durchsucht wurde. Die Erinnerungen an diese Erfahrung, an das Gefühl, bombardiert werden zu können, wurden in den Interviews, die wir in La Legua führten, häufig wiederholt. Neben dem Tod von Nachbarn und Familienangehörigen bilden diese einen bedeutenden und wichtigen Kern des Gedächtnisses der Bewohner von La Legua.

Für Fresia war die Drohung mit der Bombardierung eine »psychologische Bestrafung« von La Legua, obwohl sie ihr unglaubwürdig erschien:

»Als die Nachricht kam, musste ich los und die abholen, die dort in der Schule 17 waren, und die zwei Älteren… Am 11. September sah ich, dass die Leute, die Mütter mit den kleinen Kindern rannten wie die Glucken, wenn sie losziehen, wenn ihnen die Küken hinterher laufen, manchmal bin ich auch so gewesen […] Das war etwas, das ich mir nie so hätte vorstellen können, ich hatte einen Schwager, der viel gelesen hat, er las das, wo sie über den Krieg in anderen Ländern sprachen, er sagte: ›Uuiih, wenn so etwas hier passiert, würde ich in die Berge abhauen, ich würde mich in den Höhlen verstecken.‹ So stellte ich mir das vor. Dieses Mal bekam ich große Angst und wenn sie drohten, uns zu bombardieren, da wollte ich einfach meinen Sohn vergiften und mich vergiften. Ich sagte: ›Sie werden meinen Sohn töten, meinen Mann, meine Familie‹, denn wir lebten alle zusammen in einem Haus.«[85]

Der Weg zu ihrem Arbeitsplatz führte María Inés am Tag des Putsches in die Nähe des Hauptbahnhofs. Dort erfuhr sie vom Putsch. Es fiel ihr schwer, das zu glauben, da nur wenige Tage vorher ihre Compañeros gemeint hatten, dass die Militärs doch gar nicht putschen könnten, weil die große Masse der Arbeiter Allende unterstützen würden. Nichtsdestotrotz machte die Geschichte an diesem Morgen eine Kehrtwendung und änderte ihre Richtung. Sie setzte sich also mit ihrem Ehemann in Verbindung, der auch im Viertel arbeitete, und gemeinsam beschlossen sie, nach La Legua zurückzukehren:

»Wir sind dann losgegangen, denn es gab keine Verkehrsmittel mehr, wir mussten vom Hauptbahnhof bis nach La Legua laufen, und als wir die Stadt durchquerten, bombardierten sie La Moneda, und ich erinnere mich, dass ich auch weinte; ich weinte, weil es ein so starkes Gefühl war, denn wir wussten, dass Allende gesagt hatte, er würde La Moneda nicht verlassen. Wir kamen nach Hause, Ausgangssperre, niemand durfte rausgehen, aber die Leute in La Legua sind besondere Leute, sie haben das nicht beachtet, manchmal haben wir Schüsse gehört, wir gingen ja nicht raus, was weiß ich, ein Haufen Sachen … Nach dem 12., als sie angekündigt hatten, dass sie La Legua bombardieren würden, hat mein Mann zu mir gesagt: ›Wie kann denen einfallen, La Legua zu bombardieren?‹ Viele Leute sind aus der Población geflohen, zu viele Leute sind gegangen, aber wir anderen sind geblieben. Als das erste Geschwader von Flugzeugen angeflogen kam, sie sind insgesamt drei Mal so geflogen, dachten wir, sie würden die Häuser streifen, es war ein wahnsinniger Lärm, extrem laut. Die Leute sind alle auf die Straße gelaufen, es gab schon Ausgangssperre, da bin ich ausgerastet und sagte, sie werden Bomben auf die Leute schmeißen, und ich sagte ›Geht rein!‹ und niemand hat auf mich gehört, bis ich dort in der Eingangstür ohnmächtig geworden bin. Da kam gerade mein Alter, er gab mir Wasser, und es ging mir ein bisschen besser. Aber es war fürchterlich, ich erinnere mich, ich lag da, denn wir waren aufgewacht mit Radio Moskau[86], ganz still, wir lagen ganz still da, wir hörten beim Aufwachen das Radio, denn wir wollten wissen, was in unseren Vierteln passierte, es gab keine Informationen, es gab gar nichts. Wir mussten also ganz still zuhören … Es gab auch viele Falschmeldungen, denn sie sagten, die Compañeros, seien rausgegangen und hätten mit den Straßenschlachten begonnen, und das hat wirklich nicht gestimmt. Wir lagen also gerade im Bett, als wir die Flugzeuge hörten, und ich wurde ganz nervös, ich wickelte mich in die Decke ein, die auf mir lag, ich fiel auf den Boden, und da waren die Flugzeuge auch schon über uns, und ich bekam einen sehr großen Schrecken. Das war eine der Sachen, die mich am meisten getroffen haben.«[87]

Rafael machte gerade seinen Militärdienst in der Stadt Arica im äußersten Norden des Landes, als er erfuhr, dass La Legua vielleicht bombardiert werden würde:

»Dort in Arica erfuhren wir, dass sie La Legua bombardierten, ich weiß nicht wie, jemand erfuhr davon … Es gab unter uns einige aus La Legua, die ihren Militärdienst machten, viele Leute von hier, von der Gemeinde San Joaquín, wir waren 25, alle aus der Gemeinde, und sieben oder acht aus La Legua. Ich habe also im Haus gegenüber von meiner Mutter angerufen, sie hatten ein Telefon, ich rief an und hörte, dass sie keine Bomben geworfen hatten.«[88]

La Legua wurde nicht bombardiert, obwohl das Viertel bei mehr als einer Gelegenheit durch Kampfflugzeuge, Hubschrauber oder Leuchtraketen bedroht wurde, vor allem in der Nacht des 11. September. Im Gedächtnis bleiben nicht nur die Erinnerungen an die Angst, sondern auch die Begründungen, warum es nicht zu einem Bombardement kam. Ein junger Mann aus der Werkstatt für die Ausbildung zum Monitoring erklärt es so:

»Die Version, die ich kenne, ist die, dass Leigh der ›Böse aus dem Film‹ war, er wollte alles beenden, das heißt, für ihn war La Legua das Kommunisten-Nest, es musste also mit der Wurzel ausgerottet werden. Ich weiß auch nicht, das ist eine Frage, die sich in der Welt der Vorstellung der Leute abspielt, der Kommentar, die Konversation, die es zwischen Leigh und Pinochet gab, war so, dass Pinochet gesagt haben soll, soweit man mir erzählt hat, dass Leigh die Militärs reingehen lassen soll, und wenn es Widerstand gäbe, sollten sie bombardieren.«[89]

Die Möglichkeit der Bombardierung von La Legua kann man von verschiedenen Blickwinkeln aus betrachten. Einerseits verbreitete sich die Furcht vor Bombardierungen in verschiedenen Poblaciónes von Santiago, was vielleicht direkt zusammenhängt mit dem Luftangriff auf La Moneda, der überraschend und einmalig für die meisten Bewohner von Santiago war. Zum einen überflogen die mit der Operation beauftragten Flugzeuge mehr als einmal die Stadt. Zum Anderen machte die Tatsache, dass es am Tag des Putsches in La Legua Widerstand gegeben hatte, diese Bombardierung eher wahrscheinlich, wie es in einem der Berichte des Büros der CIA in Santiago Ende September steht, der allerdings darauf hinweist, dass die Luftwaffe ihr Vorhaben, das Gebiet von La Legua zu bombardieren, aufgegeben habe.[90] Dieselbe Idee wurde uns von einem Kapitän der Luftwaffe im Ruhestand vermittelt, der uns erklärte, dass in der Basis El Bosque ein für den Einsatz bereites Flugzeug stand, dessen Einsatz abhängig sein würde vom Widerstand der Población, auf den sie am 16. September bei ihrer Durchsuchung stoßen würden.[91]

Auf jeden Fall geschahen zwischen Dienstag, dem 11. und Sonntag, dem 16. September, dem Tag, an dem La Legua durchsucht wurde, eine Menge andere Ereignisse in der Población, die in gewisser Weise die Vorstellung von einem möglichen Luftangriff nährten.

Der Angriff auf einen Polizeibus

Zusammen mit der Erinnerung an die, »die nicht mehr unter uns sind«, und der an die Drohung einer Bombardierung wird eine weitere Erinnerung häufig erzählt, von der es verschiedene Versionen gibt, und die sich auf die Zusammenstöße bezieht, die es am 11. September in La Legua gab, insbesondere findet ein Angriff auf einen Bus der Polizei Erwähnung. Sicherlich ist die Erinnerung an diese Vorkommnisse eine derjenigen, die am meisten über das Viertel hinaus bekannt geworden sind, und sie wird von vielen Erzählungen genährt, in denen über die Straßenschlachten berichtet wird, an denen sowohl Aktivisten der Linken von außerhalb als auch die Bewohner von La Legua selbst teilnahmen. Obwohl es Überlebende dieser Ereignisse gibt, so sind es doch nicht viele – und noch weniger Überlebende aus La Legua, denn die meisten von ihnen wurden bei einer Aktion der Repressionskräfte nach dem Putsch im Dezember 1973 ermordet; andere gingen ins Exil; und manche trauen sich bis heute nicht zu erzählen, was sie sahen oder was sie erlebt haben.

Da es sich in jedem Fall um ein so bedeutsames Ereignis handelt, hat das kollektive Gedächtnis es mit wechselnden Ausarbeitungen, Diskussionen und fragmentarischen Erzählungen bewahrt, die mit der Zeit weitergegeben wurden. Das heißt, die meisten Bewohner von La Legua selbst teilen keine einheitliche Ansicht über das, was am 11. September in der Población passiert ist. Sie erzählen, was sie erlebt haben, und was sie dann von ihren Freunden und Nachbarn gehört haben. Ein sehr ausdrucksstarker Dialog über die verschiedenen Ansichten zu diesem Ereignis entwickelte sich in einer dieser Arbeitssitzungen:

> Das mit dem Bus war nicht am 11. September, das war in der Woche danach, nicht am selben Tag wie der 11., denn da haben sie uns alle eingesperrt.
> Das mit dem Bus war wie ein heißes Eisen.
> Mir haben sie gesagt, sie hätten ihn verbrannt.
> Ja, sie haben ihn verbrannt, das war ein Bus der Polizei.
> Aber, dass sie sich einen Bus geschnappt und alle, die drin waren, getötet haben, das stimmt nicht.
> Und dass sie sie aufgehängt hätten.
> Das ist eine Lüge.
> Sie haben ihn dort in Las Industrias, ich weiß nicht in welchem Teil davon, verbrannt. Und von da aus kam die Konfrontation hierher.
> Ich sage, vielleicht hatte er eine Panne, sie haben ihn da stehen gelassen, und die Leute haben ihn verbrannt.

> Es war in dieser Woche, wenn nicht am 11. Am 11. sind wir alle eingesperrt drinnen geblieben. Mein Mann kam gegen 12 und hat mir gesagt: ›Hier können wir nicht raus, es gibt einen großen Militärputsch‹, ›Ja‹, habe ich ihm gesagt, ›das wissen wir alle‹, und meine Tochter kam später, sie war bei den Nonnen, sie kam angerannt.[92]

90

Fabian, ein junger Mann aus Legua de Emergencia, fügt mitten in diesem Dialog hinzu:

»Mir sind viele Sachen erzählt worden, hier gibt es sogar einen Jungen, dessen Bruder nicht nach Chile zurück kann, weil er einer von denen gewesen ist, die beim Attentat auf den Bus dabei waren, jetzt gibt es verschiedene Versionen. Eine besagt, dass der Bus in Salvador Allende angezündet wurde und sie ihn hierher brachten, eine andere sagt, dass es hier an der Ecke Toro y Zambrano/Pedro de Alarcon war, das heißt, es gibt viele Versionen. Einmal habe ich mit meinem Papa darüber gesprochen … Er sagt, er hätte gesehen wie die Aktion begann zwischen Jungs von La Legua und der Polizei, und dass dann Leute von der MIR gekommen seien zur Verstärkung, so kam es, dass die Bullen sich zurückgezogen haben, und als sie auf die Straße Toro y Zambrano kamen, so erzählen Leute, sei dort eine Panzerfaust gewesen, andere sagen, es war ein Feuer – krass, so viele Versionen – aber die Bullen seien da weg, andere sagen, dass die Bullen drin geblieben sind…«[93]

René stimmt in Bezug auf die Teilnahme von Aktivisten der MIR nicht mit Fabián überein:

»Hierher kam niemand von der MIR, es kam der GAP, denn das konnte ich später nachprüfen… als sie vor zwei Jahren zur Kirche San Cayetano kamen und eine Ausstellung machten (wir wissen davon nichts, weil wir nicht mitgemacht haben), ich sage dir, die Leute, die da waren, und die auf den Videos sind, waren die letzten Personen, die mit dem Präsidenten Allende zusammen waren.«[94]

Für alle ist klar, dass es Zusammenstöße gab, es wird jedoch über die Form diskutiert, in der diese abliefen und über ihre Protagonisten. In Bezug darauf ist es interessant, dass die erwähnten Gruppen – die MIR und die GAP – wirklich diejenigen sind, die eine gewisse Kapazität zur militärischen Aktion hatten, aber wie wir im Laufe dieser Untersuchung nachweisen konnten, waren es im wesentlichen sozialistische Aktivisten – einige von ihnen mit der GAP verbunden – und junge Aktivisten des lokalen Komitees »Galo González« der *Kommunistischen Partei* aus der Población La Legua selbst.

Don Luis, ein ehemaliger Aktivist der KP, lebt praktisch im Zentrum von La Legua Nueva, ganz nahe bei der Kirche San Cayetano und des ehemaligen Sitzes des lokalen Komitees der KP. Er war also ganz nah an den Ereignissen, die sich in diesem Viertel abspielten, und unter den älteren Personen wahrscheinlich derjenige, der die jungen Leute von La Legua am häufigsten begleitete, vor, während und nach dem Putsch. Don Luis gibt zu, dass man einige Details vergisst, aber nicht die Hauptsache, und so teilt er mit uns seine Erinnerungen:

»Am 11. September waren wir in der Población, morgens wussten wir schon, dass sich die Marine erhoben hatte, und danach haben wir alles beobachtet und gesehen, wie sie La Moneda bombardierten, und alle Leute haben sich hier an der Ecke versammelt, aber ohne Genaues zu wissen, wir waren unentschlossen, ob wir ins Zentrum gehen sollten, denn es gab schon keine öffentlichen Verkehrsmittel mehr. Wir waren alle hier mitten in der Población versammelt und so gegen zwei Uhr nachmittags, fast alle Leute hatten zu Mittag gegessen .... Wir standen hier an der Ecke, weil niemand zur Arbeit gegangen war, wir waren alle an der Ecke, und wir sahen, wie eine Gruppe Jugendlicher mit Waffen kam [...] Sie sind dann auf die Pumpe gestiegen (den Feuerwehrwagen der Población), mehrere Jugendliche, die von der Fabrik kamen, kamen bewaffnet. Als sie also an die Ecke Toro y Zambrano kamen, stießen sie auf einen Lieferwagen der Polizei, und da wurde geschossen, aber die Polizei ist weg, verstehst du? Sie sind weg, ich weiß nicht, sie sind abgehauen. Und dann sind sie mit einem Polizeibus über Alvarez de Toledo wieder hergekommen, da gab es also ein paar Jugendliche [...] es taucht also dieser Bus mit bewaffneter Polizei auf, und dort taucht ein junger Typ auf, ich weiß nicht, woher er war, mit einer Panzerfaust, und als er zur Straße Alvarez de Toledo kam, wie heißt diese Straße nach Teniente Soto noch mal?, blieb er stehen. Wir haben von hier aus zugeguckt, er blieb auf dieser Seite stehen, bereitete die Panzerfaust vor und feuerte die Panzerfaust ab und hatte das Glück, ich weiß nicht wie, ihn genau in der Mitte zu treffen, und da blieb der Schutt, da sind sie also gefallen, die anderen flohen, da blieb der zerstörte Wagen und die toten Polizisten, und danach erschienen Polizisten mit Panzerwagen und feuerten überall hin, riegelten die Straßen ab, dann drehten sie auf der Toro y Zambrano, und da gab es ein paar Jugendliche, die waren nicht von dieser Población ... Und sie stiegen auf die Dächer und beschossen die Polizisten, und hier, gegenüber vom Haus des Nachbarn, wie heißt er, Raúl Rivera, fiel ein Polizist ... Aber keiner von denen, die schossen, war aus dieser Población, es waren Jungs, die von außerhalb kamen.«[95]

Wir, die wir im Jahr 2000 von ECO aus die Untersuchung der kollektiven Erinnerungen der Bewohner von La Legua koordinierten, wollten mehr über den Angriff auf den Bus der Polizei und von den Zusammenstößen am 11. September wissen und stellten die Frage in einer »Werkstatt-Veranstaltung«, zu der wir eine bedeutende Zahl von »Pobladores« einluden. Ungefähr fünfzig Personen reagierten an diesem Samstagnachmittag auf die Einladung, Männer und Frauen, Junge und Alte. Wir Historiker machten eine erste Einführung mit den geringen Informationen, über die wir bis zu diesem Augenblick verfügten, und dann teilten wir uns auf vier verschiedene Arbeitsgruppen auf. In jeder Gruppe begannen die Personen sich gegenseitig zu erzählen, was sie gesehen, erlebt oder gehört hatten. Die Erinnerungen dehnten sich natürlich aus, die Zeiten und Daten wurden ungenau, aber es waren intensivste Erzählungen, die oft emotional aufgeladen und sehr eindringlich waren.[96] In diesem Zusammenhang berichtete Delia von ihren Erinnerungen an die Zeit als kleines Mädchen, die Erklärungen ihrer Mutter, die Durchsuchungen, die sie erlitten hatte, und an den Empfang, den sie den Aktivisten der Linken bereiteten, die in die Población kamen, durch ihre eigene Straße, Erinnerungen der Unschuld, der Angst und auch der spontanen Unterstützung für diejenigen, die dem Putsch Widerstand entgegen setzten:

»Ich erinnere mich an diesen 11. September, ich war in der Schule 13, ich ging zur Grundschule und erinnere mich, dass sie uns von der Schule nach Hause schickten, aber ohne uns zu sagen, warum sie uns nach Hause schickten, und ich schaute zusammen mit einer Nachbarin, wir waren Schulkameradinnen, die Gran Avenida entlang [Hauptverkehrsader, die von Norden nach Süden die Viertel San Miguel und La Cisterna durchquert] und sah viele Polizisten, viele Panzerwagen, viele Uniformierte auf der Straße, und mir schien das alles wie ein Fest, ich betrachtete das als ein Fest, und dann kam ich zum Markt, wo meine Mutter arbeitete, das war der Markt von Bustamante, und sie fragte, was ich denn hier machte. Ich antwortete ihr, dass mir das wie ein Fest vorkam, dass man uns früh aus der Schule weggeschickt habe… Sie sagte mir: ›Tochter, du weißt nicht, dass es ein Staatsstreich ist‹. Ich sagte ihr, ich wüsste nicht, was das sei, und sie erklärte es mir und schickte mich nach Hause.

Danach kamen sie mit der Ware nach Hause, mit dem Obst, das übrig geblieben war, mit den Eisenstangen, mit allem, denn sie war erwachsen, sie wusste, was das heißt. Später nach einer Durchsuchung, da sagten ein oder zwei Nachbarn, als die Durchsuchung begann, da sagten sie, dass wir Waffen

hätten … Die erste Durchsuchung war nicht so hart, normal, so finde ich
das … Aber die zweite Durchsuchung war fürchterlich, sie haben uns total
eingeschüchtert, sogar meine Mama sagte: ›Wenn sie einen von uns mitnehmen, dann sollen sie alle mitnehmen, dann sollen sie uns alle umbringen‹.
Das war die Losung bei uns zu Hause, und für uns war es schrecklich, denn
sie zerstörten die Matratzen, sie holten die Dachplatten (»pizarreño[97]«) runter,
das heißt, es war schrecklich, das ist das, woran ich mich vom Putsch erinnere, nachdem ich geglaubt hatte, es sei ein Fest, der Schrecken, den wir erlebten […] Es herrschte einfach Angst, sonst nichts, einfach Terror, zu wissen,
dass sie so viele Leute umgebracht hatten, das, und später in einem anderen
Augenblick, erinnere ich mich, da kamen einige Compañeros von Coca Cola (das Lager dieses Unternehmens lag neben La Legua) vorbei, ein Haufen
von Compañeros, und ich erinnere mich, dass meine Mutter sagte: ›Die hier
werden wirklich das Volk verteidigen, also bitte, helft ihnen.‹ Und wir, kleine
Kinder, machten ihnen Zeichen, dass wir Compañeros seien, und wir zufrieden, glücklich, dass sie es waren, die die Población verteidigten, in diesem
Augenblick war da auch das Obst, alles war im Haus, und wir gaben ihnen
Wasser, die Kleinsten machten sich dabei nass, wir gaben ihnen Obst, Brot,
und sie zogen weiter, sie suchten einen Weg zu SUMAR …«

Juanita, aktive Teilnehmerin bei *Red de Organizaciones Sociales de La Legua*
[Netz der Sozialen Organisationen von La Legua] erzählte, wie sie in ihrem Viertel
den Jugendlichen Schutz gaben, die in der Nacht des Putsches loszogen. Auch wenn
es nicht viel war, was sie machen konnten, so wurde doch die Solidarität mit den
Nachbarn auf die Probe gestellt, besonders die mit den Jungen:

> »Also, ich bin Juanita. Ich schäme mich nicht, und ich fürchte nichts,
> so viele Dinge, die heute niemanden mehr interessieren, an diesem Tag des
> Putsches standen wir in einer Reihe, heute sagt man Reihe, früher hieß es
> ›Schlange‹, im Laden von Don Juan, da, in der Straße Drake, in Aníbal Pinto
> [eine unmittelbar benachbarte Población von La Legua], um Brot zu kau-
> fen und Huhn, das gerade kam. In diesem Augenblick erschien eine Frau
> und sagte ›Gerade gab es einen Staatsstreich, also muss schnell geschlossen
> werden und alle nach Hause.‹ Wir glaubten ihr nicht, erst als wir die Schie-
> ßerei weit entfernt hörten und jemand sagte, die Sache mit der ›Übernahme‹
> der Regierung sei heftig. In diesem Augenblick kam mein Mann mit einem

Lieferwagen, er arbeitete bei der Stadtverwaltung von San Miguel, und er sagte mir: ›Wir sind alle gekommen, es gab einen Staatsstreich, also alle in die Häuser.‹ Da sind wir alle gegangen, die Reihe hat sich aufgelöst, und wir sind gegangen. Nachts wollte ich kein Licht brennen lassen, wir hatten nur die Heizung an, wir waren im Esszimmer und hatten die Tür halb offen, und jemand kam angerannt, ein junger Kerl, wir riefen nach ihm: ›Hör mal, komm her, komm rein!‹, denn wir wussten, wenn er durch die Gasse 6 laufen würde über Drake bis zu den Nonnen, würde er erschossen werden. So waren wir also alle drin, wir, die Kinder, alle still, alle auf dem Boden, wir haben nicht mal auf den Sesseln gesessen. Da in der Küche, zum Innenhof, zu einem anderen Zimmer, und genau danach wurde an die Tür geklopft, und ich habe geöffnet, und es war mein Neffe, der dort in Vicuña Mackena arbeitete, und er kam angerannt und sagte, dass er über San Joaquín gekommen wäre … durch eine Población, ›Ich bin mit einigen Mädchen von dort angerannt gekommen, und die Militärs sind reingegangen und haben auf alles geschossen, und wir sind hierher abgehauen.‹ Er brachte vier weitere Jugendliche mit. Wir ließen sie dann die ganze Nacht drin, und am nächsten Tag so gegen fünf Uhr morgens, als wir sahen, dass niemand da war, dass man keine Polizei sah, begannen sie einer nach dem andern wegzugehen.«

Don Ernesto Salamanca, der zwei seiner Söhne verloren hat, beide sind verschwundene Gefangene, erzählt von seiner Erfahrung als Gewerkschaftsführer, seiner kritischen Wahrnehmung der Linken am Tag des Putsches und seinem Willen nicht zu vergessen:

»Ich will keine Unwahrheiten sagen, keine Lügen, ich war zu dieser Zeit Präsident der Gewerkschaft für die städtische Kanalisation, und in der Población habe ich nirgendwo mitgemacht, aber am Dienstag, am Tag des Putsches … Man hörte die Nachrichten, dass die Marine sich erhoben hätte, ich ging an dem Tag nicht arbeiten, und meine Leute blieben zu Hause, auch die Studenten, naja, wir haben angefangen zu gucken, was passierte […] Zwei Kinder von mir sind ins Stadion gebracht worden, und ich bin weggegangen von hier, aus der Población, und ich bin erst sechs Monate nach dem Putsch zurückgekommen, es war alles sehr durcheinander, denn die Organisation der Linken hatte nichts vorbereitet, alle fragten: ›Was soll man machen? Was soll man machen?‹ Und es gab nichts, außer den Compañeros, die mit Waffen hierher kamen, sie kamen aus der Richtung von La Emergencia [dem Viertel westlich von La Legua], sie kamen zu Fuß, da kam ein Compañero, ich sehe ihn immer vor mir, er war noch jung … Der war von hier, es kamen verschiedene Leute, sie kamen dann hierher nach La Legua … Wenn es im ganzen Land Widerstand gegeben hätte, wie hier in La Legua, nicht gut organisiert, so widerborstig, ich glaube, dann wäre es schwieriger gewesen für die Militärs, die Macht zu übernehmen […] Man hat im Laufe der Zeit erfahren, dass am selben Tag um 11 oder um 12 die Diktatur schon alles besetzt hatte, es gab wirklich nicht mehr als kleine Widerstandskerne, das heißt, der Militärputsch kam wie ein Federstrich und hat alle weggefegt, und danach kamen die Konsequenzen, die Verletzung der Menschenrechte, die Gefangenen, andere, die aus Chile weggehen mussten und nicht wieder zurückkommen konnten […] Es kostete viel, den Widerstand hier in der Población zu organisieren, mein Platz war in meiner Partei, ich konnte nicht in der Población arbeiten, ich arbeitete in Gewerkschaftssachen, in anderen Kontakten […] Meine Compañera machte mit bei der Angelegenheit der gefangen genommenen Verschwundenen, als alles völlig dicht war, nichts nach draußen drang, die Diktatur alles kontrollierte, der erste Streik wurde im Don Bosco gemacht [er bezieht sich auf den ersten Hungerstreik der Angehörigen von gefangen genommenen Verschwundenen], die Freunde brauchten 17 Tage, bis sie nach draußen durchdringen konnten, die Organisation begann sich zu öffnen […] Ich zumindest werde bis ich sterbe nie vergessen, dass dieser Putsch fürchterlich war, denn eine Menge von Anführern, Freunde von mir, sind verschwunden und andere leben im Ausland, haben Asyl, und ich habe auch zwei verschwundene Söhne, das werde ich nie vergessen. Ich werde also damit sterben, dass die Schuldigen bestraft werden müssen…«

Eine Frau, die in der Gruppe weniger bekannt ist, sie kommt zum ersten Mal zu einer Veranstaltung dieser Art, erzählt die Geschichte ihres Bruders, der auch ein Opfer der Repression jener Tage direkt nach dem Putsch war. Sie kann die Aufrufe zur Vergebung nicht verstehen, die seitens des Staates an die Opfer und die Täter gerichtet werden:

> »Das Einzige, was ich erzählen kann, ist, dass ich einen Bruder hatte, der bei SUMAR gearbeitet hat. Also an jenem Tag, dem 11. September, sagte meine Mama zu ihm, er solle nicht zur Arbeit gehen, es gäbe Proteste, aber

sie konnte es ihm nicht richtig erklären, nicht, dass Militärs da waren, sie sagte es einfach so, es gibt Proteste, geh nicht. Mein Bruder kam dann und ging wieder, er hat nicht auf sie gehört … Als ihn die Militärs ergriffen, haben sie ihn über den Boden geschleift, und sind über ihn, ich weiß nicht wie viele Militärs auf ihn drauf sind, sie haben ihn völlig zerquetscht, innen drin. Und dann ist er verschwunden, wir wussten nicht, wo er war […] Sie haben ihn mitgenommen und wir wussten nicht wohin, wir sind überall hingegangen und haben gefragt, und er war nirgendwo, da habe ich meiner Mama gesagt – denn er [der Vater, Anm. d. Verl.] hatte ja bei FAMAE gearbeitet – ›Warum fragen wir nicht beim Verteidigungsministerium, denn er war dort bis zur Rente, lass uns dort fragen, vielleicht wissen sie etwas.‹ Und wir beide sind hingegangen … wir haben mit einem Militär gesprochen, der hatte so etwas wie ein großes Buch, da drin standen alle, die dort waren, er sagte uns: ›Er ist im Nationalstadion‹. Wie sollte er im Nationalstadion sein, wenn wir doch von dort kamen und sie uns gesagt hatten, dass er dort nicht sei, dass er nicht auf der Liste sei, dass sie ihn nicht gesehen hätten. Sie hatten ihn in die Ecke geworfen, er war ganz zerquetscht, und wisst ihr, als er aus dem Stadion kam, er war mehr als einen Monat im Stadion gewesen … Er kam völlig entstellt raus, bleich, es schien, als sei er lungenkrank, sein Inneres war ganz zerquetscht. Vier Tage war er noch krank, nachdem er aus dem Stadion gekommen war, es vergingen vier Tage, und wir haben ihn zu allen Ärzten gebracht, und keiner kannte die Krankheit, kein Arzt diagnostizierte sie an ihm, und dabei war es so, dass er innerlich ganz zerquetscht war, und nach vier Tagen starb er … Das ist es, was ich in Wirklichkeit über den 11. sagen kann, denn wir haben nie bei irgendwas mitgemacht, nichts Politisches, nichts, und deshalb, wenn sie heute zum Verzeihen aufrufen, da gehe ich nicht mit, denn um Verzeihung bitten ist etwas sehr Delikates, ich werde da nicht hingehen, und niemand bei mir zu Hause wird hingehen, ich ziehe es vor, an meinen Bruder zu denken, meinen Bruder, der seit Jahren nicht mehr da ist. Er hinterließ drei Kinder, eine junge Frau, der 11. September bedeutet für mich nichts, denn mit Politik habe ich nichts zu tun. Ich habe eine Freundin, Juanita, sie hat mich hierher eingeladen.«

Don René teilt auch seine Erfahrung von diesem Morgen des 11. September mit und bekräftigt seine Überzeugung – die in den darauf folgenden Jahren bestätigt wurde – , dass mit dem Putsch die Rechte der Armen ein Ende hatten:

»Bei mir war es auch so, ich bin auch morgens zur Arbeit, es war so gegen zehn vor acht, als ich das Zentrum durchquerte, aber ich habe absolut nichts wahrgenommen. Ich wusste auch, was gerade los war, man hat die Spannung in den Tagen vorher in der Luft gespürt. Wir arbeiteten, als plötzlich ein Durcheinander begann, Nachrichten kamen, und die Arbeit stoppte. Das war dort in der Avenida Peru neben dem Hügel San Cristóbal, wir waren also dort, denn wir hatten auch eine Gewerkschaft. Wir sprachen darüber, was wir machen könnten, diejenigen von uns, die wir die Situation verstanden, die wussten, dass alle Rechte aufgehört hatten zu existieren, wirklich alle, auch das Recht, hinaus auf die Straße gehen zu können. Und ich hatte jede Menge Angst, dass man mich in jedem Augenblick mitnehmen könnte, wenn sie dich mitnahmen, dann würden sie dich auch einfach so schlagen. Und ich erinnere mich, dass einige sich dafür entschieden, in der Fabrik zu bleiben, andere wie ich entschieden sich, nach Hause zu gehen, und da sind wir losgelaufen, gegen 11 oder 12 Uhr ungefähr, durch Recoleta in Richtung unserer Wohnungen. Und dort war dann das ganze Zentrum von Militärs besetzt, es war schrecklich, es gab Terror in den Straßen, als würden sie Terror säen, ich sage dir, sie so schmutzig, allein in dieser Totenstille zu sehen. Wir waren die Einzigen, die durch die Straßen gingen [...] Ich kam gegen halb drei in der Población an, alle Leute waren auf der Straße [...] Ich sage dir, das war fürchterlich, bedrückend, es war schon alles verloren, jedes Recht, das der Arme hatte, das wir in dieser Zeit, in diesen drei Jahren errungen hatten, dass wir ein würdiges Leben führen konnten, das Recht zur Stadtverwaltung gehen zu können, das Recht ins Stadtzentrum gehen zu können, zu merken, dass es nicht nur das Recht der Reichen war ins Stadtzentrum zu gehen, sondern dass wir alle gehen konnten.«

Obwohl die meisten von der Furcht und den Aggressionen berichteten, deren Opfer sie waren, erzählt auch manchmal jemand von der Erfahrung, dass »ihm nichts oder fast nichts passiert ist« wie im folgenden Bericht:

»Woran ich mich bei diesem Tag erinnere ist, dass alle meine Geschwister da waren, in dieser Zeit machten meine Geschwister bei den *Jungen Kommunisten* mit, und ich erinnere mich, dass wir in diesem Jahr Bücher verbrennen, den Mitgliedsausweis verbrennen mussten, denn ich war Mitglied der Partei, wir alle waren drin, und uns ist nichts passiert, ebenso wenig wie einer Nachbarin, deren Namen ich nicht nennen werde. Sie sagten, dass sie uns nicht durchsuchen würden,und zum Glück ist uns nichts passiert, und später am selben Tag, in der Nacht nach dem Putsch, haben sie eine Leuchtrakete geworfen, und wir blieben drei Monate ohne Strom.«

Die Augenzeugenberichte gehen weiter, und ganz sicher ist die Erinnerung an den Tod die eindringlichste, die am meisten aufwühlt und die am häufigsten aufgerufen wird – die Kinder, der Bruder, der Nachbar, aber auch der Unbekannte, der auf der Straße liegen blieb. Die ersten Toten gab es am 11. September, während einer Straßenschlacht mit der Polizei:

»Da kamen weitere Polizeikräfte, um die Población anzugreifen, also begannen sie, sich zu verteidigen, einige sind in die Häuser gegangen, und von den Dächern aus begannen sie zu schießen, eine Weile nach diesen Schüssen gingen sie auf die Straße, und wir sahen einige Verletzte, zum Beispiel lagen einige Verletzte auf der Straße Teniente Soto Ecke Los Copihues, dort gab es zwei Tote…«[98]

In diesem Fall handelte es sich um Opfer des Zusammenstoßes, aber es kamen später diejenigen dazu, die infolge der Repression gegen die jungen Kommunisten aus La Legua (unter ihnen die Söhne von Don Ernesto) in den auf den Putsch folgenden Monaten starben. Aber auch bei Razzien oder »sozialen Säuberungen«, die die Streitkräfte in La Legua durchführten, starben weitere Menschen. So berichtete es Gastón, der am 11. September nicht in Chile war, sondern der Monate später kam, um seinen Bruder zu suchen:

»Ich fand ein enormes Drama vor, denn Compañeros und Freunde, die Compañeros beim Fußball gewesen waren, Freunde aus verschiedenen Sportclubs, die waren tot, ich erinnere mich an Loco Marín, an den ›Tachuela‹, den ›Locomelo‹, der ein großartiger linker Stürmer war, der den Sportclub Río Seco hatte und aktiv im Club Deportivo Norambuena war, Typen, die so gesehen nicht zur Welt der Arbeit gehörten, aber im Grunde waren sie ›Pobladores‹ aus unserer Población.«[99]

Auch Fresia erinnert sich, dass sie in La Legua de Emergencia »ausgepeitscht« wurden, dass die jungen Leute misshandelt wurden, wenn sie Schlangen zum Einkaufen bildeten nach dem Putsch, aber die härtesten Erinnerungen sind die, die sich auf die Toten beziehen:

>Ich werde niemals vergessen, dass wir eine Kollegin im Müttezentrum hatten, die María González hieß, sie brachten ihre beiden Söhne in ihrer Anwesenheit in ihrem Haus um. Die Kids haben zu trinken angefangen, und sie begannen innerhalb der Familie zu streiten, als es heftig wurde, während sie tranken, da sind sie vorbeigekommen – die Militärs sind vorbeigekommen und haben die Ohren aufgemacht – und dachten, da wäre eine Versammlung, all diese Sachen, und sie kamen rein und haben sie, ohne eine Erklärung zu verlangen, umgebracht … Ich glaube, das war sehr schlimm für die Población, vor allem der Terror der Flugzeuge, all diese Sachen … Zu viele Sachen, die ich gern los werden würde.«[100]

Die Erinnerung an den Tod liegt sicherlich an der Grenze des menschlichen Erfahrungshorizonts; wir erleben nicht den eigenen Tod, um danach von ihm zu erzählen, obwohl in der Geschichte des Westens die Nazis in der Lage waren, eine wirkliche »Industrie des Todes« zu organisieren, die einige überlebten. Es ging nicht nur um die Krematorien, wohin die Körper, vor allem die der Juden, nach den Gaskammern überführt wurden, sondern auch um die »Existenzbedingungen« – wenn man sie überhaupt so nennen kann – , unter denen die Gefangenen in den Konzentrationslagern lebten. Nur wenige überlebten diese Internierung. Es gab auch den Fall der »lebenden Toten«, die sogenannten Muselmänner, die unter den unmenschlichen Existenzbedingungen jedes Gefühl und jeden Lebenswillen verloren. Diese Menschen irrten im Lager herum. Über sie und über diejenigen, die »den Tod überlebten«, haben wir bewegende Berichte von Primo Levi, von Viktor E. Frankl, Robert Antelme und aus jüngerer Zeit von Jorge Semprun.[101] In Lateinamerika orientierte sich die »Organisation« der Gefangenenlager in einigen Fällen an der Nazi-Erfahrung, wie uns Pilar Calveiro für den Fall Argentinien erzählt, wo es mehr als 30.000 verschwundene Gefangene gab. Im Fall Chile waren die zentralen Orte des Todes weniger die Gefangenenlager, die sicher anderen Prozessen unterlagen, sondern die geheimen Folter-Zentren, wo Gefangene auch hingerichtet wurden, das größte davon war die »Villa Grimaldi« in der Stadt Santiago.

Wenn es einerseits tatsächlich die Zentren zur Folter und Hinrichtung der Gefangenen waren, wo ab dem Putsch der Tod unter den Chilenen umging, so brachen der Tod und die Angst vor dem Tod auch in die Stadtviertel ein. Wie wir in den Augenzeugenberichten gesehen haben, gab es in La Legua nicht nur am Tag des Putsches Tote, sondern mehr noch gab es in den Tagen und Monaten danach. Im Wesentlichen waren die Opfer sowohl die Aktivisten als auch angebliche oder wirkliche Kriminelle. Die Erinnerung an den Tod ist es, was die Bewohner von La Legua am meisten aufwühlt, denn der Staatsstreich von 1973 nahm sein Gesicht an und zeigte dieses Gesicht auf den Straßen und Gassen und vielen Familien aus der Población La Legua.

»Plünderungen, aber solidarisch«

Zwischen dem 11. und dem 16. September herrschte in La Legua Unsicherheit. Einige der Aktivisten, die am 11. gekämpft hatten, blieben zunächst in La Legua um die Población geordnet nacheinander zu verlassen. Es wurde auch eine Anzahl von Militärwaffen versteckt, die an diesem Tag benutzt worden waren. Die Aktivisten versuchten, sich zu informieren und Kontakt nach draußen herzustellen, während sich die Mehrheit der »Pobladores« vor der Alternative sahen, die Población zu verlassen oder in Erwartung der angekündigten Bombardierung und der sicheren Durchsuchung dort zu bleiben. Wie in unseren Workshops bekannt wurde, tauchte in diesem »negativen« Kontext aber auch ein positives Zeichen auf, die »Plünderungen« aus Solidarität, um die Población mit Essen zu versorgen.

Es ist schwierig, die in diesen Tagen geplünderten Orte genauer zu bestimmen, obwohl zwei von ihnen im Gedächtnis geblieben sind: die Textilfabrik Comandari und der Supermarkt »las turcas« in La Legua an der Ecke San Gregorio und Alcalde Pedro Alarcón. Bezüglich der Plünderung der Fabrik ist der Bericht einer Frau aufschlussreich:

> »Aber dass sie diese Fabrik geplündert haben, sie haben sie geplündert…. Ob ich auch mitgemacht habe bei der Plünderung… uns fehlten eben Lebensmittel und wir wussten, dass die Fabrik voll mit Sachen war. Da haben sich also mehrere Kids zusammen getan und gesagt, wir gehen Lebensmittel holen, lasst uns Lebensmittel suchen (…) Und weil da meine Kinder mit losgezogen sind, bin ich hinter ihnen her, ich wollte sie nicht allein lassen, ich erinnere mich, ich habe verschiedene Sachen mitgenommen, sogar eine Flasche Champagner«.[102]

Aber allem Anschein nach handelte es sich nicht nur um Lebensmittel, sondern auch um die Stoffe, die die Textil-Fabrik Comandari herstellte. Andere Personen erinnern sich, dass sie Betttücher daraus machten, andere Vorhänge – die Stoffe mussten schnell verarbeitet werden, denn es war klar, dass eine Durchsuchung käme. Die Tageszeitung *La Tercera* informierte über diese Aktion der »Pobladores« von La Legua, sie wies darauf hin, dass die Fabrik »von Unbekannten geplündert wurde, die die Situation der geräumten Fabrik ausnutzten«, und dass eine große Menge Lebensmittel und im Unternehmen hergestellter Waren mitgenommen worden sei.[103]

Andere Zeugnisse berichten von einer Situation der Isolierung; La Legua war abgeriegelt, und es herrschte Mangel an Lebensmitteln, was die Plünderung des Geschäfts von San Gregorio Ecke Alcalde Pedro Alarcón provoziert haben könnte:

> »In diesen Augenblicken kann man sich nicht einfach verkriechen, bloß weil wir überwacht wurden und nichts machen konnten, denn egal ob wir es machten oder es nicht machten, wir würden immer dafür zahlen müssen, aber ich denke, dass die Población nie, nie ihre Solidarität verlor. Ich erinnere mich, dass ein Tag kam, da hatte ich nichts, nichts mehr, was ich meinen Kleinen geben konnte, und die Anspannung machte ihnen offensichtlich noch mehr Hunger. Ich erinnere mich, dass sie dann den Supermarkt dort an der Ecke von San Gregorio aufmachten, die, die plündern konnten, aber das wurde geteilt. Es war eine Plünderung, aber sie teilten es mit der Población. Ich habe zwei Pakete Nudeln gekocht … das waren früher aber Kilo-Pakete, und so waren dann auch die Nudeltöpfe… Ich weiß nicht, ob es verrückt war, dass wir eines Tages einen Sack genommen haben und alles darein gepackt haben, was wir konnten, und damit sind wir zur Haltestelle 10 gegangen, wo eine Schwiegertochter von mir wohnte, ihre Kinder waren noch sehr klein, wir sind den Bullen von der 12 ausgewichen, die Milicos standen an jeder Ecke. Ich weiß nicht, aber wir sind mit all diesen Sachen dorthin gekommen, damit sie sie den Kindern geben konnte. Ich sage, trotz aller Angst und all dieser Sachen, diesem ganzen Terror, nie verlor sich diese Nächstenliebe, diese Solidarität. Ich spreche von La Legua, die Leute sind immer wachsam, was weiß ich, sie plünderten, sie plünderten, aber so konnten die Leute essen, vor allem die Kinder. Ich wollte, dass das nicht vergessen wird, denn wir haben schwer gelitten, aber wir haben auch mit den Personen geteilt, die in diesen Augenblicken nichts hatten.«[104]

Die Durchsuchung am Sonntag, dem 16. September

Die Erinnerungen an den Tag des Putsches kreisen um das, was jeder Einzelne an diesem Tag machte, wie er zur Población kam und um den »Angriff auf den Polizeibus«. Die Erinnerungen an die Durchsuchung am 16. September hingegen gehen in drei Richtungen: die Furcht am Morgen, als die Población von Kampfflugzeugen überflogen wurde; die Erinnerung an die verschiedenen Aggressionen während der Durchsuchung selbst, an die Personen und ihre materiellen Güter; und schließlich die beträchtliche Zahl von Gefangenen, die zuerst zur Luftwaffenbasis El Bosque und danach zum Nationalstadion gebracht wurden.

Wie wir schon gesehen haben, war die Furcht vor der Bombardierung die ganze Woche über präsent, aber offensichtlich schien diese Gefahr realer zu werden, als am Sonntagmorgen, dem 16. September die »Pobladores« vom Lärm der Flugzeuge der FACH aufgeweckt wurden. Die *Tageszeitung La Tercera* berichtete in einer verwirrenden Weise von diesem Geschehen und rechtfertigte die Repression gegen »Widerstandskerne«, die nicht mehr existierten. Diese Zeitung berichtete am 17. September darüber:

> »In der Hauptstadt wurde die Población früh davon überrascht, dass Flugzeuge sie ständig überflogen. Die Militärkräfte gingen in Nueva La Legua gegen eine extremistische Zelle vor, die die Zivilbevölkerung und die patrouillierenden Militärs angegriffen hatte.
>
> Die Aktion wurde durchgeführt, nachdem die Kinder und die Frauen in Sicherheit gebracht worden waren. Auch die Männer wurden dazu angehalten, die Población zu verlassen.«[105]

Wie man sieht, und das war die Tendenz der Presse in diesen Tagen, waren die Informationen der Tageszeitung *La Tercera* unklar, sodass weder die Tatsachen noch die Absichten deutlich werden und nicht schlüssig sind. So heißt es da, dass »die Hauptstadt davon überrascht wurde, dass Flugzeuge sie ständig überflogen« (welches Ziel hatte diese Aktion?), und dass die Militärkräfte in Nueva La Legua die Aktion durchführten (was soll bedeuten »die Aktion durchführten«?), dass die »Kinder und die Frauen in Sicherheit gebracht worden waren« (in Sicherheit vor wem?).

Kehren wir zurück zu den Erinnerungen der Bewohner von La legua. Über die Furcht vor der Bombardierung haben wir schon mit mehr als einem Zeugnis berichtet, sodass man nur wiederholen kann, dass die Angst das stärkste Gefühl war, von dem die Zeugen sprechen. Sehr präsent ist auch die Notwendigkeit, sich zum Schutz in die eigenen Häuser zurückzuziehen. Eine Frau berichtet:

> »Als die Flugzeuge über uns flogen, die Wahrheit ist, dass wir einen enormen Schrecken bekamen, denn ich denke, alle von uns haben etwas gemacht. Ich war im Innern und egal, sie schossen nach unten, da hat man sich total schutzlos gefühlt, und ich erinnere mich, dass ich mit meinem Sohn, der zehn Jahre alt war, unters Bett gekrochen bin. Wir sind also eingesperrt gewesen, wir hatten nichts, das, was wir hatten, haben wir angefangen aufzuessen.«[106]

Diese Erfahrung, sich unter allen Umständen zu schützen, und auch die schwierige Versorgungslage tauchen in vielen Augenzeugenberichten auf.

Eine andere Erinnerung, die diesmal mit der Durchsuchung verbunden ist und die ebenfalls in den Interviews wiederholt wird, ist das Gefühl, einer möglicherweise tödlichen Bedrohung ausgesetzt zu sein. Frau María, die am 11. September mit den Aktivisten der Linken in Kontakt trat, erinnert sich, dass sie während der Durchsuchung mit ihren Töchtern und einem Enkel zusammen war: »Wir werden hier sterben, sagte ich ihnen; wenn sie jemand von uns mitnehmen, werfen wir uns alle auf sie, damit sie uns alle umbringen und keiner überlebt..« Und sie fügt hinzu:« Bis zum Allerkleinsten waren alle einverstanden«. In den Tagen vor der Durchsuchung hatten sie Bücher oder kompromittierende Papiere verbrannt, sodass »sie nichts gefunden haben«. Andererseits erinnert sich Frau María auch daran, dass sie sich während der Durchsuchung darum kümmerte, ihr gesamtes Geld in der Hand zu haben, denn sie wusste, dass sie es ihr vielleicht rauben würden: »Ich habe mir meine Kohle gefischt, die ich hatte, und hielt sie in den Händen, damit sie sie mir nicht wegnehmen konnten. Sie hätten mir da die Kohle weggenommen, das hätte mich fertig gemacht [...] wenn jemand von mir gestorben wäre, würde ich nicht mehr leben, denn dann hätte ich jemanden umgebracht.«[107]

In Bezug auf die Durchsuchung erinnert sich Don Luis, dass sie an diesem Morgen vollständig umstellt von Militärs in La Legua aufgewacht seien. Die Berichte, die sich mit der Zeit im Pfarramt der Solidarität ansammelten, weisen ihrerseits darauf hin, dass kombinierte Einheiten der FACH, des Heeres und der Polizei mit einem Aufgebot an Panzern, Panzerwagen, Lastwagen, Jeeps und Hubschraubern an diesem Sonntag, den 16, in La Legua einmarschierten, das Viertel besetzten, Haus für

Haus durchsuchten und Dutzende von »Pobladores« verhafteten. Don Luis erinnert sich, dass zuerst einige Militärs in sein Haus kamen, die ihm keine größeren Probleme machten, aber dann verkomplizierte sich die Situation plötzlich:

»Ich erinnere mich, dass ein Militär, ich glaube, er hatte den Rang eines Oberst, mich mitnahm. Er war sehr freundlich, er fragte mich verschiedene Sachen über das Leben der Población, und ich antwortete ihm. Er sagte mir, sehen Sie, mein Herr, versuchen Sie nicht weiter bei diesen Sachen mitzumachen, wir werden uns jetzt zurück ziehen, hier haben wir nichts mehr zu tun … Zehn Minuten oder eine viertel Stunde später erschien einer von der Luftwaffe, mit Rang, mit dem Gesicht eines Faschisten, denn er hatte weit aufgerissene Augen. Und er kam mit einer Liste, die ihm glaube ich eine Nachbarin von hier aus der Straße Fuerza gemacht oder ihm diktiert hat, ich weiß nicht, Gott möge ihr verzeihen, wenn sie es gewesen ist, diese Frau, die gestorben ist, die Frau mit den Papierdrachen, denn alle hier haben sie beschuldigt. Denn später haben sie sogar den Bruder, el Yayo, verhaftet und nach Flores mitgenommen und die jungen Navarro … Sie kamen also hierher mit einer Liste, und der Erste auf der Liste, das war ich, in Schönschrift, man konnte es sehen, es war eine Person mit Bildung, ohne Orthografiefehler, man kennt sie also. Er kam rein, er trat gegen die Tür, der Oberleutnant oder Hauptmann, und fragte mich, wer ist Luis Durán? Das bin ich; raus, sagte er mir dann. Wir waren Gerardo Rubilar, wer noch?,der Junge von hier nebenan, Jorge Pobete, ein Kind, er war 14 Jahre alt, sie haben ihn auch rausgeschickt. […]

Zuerst warfen sie uns dort hin, da waren eine Menge Steine, dort, wo immer der Markt ist, mitten auf dem Platz, dort gaben sie uns Fußtritte, Kolbenstöße und so, die Milicos hatten angemalte Gesichter, sie schienen unter Drogen zu stehen, denn sie verstanden keine Argumente, sie haben nur sofort zugehauen. Sie haben uns dort auf den Boden geworfen, und später haben sie sich die Jungen mitgenommen […]

Wir mussten laufen, so mit den Händen im Nacken bis Santa Rosa, und dort holten sie Leute raus, beim Bäcker holten sie »Pobladores« raus, die dort arbeiteten, einen Mapuche auch mit Arbeitskleidung, weil sie arbeiteten, holten sie sie raus, und wir mussten bis zum Krankenhaus Trudeau laufen, und dort, ich weiß nicht, versuchte ich einen zu erkennen, er schien einer aus der Regierung von Allende zu sein, ein sehr bekannter Militär. Er leitete die Operationen [...] Dort standen die Folterer, es waren da einige, die nannten sie die Hunde, das waren junge, gelackte, und die schlugen uns, sie schlugen uns auf die Knie, sie schlugen uns egal wohin, und einem Bullen fiel es ein, einem Nachbarn aus der Población Emergencia wirklich die Haare abzuschneiden, heute ist er in Belgien, er heißt genauso wie der Komponist, Agustin Lara [...] sie schnitten Diego Alfaro die Haare ab, sie schnitten Gerardo Rubilar und verschiedenen Nachbarn die Haare ab. Agustin Lara musste danach seine Haare essen, er musste vor mir seine Haare essen, das ist so. Als sie mich dann folterten und mich ein Schlag traf und ich hinfiel, habe ich nach oben geguckt, und mein Blick blieb auf einem von denen mit den Boinas [Baskenmützen], und es schien mir, dass ich ihn kannte, denn ein Compañero mit Nachnamen Huerta aus der Fabrik hatte einen Bruder, der zu denen mit den Boinas gegangen war, als ich ihn also fest fixierte, sagte er zu mir: Kennen Sie mich? Da sagte ich ihm, dass ich glaubte ihn zu kennen. Und da hat man aufgehört, mich zu bestrafen.«[108]

Don Luis lässt kein Detail aus, er erzählt Punkt für Punkt von seiner Verhaftung sowie von den Misshandlungen, die sie am Sonntag, den 16. Dezember auf offener Straße erlitten.

René stellt sich die Situation von La Legua wie die eines großen »Konzentrationslagers« vor: »Alles war von Uniformierten blockiert, als ich die Mädchen von der Schule zurückbrachte, oder die Kinder konnten gegen fünf oder sechs am Nachmittag nicht in ihre Häuser, bis die Durchsuchung beendet war... La Legua war, so sage ich, ein Internierungslager [campo de concentratió] voller Leute.«[109]

René erlebte das so in Legua Vieja, das näher bei Santa Rosa in Richtung äußerstem Westen von La Legua liegt, wo die Gefangenen konzentriert wurden.

Die Durchsuchung aber lief überall im ganzen Viertel, sodass Carmen, die in der Umgebung der Fabrik SUMAR in Richtung äußerstem Osten von La Legua wohnte, diese Situation gelähmt vor Furcht erlebte, was mit ihren Kindern passieren könnte. Sie erinnert sich, dass, »als die Milicos kamen, sie mich die Sachen wegwerfen ließen, die Matratzen«, aber schwerwiegender noch war, dass eine ihrer Nachbarinnen am selben Tag – dem 16. September – im Innenhof ihres Hauses von einem Schuss getroffen wurde. Es war Gladys Balboa, die nach dem *Rettig-Bericht* durch eine Schussverletzung ihr Leben verlor, »Konsequenz der herrschenden politischen Gewalt im Land in diesen Tagen.«[110]

Carlos wurde genauso wie Don Luis an diesem Tag verhaftet. Er machte mit in einem der Katholischen Kirche verbundenen Jugendzentrum, »Es war eine katholische Gruppe … wir waren vor allem eine Jugendgruppe, die sich zusammen tat, um an Aktivitäten, an Projekten teilzunehmen«. Er wurde am Sitz der Gruppe verhaftet, und am selben Tag begann die Bestrafung: »die Polizisten verhafteten uns hier, im Haus, durchsuchten das Haus, schlugen uns, schnitten uns die Haare ab«, und danach wurden sie den Militärs übergeben:

> »Die Polizisten übergaben uns hier in der Straße Venecia… danach kamen Militärs vorbei, sie warfen uns auf einen Lastwagen und brachten uns in die Straße Santa Rosa, da wurden sie wieder wütend, sie schlugen uns, sie traten uns, was weiß ich, mich hingen sie an ein Gitter, denn ich hatte ein Foto, es gab von mir ein Foto, wo ich als Priester verkleidet bin, ein Foto, sonst nichts, aber da wir ein Vertrauensverhältnis mit dem Priester hatten, hatte er mir seine Soutane geliehen, und ich ließ mich so fotografieren, und wegen diesem Foto haben sie mich geschlagen. Sie haben mich oben ans Gitter gehängt, sie setzten mir eine Krone auf, einige Zweige… und dort mussten wir eine ganze Weile bleiben, sie glaubten mir nicht, dass ich nicht der Priester war…«.[111]

Erinnerung an Bestrafung, an Erniedrigung und Ohnmacht, die sowohl für Don Luis wie für Carlos gerade erst begonnen hatten, denn nachdem die Gefangenen in Santa Rosa konzentriert worden waren, begann ihr Weg durch die Luftwaffenbasis El Bosque und das Nationalstadion. Sie kamen gezeichnet an beide Orte, sie waren »die von La Legua«, »Diebe« (für viele gemeine Kriminelle), aber auch die, die Widerstand geleistet hatten am Tag des Putsches:

> »Sie warfen uns auf einen Lastwagen mit Abfülltrichter [Silos], wir lagen auf einem Haufen alle dicht aneinander […] mit gefesselten Händen […] Sie brachten uns nach El Bosque, sie brachten uns dahin, sie steckten uns in eine Turnhalle, sie schlugen uns dort, sie prügelten auf uns ein, was weiß ich, sie traten uns, und sie liefen auf uns herum, naja, da sind schlimme Sachen passiert, auch bei mir, es gab einen Moment, da dachte ich, sie würden mich umbringen…«.[112]

Die Misshandlungen geschahen auf dem Weg von El Bosque zum Nationalstadion. Don Luis erinnert sich: »Auf dem Weg ließen sie uns vom Lastwagen runter, und die Bullen sagten uns, sie würden uns hier erschießen, sie haben uns da hingestellt und simulierten eine Erschießung, einige Compañeros wurden ohnmächtig.«[113]

Als sie zum Nationalstadion kamen, so Carlos, »gingen die Qualen weiter: wir rannten mitten durch die dunkle Gasse[114], Kolbenschläge, Tritte, was weiß ich, sie warfen uns auf den Boden, sie schlugen uns, und in dieser Zeit, ich weiß nicht, wann genau es war, gaben sie auf einen Typ neben uns einen Schuss ab, und sie brachten ihn dort um, weil er ihren Kommentaren zufolge eine Anklage wegen Vergewaltigung hätte, und sie ihn identifiziert hätten, und sie haben ihn dort umgebracht, neben mir, sie töteten ihn, und da war es zu Ende mit dem Typ…«.[115]

Don Luis erinnert sich auch an die »dunkle Gasse« oder mittlere Reihe und den Rachedurst der Polizisten:

»Als wir zum Stadion kamen, mussten wir dreimal durch die ›mittlere Reihe‹, es gab eine Reihe mit Bullen, sie sagten, hier werden wir uns rächen, denn ihr in La Legua, ihr habt einige von uns umgebracht… und sie schlugen uns, und wer auf den Boden fiel, musste aufstehen, und wir, voller Blut, schwitzend, rannten, denn wir mussten vorwärts gehen … und wir kamen bis zu den Umkleideräumen…«.[116]

Aber auch die Solidarität und der subtile Sinn für Humor der Bewohner von La Legua reichten bis in die Umkleideräume des Stadions. Sie haben das in ihrem Gedächtnis aufbewahrt:

»Und sie haben uns alle dort hingeworfen, da rein, auf den nackten Boden, alle zerquetscht, wir blieben da todmüde, fertig liegen, was weiß ich, bis zum nächsten Tag erfuhren wir nichts, als ich aufwachte, bin ich mit Mühe aufgestanden um Wasser zu trinken, und allen Compañeros, die dort waren, ging es noch schlechter als mir. Mir ging es schlecht, aber ihnen ging es schlechter, und ich habe, so wie es eben ging, Wasser getrunken, und danach habe ich einen Schuh ausgezogen und begonnen, ihnen Wasser in einem Schuh zu bringen, denn sie konnten sich nicht bewegen. Und sie lachten, denn die Marke der Schuhe, die man damals trug… war eine gute Marke«.[117]

Die verhafteten »Pobladores« wurden in den folgenden Wochen im Oktober aus dem Nationalstadion freigelassen, aber das bedeutete nicht das Ende der Repression für die Población. Es kamen neue Durchsuchungen, neue Verhaftungen und vor allem neue Opfer. Diesmal war die Verfolgung der jungen kommunistischen Aktivisten selektiver, am 21. Dezember fand sie ihren Höhepunkt mit der Verhaftung, der Folter und der Hinrichtung von fünf von ihnen: Alejandro Gómez, Luis Orellana, Pedro Rojas, Carlos Cuevas und Luis Canales. Die Presse informierte über eine Verlautbarung des Heeres, die von fünf toten Terroristen berichtete: Diese hätten in Ausführung eines sogenannten »Plan Leopardo« mit dem Ziel, schwere Unruhen zu schaffen, einen Hochspannungsmasten in die Luft sprengen wollen. Wie man später feststellen konnte, war diese Verlautbarung eine Verschleierungsaktion der DINA. Die Repression richtete sich außerdem gegen die wirklichen oder angeblichen Kriminellen, von denen mehr als dreißig zwischen September 1973 und Januar 1974 ihr Leben verloren.

Vom Gesichtspunkt der Erinnerung aus hinterließen diese und andere Repressionsmaßnahmen natürlich Spuren, die unter den »Pobladores« von La Legua schwer zu löschen sind. Das Zeugnis von zwei jungen Leuten drückt sehr klar das Klima der Furcht aus, das sich in La Legua in den ersten Jahren der Diktatur bildete und bis in die achtziger Jahre hineinreichte[118]:

»Ich erinnere mich an eine Kindheit, einen Ort, wo viel über Politik gesprochen wurde, und das ging uns nah in dem Sinn, dass wir immer in der Angst lebten, uns könnte etwas passieren… Mein Vater war immer sehr traurig, mein Papa starb im Jahr 85, mit 33 Jahren … es gibt schlimme Sachen, von denen die Leute nichts wissen, mein Papa war in der Población sehr bekannt, er war ein Mann der Kirche, die Wahrheit ist, dass mein Papa in den Tagen vor seinem Tod sehr heftig von der CNI [Nachfolgeorganisation der DINA, Anm. d. Verlags] bedrängt worden ist, deswegen sage ich manchmal, dass die Leute nicht wissen …. Ich betrachte mich als ein Opfer der Diktatur, denn sie haben meinen Vater umgebracht, das heißt, psychologisch haben sie ihn umgebracht … Ich fühlte einen sehr großen Schmerz, ich denke mit großem Bedauern an meinen Vater, ein Onkel, der liebste Onkel von mir musste ins Exil gehen, und dieser Onkel rief immer an: Wie geht es dem Land? Er wollte zurückkommen. Ich bin aufgewachsen in dem Gefühl, dass wir nicht frei waren… ich erinnere mich immer an die Magenschmerzen, die ich bekam, wenn mein Vater zum Beispiel zu einer Demonstration gehen musste, wenn er vielleicht nicht zurück käme…«

»Beim Putsch war ich erst einige Monate alt, ich erinnere mich nicht daran, was genau der Putsch bedeutete, es gibt nur so etwas wie ein Wirrwarr von dem, was in der Familie, in der Kirche gesprochen wurde… und einer wächst mit einer Geschichte auf, die sich Stück für Stück aufklärt, in der Straße blieben einige Wandmalereien übrig, die an Dinge erinnerten, die ich nicht verstand, die Leute sagten normalerweise, dass man still sein soll, dass das vorbei sei… zumindest war das die Haltung meiner Eltern, ein bisschen um die Jugend zu schützen, denn da kam, glaube ich, die der Jugend eigenen Rebellion, also versuchten sie die Möglichkeit zu verringern, dass eine so traumatische Situation noch einmal passieren könnte.«

Das Gedächtnis der Bewohner von La Legua

Wie man anhand der Zeugnisse der von uns Interviewten sehen kann, hat die Erfahrung des 11. September und der darauf folgenden Tage die »Pobladores« von La Legua schwer gezeichnet, und sie wurde mit der Zeit im individuellen und im kollektiven Gedächtnis rekonstruiert. Es geht in verschiedene Richtungen und gibt verschiedenen Gefühlen Raum, die die Erinnerungen begleiten, und sie verstärken gleichzeitig bestimmte Identitätsmerkmale der »Pobladores« von La Legua.

Das Gedächtnis bewahrt tatsächlich, wie wir in diesem Kapitel gesehen haben, bestimmte Erfahrungskerne auf. Diese können sich um zwei Bereiche gruppieren: den des Widerstandes, der sich vor allem am 11. September ausdrückte, und den der Repression, die in den auf den Putsch folgenden Tagen und Monaten ausgeübt wurde. Ausgehend von den Charakteristika der Zusammenstöße in La Legua sind die Erinnerungen im ersten Fall eher undeutlich, während im zweiten Fall die Erfahrung der Repression sehr viel klarer ist, und so intensiv, dass sie bei vielen Befragten immer noch sehr präsent ist.

Bezüglich des ersten Bereichs, dem des Widerstands, werden die Erinnerungen je nach Nähe oder Abstand der Personen zu den Ereignissen klarer oder undeutlicher. Im Fall der direkteren Zeugen ist es möglich, trotz noch immer andauernder Ängste, das Erlebte zu erzählen, sehr aufschlussreiche Fragmente oder genauere Erzählungen über die Erfahrung zu erhalten. Das zeigen so die Augenzeugenberichte von Don Luis Durán und seiner Tochter Margarita. Diesen Erinnerungen steht die

Tatsache gegenüber, dass ein bedeutender Teil der Zeugen oder Protagonisten der Geschehnisse des 11. September in den ersten Monaten nach dem Putsch hingerichtet oder ermordet wurde, oder man ließ sie verschwinden. Außerdem sind einige der Überlebenden bald ins Exil gegangen. All diesen Schwierigkeiten zum Trotz bildet der Widerstand in La Legua am Tag des Putsches eine höchst bedeutsame Grundlage für die »Pobladores« von La Legua und darüber hinaus, denn zusammen mit dem »Kampf um La Moneda« war La Legua, wenn nicht der Einzige, so doch der zentrale Focus des städtischen Widerstandes gegen den Staatsstreich 1973. Das macht La Legua nicht nur besonders (kämpferischer, konsequenter, mit mehr Traditionen), sondern es rechtfertigt auch einen herausragenden Platz für sie im Gedächtnis des Volkes von Santiago.

Bezüglich des zweiten Bereichs der Repression bekommt die Erinnerung daran – auch wenn sie mit dem Widerstand verbunden ist – eine überwältigende Macht und kann in einigen Fällen alle anderen Erinnerungen überlagern. Die Bestrafung von La Legua nahm verschiedene Formen an, die nach und nach alle »Pobladores« gefährdeten, einige wurden gefoltert, hingerichtet, oder man ließ sie verschwinden; andere erlitten willkürliche und lange Haft; wieder anderen blieb kein anderer Weg als das Exil; und die Mehrheit erlebte Misshandlungen, Erniedrigungen und Bestrafungen verschiedener Art bei den aufeinander folgenden Durchsuchungen und Transporten in Haftzentren.

In diesem Zusammenhang bedeutete die Erfahrung des Putsches für die »Pobladores« von La Legua nicht nur einen »Bruch mit dem demokratischen Regime«, sondern auch eine langandauernde Erfahrung von Bestrafung, von »sozialer Säuberung«, autoritärer und konservativer Disziplinierung sowie sozialer und politischer »Rache«, weil sie am 11. September Widerstand geleistet hatten. Die Wirkungen dieser Erfahrung folgten mit der Zeit zwei Wegen: jenem der Angst, die von vielen Besitz ergriff – als Schutzmechanismus, aber auch als Hindernis gegenüber sozialem und politischem Handeln –, und paradoxerweise dem des »Widerstands«, indem man zu seinen eigenen Organisationstraditionen zurückkehrte. So bot die Katholischen Kirche der Población einen Ort der Zuflucht und der Neufindung. Tatsächlich weisen viele Zeugnisse über die Erfahrung der Neu-Organisierung auf den Priester Guido Peters und auf die offenen Räume in der lokalen Kirche – eine Institution, die als wichtige Verbündete dabei half, sich wieder zu finden und sich auf die Kämpfe für die Rückkehr zur Demokratie vorzubereiten.

Anmerkungen

1   Augusto Pinochet war erst kürzlich von Allende zum Oberkommandierenden des Heeres ernannt worden; Gustavo Leight war Kommandant der Luftstreitkräfte und Patricio Carvajal, Admiral; die drei koordinierten über Funk die Aktionen des Staatsstreichs.

2   Patricia Verdugo: *Interferencia Secreta. 11. September 1973*, Santiago de Chile 1988, S. 131f.

3   Verdugo: a.a.O., S. 188 ff.

4   Verdugo: a.a.O., S. 190.

5   Volodía Teitelboim: *La gran guerra de Chile y otra que nunca existió*, Santiago de Chile 2000, S. 158.

6   »Operativo militar en el sector San Joaquín«, in: *La Tercera*, , 17. September 1973, S. 4.

7   o.N.: »Numerosas armas halladas en Población La Legua«, in: *El Mercurio*, 20. September 1973, S. 13.

8   Zur Beschreibung von Zanjon und der Wohnungsfrage in den fünfziger und sechziger Jahren vgl. Mario Garcés: *Tomando su sitio. Historia del movimiento de pobladores de Santiago. 1957-1970*, Santiago de Chile 2002.

9   Berichte von den Bewohnern von La Legua finden sich in: Red de Organizaciones Sociales de La Legua und ECO, Educación y Comunicaciones: *Lo que se teje en La Legua*, hrsg. von ECO/FOSIS, Santiago 1999.

10 Am 29. Juni 1973 wurde vom zweiten Panzer-Regiment mit Sitz im Stadtzentrum von Santiago ein Staatsstreich versucht. Er wurde bekannt als »tanquetazo" (Panzerstreich). Eine Panzereinheit umstellte »La Moneda«, jedoch ohne die Regierung von Allende stürzen zu können, denn General Carlos Prats, ein verfassungstreuer Militär, verhinderte, dass sich die Putschisten »institutionell« mit den Streitkräften verbinden konnten. Das Volk unterstützte am 29. Juni in weiten Teilen die Regierung und strömte in Richtung Stadtzentrum.

11 .N.:»El combate en la zona sur de Santiago«, einsehbar auf: http://www.lafogata.org/chile/santiago.htm, zuletzt aufgerufen am 29.07.2013.

12 Arnoldo Camú Velosos, 36 Jahre, Mitglied des Zentralkomitees der *Sozialistischen Partei*, sollte eine entscheidende Rolle bei den Ereignissen spielen, die im südlichen Gebiet von Santiago geschahen. Er nahm an der Versammlung bei FESA teil, und kam später zur CORMU und zu INDEMET. Bei SUMAR war er verantwortlich für eine der Kolonnen, deren Ziel es war, zu MADECO zu gelangen. Er war beteiligt an den Zusammenstößen in La Legua und am späten Nachmittag kam er zum Treffpunkt. Später, schon auf dem Rückzug, bekam er die Aufgabe, die noch verfügbaren Waffen zu verstecken. Tage später, am 24. September, wurde er an der Kreuzung Nataniel/Santiaguillo verhaftet und in einen Wagen gezogen. Es starb in der Hauptpost an den Verletzungen einer Schussverletzung.

13 »El combate en la zona sur de Santiago«, a.a.O.

14 Patricio Quiroga: *Compañeros. EL GAP – La escolta de Allende*, Santiago de Chile 2001, S. 150. Patricio Quiroga gibt 9.00 Uhr als den Moment an, in dem die Waffen kamen, während derjenige, der die Waffen brachte – o.N.:»El combate en la zona sur de Santiago«, a.a.O. – sagt, dass dies erst um 10.30 Uhr passiert sei. Dieser Zeitunterschied zieht sich durch die verschiedenen gesammelten Zeugnisse, sowohl durch die Interviews als auch durch die übrigen Texte.

15 Quiroga: a.a.O., S. 151f. Patricio Quiroga erklärte uns im Interview, dass das Treffen bei INDUMET schon vorher ausgemacht worden war.

16 Quiroga: a.a.O., S. 152f. Eduardo Gutiérrez beschreibt in seinem Buch *Ciudades en las sombras* ähnliche Einzelheiten über das Treffen bei INDUMET; er weist darauf hin, dass einer der anwesenden kommunistischen Führer Pascual Barraza war, und von der MIR auch Bautista van Shouwen anwesend war, was Pascal Allende in seiner Schrift in der Zeitschrift *Punto Final* nicht erwähnt. Vgl. Eduardo Gutiérrez: *Ciudades en las sombras. Una historia no oficial del Partido Socialista de Chile*, Santiago de Chile 2003; Pascal Allende: »El MIR. 35 años. Parte IV – El

fin de la UP«, in: *Punto Final*, Nr. 480, Sept – Oktober 2000.

17 Der Betrieb Polyester erstreckte sich (und erstreckt sich noch) über ein Areal, dass von den Straßen Salomón Sumar (Richtung Westen), Carlos Valdovinos, auch bekannt als San Joaquín (Richtung Norden), Primero de Mayo (Richtung Osten) und Pedro Alarcón (im Süden) begrenzt wird. Der Haupteingang befindet sich in der Straße Salomón Sumar, in der Höhe der Kreuzung Salomón Sumar/Magdalena.

18 Don Rigoberto Quezada ist heute 85 Jahre alt und lebt noch immer in der Población Aníbal Pinto, die neben der Población La Legua liegt, in der Nähe der Betriebe von SUMAR. Nach dem Putsch ging er zusammen mit seiner Familie ins Exil nach Venezuela; 1990 kehrte er nach Chile zurück. Zu dem Zeitpunkt, als die Interviews geführt wurden (Januar und Mai 2003), war er dabei, auf Betreiben seiner Kinder und Enkel seine Memoiren aufzuschreiben.

19 Interview mit Rigoberto Quezada, geführt von Sebastian Leiva im Januar und Mai 2003.

20 Ebd.

21 Der Betrieb Algodón befindet sich noch immer an der südlichen Seite der Avenida Carlos Valdovinos, zwischen Salomón Sumar und Primero de Mayo.

22 Nach Ansicht von Don Luis Mora und Victoria Barrientos, beide Arbeiter bei SUMAR-Algodón, stand während der ganzen Zeit der Unidad Popular Manuel Bustos der Betriebsgewerkschaft vor. Der Zeitung *El Siglo* vom 20. Juni 1972 (S.4) zufolge erhielt Manuel Bustos bei den in jenen Tagen abgehaltenen Wahlen jedoch nur genügend Stimmen für einen Posten als einer der beiden Direktoren, das heißt, er erzielte eins der niedrigsten Ergebnisse bei den Auszählungen. Auch darüber, wer den Posten des Präsidenten der Angestelltengewerkschaft innehatte, besteht Unklarheit. Nach Meinung von Don Luis Mora war es Hugo Toro, der allerdings einige Monate nach der Beschlagnahmung des Betriebs der Produktionssabotage beschuldigt und entlassen worden war.

23 Der Betrieb Nylon befindet sich noch immer zwischen den Straßen Primero de Mayo, Pedro Alarcon und El Pinar (Richtung Süden). Der Haupteingang liegt an der Ecke von Primero de Mayo/El Pinar.

24 Interview mit Guillermo Vega, geführt von Sebastian Leiva im Dezember 2002. Don Guillermo Vega kam 1970 zum Betrieb Algodón in die Abteilung Rechnungswesen, später wurde er in die Verkaufsabteilung versetzt, wo er bis heute arbeitet. Das Fehlen einer Gesamtgewerkschaft (insgesamt gab es in den Betrieben acht Gewerkschaften, zwei in jedem, je eine für die Angestellten, eine für die Arbeiter) und der daraus folgende Mangel an politischer Koordination zwischen den Arbeitern existierte auch auf der Ebene der Verwalter der verschiedenen Betriebe. Von Rigoberto Quezada erfuhren wir, dass die vier von der UP eingesetzten Verwalter sich nie zusammensetzten, um irgendeine Form der politischen Koordinierung zu schaffen. Bei den seltenen Gelegenheiten, zu denen sie sich trafen, ging es ausschließlich um technische Angelegenheiten, unter anderem deswegen, weil diese Versammlungen von CORFO koordiniert wurden und Personal der verschiedenen beschlagnahmten Textilbetriebe teilnahm. Das Fehlen von politischer Koordinierung könnte teilweise die Tatsache erklären, dass es am 11. September keine gemeinsame Aktion zwischen den verschiedenen Betrieben gab, weder auf der Ebene der Verwaltung noch zwischen den Gewerkschaften.

25 Interview mit Rigoberto Quezada, geführt von Sebastian Leiva im Januar und Mai 2003.

26 Interview mit Luis Mora, geführt von Myriam Olguín im Dezember 2002. Don Luis kam 1969 in die Ingenieursabteilung des Betriebs Algodón und wurde Delegierter dieser Abteilung; auf diesem Gewerkschaftsposten wurde er vom Staatsstreich überrascht. Trotz aller Wechselfälle, die er im Betrieb erlebte, arbeitet er immer noch dort.

27 Interview mit Luis Mora, geführt von Myriam Olguín im Dezember 2002.

28 Nach Patricio Quiroga, der sich auf die Augenzeugenberichte jener Mitglieder der GAP bezieht, die zu SUMAR kamen, waren es zwei Fahrzeuge, die von »Tomás Moro« zur Fabrik kamen, ohne genauer auszuführen, zu welchem Betrieb sie fuhren. Nach Don Rigoberto kam nur ein Lieferwagen zum Betrieb Polyester, genau dahin, wo auch Arnoldo Camú mit weiteren fünf Personen von der GAP (zwei Frauen und drei Männern, einer von ihnen verletzt) ankam. Nach

Quiroga waren diejenigen, die in den Fahrzeugen zu SUMAR kamen, Pedro Plaza, Pedro Fierro, Felix Vargas (verletzt), Rina Balvederessi, Elena Araneda und ›Javiera‹. Ein anderes Mitglied von GAP, das zu Polyester kam, war Rafael Ruíz Moscatelli, der uns erzählte, dass er, nachdem er bei SUMAR war (mit dem Verletzten, von dem Don Rigoberto sprach), sofort zusammen mit anderen Mitgliedern der GAP zu INDUMET weiterzog. Später, nachdem sie die Einkesselung durchbrochen hatten, gingen sie nach La Legua und beteiligten sich an den dortigen Kampfhandlungen.

29 Don Rigoberto bezieht sich in seinen Erinnerungen auf die Ankunft eines Lastwagens bei Polyester, der von der Schlachterei Lo Valledor kam und der Fleisch brachte, das verteilt werden sollte. Don Rigoberto fragte den Chauffeur, ob sie auch in den anderen Betrieben Fleisch ausgeliefert hätten, und bekam die Information, dass sie direkt vorher nur bei Algodón, aber nicht bei Nylon gewesen seien. Es ist wahrscheinlich, dass dies der Lastwagen ist, auf den sich Don Luis Mora bezog, und der außer Fleisch auch Waffen brachte.

30 Roberto Robles Pantoja war zum Zeitpunkt seiner Ermordung 38 Jahre alt. Er war Angestellter bei SUMAR-Polyester und Gewerkschaftsführer, als er am 11. September starb. Nach der von einem Zeugen der *Corporación de Verdad y Reconciliación* zur Verfügung gestellten Information hatten Roberto Robles und zwei andere Arbeiter von SUMAR gegen 18 Uhr am 11. September beschlossen, zu Fuß nach Hause zurückzugehen. Als sie an der Zweigstelle in der Straße San Joaquin vorbeikamen, wurden sie beschossen. Roberto Robles wurde getroffen und lag verletzt am Boden, als sich ein Polizist näherte und erneut auf ihn schoss. Nach Aussage des Zeugen starb Robles am selben Ort, wo er bis zum nächsten Tag liegen blieb, denn er selbst sah ihn dort noch einmal (siehe Seite 291 des Berichts der *Corporación de Verdad y Reconciliación*). Ein Teil der dieser Zeugenaussage stimmt nicht mit der Erinnerung von Don Rigoberto Quezada überein, der bei seiner Rückkehr von MADESMA in La Legua auf einen Compañero traf, der ihn über den Tod von Robles informierte und auch über den Ort, an dem sich der Körper befand, der Kirche San Cayetano derselben Población; am selben Ort befanden sich auch die Leichen der beiden Arbeiter von INDUMET und zwei oder drei Leichen getöteter Polizisten.

31 Die verschiedenen Zeugenberichte zeigen, dass Don Rigoberto die Person verwechselt, die im Lieferwagen zu Camú kam, oder er sich bei den Uhrzeiten irrt. Denn Patricio Quiroga legt sowohl in seinem Text über die GAP als auch in seinem uns gewährten Interview dar, dass Camú sich während des ganzen Vormittags bei INDUMET aufhielt, bis zu dem Moment, als die Polizei kam und die dortige Versammlung auflöste, das heißt ungefähr bis 13 Uhr. Rafael Ruiz Moscatelli bestätigt das von Quiroga Gesagte, ebenso wie Margarita Durán, die erklärt, dass Camú in der Gruppe kam, die sich von INDUMET einen Weg Richtung La Legua gebahnt hatte. Von dort aus ging später eine Gruppe SUMAR-Polyester los.

32 Quiroga: a.a.O., S. 162. Dem Bericht auf www.lafogata.org/chile/santiago.htm zufolge werden die Versammlungsteilnehmer um 11:30 Uhr überrascht und beginnen mit dem Rückzug. Die Hinweise, die in einer Veröffentlichung der Streitkräfte gegeben werden, bestätigen jedoch eher die von Patricio Quiroga genannte Zeit. Es wird erwähnt, dass ein Polizeibus ungefähr um 15:00 Uhr die Nachricht bekommen habe, »ein paar Stunden vorher« sei einer ihrer Compañeros in INDUMET umgekommen. Vgl. Fuerzas Armadas y Carabineros (Hrsg.): *Septiembre de 1973. Los cien combates de una batalla*, Santiago o.J., S. 29.

33 Pascal Allende: a.a.O., S.13.

34 Wir zweifeln an der Identität dieses Polizisten, der nach dem Rettig-Bericht bei INDUMET starb, während er nach der Veröffentlichung der Streitkräfte beim zweiten Zusammenstoß in den Nachmittagsstunden des 11. September in La Legua starb.

35 In La Legua ohne Ortskenntnisse angekommen, befanden sie sich, Pascal Allende zufolge, gegenüber einer Polizei-Kaserne. Den sich anschließenden Schusswechsel überstanden sie, ohne Verluste. Später beschlagnahmten sie ein Auto, mit dem sie sich weiterbewegten, bis sie auf Angehörige der FACH stießen, ohne einen Zusammenstoß zu provozieren. Schließlich kamen sie ungefähr gegen vier Uhr nachmittags zu einem sicheren Haus, in dem sich schon Bautista van Shouwen und Edgardo Enríquez befanden. Hier erfuhren sie von der Bombar-

dierung der Moneda und dem Tod Allendes und sie beschlossen, sich zurückzuziehen, in die Illegalität zu gehen und sich von da aus neu zu organisieren, um den Widerstand aufzubauen; siehe Allende, a.a.O.. Andererseits gibt es in der von Martín Faunes rekonstruierten Geschichte von INDUMET bezüglich des Rückzugs der Miristen diesen Hinweis: »Wir laufen in Richtung der Ecke Carmen, um zu San Joaquín zu kommen, und dann weiter Richtung Vicuña Mackena, wo, so scheint uns, wir vielleicht eher irgendein Auto besorgen können. Da tauchen in Gegenrichtung aus San Joaquín Bullen auf, die versuchen, uns den Rückweg abzuschneiden und uns zu umringen. Miguel eröffnet sofort das Feuer mit einer Salve aus der AK, die mindesten drei Bullen zu Boden fegt, und das ganze zwingt den Rest von uns zum Rückzug, wir können San Joaquín erreichen und weiterlaufen mit Vicuña Mackena.« Martín Faunes: »Once de septiembre en INDUMET«, in: María Paz García-Huidobro, Martín Faunes: *Las historias que podemos contar. Diferentes miradas*, Vol. 2, Santiago 2004, S. 33.

36 Nicht alle wählten diese Möglichkeit. Pascal Allende wies zum Beispiel darauf hin, dass er und einige Miristen auf der Flucht genau beim Posten von San Joaquín und Las Industrias mit Polizei zusammenstießen. In Übereinstimmung mit der Arbeit von Patricio Quiroga kann gezeigt werden, dass die Sozialisten in verschiedenen Gruppen organisiert waren, die nicht alle über La Legua zu SUMAR gingen.

37 Interview mit Rafael Ruiz Moscatelli, geführt von Mario Garcés am 16. April 2003 in Santiago.

38 Ebd.

39 Interview mit Maria, geführt von Rafael Silva am 18. November 2000 in Santiago.

40 Interview mit Margarita Durán, geführt von Mario Garcés am 1. Oktober 2001 in Santiago.

41 Interview mit Margarita Durán, geführt von Mario Garcés am 3. Oktober 2002 in Santiago.

42 Interview mit Rigoberto Quezada, geführt von Sebastian Leiva im Januar und Mai 2003.Siehe schon zitiertes Interview.

43 Hier: »Puma ... Wir sind getroffen worden!« In: Fuerzas Armadas y Carabineros: a.a.O., S.30f.

44 Eine Vorstellung, die die Leute von La Legua in Bezug auf den 11. September haben, ist die einer sich lange hinziehenden Konfrontation, die bei SUMAR stattfand, und die sich nach den Worten einiger Leute sogar über mehrere Tage hinzog. Die Augenzeugenberichte weisen jedoch in eine andere Richtung. So sagt Don Rigoberto zum Beispiel, dass es nur die Episode mit dem Hubschrauber gab, solange er in der Fabrik war. Professor Quiroga erklärt in diesem Zusammenhang: »Nein, das war nie so. Höchstens ein verlorener Schuss dort, ein paar Rangeleien mit dem Feind, aber soweit ich mich erinnere, Schießerei drinnen, da gab es nur den Hubschrauber, daran erinnere ich mich, ja, aber ich erinnere mich nicht daran, dass es ein Verschanzen in diesem Widerstandszentrum, so wurde die Fabrik, die Landstücke, die Universitäten genannt, nein, das funktionierte nicht als Widerstandszentrum, soweit ich mich erinnere.« Aber das vorher Gesagte bedeutet nicht unbedingt, dass es keine Zusammenstöße in den Fabriken gegeben hätte. Zum Beispiel sagt Don Guillermo Vega, dass es sie in Algodón gegeben habe, und in einer etwas weniger eindeutigen Weise sagt das auch Don Luis Mora. Gleichzeitig gibt es die Angaben im Rettig-Bericht über eine Frau, die bei einem Schusswechsel in der Nähe der Fabrik Nylon oder Polyester starb (das wird nicht eindeutig festgehalten), einige der Arbeiter bekamen sogar Gerichtsverfahren deshalb und wurden bei der Durchsuchung der Fabrik verhaftet. Schließlich sollte nicht vergessen werden, dass eine bedeutende Gruppe von Arbeitern in Polyester blieb, und man kann nicht ausschließen, dass es in irgendeinem Moment jenes 11. September tatsächlich einen Zusammenstoß gab. Klar ist auf jeden Fall, dass es über den 11. September hinaus keine Zusammenstöße in den Fabriken von SUMAR gab, weder gegen Hubschrauber noch gegen Bodentruppen.

45 Einige der Berichte beziehen sich auf MADEMSA als den Ort, zu dem man kommen sollte. Während des Nachmittags und der Nacht des 11. September versammeln sich jedoch die meisten der an den Zusammenstößen beteiligten Sozialisten bei MADECO, was darauf hinweist, dass dies tatsächlich der Treffpunkt war.

46 Interview mit Juan Rodriguéz, geführt von Eduardo am 18. November 2000.

47 Renato Moreau war Mitglied der Leitung des Militärapparats des PS.

48 Interview mit Don Luis Durán, geführt von Mario Garcés und Myriam Olguin am 27. September 2000. Hervorhebungen durch die Autoren.

49 Ebd.

50 Fuerzas Armadas y Carabineros: a.a.O., S. 32.

51 Fuerzas Armadas y Carabineros: a.a.O., S. 33.

52 Ebd.

53 o.N.: »Dramáticos episodios vividos por Carabineros«, in: *El Mercurio*, 8. Oktober 1973, S. 17.

54 *El Mercurio*, 8. Oktober 1973, S. 21.

55 Ebd.

56 Der Fall von Benito Rojas Miranda wurde erfasst in: Corporacion Nacional de Reparacion y Reconciliacion (Hrsg.): *Informe sobre calificación de Victimas de violaciones de Derechos Humanos y de la Violencia politica*, Santiago 1996, S. 453. Nach den Informationen aus diesem Bericht war Benito 22 Jahre alt, ledig, Arbeiter und starb am 11. September gegen 18 Uhr. Er befand sich gegenüber der Kirche San Cayetano, als ihn eine von der Polizei abgefeuerte Kugel traf, »die Teil eines Schusswechsels in der Nähe dieses Ortes war«.

57 Interview mit Margarita Durán am 3. Oktober 2002. Sehr wahrscheinlich war einer der Aktivisten, an die sich Margarita erinnert, Camilo Carmona Concha, dessen Fall auch hinterlegt ist im *Informe sobre calificacion de Victimas de violaciones de Derechos Humanos y de la Violencia política*. Nach diesem Bericht war Camilo Carmona ein sozialistischer Aktivist, der sich nach Aussagen der Familie und Augenzeugen »in der Población La Legua [befand] und [...] an einem Zusammenstoß zwischen Pobladores und Polizei [teilnahm]. In dieser Situation bekam er eine Geschossgarbe in den Rücken und starb an Ort und Stelle. Sein lebloser Körper blieb bis zum 14. September auf der Straße liegen, bis die Leichen von einem Lastwagen eingesammelt wurden.« in: *Informe*, a.a.O., S. 478.

58 Fuerzas Armadas y Carabineros: a.a.O., S. 25.

59 *El Rodriguista*, N° 5, Edicion Especial September 1998, S. 15.

60 Bezüglich des Themas Widerstand bei Algodón stimmen die verschiedenen Versionen von Don Luis Mora und Don Guillermo Vega nicht überein, beide waren sie Angestellte in der Anlage, und sie blieben bis zum Morgen des 11. dort. Wie wir gesehen haben, sagt Don Luis, »drinnen fiel kein Schuss«, im Nachhinein sagt er dann, dass, als die Militärs reingehen wollten, »es Widerstand gab und sie sich zurück zogen«. Don Guillermo berichtet, dass in der Zeit zwischen der Herausgabe eines der Erlasse der Junta und dem Moment, in dem der Rückzug nach Hause erlaubt wurde (er sagt nicht genau die Uhrzeit, wann das geschah), die Leute Widerstand leisteten, speziell durch Beschuss der Hubschrauber, die die Anlage überflogen. Er sagt: »Es gibt dort einen Turm, einen hohen Turm, und soweit ich mich erinnere, hatten sich dort Leute installiert.« Die abweichenden Angaben könnten durch unterschiedliche Aufenthaltsorte und -zeiten erklärt werden.

61 Interview mit Margarita Durán, geführt von Mario Garcés am 3. Oktober 2002.

62 Ebd.

63 Interview mit Luis Mora, geführt von Myriam Olguín im Dezember 2002.

64 Nach dem Rettig-Bericht war Adrián del Carmen Sepúlveda Farías verheiratet und 27 Jahre alt zum Zeitpunkt seiner Ermordung. Er gehörte zur Abteilung Spinnerei, war Delegierter und Mitglied der Bewegung Bandera Roja. Er wurde am 23. September von Militärs in der Anlage verhaftet, später fand man seinen Körper zusammen mit zwei anderen Arbeitern von SUMAR, Ofelia Villaroel und Donato Quispe, auf der Autobahn General San Martin. Als Don Luis Mora zu SUMAR zurückkehrte, hörte er eine andere Version über den Tod von Adrián Sepulveda. Man erzählte, dass er im Betrieb selbst erschossen und dann in den Fluss Mapocho geworfen worden sei, wo später sein Körper gefunden wurde.

65 Interview mit Luis Mora, geführt von Myriam Olguín im Dezember 2002.

66 Nach dem Rettig-Bericht war Donato Quispe Choque bolivianischer Nationalität, verheiratet und 28 Jahre alt, als er ermordet wurde. Genauso wie Adrián Sepúlveda und Ofelia Villarroel

wurde er am 23. September aus SUMAR geholt und am selben Tag tot auf der Autobahn General San Martin aufgefunden.

67   Interview mit Luis Mora, geführt von Myriam Olguín im Dezember 2002.

68   Nach dem Rettig-Bericht war Ofelia Villarroel ledig und 29 Jahre alt zum Zeitpunkt ihrer Verhaftung und späteren Ermordung. Sie war kommunistische Aktivistin und Sekretärin in der Anlage Algodón (Abteilung Außenhandel) und Verantwortliche in der Frauenabteilung der Gewerkschaft der Angestellten. Sie wurde am 23. September aus der Anlage herausgeholt und ebenfalls am selben Tag tot auf der Autobahn General San Martin aufgefunden. Den Angaben ihres Vater in einem Brief an die Militärgarnison von Santiago zufolge, wurde seine Tochter am 20. September an ihrem Arbeitsplatz verhaftet und ins Nationalstadion gebracht; später wurde ihr Körper zusammen mit dem einer anderen Person männlichen Geschlechts auf dem Generalfriedhof ausgegraben. Vgl. Leonidas Morales: *Cartas de Petidión. Chile, 1973–1989*, Santiago 2000, S. 39.

69   *La Tercera*, 17. September 1973, S. 4.

70   »Diario«, in: *La Tercera*, 17. September 1973, S. 4.

71   Im Rettig-Bericht wird festgehalten, dass Gladys Balboa, 26 Jahre alt, verheiratet, Textilarbeiterin, ohne politische Aktivität, am 16. September 1973 in der Población La Legua an einer Schussverletzung starb »als Konsequenz der in jenen Tagen im Land herrschenden politischen Gewalt", Comisión Nacional de Verdad y Reconciliación (Hrsg.): a.a.O., S. 45.

72   »Plan Leopardo«, Zeugnis von Pedro Rojas, in: *Carpeta de Pedro Rojas Castro*, Fundacion de Archivos y Documentación, Pfarramt der Solidarität.

73   Zitiert von Pedro Rojas in seinem Zeitzeugenbericht, den er im Pfarramt gab.

74   *El Mercurio*, 23. Dezember 1973, S. 37.

75   Comisión Nacional de Verdad y Reconciliación (Hrsg.): *Informe*, Vol. II, Bd. 3, S.358. Ein ähnlicher Bericht wird über Luis Orellana, 25 Jahre alt, abgegeben.

76   Comisión Nacional de Verdad y Reconciliación (Hrsg.): *Informe*, Vol. II, Bd. 3, S. 290.

77   Zeugnis von Pedro Rojas, a.a.O.

78   Ebd.

79   Zeugnis von René während der Werkstatt für die Ausbildung von Sportlehrern. RED sozialer Organisationen von La Legua, und ECO, Educación y Comunicaciones, zweite Sitzung, 12. August 2000.

80   Memorias de la violación y de la lucha por los Derechos Humanos en la Población La Legua" Informe de investigacon (version preliminary). Red de Organizaciones Sociales de La Legua y ECO, Educación y Comunicaciones. Santiago, Juni 2001. Besonders Kapitel II ff.

81   Comisión Nacional de Verdad y Reconciliación (Hrsg.): *Informe*, Vol. I, Bd. 1, S. 175.

82   Das Projekt *Memoria Histórica y Derechos Humanos* in La Legua entstand als Kooperation des *Red de Organizaciones Sociales de La Legua* und ECO (*Educación y Comunicaciones*), die durch die Ford-Stiftung finanziell unterstützt wurde. Das Projekt wurde von den Historikern Mario Garcés, Alejandra López und einem für das Monitoring verantwortlichem Team, (Julio Ayala, Luz Bustos, Maria Bolbarán, Fresia Calderón, Graciela Fredes, Carmen Labbé, Rafael Silva) koordiniert. Das Projekt beinhaltete eine Reihe von Phasen und Forschungsinstrumenten: zu Beginn eine Werkstatt zur Ausbildung für das Monitoring (lokale Forscher), kollektive und individuelle Interviews, öffentliche Veranstaltungen und einen auf das Gedächtnis bezogenen Wettbewerb in den Bereichen Essay, Erzählungen, Gedichte und Lieder. Die Ergebnisse dieses Wettbewerbs erschienen in ECO (Hrsg.): *Memorias de La Legua en dictadura. Documento de Trabajo*, Santiago 2001.

83   Erste Sitzung der Werkstatt für das Monitoring am 12. August 2000.

84   In Übereinstimmung mit unseren Untersuchungen in La Legua haben wir 52 Opfer identifizieren können. Es handelt sich sowohl um Bewohner von La Legua als auch um einige aus den umliegenden Poblaciones. Vgl. ECO: *Educacion y Comunicaciones y Red de Organizaciones Sociales de La Legua, Informe de Investigacion: »Memorias de violacion y de la lucha por los*

Derechos Humanos en la Poblacion La Legua«, Vorbericht, Santiago de Chile Juli 2001 (unveröffentlicht).

85 Interview mit Fresia Calderón, geführt von Mario Garcés und Charlotte Haynes am 26. August 2000 in La Legua.

86 *Radio Moskau* begann direkt nach dem Staatsstreich in Chile mit der Ausstrahlung seines Programms *Escucha Chile*, das viele Personen hörten, um Informationen darüber zu bekommen, was in Chile passierte, denn die von den Militärs kontrollierte Presse berichtete praktisch nicht über die Geschehnisse im Land.

87 Interview mit María Inés Concha, geführt in San Carlos von der Monitoring-Gruppe des Projekts am 15. Oktober 2000 in San Carlos.

88 Erste Werkstatt für die Ausbildung zum Monitoring am 12. August 2000.

89 Junger Mann in der Werkstatt für die Ausbildung zum Monitoring am 12. August 2000.

90 Zitiert von Volodia Teitelboim: a.a.O., S. 158.

91 So berichtete es uns der Ex-Kapitän Jorge Silva bei einem Besuch in Santiago im Jahr 2002 während eines informellen Gesprächs in La Legua. Dieser Offizier musste nach der Durchsuchung die Gefangenen von La Legua von der Luftwaffenbasis El Bosque ins Nationalstadion bringen, Wochen später wurde er verhaftet und zusammen mit Don Enrique Molina, einem herausragenden und anerkannten sozialen Führer aus La Legua, ins Gefängnis gesperrt. Im Jahr 2002 konnten wir mit ihm sprechen, während er sich in der Población aufhielt, um seinen ehemaligen Gefängnis-Compañero zu besuchen.

92 Werkstatt für die Ausbildung zum Monitoring am 2. September 2000.

93 Werkstatt für die Ausbildung zum Monitoring am 12. August 2000.

94 Ebd.

95 Interview mit Don Luis Durán am 27. September 2000.

96 Die Berichte, auf die wir uns im Folgenden beziehen, sind während der Werkstatt-Veranstaltung (Peña-Taller) aufgenommen worden, die am 25. November 2000 in La Legua stattfand.

97 »Pizarreños« ist eine Industrieblech-Marke für Dachwerk, was darauf hinweist, dass die Militärs den Dachboden des Einzimmerhauses durchsuchten.

98 Aussage von Don Luis während der Tagung am 25. November 2000.

99 Aussage von Gastón während der Tagung am 25. November 2000.

100 Bericht von Fresia während der Werkstatt für die Ausbildung zum Monitoring, 12. August 2000.

101 Eine Sicht auf die deutschen Konzentrationslager geben die Arbeiten von Primo Levi: *Si, esto es un hombre*, Spanien 2002 (dt.: *Ist das ein Mensch?*, Frankfurt am Main 1961); Victor Frankl: *El hombre en busca de sentido*, Barcelona 1996 (dt.: *Der Mensch auf der Suche nach Sinn*, Stuttgart 1972); Robert Antelme: *La especie humana*, Madrid 2001 (dt.: *Das Menschengeschlecht,* München 1990), und Jorge Semprún: *La escritura o la vida, España*, Barcelona 1994 (dt.: *Schreiben oder Leben*, Frankfurt am Main 1995).

102 Workshop zum Monitoring am 12. August 2000.

103 Vgl. *La Tercera*, 17. September 1973.

104 Workshop zum Monitoring am 12. August 2000.

105 »Diario«, in: *La Tercera*, 17. September 1973, S. 4.

106 Workshop am 25. November 2000.

107 Aussage von Maria während des Workshops am 25. November 2000.

108 Interview mit Luis Duran am 27. September 2000.

109 Workshop zum Monitoring am 12. August 2000.

110 Comisión Nacional de Verdad y Reconciliación (Hrsg.): *Informe*, Vol. II, Bd. 3, S. 45.

111 Interview mit Carlos Vargas, geführt von Rafael Silva am 29. September 2000.

112 Ebd.

113 Interview mit Don Luis Durán am 27. September 2000.

114 »Dunkle Gasse« ist ein volkstümlicher Ausdruck für eine Bestrafungsmethode, die darin

besteht, dass die Uniformierten zwei Reihen bilden, durch die der Gefangene laufen muss, während er von beiden Seiten Schläge erhält. Ein deutsches Äquivalent ist der »Spießrutenlauf«.

115 Interview mit Carlos Vargas, geführt von Rafael Silva am 29. September 2000.

116 Interview mit Don Luis Durán am 27. September 2000.

117 Interview mit Carlos Vargas, geführt von Rafael Silva am 29. September 2000.

118 Berichte der jungen Leute im Workshop für Monitoring am 12. August 2000.

Milton Friedman, amerikanischer Ökonom, Propagandist des »freien Marktes« und der Ablehnung von staatlichen Eingriffen in die Ökonomie. Friedman war Mentor einer Gruppe von chilenischen Ökonomen, »Chicago Boys« genannt, die unter der Militärdiktatur Pinochets den Neoliberalismus installierten, d.h. Freigabe der Preise, Einfrieren der Löhne, Verbot aller gewerkschaftlichen Tätigkeit und Investitionsfreiheit für das internationale Großkapital. Friedmans monetaristische Wirtschaftspolitik, von ihm »Schocktherapie« genannt – und damit wirtschaftliches Pendant zur terroristischen »Schocktherapie« der Putschisten –, zerstörte mit der Privatisierung sozialer Dienstleistungen wie der Kranken- und Rentenversicherung das Sozialsystem. Wenige Monate nach dem Putsch, im März 1975, machte Friedman Pinochet in Chile seine Aufwartung – und erhielt 30.000 Dollar Honorar – ohne auch nur einmal die Verbrechen der Diktatur anzuklagen. Die brutale Realität, dass sein Wirtschaftsliberalismus eine faschistische Diktatur als Bedingung brauchte, umrankte er mit der Erklärung vom »Wunder von Chile«. Der später im Rahmen der Operation Condor ermordete chilenische Außenminister der Allende-Regierung, Orlando Letelier (siehe auch BIBLIOTHEK DES WIDERSTANDS Bd. 7, Schlacht um Chile), warf Friedman die offenkundige Verlogenheit seiner Marktideologie vor: »Repressionen gegen die Mehrheit und ökonomische Freiheit für kleine privilegierte Gruppen in Chile [sind] zwei Seiten der gleichen Medaille« (*The Nation*, 28. August 1976). Nach neun Jahren Militärdiktatur und sieben Jahren nach Friedmans Wirtschaftspolitik stand Chile kurz vor dem Bankrott. Nachdem Pinochet gestürzt war, distanzierte sich Friedman 1991 von der Diktatur.

Nach dem Putsch verbrennen Soldaten marxistische Literatur – und solche, die sie dafür hielten – vor allem aber die ökonomischen Schriften von Karl Marx.

»Der Durchschnittslohn sank während der Pinochet-Ära, und der Anteil der Bevölkerung unter der Armutsgrenze stieg dramatisch von 20 auf 44 Prozent.«

»1973 verdiente das reichste Fünftel der Bevölkerung pro Kopf dreizehnmal so viel wie das ärmste Fünftel. 1990 hatte sich der Faktor auf zwanzig erhöht«. (SPIEGEL online Wirtschaft 5.9.2003)

Tamara Vidaurrázaga Aránguiz

Von Krieg und Frieden

Der Widerstand der Frauen gegen die Diktatur in Chile

In den bewegten siebziger Jahren rief der chilenische Weg zum Sozialismus im Rest der Welt Bewunderung und Neugierde hervor. In einem lateinamerikanischen Land war eine sozialistische Regierung über bürgerliche Wahlen an die Macht gekommen, mit der Absicht, gesellschaftliche und wirtschaftliche Umgestaltungen vorzunehmen. Dieser wichtige Einschnitt ereignete sich in dem Moment, als die lateinamerikanische revolutionäre Linke, Erbin der früheren antikolonialen Kämpfe und der siegreichen kubanischen Revolution von 1959, versicherte, dass die einzige Möglichkeit der bewaffnete Kampf sei, um die herbeigesehnte sozialistische Revolution umzusetzen.

Im Chile des Jahres 1970 versuchte der gewählte Präsident Allende – unterstützt durch das Parteienbündnis Unidad Popular, die das Spektrum der linken Parteien umfasste und von einem Drittel der Wähler gewählt worden war – das Gegenteil zu beweisen: Die Möglichkeit der radikalen Umgestaltung der Gesellschaft und der Welt mit friedlichen Mitteln. Der Traum sollte etwas mehr als drei Jahre dauern.

Am 11. September 1973 zeigte der Staatsstreich, der von den USA finanziert wurde und mit dem Tod Allendes im Regierungsgebäude endete, dass der Weg zum Sozialismus nicht so friedlich zu haben war. So begannen siebzehn Jahre brutaler Repression und gesellschaftlicher Veränderungen, die das Land von einem Wohlfahrtsstaat zu einem ungezügelten Neoliberalismus brachten, in dem die Grundversorgung (Wasser, Strom, Gesundheit, Bildung und Renten) privatisiert wurde. Die Maßnahmen wurden zwangsweise und zu einem Zeitpunkt durchgeführt, in dem sich das Land aufgrund der von Pinochet eingeführten brutalen Diktatur in einem

Schock befand, sodass sich die Bevölkerung kaum traute, auf die Straße zu gehen und für die verlorenen Rechte zu protestieren.

Die Repression der Diktatur umfasste jede Art von Brutalität: Menschen wurden hingerichtet, »verschwanden«, wurden enthauptet, lebendig verbrannt; außerdem gab es Folter, Inhaftierungen und Exil.

Die Frauen blieben angesichts solcher Verhältnisse weder passiv noch still. Trotz der im ganzen Land herrschenden Angst leisteten sie an verschiedenen Flanken Widerstand gegen die Diktatur. Sie bildeten die Mehrheit in den Menschenrechtsgruppen, in Subsistenzorganisationen, selbstverständlich in der feministischen Bewegung[1], und sie entwickelten vielfältige Strategien als Reaktion auf die Ungerechtigkeiten des Pinochet-Regimes.

Es gab auch andere Bereiche, in denen Frauen nicht die Mehrheit bildeten. Das gilt für die politischen Parteien und die Gruppen, die – zusätzlich zum politischen Kampf – die Anwendung von Gewalt für legitim hielten und im bewaffneten Kampf das einzige Mittel sahen, um die Diktatur besiegen und gleichzeitig die sozialistische Revolution durchsetzen zu können, die unter Allende gescheitert war.

In diesem Text geht es um die vielfältigen Strategien, welche die Frauen verwendeten, um sich der Diktatur zu widersetzen.

Dazu wollen wir zentrale Unterschiede zwischen zwei Bewegungen betrachten, an denen Frauen aktiv teilnahmen bzw. -nehmen: die Menschenrechtsgruppen am Beispiel der *Agrupación de Familiares de Detenidos Desaparecidos* (AFDD) (Gruppierung Familienangehöriger von »Verhaftet-Verschwundenen«) und die Frauen, die sich am bewaffneten Kampf beteiligten, besonders die Aktivistinnen des *Movimiento de Izquierda Revolucionaria* (Bewegung der revolutionären Linken, MIR).[2]

Ungeachtet dessen, dass die ersteren friedliche Mittel nutzten und die zweiten die Anwendung von Gewalt rechtfertigten, bewegten sich doch beide in einem männerdominierten Terrain, das ihnen fremd war: im öffentlich-politische Raum, einem Ort, an den sie gelangten, indem sie die Grenzen des Privaten übertraten. Den herrschenden patriarchalen Normen entsprechend, die getrennte männliche und weibliche Räume in der Gesellschaft definieren, wurde/wird den Frauen ausschließlich der Bereich des Privaten zugewiesen. In beiden Fällen – Frauen in der MIR und Frauen in der AFDD – bezogen sich Inhalt und Ziel ihres Kampfes jedoch nicht auf private Probleme der Frauen, sondern es ging um Andere, um eine Sache, die ihnen dringlich und wichtig erschien. Zweitrangig war für sie dagegen, sich Gedanken über ihre benachteiligte Stellung als Frauen in einer männlich dominierten Gesellschaft zu machen oder ihre eigene Rolle zu hinterfragen.

Botschaft der Diktatur an die Frauen

Die Frauen begannen nicht erst mit dem Widerstand gegen die Diktatur, sich aktiv in die chilenische Politik einzubringen: Bereits in der Unidad Popular gab es eine große Unterstützung der Frauen für die Regierung Allende, die von den rechten Frauen damit beantwortet wurde, dass sie auf die Straße gingen, um für das Ende des so genannten friedlichen Wegs zum Sozialismus zu protestieren. Es waren Offiziersgattinnen, die die ersten Versammlungen organisierten, auf denen Kochtöpfe geschlagen wurden, um auf die Lebensmittelknappheit[3] aufmerksam zu machen. Sie forderten die Repräsentanten der Streitkräfte auf, einen Staatsstreich durchzuführen, damit die Dinge wieder zu ihrer traditionellen Ordnung zurückkehren würden.[4]

Als Pinochet zum Juntachef aufstieg, richtete er eine Botschaft speziell an die Frauen, der zufolge sie – »von Natur aus konservativ«, Mütter, Ehefrauen und Hüterinnen des Herdes und der Ordnung – die Protagonistinnen der neuen und »wohltätigen« Ausrichtung Chiles sein sollten.[5]

Nach der starken politischen Partizipation der Frauen im Chile der siebziger Jahre, die dazu geführt hatte, dass sie in die Öffentlichkeit traten, um die Unidad Popular zu unterstützen oder abzulehnen, rief die Diktatur die Frauen auf, diesen männlichen konnotierten Bereich wieder aufzugeben, um zu der Rolle zurückzukehren, die »ihnen zustehe«. In der Ideologie der Diktatoren, die auf katholischen Werten basierte, sollten die Frauen in ihren Häusern bleiben und sich um ihre Familien kümmern. Das hatte ihre Hauptsorge zu sein, so die Gattin des Diktators, Lucía Hiriart: »Eine ›normale‹ Frau sollte niemals Wünsche und Bestrebungen haben, die nichts mit der Familie zu tun haben.«[6]

Hiriart führte Arbeiten mit dem Ziel aus, die Chileninnen in das Regime einzubinden. Dafür wurde eifrig in Institutionen der CEMA Chile (*Centros de Madres*, Mütterzentren) gearbeitet, die Ende der fünfziger Jahre mit dem Ziel gegründet worden waren, die Frauen entsprechend ihrer Rolle als Teil einer konservativen Gesellschaft zu beschäftigen: sticken, weben und kochen – sie gemäß dem Motto »Gott, Vaterland, Familie« zu verpflichten und sie so zu Hauptstützen der Streit- und Ordnungskräfte zu machen. Sie sollten ein Beispiel sein, wie sich eine moralisch integre Person im Rahmen der neuen Ordung zu verhalten habe.

Lucía Hiriart wies in einer Rede darauf hin, wie wichtig es sei, dass die Frauen in den ihnen historisch zugewiesenen Bereichen blieben: »Wir müssen die Würde der Tätigkeiten in Haus und Heim begreifen und gleichzeitig verstehen, dass der

Geist dieser Mission eigentlich das Dienen ist, die bescheidenen Arbeiten in der Küche, das Wechseln der Windeln.«[7] In diesem ideologischen, auf die Weiblichkeit bezogenen Kontext entwickelten sich diverse Widerstandsformen gegenüber der Diktatur, durch die sich die Frauen mehr oder weniger von dieser so genannten Rückkehr an den traditionellen Platz der Frauen entfernten. Dies gilt besonders für die beiden Bereiche, die uns hier speziell interessieren: Die Menschenrechtsbewegung und der politisch-militärische Kampf.

Der friedliche Weg: Frauen in der Vereinigung der Angehörigen von Verschwundenen Gefangenen (AFDD)

Die Forderungen der Frauen der AFDD entstanden aus einem konkreten und alltäglichen Problem: Die Verhaftung und das Verschwinden der Personen impliziert die Unmöglichkeit, die Toten zu begraben und die notwendige Trauerarbeit zu leisten, eine aus geschichtlicher Sicht weibliche und den Frauen zugeteilte Arbeit.[8]

Ihr Kampf hatte also eine individuelle Ausrichtung und bezog sich auf das Private, zwei Charakteristika, die im Einklang mit dem traditionellen hegemonialen Verständnis von Weiblichkeit stehen. Ihre Erfahrungen als Mütter und als Menschen, die für andere sorgen, brachten die Angehörigen der Verschwundenen dazu, politisch aktiv zu werden. Sie leisteten eine politische Arbeit, indem sie die althergebrachten geschlechtlichen Rollenzuweisungen reproduzierten und die Rolle der Familie sowie die Wichtigkeit der persönlichen Beziehungen betonten. Ihre Arbeit ist insofern Teil dessen, was Sonia Montecino die »Mütterpolitik« in Chile nennt:

> »So können wir sagen, dass die chilenische Mestizenkultur in den Formen deutlich wird, in denen sich die Mütterpolitik widerspiegelt. Sei es in Gestalt des Leere-Töpfe-Schlagens, in den Frauenorganisationen der ärmeren Bevölkerungsschichten oder in den Pro-Vida-Bewegungen [gemeint sind hier Menschenrechtsgruppen, die fordern, dass ihre verschwundenen Familienmitglieder lebendig wieder zurückkehren sollen, und nicht die Bewegung der AbtreibungsgegnerInnen; Anm. d. Ü.]. Es handelt sich um kollektive Betätigungen, mit denen die Frau als biologisch definiertes Geschlecht und die Mütter als gesellschaftlich definiertes Geschlecht in die traditionelle Ordnung der Straße und der Macht einbrechen. Die Frauen initiierten so, angesichts ihres Schmerzes und des Bruchs ihres Lebenszusammenhangs und ausgehend von ihrer Erfahrung als Leben gebende Subjekte, eine Praxis des Protests und sozialer Forderungen.«[9]

Dieses Verständnis der Mutter-Rolle stimmt mit den Aufgaben überein, die die Diktatur den Frauen auferlegte: der private Raum und die Wichtigkeit, sich um die Familie zu kümmern. Hierauf gründet sich die unbestreitbare moralische Kraft der Frauen der AFDD, ebenso wie die Tatsache, dass sie weniger Repression unterworfen waren. Die Arbeit dieser Frauen konnte nicht einmal von der Diktatur in Frage gestellt werden, solange sie sich auf die Erinnerung an die Toten bezog – eine Rolle, die den Frauen nicht streitig gemacht werden konnte und die die Militärs selbst von ihren eigenen Frauen erwartet hätten, wie Carla Peñaloza aufzeigt:

> »Genau deshalb konnten sie [die Militärs] ihre Demonstrationen niemals vollständig unterdrücken. Sie versuchten, die Frauen moralisch zu brechen, indem sie ihnen sagten, dass ihr Ehemann mit anderen Frauen durchgebrannt wäre. Sie behandelten sie als ›Verrückte‹ oder als ›vom internationalen Marxismus bezahlte Agenten‹, um sie herabzuwürdigen. Zur gleichen Zeit wussten sie jedoch, dass die Frauen durch die Erfüllung ihrer Aufgaben moralisch geschützt waren.«[10]

Wenngleich der private und individuell erfahrene Schmerz der eigentliche Beweggrund für die Entstehung dieser Organisation war, wurden doch eminent politische Fragen Bestandteil ihrer Geschichte, und es bedeutete eben nicht, dass die Frauen in rein persönlichen Angelegenheiten verhaftet geblieben wären, wie es auf den ersten Blick scheinen mag.

Im Unterschied zu den meisten Studien über die AFDD, welche diese Vereinigung als eine Gruppe beschreiben, der sich politisch unerfahrene Frauen anschlossen, deren Kampf sich auf die emotionale Bindung zu dem/den geliebten Menschen beschränkte,[11] zeigt die Forschung von Adela Gómez Pickering, wie die Gruppe – die zu Beginn wirklich aus Frauen mit wenig Erfahrung im Bereich der traditionellen Politik bestand – sich veränderte, als 1976 aufgrund der Repression der Diktatur zwei Zentralkomitees der *Kommunistischen Partei* festgenommen wurden. Die Mitglieder dieser beiden Zentralkomitees verschwanden, was dazu führte, dass eine wichtige Gruppe kommunistischer Frauen und Frauen mit einer kommunistischen Familiengeschichte sich in die Organisation eingliederten.

Dieser Meilenstein veränderte nicht nur die Zusammensetzung der Menschenrechtsorganisation, sondern hatte auch eine Reihe von Änderungen in der Kampfstrategie der AFDD zur Folge, die daraufhin sehr viel konfrontativer und auffälliger wurde. Die kommunistischen Frauen integrierten sich nicht nur in die Organisation, sondern führten sie ab 1977 auch an.

Insofern sind die verwandtschaftlichen Beziehungen und die Sorgen der Mütter nicht die einzigen Erklärungen dafür, dass die AFDD so lange die wichtigste Ikone des Engagements für die Menschenrechte und das Erinnern in Chile war. Diese Tatsache muss im Gegenteil notwendigerweise als Ergebnis eines viel komplexeren Prozesses begriffen werden, der die Vereinigung im Verlauf ihrer Geschichte verändert hat: Entstanden in Übereinstimmung mit einem traditionell weiblichen Rollenverständnis, entwickelte sie sich zu einer Institution, in der diese Weiblichkeit in einem politisch und männlich konnotierten Raum Widerstand gegen die Diktatur leistete.

Was am Anfang ein individuelles und privates Anliegen der AFDD-Frauen gewesen war, verwandelte sich im Lauf der Jahre – durch die Zusammenarbeit mit anderen Angehörigen – in ein kollektives und öffentliches Problem – in dem Maße, wie es als Problem des ganzen Landes wahrgenommen wurde. Der dringende Wunsch, den verschwundenen Körper zu finden, um auf der persönlichen Ebene trauern zu können,[12] wurde in dem Maße zum politischen Problem, in dem es nicht nur darum ging, die Körper zu finden, sondern auch darum, die Erinnerung an die verschwundenen Familienmitglieder [als politische Subjekte; Anm. d. Ü.] aufrechtzuerhalten, und damit eine ganz wesentliche Erinnerungsarbeit für die gesamte Gesellschaft und nicht nur für die Angehörigen zu leisten.

So wie ihre Sorgen im Kontext einer bestimmten Definition von Weiblichkeit standen, so benutzten sie auch in ihrem Kampf Methoden, die üblicherweise als weiblich gelten: Als Pazifistinnen lehnten sie Gewalt ab, ganz gleich, von wem sie ausging. Dieses Merkmal galt nicht nur für die AFDD-Vereinigung, sondern kennzeichnete allgemein die Menschenrechtsbewegung, in der auch Männer aktiv waren, wenngleich die Frauen zahlenmäßig überwogen und die meisten Leitungsfunktionen innehatten. Die AFDD war niemals für Gewalt und setzte pazifistische Strategien ein, um ihre Ziele zu erreichen: die Wahrheit über die Verhafteten-Verschwundenen herauszufinden, Gerechtigkeit zu schaffen und die Erinnerung ihrer Familie aufrechtzuerhalten.

Trotz dieser Strategie kann nicht ignoriert werden, dass viele Mitglieder dieser Organisation sowie weitere aus dem Umfeld der Menschenrechtsbewegungen gleichzeitig in politischen Parteien aktiv waren, die den bewaffneten Widerstand gegen Pinochet unterstützten. Dies ist der Fall bei den Aktivisten der *Kommunistischen Partei*, die den bewaffneten Kampf gegen die Diktatur befürworteten und zu diesem Zweck die *Frente Patriótico Manuel Rodríguez* (FPMR) als bewaffneten Arm aufbauten. Diese Organisation verübte das gescheiterte Attentat auf Pinochet im September 1986. Solche Umstände müssen berücksichtigt werden, will man die Vereinigung in ihrer Komplexität betrachten und die Frauen vor einer absoluten und allzu einfachen Kategorisierung bewahren, der zufolge sie als Frauen lediglich entsprechend der traditionellen weiblichen Rollenzuweisung gehandelt hätten. Der passive Ursprung und der gewaltfreie Kampf der Organisation bedeuten nicht, dass die AFDD in ihrem Werdegang durch Passivität gekennzeichnet war. Es ist wichtig, zwischen Pazifismus und Passivität zu unterscheiden. Vor allem nach der Aufnahme einer großen Gruppe kommunistischer Frauen waren die Aktionen der Organisation konfrontativer und lösten sich von der Passivität, die sie vermutlich in ihren Anfängen kennzeichnete.

Ein Beispiel dafür war der erste, von der AFDD im Zentrum für Ökonomische Studien der CEPAL (*Comisión Económica para América Latina y el Caribe*, Wirtschaftskommission für Lateinamerika und die Karibik) durchgeführte Hungerstreik im Juni 1977. Er war die erste Aktion dieser Art, die mit der Forderung nach Wahrheit und Gerechtigkeit in direkte Konfrontation mit dem Staat ging, um die Aufmerksamkeit der nationalen und internationalen Öffentlichkeit zu erringen.

Bei dieser Aktion kam es zu Konflikten zwischen zwei Strömungen innerhalb der AFDD und zur Spaltung in den »historischen Kern« auf der einen Seite und die Angehörigen der gerade verschwundenen Aktivisten der *Kommunistischen Partei* auf der anderen. Letztere waren die treibende und führende Kraft beim Hungerstreik, und die traditionelle Fraktion blieb außen vor, was zu Spannungen zwischen den jeweiligen Auffassungen über die Arbeit der Vereinigung führte. Schließlich vereinten sich beide Strömungen wieder, und die kommunistische Linie bestimmte im Folgenden die Arbeit der AFDD.[13]

Der Streik in der CEPAL war die erste einer Reihe von Aktionen mit großer Resonanz und markiert den Bruch mit der Passivität, welche die Organisation in der ersten Etappe gekennzeichnet hatte. Ebenfalls im Jahr 1977 wandten sich drei AFDD-Frauen an die Vereinten Nationen und forderten Maßnahmen gegen die Praxis des Verschwindenlassens von Personen in Chile. Danach wurde ihnen die Rückkehr nach Chile verweigert, bis sie schließlich – unter Vermittlung der USA – einreisen durften, unter der Bedingung, sich nicht weiter politisch zu betätigen.[14]

1981 trafen sich die Frauen der AFDD mit anderen Organisationen von Familien von Verschwundenen in Costa Rica. Unter dem Motto »No hay dolor inútil« (»Es gibt keinen unnützen Schmerz«) fand der erste Lateinamerikanische Kongress der Familienangehörigen von Verschwundenen (*Primer Congreso Latinoamericano de Familiares de detenidos desaparecidos*) statt. Im November desselben Jahres entstand der Bund Familienangehöriger von Verschwundenen (*Federación de Familiares de Detenidos Desaparecidos,* FEDEFAM), der sich aus Gruppen aus Lateinamerika und der Karibik zusammensetzte.[15]

Aus all dem wird deutlich, dass, unabhängig vom privaten und individuellen Charakter ihrer Entstehungsgeschichte, die Vereinigung der Angehörigen der verschwundenen Gefangenen eine politische Institution ist und trotz interner Diskrepanzen und ihrer Gewaltfreiheit eine bedeutende Wirkung in der Konfrontation mit der traditionellen chilenischen Politik entfalten konnte.

Ausgehend vom hegemonialen, traditionellen Bild des Weiblichen – Mutterschaft und Pazifismus – haben diese Frauen sich organisiert. Sie entsprachen damit der gängigen, auch von der Rechten propagierten traditionellen Rollenvorstellung, nach der die Frauen für die Familie sorgen und für das Trauern um die Toten verantwortlich sind.

Dennoch wurde dieses anfängliche private Anliegen überschritten, indem sie öffentlich in Erscheinung traten und damit ihren persönlichen, individuellen Schmerz in eine kollektive und politische Angelegenheit verwandelten, welche die gesamte Gesellschaft betraf. Das galt insbesondere ab dem Zeitpunkt, ab dem sie als Hüterinnen des Gedenkens an die Opfer der Diktatur auftraten.

Der gewaltsame Weg: Miristas – Frauen der Bewegung der Revolutionären Linken

Ganz anders als bei der Gründung der AFDD, die sich im Einklang mit den – nach traditionellem Verständnis – »weiblichen Pflichten« vollzog, leisteten die Frauen in den den bewaffneten Kampf befürwortenden Organisationen Widerstand gegen die Diktatur, indem sie mit der Rollenvorstellung von Mutterschaft und »sorgen für andere« brachen und die Anwendung von Gewalt rechtfertigten.

Die Frauen der MIR verorteten ihren Kampf gegen die Diktatur im öffentlichen, nach traditioneller Wahrnehmung politischen Raum. Ausgangspunkt ihrer Aktionen waren kollektive, nicht individuelle Anliegen, wenngleich selbstverständlich die individuellen Voraussetzungen jeder Aktivistin – abgesehen von geographischen Bedingungen und den revolutionären Einflüssen der damaligen Zeit – auch eine Rolle spielten bei der Wahl dieser Kampfform.

Wie die Mitglieder der übrigen revolutionären Linken in Lateinamerika handelten die Frauen der MIR im Kontext einer spezifischen militanten revolutionären Moral,[16] die sich an den Überlegungen Che Guevaras und dem Ideal des »neuen

Menschen« orientierte, und gemäß den Anforderungen einer hauptsächlich im Untergrund agierenden Organisation. Die Miristas träumten davon, zu »neuen Menschen« zu werden, zu vorbildlichen, heroischen und opferbereiten Persönlichkeiten. Akteurinnen, die bereit waren, alle im persönlichen Umfeld vorhandenen Bequemlichkeiten und Bindungen – die so genannten kleinbürgerlichen Genüsse – hinter sich zu lassen, um sich dem Kampf für die kollektive und abstrakte Sache der Revolution zu widmen, wie Che in seinen Texten schrieb:

> »Die Anführer der Revolutionen haben Kinder, die in ihrem ersten Gestammel nicht lernen, den Vater zu erwähnen; Frauen, die Teil ihres allgemeinen Opfers ihres Lebens sein müssen, um die Revolution zu ihrem Ziel zu bringen; der Freundeskreis entspricht strikt dem Kreis der Genossen der Revolution. Es gibt kein Leben außerhalb von ihr.«[17]

Dieselbe Idee des Teilens als Wichtigstes im Leben findet sich auch in den Aussagen von Frauen der MIR:

> »Man musste an die Forderungen der MIR glauben, die feste Überzeugung haben, dass man arbeiten und seine Zeit opfern wollte. Denn ich lebte Tag und Nacht nur für die MIR: Wir arbeiteten in den Armensiedlungen und Fabriken, wir lasen und lernten, verbrachten Stunde um Stunde in Versammlungen. Es war ein Leben, das der MIR gewidmet war.«[18]

Diese Opferbereitschaft des wahren Revolutionärs implizierte die Bereitschaft, alles für die Sache zu geben – sogar das eigene Leben – und dafür auf alle menschlichen Vergnügungen zu verzichten, einschließlich der Familie. Das Leben verstanden als Werkzeug der Revolution ist eine Konstante in den Texten des Che und wird deutlich in der auch von der MIR übernommenen Parole »Patria libre o morir« [im Deutschen hat sich davon leicht abweichend die Formulierung »Freies Vaterland oder Tod« durchgesetzt; Anm. d. Verl.]. In diesem Zusammenhang schrieb der Franzose Regis Debray:

> »Alles auf eine Karte zu setzen heißt, nachdem sie sich einmal in den Bergen erhoben haben, entfesseln die Kämpfer einen *Krieg auf Leben und Tod*, der keinen Waffenstillstand, Rückschläge oder Kompromisse erlaubt. Siegen heißt, von Anfang an zu akzeptieren, dass das Leben nicht das höchste Gut des Revolutionärs ist.«[19]

Eine der schmerzlichsten Entsagungen für die Aktivisten und besonders für die Frauen – wenn man die Rollen berücksichtigt, auf die hin sie sozialisiert wurden – war der Verzicht auf die Familie und besonders die Kinder. Gerade sie sind es, die hinten angestellt wurden, um dem Kampf Priorität einzuräumen, was – im Falle der MIR – bedeutete, die Diktatur zu stürzen und die sozialistische Revolution zu verwirklichen.

Für die Frauen der Organisation konkretisierte sich der Verzicht auf das Privatleben und besonders auf die Kinder, als die » Operación Retorno« (Operation Rückkehr) begann. Diese wurde durch die Führung festgelegt, die Ende der siebziger Jahre die Aktivisten im Exil aufrief, heimlich nach Chile zurückzukehren, nachdem sie zuvor ein militärisches Training in Kuba mit dem Ziel absolviert hatten, erfahrene Führungsstäbe zusammenzusetzen, die die Avantgarde im bewaffneten politischen Kampf gegen die Diktatur bilden sollten.

Das war der Moment – und später das Leben im Untergrund – , in dem die Frauen sich entscheiden mussten, entweder sich von den Kindern zu trennen, um sich ganz und gar den zeitraubenden und riskanten Aufgaben einer Militanten widmen zu können, oder die Teilnahme am bewaffneten Widerstandskampf zugunsten der Familien- und Erziehungsarbeit aufzugeben.

Einige beschlossen, ihre Söhne und Töchter bei Familienangehörigen oder in den »Heimprojekten« (Proyecto Hogares), die zu diesem Zweck in Kuba geschaffen worden waren, zu lassen;[20] andere entschieden sich dafür, sich nicht von ihren Nachkommen zu trennen und gingen mit ihnen in den Untergrund, mit allen damit verbundenen Risiken. Die Trennung von den Kindern fiel den Frauen besonders schwer, zumal die Mutterschaft zu den wichtigsten Rollen gehört, die das hegemoniale System den Frauen zuweist. Was es hieß, darauf zu verzichten, beschreibt eine ehemalige Miristin folgendermaßen:

»Klar, wenn ein Mann nach Chile ging, blieb eine ihm zum Abschied winkende Frau zurück und ein kleines Kind, das sich an den Röcken der Mutter festhielt und um seinen Vater weinte. Wenn du als Frau [illegal; Anm. d. Ü.] nach Chile gingst, kam keiner, um das Kind zu trösten, du machtest das Licht aus, die Tür zu und fertig. Außerdem musstest du immer unter Beweis stellen, warum du gingst. Keiner befahl uns, zehn Kilo mehr [als die Männer; A. d. Ü.] in den Rucksack zu tun, aber du musstest das tun, um zu beweisen, dass du wusstest, warum du gingst.«[21]

Eine andere Miristin denkt über ihr Muttersein während ihrer Aktivistinnenzeit nach. Ihr zufolge wurde die Mutterschaft als zweitrangig angesehen und daraus ergaben sich Spannungen, deren Konsequenzen die Frauen bis zum heutigen Tag spüren:

»Wenn du mich fragst, wie ich das als Frau geschafft habe? Nun, die Ergebnisse sind offensichtlich: Meine Kinder sind praktisch auf sich allein gestellt aufgewachsen, das ist ihnen bewusst und sie halten mir das täglich vor!«[22]

Die in der MIR geforderte revolutionäre Moral der Militanten berücksichtigte niemals, was es für die Frauen bedeutete, sich diesen auf einen geschlechtsneutralen – aber im Grunde männlich gedachten – Militanten zugeschnittenen Herausforderungen zu stellen. Berücksichtigt wurden auch nicht die Auswirkungen auf das Privatleben der MiristInnen, die besonders die Frauen spürten, welche – gemäß der soziokulturellen Normvorgabe – den Großteil ihres Engagements und Interesses darauf konzentrieren sollten, im privaten Bereich ihres Lebens erfolgreich zu sein, und sich die gesellschaftliche Anerkennung auf diesen Erfolg gründete.

Was einen beispielhaften Militanten ausmachte, wurde gleichermaßen von Männern und Frauen verlangt, ohne Rücksicht auf Geschlecht und Sozialisation: »Wir wurden gleich gefordert, gingen in dieselbe Kaderschule, hatten dieselbe militärische Ausbildung. Es gab Frauen, die dieselben militärischen Rang wie die Männer hatten oder die in diesen Bereichen sehr viel besser waren als die Männer.«[23]

Der guevaristische »neue Mensch«, angeblich geschlechtsneutral und Mittelpunkt der revolutionären militanten Moral, war eindeutig männlich konnotiert und forderte von den Frauen, sich zu »maskulinisieren«, um die Arbeiten »wie alle anderen« zu verrichten.[24] Die aus diesem Bruch mit den hegemonialen Vorstellungen von traditioneller Weiblichkeit resultierenden Probleme waren offiziell kein Diskussionsthema in der Organisation, da – wie damals generell in der Linken – solche Dinge als Nebenwiderspruch betrachtet wurden, den die sozialistische Revolution schon mit der Zeit lösen werde.[25]

Die über alles gestellte und dringlichste Aufgabe war der Klassenkampf, und alle anderen Widersprüche – die der Geschlechter und feministische Positionen eingeschlossen – würden nach der Machtübernahme verhandelt werden. So wurden die durch die aktive Beteiligung am bewaffneten politischen Kampf entstandenen Spannungen vertagt, einige der Miristinnen jedoch hinterfragten schon in dieser Zeit die doppelte und widersprüchliche Rolle als Frau und Aktivistin, und die Spannung nahm zu, wenn es um bewaffnete Aktionen ging.

Dieser Widerspruch verschärfte sich im Falle eines bewaffneten Kampfes[26], weil die politische Gewalt historisch eine kaum präsente Strategie in den Kämpfen der

Frauen war. Mit ihr wurden die Frauen Teil eines revolutionären Ethos, demzufolge die Anwendung von Gewalt ein legitimes und notwendiges Mittel war, um nicht nur die Diktatur zu stürzen, sondern schließlich auch die sozialistische Revolution zu verwirklichen.

Unabhängig davon, ob die Frauen der MIR tatsächlich an bewaffneten Aktionen beteiligt waren und an paramilitärischen Trainings teilgenommen hatten oder nicht – allein die Tatsache, einer Organisation dieses Typs anzugehören, implizierte den radikalen Bruch mit der von der Gesellschaft den Frauen zugedachten passiven Rolle, mit Mutterschaft und Familienfürsorge als den weiblichen Hauptaufgaben.

So tauschten diese Frauen mit der Entscheidung für den Eintritt in eine Organisation des bewaffneten Kampfes die traditionelle Rolle der Mutter als Lebengebende und -hütende gegen die Rolle einer Kriegerin, die historisch gesehen von Männern übernommen wurde und gesellschaftlich als höherwertig galt; denn gegenüber der Hingabe des Lebens für eine Sache ist die einfache Reproduktion von Leben eine geringere Aufgabe, ohne die Tragweite der Handlungsweise des Kriegers, der fähig und bereit ist, das eigene Leben für ein höheres, größeres Anliegen zu opfern, wie Simone de Beauvoir erklärt.[27]

> »Das Handeln des Kriegers hat eine andere Dimension, verleiht ihm höchste Würde, ist jedoch auch meist gefährlich. Wenn das Blut nichts weiter wäre als ein Nahrungsmittel, wäre es nicht mehr Wert als die Milch, aber der Jäger ist kein Metzger, er nimmt Gefahren auf sich, wenn er gegen wilde Tiere kämpft. Der Krieger setzt sein eigenes Leben aufs Spiel, um das Ansehen der Horde zu mehren, des Clans, dem er angehört. Und auf diese Weise erbringt er den glänzenden Beweis, dass das Leben nicht das höchste Gut des Menschen [Mannes] ist, sondern dass es dazu da ist, wichtigeren Zwecken als sich selbst zu dienen.«[28]

Todorov beschreibt, dass für den Helden – und diese Rolle spielten die Frauen als Militante, indem sie »ritterlich« die Möglichkeit eines ehrenhaften Todes um des politischen Projektes willen auf sich nahmen – der Tod dem Leben übergeordnet ist, denn das, was im Mittelpunkt steht, ist das abstrakte Ideal und nicht die konkrete Person: »Für das Heldentum stellt der Tod einen höheren Wert als das Leben dar. Nur der Tod […] ermöglicht es, das Absolute zu erreichen: Indem man sein Leben opfert, beweist man, dass man das Ideal mehr liebt als das Leben.«[29]

Dies ist bei den Frauen der MIR der Fall: Sie überschreiten die geltenden weiblichen Rollen, die mit den täglichen Tugenden verbunden sind, um die heroischen

Tugenden zu erfüllen, die in Zeiten des Krieges gefordert sind. Ohne Zweifel war dies für sie ein größerer Kraftakt als für ihre männlichen Mitstreiter, da sie nun eine andere Rolle spielen mussten, als die, auf die sie seit ihrer Kindheit vorbereitet worden waren. Sie engagierten sich für eine abstrakte Sache, die viel umfassender war als die konkrete Familie, für die zu sorgen zu den alltäglichen Tugenden gehörte, welche die geschlechtliche Arbeitsteilung ihnen als im privaten Raum zu erledigende Aufgabe zugewiesen hatte.

Dieser Arbeitsteilung entspricht auch die Trennung zwischen der öffentlichen und privaten Sphäre, denn während die Heldenhaftigkeit des Guerillero perfekt in die erstere passt, sind die weiblichen Tugenden der zweiten zugeordnet und stehen auf einer niedrigeren Stufe.[30]

Gegenteilig zu dem, was man annehmen könnte, entschieden sich viele der MIR-Aktivistinnen dazu, Mütter zu sein, selbst inmitten der Anforderungen des bewaffneten politischen Kampfes, der, wie zum Beispiel im Untergrund, eine hohe Verbindlichkeit erforderte.

Diese Frauen brachen nicht nur mit dem traditionellen Frauenbild, sondern entsprachen ihm gleichzeitig durch ihre Mutterschaft, obwohl sie die Erziehung der Kinder auf eine Zeit nach dieser dringenden Phase verlagerten, was ich »Mutterschaften im Widerstand« genannt habe.[31] In vielen Fällen kam es nie dazu, sei es, dass die Frauen ermordet wurden oder dass die Kinder schon groß und selbstständig waren, als sie sich um sie kümmern konnten. Diese Frauen wurden so zu einer Art »Monster«, da sie in zweifacher Weise Macht über das Leben erlangten: Einerseits, indem sie schwanger wurden und Leben gebaren, andererseits, indem sie die Möglichkeit hatten, ihre Feinde zu töten.

Aufgrund dieser doppelten Macht – über Leben und Tod, Eros und Thanatos – erfuhren sie die brutalsten Strafen seitens der Repressionsorgane. Sie wurden nicht nur als Gegnerinnen der Diktatur bestraft, sondern auch, weil sie mit den gesellschaftlichen Rollenvorstellungen gebrochen hatten. Typisch war die bei fast allen inhaftierten Frauen angewandte sexuelle Folter, wie der *Valech-Bericht* bestätigt.[32] Bei der Folter, die Schläge, Elektroschocks und sexuelle Schmähungen beinhaltete, wurden sie als »Nutten« und »entartete Mütter« beschimpft und ihnen wurde damit gedroht, dass ihren Kindern etwas zustoßen würde. Die Frauen wurden oft mit der Unsicherheit gequält, in der sie ihre Kleinen zurückgelassen hatten, um sich dem revolutionären Kampf anzuschließen.

Hier die Aussage einer ehemaligen Miristin über die besondere Art der »Bestrafung« von Frauen:

»Dann erinnert mich das Scheusal daran, dass ich ihn in die Hand gebissen hatte und er rächt sich, indem er mir büschelweise das Schamhaar ausreißt. Auch die anderen wollen ihre perversen kleinen Racheakte – wofür? Das ist unwichtig. Ich beginne zu verstehen, dass es für die mehr als genug Gründe gibt und ich begreife das immer mehr in den folgenden Foltersitzungen: Frau zu sein und doch in Männerdingen unterwegs zu sein – das ist einer der augenfälligsten Gründe für die Strafe.«[33]

Die sexuelle und besonders die psychologische Folter der Frauen waren der brutalste Beweis, dass diese Frauen sanktioniert wurden, weil sie mit den traditionellen Rollenvorstellungen gebrochen hatten. Das Wiedersehen mit ihren Kindern, die sie aufgrund der dringenden Aufgaben der Revolution verlassen hatten, sollte sie für den Rest ihres Lebens daran erinnern, dass diese in jungen Jahren getroffene Entscheidung für sie schwerwiegendere Konsequenzen hatte als für ihre männlichen Gefährten. Während sie im politisch-militärischen Widerstandskampf mit der Vorstellung lebten, ihren Genossen gleichgestellt zu sein, wurde dieser Trugschluss durch die Ungleichheit zwischen den männlichen und den weiblichen Militanten nach dem Ende der Diktatur offensichtlich.

Abschließende Überlegungen

Auf den ersten Blick besteht ein eindeutiger Widerspruch zwischen den Widerstandsformen der Frauen der *Vereinigung der Angehörigen der Verschwundenen Gefangenen* (AFDD) und denen der Frauen der MIR. Erstere nahmen ihren Kampf auf, geleitet von einem privaten und individuellen Interesse, das nach traditioneller Begrifflichkeit als »unpolitisch« bezeichnet wurde[34] und den traditionellen, an Frauen gerichteten Rollenerwartungen eher zu entsprechen schien, was bestätigt wurde durch die Wahl einer gewaltlosen Strategie zum Erreichen ihrer Ziele. Dass dieser Bereich einfacher war für die Frauen, da er einen viel geringeren Bruch mit den Genderzuweisungen bedeutete, lässt sich an der hohen Anzahl von Aktivistinnen in den Menschenrechtsgruppen allgemein und in der AFDD im Besonderen ablesen, zumal diese Vereinigung immer von Frauen geleitet wurde. Es waren im übrigen meist Frauen im reiferen Alter, die im Durchschnitt vierzig Jahre oder älter waren.

Demgegenüber war das Kampfinteresse der MIR-Frauen öffentlicher und kollektiver Natur, und das Private und Individuelle wurde zugunsten der dringlichen Aufgaben der Revolution aufgeschoben bzw. hintangestellt, wodurch diese Frauen sich im Bereich des eindeutig Politischen bewegten. Außerdem benutzten sie gewaltsame Mittel, um ihre politischen Ziele zu verwirklichen. Dementsprechend vollzogen sie einen radikalen Bruch mit den gesellschaftlich konstruierten Geschlechterrollen und den zugehörigen als weiblich definierten Aufgaben und Verhaltensweisen. Auch durch ihr jugendliches Alter unterschieden sich diese Militanten von den AFDD-Aktivistinnen.

Dennoch zeigt die Geschichte, dass in beiden Fällen Grenzüberschreitungen stattfanden, da beide Spektren schließlich in der politischen Arena aktiv waren, öffentlich auftraten und für kollektive Anliegen kämpften – Aktivitäten, die historisch gesehen den Frauen verwehrt waren, da sie nach hegemonialen Geschlechtervorstellungen männlich konnotiert waren.

Doch es gibt weitere Gemeinsamkeiten zwischen diesen beiden so unterschiedlichen Formen des Widerstands gegen die Diktatur.

Erstens handelt es sich in beiden Fällen um eindeutig linke Frauen. Wie im Artikel erwähnt, gab es unter den AFDD-Frauen ab 1977 einen starken Einfluss der *Kommunistischen Partei*, sei es, dass die Frauen selbst Parteimitglieder waren oder aus traditionell kommunistisch geprägten Familien stammten, was die Vorstellung widerlegt, sie seien »unpolitisch« gewesen, wie es in der ersten Zeit hieß. Das gemeinsame Ziel – von sehr unterschiedlichen Fronten aus – war der Sturz der Diktatur und das Ende der Repression, von der entweder sie selbst oder ihre Angehörigen betroffen waren.

Zweitens machte es die Dringlichkeit des Anliegens, für das sie kämpften, unmöglich, ihre spezifischen Probleme als Frauen in einer sexistischen Gesellschaft zu thematisieren. Das galt für beide Gruppen und trotz des Vorhandenseins von Räumen, in denen die Frauen unter sich waren. Weder die AFDD noch die MIR haben die Frauenproblematik als solche in ihren Diskursen und ihrer Praxis aufgegriffen, wenngleich es theoretische Arbeiten und Aussagen von MIR-Frauen gibt, aus denen deutlich wird, dass es während ihrer Zeit als Militante und vor allem danach durchaus Reflexionen über Genderfragen gab. Dieser Unterschied hat vielleicht damit zu tun, dass die Frauen der MIR nach dem Ende der Diktatur die Form des bewaffneten Kampfes aufgaben, während die Frauen der AFDD dagegen noch immer mit der Suche ihrer verschwundenen Angehörigen beschäftigt sind. Für sie ist der Zeitpunkt, sich mit sich selbst zu beschäftigen, noch nicht gekommen – und vielleicht kommt er nie.

Trotz unterschiedlicher Kampfformen haben alle diese Frauen gekämpft und ihr Leben für andere eingesetzt, nicht für sich selbst. Die Zeiten der Not und blutigen Repression unter einer Diktatur waren keine Zeiten, um über das nachzudenken, was nach dem Ende des Ausnahmezustands bestürzend deutlich wurde: Die Frauen waren denen, die als Männer geboren waren, nicht gleichgestellt und ihnen wurde ein gesellschaftlich minderwertiger Platz zugewiesen.

Sie hatten gegen eine Diktatur gekämpft, die schließlich zu Ende ging, aber die »Demokratie« oder »Post-Diktatur« brachte keine Änderung der Stellung, die sie als Frauen in der Gesellschaft innehatten.

Literatur

Araujo, Kathya: *Retos para la acción colectiva. Género y movimientos sociales en Chile*, Programa Mujer y Democracia en el MERCOSUR, Santiago 2002.

Castillo, Carmen: *Calle Santa Fe*, Documental Parox (Chile)-Les Films D'ici (Francia)-Les Films de la Pasarel (Belgien), 2007.

De Beauvoir, Simone: *El segundo Sexo. La experiencia vivida*, Buenos Aires 1987, dt. *Das andere Geschlecht. Sitte und Sexus der Frau*, Hamburg 1958.

Debray, Regis: »Revolución en la revolución«, in: *Punto Final*, Nr. 25, Santiago 1967.

Editorial Dialéctica (Hrsg.): *El Pensamiento Revolucionario del »Che«. Seminario Científico Internacional. Intervenciones y debates,* Buenos Aires 1988.

Enríquez, Miguel: *Con vista a la esperanza*, Santiago 1998.

Feijoo, Maria Carmen y Gogna, Mónica: »La mujer en la transición a la democracia«, in: Jelín, Elizabeth (Hrsg.): *Ciudadanía e identidad. Las mujeres en los movimientos sociales latinoamericanos*, Instituto de Investigaciones de las Naciones Unidas para el Desarrollo Social (UNRISD), Ginebra 1987.

Gómez Pickering, Adela: *Mujeres contra el olvido – Agrupación de Familiares de Detenidos Desaparecidos 1973-1990, Unveröffentlichte Abschlussarbeit, Universidad de Chile, Santiago 2001.*

Guevara, Ernesto: »*El socialismo y el hombre en Cuba*«, *in: Marcha, Montevideo 1965; dt.:* Sozialistischer Deutscher Studentenbund (SDS) - Köln/München (Hrsg.): Ernesto Che Guevara . Partisanenkrieg – eine Methode. Mensch und Sozialismus auf Kuba (zwei Studien), Köln/München 1966.

Hola, Eugenia: »*Politización de lo privado y subversión del cotidiano*«, *in: Mundo de Mujer, Continuidad y Cambio, Centro de Estudios de la Mujer (Hrsg.), Santiago 1988.*

Horvitz, María Eugenia: »Entre lo privado y lo público. La vocación femenina de resguardar la memoria. Recordando a Sola Sierra«, in: *Cyber humanitatis*, Nr. 19, Frühjahr 2001, einzusehen unter *http://web.uchile.cl/publicaciones/cyber/19/horvitz2.html*, gesehen 15. Juni 2013.

Informe Comisión Nacional sobre Prisión Política y Tortura, Chile November 2004.

Kirkwood, Julieta: *Ser política en Chile. Los nudos de la sabiduría feminista*, Santiago 1990.

Klein, Naomi: *La doctrina del shock*. Barcelona 2007; dt.: Klein, Naomi: *Die Schock-Strategie. Der Aufstieg des Katastrophen-Kapitalismus*, Frankfurt am Main 2007.

Kristeva, Julia: »Stabat Mater«, in: dies.: *Historias de amor*, México 1988.

Lagarde, Marcela: *Madresposas, monjas, putas y locas. Estudios de los cautiverios femeninos*, México 1990.

Larraín, Cristina: *Catastro de organizaciones femeninas de gobierno*, Santiago 1982.

Martínez, Heredia Fernando. »Che, el socialismo y el comunismo«, in: ders.: *Pensar al Che*, La Habana 1989.

Montecino, Sonia: *Madres y Huachos, alegorías del mestizaje chileno,* Santiago 1991.

Ojeda, Arinda: *De memoria*, Concepción 2001 (unveröffentlicht).

Pateman, Carole: »Críticas feministas a la dicotomía público/privado«, in: Castells, Carmen (Hrsg.): *Perspectivas feministas en teoría política*, Barcelona 1996.

Peñaloza, Carla: »Rebeldes y santas. Un análisis del rol político de las mujeres de la AFDD de Chile«, in: *Al sur de todo*, Facultad de Ciencias Sociales (Hrsg.), Universidad de Chile, Nr. 5, Dezember 2011, einzusehen auf: *http://www.alsurdetodo.cl/documentos/doc_046_120113100131.PDF*, abgerufen am 15. Juni 2013.

Ruiz, María Olga, Interviews mit Adriana Goñi, Beatriz Álvarez und Lucrecia Brito, dokumentiert in: *Investigación en desarrollo. La risa y la vergüenza. Sobrevivir a la experiencia concentracionaria en los centros clandestinos de tortura y campos de detención en Chile, Argentina y Uruguay* (VID/UCH).

Sandoval, Carlos: *Movimiento de Izquierda revolucionaria 1970-1973 – Coyunturas, documentos y vivencias*, Concepción 2004.

Tarrés, María Luisa: »Campos de acción social y política de la mujer de clase media«, in: *Informe de investigación*, México, PIEM-COLMEX, Juli 1987, S. 16.

Todorov, Tzvetan: *Frente al límite*, México 2009; dt.: Todorov, Tzvetan: *Angesichts des Äußersten*, München 1993.

Vidal, Hernán: *Dar la Vida por la Vida. Agrupación de Familiares de Detenidos Desaparecidos*, Mosquito Editores 1983, einzusehen auf: *http://openlibrary.org/publishers/Mosquito_Editores*, abgerufen am 24. Juni 2013.

Vidal, Hernán: *Presencia del MIR. 14 claves existenciales*, Mosquito editores 1999.

Valenzuela, María Elena: *La mujer en el Chile militar. Todas íbamos a ser reinas*, Santiago 1987.

Vidaurrázaga, Tamara: *Mujeres en Rojo y Negro. Reconstrucción de memoria de tres mujeres miristas*, Santiago 1996.

Vidaurrázaga, Aránguiz: »Maternidades en resistencia. Reconstruyendo la memoria desde la victimización«, in: *La Ventana*, nº 22, Centro de Género Universidad de Guadalajara 2005, einzusehen auf *http://148.202.18.157/sitios/publicacionesite/pperiod/laventan/Ventana22/110-145.pdf*, abgerufen am 15. Juni 2013.

Vidaurrázaga, Tamara: »¿El hombre nuevo?: moral revolucionaria guevarista y militancia femenina. El caso del MIR«, in: *Nomadías*. Santiago, Facultad de Filosofía y Humanidades, Universidad de Chile Juli 2012, einzusehen auf *http://www.revistas.uchile.cl/index.php/NO/article/viewArticle/21142/22392*, gesehen 15. Juni 2013.

Anmerkungen

1   Es ist zwar nicht Thema dieses Artikels, aber dennoch wichtig zu erwähnen, dass die Frauen nicht nur in der Menschenrechtsbewegung in Chile eine herausragende Rolle spielten, sondern auch in den Basisorganisationen, die in der durch die Diktatur verursachten schweren Wirtschaftskrise für das alltägliche Überleben und die Verbesserung des Lebensstandards arbeiteten. Und sie waren in der Frauenbewegung aktiv, die sich klar gegen die Diktatur stellte und bei Kundgebungen auf der Straße »Demokratie im Land und zu Hause« forderte und so Forderungen aus dem öffentlichen und dem privaten Bereich vermischte.

2   Wir haben die AFDD gewählt, weil sie das Sinnbild einer Menschenrechtsorganisation dieser Zeit ist, und die Frauen der MIR, weil es über sie mehr Forschungsberichte und Zeugnisse gibt als über die anderen beiden Organisationen, die für den bewaffneten Kampf eintraten. Über die *Frente Patriótico Manuel Rodríguez* (die zuerst zur *Kommunistischen* und später zur *Autonomen Partei* gehörte) und den *Movimiento Juvenil Lautaro* existieren fast keine Arbeiten, noch gibt es viele Zeitzeugenberichte.

3   In dieser Zeit wurde die Regierung für die Grundnahrungsmittelknappheit verantwortlich gemacht. Dennoch sollte die Zeit zeigen, dass die Händler, die einen Staatsstreich unterstützten, Lebens-

mittel hamsterten und eine künstliche Knappheit hervorriefen mit dem Ziel, eine Instabilität zu erzeugten, um die Unidad Popular loszuwerden..

4 Vgl. Valenzuela, María Elena: *La mujer en el Chile militar. Todas íbamos a ser reinas*, Santiago 1987.

5 Vgl. Hola, Eugenia: »Politización de lo privado y subversión del cotidiano«, in: *Mundo de Mujer, Continuidad y Cambio*, Centro de Estudios de la Mujer, Santiago, ediciones CEM,1988.

6 Feijoo, Maria Carmen y Gogna, Mónica: »La mujer en la transición a la democracia«, in: E. Jelín (Hg.): *Ciudadanía e identidad. Las mujeres en los movimientos sociales latinoamericanos*, Genf 1987, S. 139.

7 Hiriart, Lucía zitiert durch Larraín, Cristina: *Catastro de organizaciones femeninas de gobierno*, Santiago 1982, S. 39.

8 Vgl. Horvitz, María Eugenia: »Entre lo privado y lo público. La vocación femenina de resguardar la memoria. Recordando a Sola Sierra«, in: *Cyber humanitatis*, Nr. 19, Frühjahr 2001.

9 Montecino, Sonia: *Madres y Huachos, alegorías del mestizaje chileno*, Santiago 1991, S. 115.

10 Peñaloza, Carla: »Rebeldes y santas. Un análisis del rol político de las mujeres de la AFDD de Chile«, in: *Al sur de todo*, Facultad de Ciencias Sociales, Universidad de Chile Nr. 7, Dezember 2011, S. 4.

11 Diese Vorstellung von politisch uninteressierten und zuvor unerfahrenen Frauen wird in den Büchern von Kathya Araujo und Hernán Vidal deutlich. Siehe Araujo, Kathya: *Retos para la acción colectiva. Género y movimientos sociales en Chile*, Santiago 2002; und Vidal, Hernán: *Dar la Vida por la Vida – Agrupación de Familiares de Detenidos Desaparecidos*, Mosquito Editores, 1983.

12 Hervorzuheben ist, dass es der AFDD anfangs darum ging, ihre Familienangehörigen zu finden, von denen sie nicht wussten, ob sie tot oder lebendig waren. Mit der Zeit und nach Knochenfunden von einigen der Verschwundenen änderte sich ihre Zielsetzung: Sie schlossen sich dem Kampf um Wahrheit und Gerechtigkeit an und setzten sich dafür ein, die Erinnerung an ihre Verwandten im öffentlichen Bewusstsein wach zu halten.

13 Vgl. Gómez Pickering, Adela: *Mujeres contra el olvido – Agrupación de Familiares de Detenidos Desaparecidos 1973-1990, Santiago 2001, S. 62.

14 Vgl. ebd.

15 Vgl. Gómez Pickering, Adela, a.a.O., S. 65f.

16 Vgl. Vidaurrázaga, Tamara: »¿El hombre nuevo? moral revolucionaria guevarista y militancia femenina. El caso del MIR«, in: *Nomadías*, Santiago, Facultad de Filosofía y Humanidades, Universidad de Chile, Juli 2012. Im Internet einsehbar unter: *http://www.revistas.uchile.cl/index.php/NO/article/viewArticle/21142/22392.*

17 Guevara, Ernesto: »El socialismo y el hombre en Cuba«, in: ders.: *Marcha*, Montevideo 1965, *dt.:* Sozialistischer Deutscher Studentenbund (SDS) Köln/München (Hrsg.): *Ernesto Che Guevara Partisanenkrieg – eine Methode. Mensch und Sozialismus auf Kuba*, Köln/München 1966.

18 Brito, Eugenia: *Interview von Ruiz Olga*, S. 2.

19 Debray, Regis: »Revolución en la revolución«, in: *Punto Final*, Nr. 25, 2. Hälfte März 1967, Santiago, S.15 (Hervorhebung im Original).

20 Um das Problem der Mütter zu lösen, die in den chilenischen Widerstand zurückkehren wollten, antwortete die MIR mit dem »Heimprojekt«, was bedeutete, die Söhne und Töchter bei sozialen Vätern und Müttern in Kuba zu lassen. Ohne Verwandtschaftsbeziehung und ohne die Kleinen zuvor zu kennen, übernahmen sie die Verantwortung für sie. Für mehr Informationen siehe den Dokumentalfilm *El edificio de los chilenos* von Macarena Águiló, in dem diese Geschichte erzählt wird.

21 Arinda Ojeda, Interview in Vidaurrázaga, Tamara: *Mujeres en Rojo y Negro. Reconstrucción de memoria de tres mujeres miristas,* Santiago 1996, S. 242.

22 Ebd.

23 Brito, Eugenia: a.a.O., S.5.

24 Vgl. Vidaurrázaga Tamara: »¿El hombre nuevo?«

25 Vgl. Kirkwood, Julieta: *Ser política en Chile. Los nudos de la sabiduría feminista*, Santiago 1990.

26 Für die Geschichte dreier Frauen, die während ihrer Mitgliedschaft bei den Partisanen zu Feminis-
    tinnen wurden, siehe Vidaurrázaga, Tamara: *Mujeres en Rojo y Negro*, Santiago 1996.

27 Vgl. Beauvoir, Simone: *El segundo Sexo. La experiencia vivida*, Buenos Aires 1987; dt: Simone de
    Beauvoir, *Das andere Geschlecht*, Reinbek 2000.

28 Beauvoir, a.a.O., S.109.

29 Vgl. Todorov, Tzvetan: *Frente al límite*, México 2009, S. 18; dt: ders.: *Angesichts des Äußersten*,
    Übersetzt von Wolfgang Heuer und Andreas Knop, München 1993.

30 Vgl. Pateman; Carole: »Críticas feministas a la dicotomía público/privado«, in: Castells, Carmen
    (Hg.): *Perspectivas feministas en teoría política*, Barcelona 1996.

31 Vgl. Vidaurrázaga, Aránguiz: »Maternidades en resistencia. Reconstruyendo la memoria desde la
    victimización«, in: *La Ventana,* nº 22, Centro de Género Universidad de Guadalajara, 2005. Ein-
    zusehen unter: *http://148.202.18.157/sitios/publicacionesite/pperiod/laventan/Ventana22/110-145.
    pdf.*

32 Vgl. Informe Comisión Nacional sobre Prisión Política y Tortura, November 2004. Einzusehen auf:
    http://www.memoriaviva.com/Tortura/Informe_Valech.pdf

33 Ojeda, Arinda: *De memoria*, Concepción 2001 (unveröffentlichtes Manuskript), S. 81.

34 In diesem Fall wäre es interessant, aus feministischer Sicht über das von ihnen aufgestellte »Das
    Private ist politisch« nachzudenken, da,es diese Gruppierung aus dem »Apolitisch-Sein« herauslö-
    sen würde, in das sie zu Beginn eingebettet worden war.

Franz Josef Strauß reiste vom 17.–23. November 1977 nach Chile und traf dort Pinochet sowie Vertreter der Colonia Dignidad, die ein Jahr zuvor von der UNO als ein Folterzentrum der Diktatur enttarnt worden war. Die Facultad de Derecho der Universidad
de Chile, deren Patron Pinochet war, verlieh Strauß bei dieser Reise eine Ehrendoktor-
würde. Strauß wandte sich dort in seiner Rede an Pinochet: »Sorgen Sie dafür, daß die
Freiheit in ihrem Lande, gleichgültig von woher sie bedroht wird, erhalten bleibt.«

Im Jahr des Putsches schickte die sozialdemokratische Bundesregierung unter Willy Brandt und Außenminister Walter Scheel Kurt Luedde-Neurath als deutschen Botschafter nach Chile. Neurath war im Nationssozialismus von 1933 bis 1939 Mitglied der SA, ab 1937 Mitglied in der NSDAP und bereits in dieser Zeit im Auswärtigen Dienst tätig. Nach dem Krieg tauchte Neurath zeitweise in der Privatwirtschaft unter, kehrte dann 1950 in den Staatsdienst zurück. Ab 1953 war er Konsul im faschistischen Franco-Spanien. Von 1958 bis 1963 war Luedde-Neurath deutscher Botschafter in Haiti unter der Diktatur von François Duvalier. 1966 bis 1968 vertrat er die Bundesrepublik in Indonesien, in der Zeit, in der Diktator Suharto ca. eine Millionen Oppositionelle massakrieren ließ. Nach einer Zwischenzeit in Neuseeland und Uruguay war Luedde-Neurath von Mai 1973 bis zu seiner Pensionierung 1975 Botschafter in Chile.

Während Schweden, Frankreich, Holland oder die Schweiz asylsuchenden Chilenen in ihren Botschaften Zuflucht gewährten, weigerte sich Luedde-Neurath, allen nicht-deutschen Verfolgten Schutz zu gewähren und wies leitende Funktionäre der Allende-Regierung zurück. Innenminister Hans-Dietrich Genscher (FDP) schickte einen Oberamtsrat des Verfassungsschutzes zur Gesinnungsprüfung der von der Diktatur Verfolgten nach Chile. Sein Staatssekretär Moersch, später mitverantwortlich für die Ermordung von Klaus Zieschank und Elisabeth Käsemann durch die argentinische Militärjunta (s. BIBLIOTHEK DES WIDERSTAND Bd. 8, Dass du schweigst zwei Tage unter der Folter!) erklärte, dass »Berufsrevolutionären« keine Fluchtchance gegeben werden soll (SPIEGEL 49/1/73).

Nachfolger von Luedde-Neurath wurde Erich Strätling. Strätling deckte die Colonia Dignidad, eine von dem Bundesdeutschen Paul Schäfer geleitete Sekte zum Missbrauch von Jugendlichen unter Anwendung brutalster Herrschaftstechniken – auch Folter und Mord. Nach dem Putsch diente das Lager dem Regime ebenfalls als Folterzentrum. Mindestens 22 Regimegegner wurden dort gefoltert, ermordet und anschließend verbrannt. Nachdem 1976 ein UNO-Report die Colonia Digndad an erster Stelle auf der Liste der geheimen Folterlager genannt hatte, besuchte Strätling die Colonia und gab Ehrenerklärungen für sie ab. Er berichtete von einer »geradezu vorbildlich gebauten und bewirtschafteten Siedlung« und erklärte: »Ich habe keine unterirdischen Folteranlagen gefunden« (SPIEGL 46/1987).

Dessen Nachfolger, Botschafter Heinz Dittmann, erklärte bei der Überreichung seines Beglaubigungsschreibens an Diktator Pinochet, dass die großen Kredite und Investitionen der BRD-Banken für das Pinochet-Regime »ein Symptom für das große Vertrauen [ist], das die chilenische Wirtschaft und ihre Entwicklungsmöglichkeiten in unserem Lande genießen« (ND 13.06.1979).

Heinrich Gewandt (CDU), Bundestagsabgeordneter, Experte für Probleme der Zusammenarbeit mit Entwicklungsländern. Verfahren wegen Bestechung bei Rüstungsprojekten.

Gewandt besuchte unmittelbar nach dem Putsch Pinochet und versichert der Militärjunta, dass Chile für das BRD-Kapital nun wieder kreditwürdig werde. Anschließend begrüßte er den Putsch vor dem Ibero-Club in Bonn, indem er seine Erklärung über die chilenische Kreditwürdigkeit wiederholte.

Jürgen Wohlrabe besuchte als Delegationsleiter mit Berliner CDU-Bundestagsabgeordneten am 8. Januar 1974 das Gefangenenlager auf der Insel Dawson/Chile, in dem Folter an der Tagesordnung war. Bei der Rückkehr berichtete Wohlrabe von positiven Eindrücken aus dem Lager: »... in humanitärer Hinsicht haben die Gefangenen keine Klagen gehabt« (Süddeutsche Zeitung).

Bruno Heck, Bundestags-abgeordneter der CDU, Bundesminister für Familie und Jugend, erster Generalsekretär der CDU und 21 Jahre lang Vorsitzender der Konrad-Adenauer-Stiftung, besichtigte noch im Oktober 1973 das Stadion von Santiago:»Soweit wir Einblick bekommen haben, bemüht sich die Militärregierung in optimalem Umfang um die Gefangenen. Die Verhafteten, die wir ... sprachen, haben sich nicht beklagt.« Über die Lage der im Stadion von Santiago gefangenen und gefolterten Chilenen sagte Heck der Süddeutschen Zeitung am 18.10.73: »Das Leben im Stadion ist bei sonnigem Wetter recht angenehm.« Der Freund der Putschisten hatte eine spezielle Sicht auf die Nazis und den Judenmord in Deutschland:»Die Rebellion von 1968 hat mehr Werte zerstört als das Dritte Reich. Sie zu bewältigen, ist daher wichtiger, als ein weiteres Mal Hitler zu überwinden«.

Willi Baer

Über den Mut in Zeiten des Terrors

Harald Edelstam – Ein Beispiel für Kühnheit und Menschlichkeit

Ich bin der schwedische Botschafter! Sie verletzen die schwedische Souveränität und internationale Gesetze.«: Ohne Zögern trat Harald Edelstam den bis an die Zähne bewaffneten Carabineros und Soldaten entgegen. »Sie schlugen uns mit Fäusten und Gewehrkolben«, erinnert er sich Jahre später, »wir versuchten, uns zu wehren, aber wir waren nur zu viert – ich und drei weitere Mitarbeiter der Botschaft.«

Dies war nur eine der zahlreichen Konfrontationen Edelstams mit Pinochets Soldateska bei dem Versuch, Chilenen vor Folter und Exekution zu retten. Der oben erwähnte Vorfall ereignete sich, als Heeressoldaten versuchten, eine Frau aus einer Privatklinik zu verschleppen. Die Patientin, die verdächtigt wurde, eine Sympathisantin Allendes zu sein, war nur wenige Stunden zuvor an einem durchgebrochenen Magengeschwür notoperiert worden und befand sich auf der Intensivstation des Krankenhauses. Die mit Bajonetten bewaffneten Soldaten drangen ins Krankenzimmer ein, obwohl Harald Edelstam mit den verantwortlichen Offizieren ausgehandelt hatte, dass diese Frau unter schwedischem Schutz stehe und nicht der Jurisdiktion der Junta unterliege.

Edelstams Kampf gegen das Pinochet-Regime begann am 11. September 1973, dem Tag des Putsches. Wie gewöhnlich ging er von seiner Wohnung zu Fuß zur Botschaft. Er hatte das Eingangstor noch nicht erreicht, als Mitarbeiter ihm entgegenliefen. »Die Armee marschiert auf Santiago, Valparaiso ist bereits völlig in der Hand der Marine, die Telefone sind unterbrochen«, erklärten sie ihm fassungslos. »Ich wollte es zuerst nicht glauben«, so Harald Edelstam, »noch wenige Tage vor dem 11. hatte ich mit Salvador Allende ein Arbeitsessen und wir besprachen die sich zuspitzende politische und ökonomische Krise. Trotz der zunehmenden Provokationen vonseiten rechtsextremer Gruppen wie *Patria y Libertad* und der offensichtlichen Feindschaft großer Teile des Offizierskorps, war Allende sich sicher, dass es genügend verfassungstreue Generäle in den Streitkräften gebe, um einen Putsch zu verhindern. Ein verhängnisvoller Irrtum wie sich jetzt zeigte. Heer, Marine und Luftwaffe waren am Staatsstreich beteiligt, inklusive der vermeintlich verfassungstreuen Generäle.

Die Nachricht vom Militärputsch wurde morgens um 8:15 Uhr über alle Rundfunkkanäle verbreitet. Nur knapp eine Stunde später dröhnte die Luft über Santiago von Hawker-Hunter-Bombern und Puma-Helikoptern; Panzer und Militärtransporter blockierten die Ausfallstrassen. Die Telefon- und Telexverbindungen mit dem Ausland brachen zusammen. Edelstam konnte mit der schwedischen Regierung durch ein leistungsstarkes Funkgerät Verbindung halten. Zwar gab es keine landesweite Telefonverbindung mehr, das Netz innerhalb Santiagos jedoch funktionierte problemlos. Die großen Alleen der Hauptstadt waren nahezu menschenleer. Wo am Tag vorher noch die geschäftig-nervöse Atmosphäre einer Metropole geherrscht hatte, wurde das Bild nun bestimmt von Militärkonvois, Straßensperren und dem Stakkato der Gewehrsalven.

Punkt zwölf Uhr mittags verkündeten die neuen Machthaber über die noch funktionsfähigen Radiostationen ein totales Ausgangsverbot ab 15 Uhr. Wer danach noch auf der Straße sei, werde ohne Warnung exekutiert. Die Botschaftsangehörigen verließen das Gebäude, auch Harald Edelstam wollte schnell zurück zu seiner Wohnung. Wenige Blocks von seiner Arbeitsstelle entfernt wurde er jedoch von Soldaten gestoppt. Er könne hier nicht weiter, das Gebiet sei umkämpft. Edelstam pochte auf seine diplomatische Immunität und sein Recht, vor Beginn der Ausgangssperre nach Hause zu kommen. Nach einem hitzigen Wortwechsel konnte er seinen Weg fortsetzen, nur um an der nächsten Ecke den Grund für die massive Militärpräsenz in diesem sonst so ruhigen Stadtteil zu erkennen. Schützenpanzer, Militärjeeps mit aufmontierten Maschinengewehren und schwerbewaffnete Soldaten hatten die kubanische Botschaft umstellt, die wenige Häuser von seiner Wohnung entfernt lag. Kaum dort angekommen, wurde das Viertel von Granatfeuer und Gewehrsalven erschüttert. Edelstam zögerte nicht eine Minute, verließ das Haus und sah, wie hunderte schwerbewaffnete Soldaten begannen, die Botschaft zu stürmen. Es gelang ihm, zum befehlshabenden Offizier vorzudringen. Mit seinem Diplomatenpass in der Hand verlangte er, sofort die belagerte kubanische Botschaft betreten zu können. Edelstam, hager und knapp 1,85 Meter groß, ließ sich weder von dem anhaltenden Gewehrfeuer noch durch den herrischen Ton des Offiziers beeindrucken und ging gradlinig auf das Tor der Botschaft zu. Das Gebäude war bereits durch Granateinschläge schwer beschädigt, die Wagen des Personals standen in Flammen. Im Haus selbst herrschte Chaos. Der Botschafter war bereits beim ersten Angriff schwer verwundet worden, zahlreiche Mitarbeiter hatten ebenfalls Schusswunden. Die wenigen unverletzten Angestellten vernichteten Dokumente und erwiderten von Zeit zu Zeit das Feuer der Angreifer mit Handfeuerwaffen. Die Kubaner baten Harald Edelstam, Verbindung mit der Militärjunta aufzunehmen und klarzumachen, dass diese Verletzung diplomatischer Immunität eine Kriegserklärung darstelle. Edelstam trat vor das Botschaftstor und erklärte dem Einsatzleiter, der Angriff stelle eine schwere Verletzung internationalen Rechts dar, und er, der Einsatzleiter, müsse als verantwortlicher Offizier dafür die Konsequenzen tragen. Verunsichert durch die forsche Ansage Edelstams und ohne direkte Verbindung zu seinem Stab versicherte der Offizier, das Feuer werde eingestellt.

Während der Nacht jedoch hörte Edelstam wiederholt Gewehrsalven, Querschläger schlugen auch in die Wände seiner Residenz ein. Am nächsten Morgen waren die Truppen rund um die kubanische Botschaft verstärkt worden, Granatwerfer und Artilleriegeschütze in Stellung gebracht. Edelstam war klar, das Militär bereitete den endgültigen Sturm auf die Botschaft vor.

»Als ich nun zur Botschaft hinüberging, versuchten die Soldaten, mich gewaltsam abzudrängen. Da erkannte ich einen der Uniformierten, einen Artillerie-Offizier, den ich bei einem Botschaftsempfang Monate vor dem Putsch kennengelernt hatte. Mit Rufen macht ich auf mich aufmerksam. Der Mann war fassungslos. ›Was um Himmels willen machen Sie hier? Es herrscht Ausgangssperre und wir könnten Sie auf der Stelle erschießen!‹ Ich machte ihm klar, dass ich nach internationalem diplomatischen Recht befugt sei, die Botschaft zu betreten und er mich nur mit Gewalt und unter Bruch des Völkerrechts daran hindern könne. Wütend ließ er mich durch zum Tor der Botschaft. ›Sie haben maximal zehn Minuten!‹ Eine knappe viertel Stunde später wurde ich per Megafon aufgefordert, die Botschaft sofort zu verlassen. Meine Antwort war eindeutig: ›Ich habe nicht die Absicht, die kubanische Botschaft zu verlassen.‹ Offenbar hatten die Militärs geplant, die Botschaft am Morgen mit schwerer Artillerie anzugreifen und meine Anwesenheit im Gebäude durchkreuzte nun diese Strategie. Ich diskutierte mit dem Botschafter, was wir weiter tun könnten, um den drohenden Angriff zu verhindern, als am frühen Nachmittag ein Emissär mit einem Schriftstück durch die Absperrung kam, an die Tür der Botschaft klopfte und rief, er sei ein Abgesandter der Militärregierung mit einer offiziellen Mitteilung. Eingelassen verlas er ohne jedes diplomatische Protokoll das Ultimatum der Junta. Chile habe mit sofortiger Wirkung alle diplomatischen Beziehungen mit Kuba abgebrochen und der Botschafter sowie das gesamte Personal habe das Land bis spätestens Mitternacht zu verlassen. Busse würden gegen 22 Uhr zur Verfügung gestellt, um alle unter Bewachung zum Flugplatz zu bringen.

Da die kubanischen Kollegen nur knapp acht Stunden hatten, um Personal zu evakuieren und alle Unterlagen zu sichern bzw. zu vernichten, versicherte ich dem Botschafter, dass ich die Verantwortung für die Botschaft übernehmen und die Interessen Kubas wahrnehmen würde, um die Vertretung vor Gewalt und Vandalismus zu schützen. Ich hatte zwar keine Verbindung zu meiner Regierung in Stockholm, sah es jedoch als solidarische Pflicht an, diesen Schritt zu tun. Ich veranlasste eine Sekretärin unserer Vertretung, eine in einen Karton verpackte, große schwedische Flagge am Tor der kubanischen Botschaft abzulegen. Als am späten Abend die kubanischen Kollegen die Busse bestiegen, die kubanische Flagge eingeholt wurde und sich die Junta-Soldaten bereit machten, um das Gebäude zu besetzen, hisste ich die schwedische Flagge und erklärte das Gelände zu schwedischem Hoheitsgebiet. Der befehlshabende Offizier schrie, ich solle sofort die Fahne einholen, drohte, seinen Soldaten den Sturmbefehl zu geben, und marschierte Richtung Botschaftstor. Ich warnte ihn, er verletze schwedische Souveränität, wenn er versuche, das Gelände zu betreten. Knapp 24 Stunden nach dem Putsch waren die Befehlsketten noch nicht voll funktionsfähig, das mittlere Offizierskorps noch unsicher und angesichts fehlender unmittelbarer Instruktionen der Generalität in Anbetracht etwaiger international drohender diplomatischer Konflikte zögerlich.«

»Ich alleine in der Botschaft – fast allein. Denn bei mir war mein erster chilenischer Flüchtling. Max Marambio. Ein junger Aktivist, der am Tag des Putsches noch mit Salvador Allende in der Moneda gekämpft hatte, dem Zugriff der Carabineros entkommen war und sich in die kubanische Botschaft geflüchtet hatte. Es war Nacht. Riesige Scheinwerfer tasteten das Gebäude ab, Max und ich suchten Deckung vor dem gleißenden Lichtstrahl und verbarrikadierten Fenster und Türen. Der befürchtete Sturm auf das Haus jedoch blieb aus.«

Früh am Morgen rief Edelstam in der schwedischen Botschaft an und einer seiner Mitarbeiter kam, um ihn abzulösen. Edelstam machte sich auf den Weg zu seinem eigenen Büro und wurde am Tor von mehr als zweihundert Menschen empfangen, zumeist Frauen mit Kindern, die in der Botschaft um Asyl bitten wollten. Wie die meisten europäischen Länder hatte auch Schweden kein Asylabkommen mit Chile und so versuchte Edelstam die Wartenden davon zu überzeugen, doch besser die Botschaften lateinamerikanischer Länder als Zufluchtsort zu wählen. Allerdings ohne Erfolg. Die verzweifelten Menschen, Chilenen wie auch linke Aktivisten aus anderen Ländern, machten ihm klar, dass die zumeist reaktionären Regimes der anderen lateinamerikanischen Länder sie abweisen würden. Ohne Rücksicht auf juristischen Folgen öffnete Harald Edelstam das Botschaftstor. »Es war ein herzzerreißendes Bild. Die Angst und Verzweiflung in den Gesichtern, Menschen die Zeugen geworden waren, wie man ihre nächsten Angehörigen verschleppt und ermordet hatte, deren Welt innerhalb von 24 Stunden zerstört worden war.«

Dass die schwedische Botschaft Schutz vor Verfolgung und Verhaftung bot, sprach sich unter den Oppositionellen innerhalb von wenigen Stunden herum. Viele kletterten über den Botschaftszaun oder drückten das Tor auf, sodass die skandinavische Vertretung am 13. September – 48 Stunden nach dem blutigen Putsch – bereits mehr als dreihundert Flüchtlinge zählte.

»Wir verteilten den ganzen Tag über Sandwiches und Suppe, kochten Milch für die zahlreichen Kinder und versuchten soweit als möglich, Schlafgelegenheiten bereitzustellen.«

Edelstam musste sich dafür beim schwedischen Außenministerium rechtfertigen. »Es war so, als würde man den Karren vor den Esel spannen. Erst ließ ich die Flüchtlinge hinein und anschließend bat ich meine Vorgesetzten um die notwendige Genehmigung. Drei Tage später traf die Antwort aus Stockholm ein: ›Asylaktion genehmigt. Aber keine weitere Aktion ohne vorherige Konsultation.‹ Zu dieser Zeit hatte ich bereits weitere zweihundert Flüchtlinge in der Botschaft«.

Menschen vor faschistischer Verfolgung zu retten, war Edelstam aus seiner langjährigen diplomatischen Erfahrung vertraut. Bereits 1943, als junger Mitarbeiter der schwedischen Botschaft in Norwegen, schmuggelte er norwegische und dänische Widerstandskämpfer über die Grenze der von den Nazis besetzten Länder. »Schweden war neutral und die Antifaschisten dort in Sicherheit.«

Nur Stunden bevor deutsche Besatzungstruppen den Unterschlupf bei Oslo stürmten, in dem er den deutschen Funkverkehr abhörte und die Geflüchteten verborgen hatte, brachte ihn die schwedische Regierung außer Landes. Die schwedische

Presse nannte ihn daraufhin »Black Pimpernel« (Schwarze Nelke) in Anlehnung an Emmuska Orczys Romanfigur Sir Percy aus *The Scarlet Pimpernel*.

Zwar wurde Edelstams Leben gerettet, doch seine diplomatische Karriere war beschädigt. Das schwedische Außenministerium missbilligte seine antifaschistischen Aktionen und reagierte mit Sanktionen angesichts seiner Kritik an der schwedischen Neutralität und wirtschaftlichen Zusammenarbeit mit Nazi-Deutschland. Er wurde degradiert, auf einen Verwaltungsposten versetzt. Die ablehnende Haltung seiner eigenen Regierung dauerte selbst dann noch an, als Dänemark und Norwegen ihn mit Tapferkeitsorden ehrten.

Doch die Zeiten änderten sich auch in Schweden und unter einer neuen Regierung diente Harald Edelstam Jahre später als Konsul in der Türkei und Polen, dann als Botschafter in Indonesien und Guatemala, bevor er seinen Posten in Santiago antrat.

Trotz der bitteren Erfahrungen in seiner Heimat, blieb er seiner Überzeugung treu, all jenen zu helfen, die gegen Willkür und Unterdrückung kämpfen. »Ich mag der offizielle Repräsentant meines Landes sein, zuallererst aber bin ich ein Mensch«, so Edelstam. Während seines Dienstes in Indonesien, kurz nach dem von der CIA gesteuerten Putsch, dem fast eine Million Kommunisten zum Opfer fielen, war er wieder engagiert , Verfolgte zu verstecken, Kurierdienste zu leisten und Flüchtenden Asyl zu gewähren.

Seine Aktivitäten in Chile jedoch waren weit gefährlicher als sein früheres Engagement in Norwegen oder Indonesien. Die Hilfsaktionen blieben angesichts ihres Umfangs den Agenten der Junta nicht verborgen. In weniger als drei Monaten hatte der schwedische Botschafter rund 1.300 Asylsuchenden bereits zur Flucht aus Chile verholfen.

Seine Freundschaft mit Allende war in Chile allgemein bekannt, ebenso wie seine enge persönliche Beziehung zum schwedischen Ministerpräsidenten Olof Palme. Als Harald Edelstam im Oktober 1972 nach Chile kam – knapp ein Jahr vor dem faschistischen Putsch – wurden Allendes Reformen von der Mehrheit der Bevölkerung enthusiastisch unterstützt. Er wurde zum Sympathisanten der Unidad Popular, war begeisterter Zeuge dieses Experiments der Verwandlung eines semi-kolonialen Landes in eine moderne, sozialistische Demokratie. Edelstam sah seine Rolle nicht nur als Repräsentant seiner Heimat, sondern vermittelte Wirtschaftshilfe und half beim Abschluss wichtiger internationaler Kredite nachdem die USA versuchten, einen internationalen Finanz- und Wirtschaftsboykott gegen Allendes Chile durchzusetzen. Nach seiner Ankunft in Santiago wurde er mit militärischen Ehren in der Moneda von Salvador Allende empfangen. Beim Verlassen des Präsidentenpalastes zeigte sich bereits, was die Zukunft für das Land bereithielt. Auf dem Platz vor der Moneda hatte die faschistische *Patria y Libertad* zu einer Kundgebung aufgerufen und bewarf Allende und Edelstam mit Abfall. Die Polizei musste Wasserwerfer einsetzen, um den faschistischen Mob zurückzudrängen. Auch Allende und Edelstam wurden bei diesem Einsatz durchnässt. »Das war also meine Taufe im von Konflikten zerrissenen Chile«, so der Botschafter.

Bei diesem ersten Besuch in der Moneda fragte Edelstam den Präsidenten, was der größte Erfolg seiner Amtszeit bisher sei und Allende antwortete: »Ich habe jedem chilenischen Kind täglich einen halben Liter Milch kostenlos zur Verfügung gestellt. Das ist wichtiger als alles andere.«

Allendes Bitte an Edelstam war denn auch, Entwicklungshilfe der schwedischen Regierung für den Bau einer spezialisierten Molkerei zu vermitteln, um dort mit Protein angereicherte Milch produzieren zu können.

»Allendes prioritäres Ziel war es, während seiner Präsidentschaft eine funktionierende flächendeckende Gesundheitsversorgung für die Armen aufzubauen; die Mangelernährung der Kinder aus den Elendssiedlungen zu überwinden; die hohe Kindersterblichkeit zu bekämpfen. Diese Ziele standen ganz oben auf seiner Aufgabenliste. Er war ein wahrer Humanist und wurde mir zu einem engen Freund«, so Edelstam.

Nicht zuletzt dieser persönlichen Freundschaft war denn auch Edelstams rastloser Einsatz für die Opfer des Militärputsches geschuldet. Er und seine Mitarbeiter arbeiteten rund um die Uhr, um die in die Botschaft Geflüchteten zu versorgen und ihre schnelle Ausreise nach Schweden zu organisieren. Ohne große Formalitäten machte er mehr als dreißig schwedische Staatsbürger, die in Chile lebten und sich freiwillig zu Verfügung gestellt hatten, zu diplomatischen Mitarbeitern der Botschaft, ergänzte damit sein Personal und schützte die nun neu Verpflichteten – zumeist junge Aktivisten der schwedischen Linken – vor dem Zugriff der Militärs. Die vornehmen Räume der Botschaft hatten sich in ein Feldlager verwandelt. Essen wurde jeweils an zwanzig Flüchtlinge verteilt, während die nächste Gruppe bereits wieder kochte und die, die gegessen hatten, den Spüldienst besorgten. Da nur die schwedischen Freiwilligen ungefährdet die Botschaft verlassen konnten, übernahmen sie in Schichten die Besorgung der Lebensmittel.

»Obwohl wir alle auf engstem Raum miteinander leben mussten und zeitweise an vielen täglichen Dingen Mangel herrschte, kam es jedoch nie zu Konflikten. Bei Meinungsverschiedenheiten sorgte das tägliche Plenum für Lösungen, die einvernehmlich zwischen dem Botschaftspersonal und den Flüchtlingen diskursiv erarbeitet wurden. Es war eine funktionierende Gemeinschaft, die sich um diejenigen sorgte, die ein Trauma erlitten hatten, weil Familienangehörige vor ihren Augen ermordet worden waren, die nachts von Albträumen geplagt schrien und in Weinkrämpfe fielen.«

Trotz dieser gelebten Solidarität war die Spannung im Gebäude jederzeit spürbar. Die Botschaft war Tag und Nacht von bis an die Zähne bewaffneten Truppen umstellt und die Insassen mussten immer mit Provokationen oder sogar mit dem Sturm der Botschaft rechnen.

Vier Tage nach dem Putsch konnte Edelstam die zahllosen Flüchtlinge in der eigenen Botschaft nicht mehr unterbringen und so wurden sowohl das Gebäude der kubanischen Botschaft – jetzt unter schwedischer Jurisdiktion – als auch das Gebäude der kubanischen Handelsmission kurzerhand zum Außenposten der Botschaft und damit zu weiteren Zufluchtsorten für Flüchtlinge. Harald Edelstam war rund um die Uhr damit beschäftigt, Ausreisepapiere für die unter seiner Obhut stehenden zu organisieren. Er erfand Hunderte von Alias-Namen für die Ausreiseanträge, jeweils versehen mit amtlichem schwedischen Siegel. Die Junta bewilligte ihm pro Woche maximal zwanzig Transitpässe und dies auch nur nach mühsamem bürokratischem Procedere. Edelstam hatte nunmehr auch die Botschaften Mexikos, Venezuelas, Costa Ricas und Finnlands überzeugt, Flüchtlinge aus seiner Botschaft zu übernehmen und für ihre sichere Ausreise zu sorgen. Der Transport zu den anderen Botschaften war für die Flüchtlinge lebensgefährlich. Zwar wurden sie mit Perücken und falschen Papieren ausgestattet, Männer in Frauenkleider gesteckt und umgekehrt Frauen mit Jackett und Hose ausgestattet – die permanenten Kontrollen der Carabineros und Soldaten vor dem Botschaftsgebäude bargen jedoch immer die Gefahr der Verhaftung. So ging Edelstam dazu über, einzelne Flüchtlinge unter dem Rücksitz oder in Hohlräumen unter dem Kofferraum der Botschaftsfahrzeuge aus dem Gebäude zu schleusen.

In der Woche nach dem Putsch wurde Edelstam mit einem zweiten, noch größeren Problem konfrontiert. Rund dreißig schwedische Staatsbürger waren als UP-Sympathisanten verhaftet worden und befanden sich im berüchtigten Stadion von Santiago.

»Es waren zumeist junge Leute. Studenten die in Solidaritätsbrigaden gearbeitet hatten oder als Entwicklungshelfer aus Schweden nach Chile gekommen waren. Ihnen drohte die Exekution, da man sie der Subversion oder geplanter Guerillaaktionen beschuldigte. Es herrschte zu dieser Zeit eine totale Hysterie. Die Junta hatte verbreitet, die Linke habe auf Grundlage eines Plans Z vorgehabt, durch Kommandoaktionen führende Militärs und Oppositionspolitiker am 13. September zu ermorden. Unter den angeblich Subversiven hätten sich vor allem ausländische Extremisten befunden. Wie sich später herausstellte, wurden unter diesem Vorwand die beiden Amerikaner Charles Horman und Frank Terrugi ermordet.«

Edelstam fuhr sofort zum Stadion und verlangte, den befehlshabenden Offizier zu sprechen. Colonel Espinoza war zwar für einen Moment aus der Fassung gebracht, als ein ausländischer Diplomat forsch und ohne Furcht vor Bajonetten und MPs eine vollständige Namensliste der Inhaftierten einforderte, erklärte nach kurzem Zögern allerdings, seines Wissens nach gebe es keine schwedischen Gefangenen. Edelstam aber gab nicht nach. Espinoza blieb nichts anderes übrig, als zu versichern, er werde Nachforschungen anstellen. Daraufhin begann ein sinisteres Spiel der Militärs. So wurde Edelstam mal morgens um sieben Uhr einbestellt, mal nachts um 23 Uhr oder er wartete stundenlang vergeblich auf irgendeinen Uniformierten, der dann doch nicht erschien.

Tage später – Edelstam wartete wieder einmal vor dem Stadion auf Espinoza – sah er, wie eine Delegation des Internationalen Roten Kreuzes erschien. Edelstam sprach sie sofort an: »Es ist Ihre Pflicht, mir in dieser Situation zu helfen. Im Stadion befinden sich schwedische Staatsbürger, für die ich als Botschafter die Verantwortung trage. Sie müssen mit Colonel Espinoza sprechen, hier wird internationales Recht gebrochen.«

In diesem Fall hatte seine Intervention den gewünschten Erfolg. Espinoza erschien am Stadioneingang und versicherte, die Verhöre der Schweden würden ausgesetzt und er werde die Entlassungspapiere vorbereiten, wenn Edelstam zeitgleich die benötigten Ausreisepapiere bei den Ministerien der Junta beantrage. Ein mühevolles, zeitraubendes Verfahren, da Espinoza seinem schwedischen Kontrahenten pro Tag nur zwei Namen nannte und dieser im Anschluss daran stundenlang zwischen Ministerien und Stadion hin und her pendeln musste, um den Transfer der Häftlinge sicherzustellen.

Doch die Arbeit des Botschafters beschränkte sich nicht auf die Fürsorge für die Flüchtlinge und den Kampf um die Freilassung der inhaftierten schwedischen Aktivisten. Täglich erreichten ihn Anrufe von Gesuchten, denen der Tod drohte, die auf der Flucht waren und verzweifelt Hilfe suchten. Sorgsam überprüfte Edelstam mit zuverlässigen ehemaligen UP-Mitarbeitern die Namen und Identitäten jener, die sich an ihn wandten, um etwaige Provokationen der Militärs auszuschließen. Verifizierten sich die Angaben, fuhr Edelstam los, begleitet von einem Mitarbeiter seines Stabes. Oft verließen zwei Wagen gleichzeitig die Botschaft, um den Carabineros die Verfolgung zu erschweren. Konnte er seine Überwacher trotz aller Finessen nicht abschütteln, hielt sein Wagen irgendwann vor einem Laden, der Fahrer erledigte Einkäufe und Edelstam kehrte in die Botschaft zurück, nur um Minuten später wieder mit rasender Geschwindigkeit in Richtung des verabredeten Treffpunktes loszupreschen. Meist fanden diese haarsträubenden Aktionen in der Abenddämmerung oder während der Nacht statt, wenn die Straßen verlassen und als einziges Geräusch vereinzelte Gewehrfeuer der Heeresgruppen zu hören waren, die mal wieder eine Armensiedlung abriegelten, um vermeintliche UP-Sympathisanten aufzuspüren. Mitunter waren jedoch auch Granateinschläge in den Villenvororten an den Andenhängen zu hören. Zeichen, dass es noch immer vereinzelte Widerstandsgruppen gab, die gegen die Junta kämpften.

War es ihm gelungen, seine Verfolger abzuschütteln, machten sich Edelstam und sein Begleiter auf den Weg in den abgelegenen Vorort, wo ein, manchmal zwei Verfolgte in Hauseingängen oder hinter Abfallcontainern auf ihre Rettung warteten.

Zwar trug der Wagen den Stander der schwedischen Botschaft, doch während der nächtlichen Ausgangssperre darauf zu vertrauen, dass eine schießwütige Soldateska diplomatische Immunität respektieren würde, war ein lebensgefährliches Risiko. Hinzu kam, dass die Junta die Überwachung der Botschaft ständig verstärkte und mit allen Mitteln – militärische Provokationen eingeschlossen – versuchte, den Handlungsspielraum Edelstams auf ein Minimum zu begrenzen.

Dazu gehörte auch der Plan der Militärs, erneut die kubanische Botschaft zu stürmen. Edelstam, der durch einen südamerikanischen Diplomaten von der bevorstehenden Aktion erfuhr, wandte sich nun an seine Kollegen in den anderen europäischen Botschaften mit der Bitte um Hilfe. Deren Reaktion war allerdings deutlich. Keiner erklärte sich bereit, gemeinsam mit Edelstam die kubanische Botschaft, überfüllt mit Flüchtlingen, durch die eigene Anwesenheit zu schützen. Allein der Botschafter Indiens zögerte nicht. Am Abend des geplanten Botschaftssturms fuhr er mit seiner Frau vor der kubanischen Botschaft vor und wurde am Tor von Harald Edelstam begrüßt. Das Ehepaar verbrachte die Nacht auf dem Gelände und half dadurch, die Einnahme von Edelstams Flüchtlingslager zu verhindern.

Edelstam: »Dies war angesichts des politischen Drucks, der auf alle diplomatischen Vertretungen ausgeübt wurde, ein sehr mutiger Schritt meines indischen Kollegen. Trotz der Anwesenheit des Botschafters und seiner Frau konnten wir nicht sicher sein, dass die Junta auf den geplanten Einsatz verzichten würde. Während der gesamten Nacht kreisten Helikopter über dem Gelände, wurde das Haus mit Suchscheinwerfern ausgeleuchtet und immer wieder fielen Schüsse. Sie wollten unsere Moral, unseren Widerstandswillen brechen.«

Kaum aber hatte er die Krise in der kubanischen Botschaft fürs Erste gelöst, spitzte sich in der schwedischen Botschaft die Situation zu. Einer weiteren Gruppe von Flüchtlingen war es gelungen, dort Einlass zu finden. Unter ihnen eine 30-jährige Frau aus Uruguay, die – kaum in Sicherheit – vor Schmerzen auf dem Hof zusammenbrach. »Unsere Sanitäter konnten nichts tun«, so Harald Edelstam,

»sie hatte hohes Fieber und befand sich augenscheinlich in einer lebensgefährlichen Situation. Ich rief mehrere Ärzte an und bat sie, sofort zur Botschaft zu kommen. Keiner war dazu bereit. Endlich, nach 26 vergeblichen Telefonaten, war ein Notarzt einer privaten Klinik bereit, aufs Gelände zu kommen. Seine Diagnose bestätigte unsere Befürchtungen. Die junge Frau war in akuter Lebensgefahr. Ein Magengeschwür war durchgebrochen, sie hatte bereits starke innere Blutungen und musste sofort operiert werden. Mehr als eine Stunde verhandelte ich nun mit dem Offizier der Einheit, die die Botschaft belagerte. Schließlich stimmte er zu, dass die Patientin während ihrer Krankenhausbehandlung schwedischer Jurisdiktion unterliege, er verweigerte jedoch, ihren Transport durch einen Sanitätswagen zu gestatten. So betteten wir sie auf dem Rücksitz meines Wagens und fuhren gefolgt von einem Armee-Jeep mit aufgepflanztem MG zur Klinik.«

Die Zusage des Offiziers hielt nicht einmal drei Stunden. Die Operation war kaum beendet, als Edelstam einen Anruf des Klinikarztes erhielt, Soldaten seien dabei, in die Klinik einzudringen und versuchten, die frisch operierte Patientin zu verhaften. Edelstam und drei seiner Mitarbeiter rasten sofort zurück zum Krankenhaus. Das hitzige Wortgefecht zwischen dem Botschafter und den Militärs entwickelte sich innerhalb von wenigen Minuten zu einer körperlichen Auseinandersetzung. Die Soldaten versuchten, das Bett aus dem Krankenzimmer zu zerren, Edelstams

Mitarbeiter hielten das Bett fest und schlugen mit ihren Fäusten auf die Bewaffneten ein. Verzweifelt rief Edelstam verschiedene Botschafter an mit der Bitte, ihm zu Hilfe zu kommen.

»Es war Sonntag und die meisten Botschaften waren dementsprechend nicht besetzt. Die, die ich erreichte, verweigerten allerdings jede Hilfe. Der peruanische Botschafter sagte, er sei zu einer Party außerhalb Santiagos eingeladen, der vatikanische Nuntius erklärte, er könne sich absolut nicht in undiplomatische Aktivitäten verwickeln lassen, dies sei politisch unkorrekt. Vertreter der chinesischen Botschaft erklärten, ohne klare Anweisung aus Peking könnten sie auf gar keinen Fall etwas tun. Die Botschaften der UdSSR, der DDR und der anderen sozialistischen Länder waren bereits geschlossen, da diese Staaten bereits ihre diplomatischen Beziehungen mit den Putschisten abgebrochen hatten. Der Einzige, der sich bereit erklärte einzugreifen, war der französische Botschafter. Er versicherte, er komme sofort zur Klinik.«

Was er dort vorfand, hatte mit diplomatischen Gepflogenheiten nichts zu tun: Harald Edelstam und seine Mitarbeiter waren in eine wüste Prügelei mit den Soldaten verwickelt. Der französische Botschafter versuchte zu schlichten, indem er erklärte, es sei nicht standeswürdig, sich körperlich auseinanderzusetzen. Sein Statement fiel auf taube Ohren. Die Soldaten rangen Edelstam nieder und traten auf den am Boden Liegenden ein. Nun vergaß auch der französische Diplomat jede Zurückhaltung und griff selbst in den Kampf ein, zerrte die Soldaten von Edelstam weg und versuchte, sie in den Korridor abzudrängen.

»Sein Eingreifen«, so Harald Edelstam später, »veränderte die Situation schlagartig. Die Soldaten verließen die Krankenstation und zogen sich zum Eingang zurück. Dort versuchten sie, über Funk neue Anweisungen ihrer Befehlsstellen einzuholen. Mein französischer Kollege war schweißüberströmt, das Hemd zerrissen. Er sei mit den Nerven am Ende, brauche nun Ruhe und werde erst einmal nach Hause fahren. Wir blieben im Zimmer der frisch Operierten, hofften, dass die Soldaten zur Vernunft kommen würden . Doch da hatten wir uns getäuscht.«

Vor dem Klinikeingang fuhren weitere Armeetransporter vor, Dutzende von bewaffneten Einsatzkräften stürmten auf die Station, angeführt von einem Captain, der sofort cholerisch schrie: »Ich werde Sie alle auf der Stelle liquidieren, wenn Sie uns weiterhin daran hindern, diese Frau zu verhaften. Sie können nichts mehr machen. Wenn Sie Widerstand leisten, werden wir Sie exekutieren!« Die ihn begleitenden Soldaten hatten bereits ihre Maschinenpistolen entsichert und schienen nur auf das Zeichen zu warten, den Abzug zu drücken.

»Angesichts dieser Drohung mussten wir kapitulieren. Der UN-Vertreter für Flüchtlingsangelegenheiten, der ebenfalls erschienen war, stand wortlos dabei, rauchte seine Pfeife und ließ die Soldateska gewähren.«

Nun zerrten die Soldaten die frisch operierte Frau aus dem Bett, rissen ihr die Infusionsschläuche heraus, schleiften sie zu einem offenen Jeep und fuhren davon. Ein Mitarbeiter Edelstams sprang in seinen Wagen und folgte dem Armeekonvoi, der zum Frauengefängnis fuhr.

Edelstam war deprimiert, gab sich aber nicht geschlagen. Er organisierte noch vom Krankenhaus aus eine Pressekonferenz, informierte alle internationalen Nachrichtenagenturen über den unglaublichen Vorfall. Die internationalen Medien reagierten unmittelbar, verurteilten einhellig diesen Bruch des Völkerrechts. Das schwedische Außenministerium sandte eine scharfe Protestnote an die Junta und intervenierte bei der UNO. Der internationale Druck zeigte Wirkung. Eine Woche später konnte Edelstam die Ausreise der entführten Frau organisieren. Mirtha, so ihr Name, war während ihrer Haft zwar nicht ärztlich versorgt worden und die Operationswunde hatte sich entzündet, direkte physische Folter aber blieb ihr erspart. Ein Mitarbeiter der Botschaft begleitete sie auf ihrem Flug nach Stockholm, wo sie sofort in ein Hospital eingeliefert wurde. Edelstam sah sie nach seiner Rückkehr nach Schweden wieder, bevor sie illegal nach Uruguay zurückkehrte, wo sie sich der Guerilla gegen die dortige Diktatur anschloss. 1968 hatte eine rechte Militärclique in Uruguay geputscht und startete einen blutigen Kreuzzug gegen die Linke im Land. Mirtha floh Ende 1970 nach Chile. Sie gehörte zu den Hunderten von Flüchtlingen aus Brasilien, Argentinien und Bolivien, die vor den herrschenden Juntas im Chile Salvador Allendes eine Zuflucht fanden. Mirtha war aus einem Foltergefängnis in Montevideo geflohen. Gemeinsam mit ihrem Mann und weiteren Genossen hatten die Häftlinge mit Löffeln einen Tunnel gegraben und konnten entkommen. Mirtha und zwei ihrer Mitkämpfer erreichten die Grenze, ihr Mann und die meisten anderen wurden auf der Flucht erschossen. All diese Aktivisten, die in Chile Asyl gefunden hatten, waren ein spezielles Ziel Pinochets nach dem Putsch. Hunderte verschwanden nach dem Staatsstreich spurlos, verhaftet von Agenten der DINA, irgendwo verscharrt.

Dass Edelstam sich neben den verfolgten Chilenen speziell auch um die bedrohten Internationalisten kümmerte und ihnen Schutz bot, war für die Junta eine nicht hinnehmbare Provokation. Je größer ihre Schikanen wurden, desto selbstbewusster trat der stolze Schwede gegen Pinochet auf. Bevor dieser ihm die diplomatische Akkreditierung entziehen konnte und ihn des Landes verweisen ließ, startete Edelstam eine seiner letzten Aktionen direkt unter den Augen von Colonel Espinoza, dem berüchtigten Kommandeur des in ein Konzentrationslager verwandelten Nationalstadions. Edelstam hatte es sich zur Routine gemacht, wann immer er ein paar Stunden erübrigen konnte, zum Nationalstadion zu fahren, um die Entlassung weiterer Gefangener zu erreichen. Immer wieder wurde er dort Zeuge, wie die Militärlastwagen vor das Tor vorfuhren und Gefangene mit Kolbenschlägen in die Katakomben des Stadions getrieben wurden; immer wieder war er konfrontiert mit den verzweifelten Frauen vor der Arena, die versuchten, etwas über den Verbleib ihrer Angehörigen zu erfahren. Es war mittlerweile ein offenes Geheimnis in Santiago, dass täglich Hunderte von Häftlingen im Stadion »abgefertigt« wurden. Faktisch bedeutete das stundenlange, von intensiver Folter begleitete Verhöre, entweder gefolgt von Massenerschießungen oder Deportation in die KZs von Dawson Island oder der Atacama-Wüste. Die wenigen, die nach tagelangen Verhören freigelassen wurden – Schätzungen gehen von maximal zehn Prozent aus – waren körperliche und seelische Wracks. Edelstam war nicht bereit, dem Massaker tatenlos zuzusehen. Während seiner häufigen Aufenthalte im Vorraum des Stadions hatte er Major Lavandero kennengelernt, der für die Registrierung der neu Eingelieferten zuständig war. »Er schien mir ein vernünftiger, Argumenten zugänglicher Mann zu sein. Es schien mir, er versehe seinen Dienst ohne großen Enthusiasmus. Ein Mann, der zwar Befehle ausführte, aber nicht zu den Fanatikern gehörte. Wann immer ich Gelegenheit hatte mit ihm zu sprechen, ließ er mich indirekt wissen, sein Dienst sei eine große seelische Belastung für ihn.«

Wieder einmal auf eine »Audienz« bei Colonel Espinoza wartend, trat ein älterer Mann vor dem Stadion an Edelstam heran und drückte ihm eine Zigarette in die Hand. Dem Schweden war sofort klar, was dies bedeutete. Er ging zum Toilettenraum und wickelte vorsichtig das Zigarettenpapier auf. Die Nachricht auf dem winzigen Kassiber lautete: Im Stadion befinden sich 54 Aktivisten aus Uruguay, die am nächsten Tag erschossen werden sollen! Edelstam verlor keine Minute. Ohne Voranmeldung betrat er das Büro von Major Lavandero und erklärte ihm:

> »Schauen Sie, wir kennen uns nur flüchtig, aber ich halte Sie nicht für
> einen kaltblütigen Mörder. Morgen früh sollen 54 Häftlinge aus Uruguay

standrechtlich erschossen werden. In diesem Stadion befinden sich im Moment mehr als 7.000 Gefangene, täglich kommen neue hinzu, ebenso werden täglich viele in andere Lager transportiert. Da verliert man leicht den Überblick. Bei all diesem Hin und Her werden Colonel Espinoza ein paar Dutzend fehlende Häftlinge bestimmt nicht auffallen.«

Lavandero schaute ihn ungläubig an: »Was wollen Sie von mir, was glauben Sie, könnte ich hier tun?« Augenscheinlich hielt der Offizier den aufdringlichen Schweden für verrückt. Doch Edelstam ließ nicht locker, appellierte an das Gewissen seines Gegenübers, sprach ihm von der Pflicht eines Christen, den Gesetzen der Humanität und den internationalen Menschenrechten. Lavandero schwankte, willigte aber schließlich in Edelstams Vorschlag ein. »Eventuell haben Sie recht. Wahrscheinlich wird Espinoza nie bemerken, dass diese Uruguayer nicht mehr da sind. Ich hoffe nur, Sie können diese Leute wirklich in Sicherheit bringen, wenn sie erst mal aus dem Stadion sind«, mit diesen Worten begann er, ein Entlassungspapier nach dem anderen auszufertigen. Edelstam rief sofort seine Kollegen in der Botschaft an und bat, schnellstens einen Bus zu organisieren, der zum Stadion fahren solle. Wie er richtig kalkuliert hatte, fiel der Botschaftsbus im dichten Gedränge der Fahrzeuge vor dem Stadion nicht auf. Innerhalb weniger Minuten verließen die 54 Häftlinge das Lager und verschwanden im wartenden Bus, der sie umgehend zur kubanischen Handelsmission brachte, die nun zu schwedischem Hoheitsgebiet geworden war. Edelstam dankte dem chilenischen Offizier für seine selbstlose Hilfe und machte sich auf den Weg zurück zur Botschaft. Er war überzeugt, er könne eine solche Aktion am nächsten Tag wiederholen. Auf seiner Agenda standen die Namen von sechs Brasilianern, die ebenfalls erschossen werden sollten. Früh am nächsten Morgen fuhr er zurück zum Stadion. Doch statt Lavendero erwartete ihn Espinoza. Der überzeugte Faschist war außer sich.

»Sie glauben, Sie stünden über dem Gesetz. Sie halten uns für Idioten. Wissen Sie, wofür Sie verantwortlich sind? Indem Sie Major Lavendero zum Bruch seiner Dienstbefehle überredet haben, haben Sie sein Todesurteil unterzeichnet. Lavendero und ihre sechs brasilianischen Subversiven sind heute Morgen hingerichtet worden. Und nun verlassen Sie augenblicklich das Stadion. Sollte ich Sie hier noch einmal sehen, werde ich Sie verhaften lassen und hier internieren, da wird Ihnen keine diplomatische Immunität nützen.«

Tagelang machte Edelstam sich Vorwürfe, fühlte sich verantwortlich für den Tod Lavenderos. Dieser Mann war seinem Gewissen gefolgt und hatte dafür mit seinem Leben bezahlt. Edelstam verweigerte sich der Kosten-Nutzen-Rechnung, 54 Leben gerettet und dafür eines geopfert zu haben.

Zwei Jahre nach dem Pusch – Edelstam befand sich auf einer internationalen Vortragsreise – eilte eine junge Frau auf ihn zu. Es war Lavenderos knapp 20-jährige Tochter. »War mein Vater wirklich ein verantwortungsloser, ehrloser Mann, der sein Land verriet?« Edelstam war erschüttert. Er nahm die junge Frau beim Arm und führte sie hinter die Rednertribüne. »Sie können stolz auf Ihren Vater sein. Behalten Sie ihn in Erinnerung als einen Menschen, dem seine persönliche Integrität wichtiger war als der Befehl seines Vorgesetzten, er blieb sich und seinem Gewissen treu, er war ein Ehrenmann.«

Lavanderos Tochter brach in Tränen aus und umarmte ihn. Sie war mit ihrer Mutter und den beiden Brüdern nach dem Mord an ihrem Vater ins mexikanische Exil geflüchtet.

Edelstam blieben Ende September noch knapp drei Monate in Chile. Mehr als neunhundert Verfolgte hatte er sicher aus Chile ins Exil bringen können. Vierhundert weitere konnten nach seiner Ausweisung aus dem belagerten Land ebenfalls noch in Sicherheit gebracht werden. Damit wurden alle, die er in der eigenen sowie der requirierten kubanischen Botschaft untergebracht hatte, schließlich gerettet. Die letzten Wochen in Santiago aber wurden für Harald Edelstam zu einem Vabanquespiel. Regelmäßig gingen in der Botschaft Morddrohungen ein, das Gebäude wurde von Scharfschützen unter Feuer genommen. Bei einem dieser Angriffe wurde der ehemalige Kulturminister Allendes schwer verletzt. Immer wieder kam es auch zu Zusammenstößen mit Militärs vor der kubanischen Botschaft.

Ende November erhob die Junta den Vorwurf, Harald Edelstam sei in konspirative Waffentransporte an Widerstandsgruppen involviert. Ein nachgerade absurder Vorwurf, da sich sein Engagement auf humanitäre Hilfe beschränkte. Klar war jedoch, die Junta suchte nach einem wie auch immer gearteten Vorwand, um den lästigen Botschafter des Landes zu verweisen. Nur Tage später meldete sich der Protokollchef Pinochets telefonisch und teilte mit, er sei auf dem Weg zu Edelstam in die schwedische Botschaft. Dort präsentierte er ein Schriftstück mit der Order, Edelstam habe das Land innerhalb von 24 Stunden zu verlassen.

»Sie erklärten mich zur Persona non grata. Das Dokument enthielt keinerlei inhaltliche Begründung der Ausweisung. Nach langwierigen Verhandlungen wurde die Ausweisungsverfügung statt auf 24 Stunden auf fünf Tage vom Termin der Übergabe an festgelegt. Dies gab mir zumindest etwas Zeit, die Situation in unserem Haus und den unter unserer Obhut stehenden kubanischen Gebäuden zu organisieren und eine geordnete Übergabe der täglichen Amtsgeschäfte vorzubereiten.«

Als Harald Edelstam am 9. Dezember 1973 die Maschine nach Stockholm auf dem Flugplatz Santiago bestieg, kamen nur drei diplomatische Vertreter zu seiner Verabschiedung. Der finnische Konsul sowie die Botschafter Indiens und Rumäniens. Rumänien war neben der VR China übrigens das einzige sozialistische Land, das seine diplomatischen Beziehungen mit der Junta nicht abgebrochen hatte. Die regimefreundliche Zeitung *La Tercera* schrieb am gleichen Tag, Edelstam sei ein »degenerieter Charakter im Gegensatz zu Henry Kissinger«, der ein Weltpolitiker und Ehrenmann sei. *El Mercurio*, Chiles größte Tageszeitung, bemerkte: »Der schwedische Botschafter war offenbar mental instabil, nur so kann man seine irrationalen Handlungen und ständigen Einmischungen in die inneren Angelegenheiten des Landes erklären.«

Zu Hause in Schweden wurde Harald Edelstam wie ein Held empfangen. Seine Rede im Parlament wurde von stehenden Ovationen der Abgeordneten begleitet. In den nächsten Wochen tourte Edelstam quer durch Skandinavien und organisierte Solidaritätskomitees für Chile sowie Spendensammlungen für die Flüchtlinge. Gemeinsam mit Olof Palme überreichte er Allendes Tochter Beatrice während einer zentralen Chile-Demonstration einen Scheck von fast einer halben Million Kronen.

Edelstams Engagement in Chile stand in scharfem Kontrast zum Verhalten der meisten westlichen Botschafter. Weder der Botschafter der BRD, noch die Vertreter Englands und Frankreichs wollten sich aktiv an der Rettung von Flüchtlingen beteiligen. Der Botschafter der USA Nathaniel Davis verweigerte nicht nur jede Hilfe, er hielt Edelstam für einen »Sowjetischen Einflussagenten«. Eben jener Nathaniel Davis war denn auch mittelbar für den Tod der beiden US-Staatsbürger Charles Horman und Frank Terrugi verantwortlich. Beide wurden mit stillschweigender Zustimmung der Botschaft – wenn nicht sogar nach Aufforderung durch die CIA – von der Junta erschossen.

Während Davis den Befehlen Kissingers folgte, folgte Harald Edelstam allein seinem Gewissen und seiner Ethik.

Harald Edelstam, am 17. März 1913 in Stockholm als Sohn einer aristokratischen Familie geboren, trat nach seinem Jurastudium in den diplomatischen Dienst Schwedens ein und arbeitete ab 1939 als Attaché für die schwedischen Botschaft in Rom. 1941, Nazi-Deutschland hatte im Sommer die Sowjetunion angegriffen und die Verfolgung der jüdischen Bevölkerung hatte bereits die Form eines Genozids angenommen, wurde Edelstam nach Berlin versetzt. Dort zögerte er nicht, sowohl politisch Verfolgten als auch jüdischen Familien zur Flucht zu verhelfen. Die nächste Station seiner diplomatischen Arbeit führte ihn in das von Deutschland besetzte Norwegen. Auch dort setzte Harald Edelstam sein humanistisches, antifaschistisches Engagement fort. Wo immer er als diplomatischer Vertreter Schwedens tätig war, nirgends scheute er den Konflikt mit seinen Vorgesetzten oder den Regierungen des jeweiligen Gastlandes bei seinem kontinuierlichen Einsatz für Freiheit und Menschenrechte. Fidel Castro zeichnete ihn Anfang der 1980er-Jahre als »Held Kubas« aus, das chilenische Parlament würdigte ihn posthum und stiftete den Harald-Edelstam-Preis für Menschenrechte. Caroline Edelstam-Molin, seine Enkelin und heute Leiterin der Edelstam-Stiftung in Stockholm , beschreibt ihren Großvater so: »Er konnte Unrecht einfach nicht ertragen. Mut und Zivilcourage zeichneten ihn aus. Man hat immer eine Wahl — wegschauen oder eingreifen. Harald Edelstam hat immer eingegriffen, ohne Rücksicht auf seine Karriere, ohne Rücksicht auf die Gepflogenheiten und starren Regeln des diplomatischen Dienstes. Für ihn stand das Gesetz der Humanität vor der Staatsraison.«

Der Edelstam-Stiftung und der internationalen Jury, die den gleichnamigen Preis vergibt, gehören neben Caroline Edelstam-Molin die frühere Hochkommissarin für Menschenrechte bei der UNO Louise Arbour, die Nobel-Preis-Gewinnerin des Jahres 2003 Shirin Ebadi, der spanische Richter Baltasar Garzón sowie Uruguays Präsident José Mujica an.

Alle Informationen zur Harald-Edelstam-Stiftung unter www.edelstamprize.org.

Harald Edelstam mit
Salvador Allende 1972

Willi Baer

Der bewaffnete Widerstand gegen Pinochet

FPMR, MIR und MJL

Der militante, bewaffnete Widerstand gegen Pinochets Militärdiktatur begann am Morgen des 11. September 1973 und endete erst Ende der neunziger Jahre nach Amtsantritt von Patricio Alwyn.

Am Tag des Putsches versuchten Gruppen der MIR, der KP und SP in den Arbeitersiedlungen und Fabriken dem Militär bewaffneten Widerstand zu leisten. Doch die nicht-koordinierten Angriffe der großenteils unzureichend bewaffneten Gruppen waren angesichts der militärischen Überlegenheit der vereinigten Streitkräfte zum Scheitern verurteilt. Der Putsch des 11. September war minutiös vorbereitet, nicht zuletzt durch Spezialisten der CIA und der US-Special Forces. Innerhalb von nur 48 Stunden waren im gesamten Land Rundfunk- und Fernsehstationen, Parteibüros und Gewerkschaftshäuser besetzt oder zerstört; detaillierte Verhaftungslisten mit tausenden von Namen tatsächlicher oder vermeintlicher Junta-Gegner distribuiert. Nach knapp vier Wochen war die erste Welle des Widerstands gegen die Diktatur zerschlagen, Tausende verhaftet oder bereits liquidiert. Es dauerte Monate, bis die versprengten Gruppen der Opposition eine funktionierende illegale Struktur aufbauen konnten. Die MIR, der der besondere Hass des Regimes galt, wurde mit der Ermordung Miguel Enriquez im Oktober 1974 so gut wie zerschlagen. Erst Ende 1979 begannen kleinere Einheiten der Organisation wieder in Chile zu operieren. Nicht anders war die Situation bei der chilenischen KP, SP und MAPU. Einzelne Gruppen operierten und versuchten durch Anschläge auf Polizeiposten und die Stromversorgung, Zeichen eines noch aktiven Widerstands zu setzen, doch die Repression in den ersten Jahren des Pinochet-Regimes verhinderte die Bildung einer militanten Massenbasis. Erst Ende der siebziger, Anfang der achtziger Jahre – parallel zum Beginn der chilenischen Wirtschaftskrise – gelang es der Linken, einen koordinierten militärischen Widerstand aufzubauen. Am 14. September 1983 gab die chilenische KP offiziell die Gründung der *Frente Patriotico Manuel Rodriguez* (FPMR) bekannt. Die FPMR, der bewaffnete Arm der illegalen KP, dem sich wenig später auch Aktivisten der SP, der MAPU und anderer Gruppen anschlossen, wurde damit zur führenden Kraft des militärischen Widerstands gegen Pinochet. In den achtziger Jahren verfügte die Organisation über ca. 1.500 militärisch ausgebildete Kämpfer, die in der Form klassischer Stadtguerilla agierten. Zwischen FPMR und den wieder erstarkenden Zellen der MIR kam es in den folgenden Jahren zu einer verstärkten Zusammenarbeit und Koordination der illegalen Arbeit.

Die erste offizielle Großaktion der FPMR fand am 14. Dezember 1983 statt. Mit koordinierten Sprengungen legte die Guerilla das Stromnetz fast des gesamten Landes lahm. Für fast 36 Stunden war die Energieversorgung vor allem der großen Industriebetriebe und zentralen Verwaltungsstätten unterbrochen. Von Weihnachten 1983 bis ins späte Frühjahr 1984 wurden überall Supermärkte und Luxuskaufhäuser überfallen und große Lebensmittelmengen und Textilien requiriert und anschließend in den Armenvierteln verteilt. Nicht zuletzt diese Enteignungsaktionen verschafften der FPMR starken Zulauf durch junge Aktivisten aus den Poblaciones. Zwischen September 1983 und Dezember 1984 registrierte die Junta mehr als dreihundert bewaffnete Aktionen der Guerilla, darunter Angriffe auf Militärposten und Carabineiro-Stationen. Am 16. Juli 1985 griff die FPMR das US-Konsulat mitten in Santiago mit einer Autobombe an und tötete einen Mitarbeiter der Vertretung.

Die Junta reagierte auf die zunehmenden militärischen Operationen von FPMR und MIR mit der Aufstellung eigener klandestiner Todesschwadronen. Die *Accion Chilena Anticomunista* (AChA) und die *Frente Nacionalista de Combate* (FNC), faschistische Terrorkommandos rekrutiert aus ehemaligen DINA-Angehörigen, Mitgliedern der chilenischen Special-Forces und *Patrya e Libertad*-Kreisen, jagten nun unter Anleitung des Armeegeheimdienstes die Aktivisten des Widerstands und verübten zahllose Anschläge auf kirchliche Solidaritätszentren, entführten und ermordeten tatsächliche oder vermeintliche Basisaktivisten vor allem humanitärer Hilfsorganisationen. Die Täter aus AChA und FNC wurden bis heute – obwohl zum großen Teil identifiziert – nicht gerichtlich zur Rechenschaft gezogen. Auch dies ein Bestandteil der sogenannten Transcision der neunziger Jahre, die es den wieder zu gelassenen konservativen Parteien erlaubte, in einer »wilden Ehe« mit den früheren Diktatoren die neue »Rückkehr zur Demokratie« zu inszenieren.

Den bewaffneten Widerstand konnten jedoch auch die faschistischen Terrorkommandos nicht brechen.

Am 7. September 1986 attackierte ein FPMR-Kommando die Wagenkolonne Pinochets, als der von seinem Wochenendsitz nach Santiago zurückkehrte. Die Aktion war Teil eines Drei-Stufen-Plans der chilenischen KP:

1. Seit dem Frühsommer massenhafte Agitation und Propagandakampagnen in den großen Industriebetrieben und den städtischen Armenvierteln. Einschleusung von Waffen über abgelegene Küstenorte.

2. Liquidierung Pinochets als Kopf der Junta.

3. Im Ergebnis einer erfolgreichen Aktion gegen Pinochet die Proklamation eines bewaffneten Volksaufstandes am sogenannten Tag der Streitkräfte.

Zu diesem Zweck hatten FPMR und die wieder erstarkenden Zellen der MIR in den ersten Monaten des Jahres 1986 massenhaft Waffen noch Nordchile gebracht. Eine dieser Waffenlieferungen – insgesamt achtzig Tonnen teilweise schwerer Waffen wie Granatwerfer und Panzerabwehrraketen sowie mehr als 3.000 automatische M-16-Gewehre – fiel allerdings Pinochets Militär bei einer Razzia in der abgelegenen Carrizal-Bucht in die Hände. Zwei weitere Lieferungen aber erreichten die Guerilla. Doch die »Operacion Siglo XX« – das Attentat auf Augusto Pinochet – scheiterte. Der Diktator überlebte den Angriff auf seine Wagenkolonne leicht verletzt, fünf seiner Männer aus dem Begleitkommando wurden getötet, zahlreiche andere schwer verletzt. Zwar konnten die FPMR-Kämpfer entkommen. Doch innerhalb der nächsten Tage wurden bei landesweiten Razzien zahllose Aktivisten verhaftet und bei Schusswechseln getötet. Die geplante Initialzündung für den bewaffneten Aufstand war damit gescheitert.

Dies führte mittelfristig auch zu einer Krise der FPMR, die sich in den folgenden Jahren spaltete. Bis in die neunziger Jahre hinein waren die verschiedenen Fraktionen der FPMR noch militärisch aktiv. 1987 kam es zum Angriff auf die amerikanische Nachrichtenagentur Associated Press und acht regimetreue Rundfunkstationen in Santiago; 1989 attackierte die FPMR die Hubschrauberbasis in Tobalaba; 1990 drangen Mitglieder der FPMR ins Büro des ehemaligen Luftwaffenchefs Gustavo Leigh ein. Das ehemalige Junta-Mitglied wurde von fünf Schüssen getroffen, überlebte aber schwerverletzt. Die chilenische KP hatte sich zu diesem Zeitpunkt politisch jedoch bereits anders orientiert. In der Phase des Übergangs zu »freien Wahlen« setzte sie nunmehr auf Massenaktionen und verzichtete auf den bewaffneten Kampf. FPMR-

A, MJL und MIR blieben allerdings bis weit in die neunziger Jahre militärisch aktiv. Am 1. April 1991 erschossen Mitglieder der FPMR-A den stockkonservativen Senator der UDI und früheren Pinochet-Berater Jaime Guzman; sieben Monate später entführte ein Kommando der Gruppe Cristian Edwards, Sohn des Milliardärs Edwards. Nach 145 Tagen wurde er gegen die Zahlung eines Lösegeldes in Höhe von einer Million Dollar freigelassen. Mit einer spektakulären Helikopteraktion befreiten FPMR-Guerillas am 30. Dezember des gleichen Jahres vier ehemalige FPMR-Kommandanten aus dem Hochsicherheitsgefängnis in Santiago. Allein im ersten Jahr der Regierung von Patricio Alwyn kam es zu 207 militärischen Aktionen der noch agierenden militanten Gruppen.

Insgesamt zählen die offiziellen Chroniken zwischen 1973 und 1993 ca. 2.800 bewaffnete Aktionen gegen die Junta und die ihr folgende konservative Regierung, wobei der größte Teil in die Jahre 1983 bis 1986 fällt.

Heute sind FPMR wie auch MIR Teil der oppositionellen radikalen Linken in der Juntos Podemos Mas.

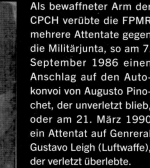

Als bewaffneter Arm der CPCH verübte die FPMR mehrere Attentate gegen die Militärjunta, so am 7. September 1986 einen Anschlag auf den Autokonvoi von Augusto Pinochet, der unverletzt blieb, oder am 21. März 1990 ein Attentat auf Genreral Gustavo Leigh (Luftwaffe), der verletzt überlebte.

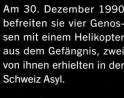

Am 30. Dezember 1990 befreiten sie vier Genossen mit einem Helikopter aus dem Gefängnis, zwei von ihnen erhielten in der Schweiz Asyl.

CHILE IM SCHUTZE DER JUNTA

Sein Kampf ist
Mein Kampf

CIA ITT

SOLI
DARI
TÄT

Solidaritet med
de menn,
kvinner og barn
som er fanger
under fascismen
i Chile

CHILEAKSJONEN I NORGE

¡VIDA y LIBERTAD!
CARLOS LORCA

SECRETARIO GENERAL - JUVENTUD SOCIALISTA DE CHILE

Chile
September 1975
2 Jahre Faschismus
Jahre Widerstand

SOLIDARITÄTSWOCHE 8.-1
Donnerstag 11. Sept. Veranstaltung im Volk
Dienstag 9.Sept. Filmabend im Volkshaus · Samstag 13. Sept. Fest im Hof des Vo
Chile Solidaritätskomitee 'Salvador Allen
Postfach 816 4001 Basel Spenden für den chilenischen Widerstand auf PC 4

LIBERTAD A VICTOR TORO

LIBERTAD A TODO EL
PUEBLO DE CHILE

MIR

Víctor Toro
dirigente de miles
de pobladores
y cesantes,
combatiente por el
derecho al trabajo,
a la dignidad
y a la libertad

líder en la lucha
por el Poder Popular,
líder en la Resistencia,
prisionero de la
dictadura
desde marzo de 1974

varias veces
desaparecido,
salvajemente torturado
en esa gran cárcel
que es Chile

Víctor Toro
33 años,
hijo del pueblo,
miembro del Comité
Central del MIR,
obrero y
revolucionario

su vida está en manos
de la solidaridad
internacional
marzo de 1976

Stoppt
den
Mordterror!

Plakate gegen die Diktatur.

Von links oben nach rechts unten:

1. Der faschistische Terror ließ kaum eine Familie unversehrt, mit Ausnahme vielleicht die der bis heute straflosen Täter.

2. Die Kragenplatten Pinochets verweisen auf den US-Amerikanischen Geheimdienst CIA und den multinationalen Technologiekonzern ITT, dem das Kupfer der Atacama das Leben unzähliger Chilenen wert war.

3. Der Kampf um Chiles Freiheit wurde auch international geführt.

4. Ohne Gerichtsurteil verschwanden zehntausende Freiheitskämpferinnen und Freiheitskämpfer in den Folterlagern der Junta.

5. „Solidarität mit den Gefangenen in Chile" (Norwegen).

6. Carlos Lorca, Präsident der Studentenvereinigung und später Führer der sozialistischen Partei Chiles, verschwand 1975.

7. Auf der ganzen Welt wurde durch Plakataktionen auf die faschistischen Gräuel aufmerksam gemacht, denn die meisten westlichen Regierungen unterstützten die Junta.

8. In ganz Lateinamerika tobt der Kampf gegen den Imperialismus.

9. Revolutionäre Arbeiter und Studenten leisteten im ganzen Land erbitterten Widerstand.

10. »Bei sonnigem Wetter ist das Leben in einem Fußballstadion recht angenehm«, CDU Generalsekretär Bruno Heck, 1973 zur massenhaften Internierung Unschuldiger im Nationalstadion in Santiago.

11. Augusto Pinochet starb 2006 im hohen Alter, ohne für eines seiner unzähligen Verbrechen zur Rechenschaft gezogen worden zu sein.

Die MIR, die Movimiento de Izquierda Revolucionaria (Bewegung der revolutionären Linken) war die einzige linke Organisation, die nach dem Putsch in Chile in größerem Ausmaß gewaltsam Widerstand gegen die Militärs erhob, auch wenn er aussichtslos war. Siehe dazu: BIBLIOTHEK DES WIDERSTANDS, Band 11: *MIR – Die Revolutionäre Linke Chiles*.

Sergio Apablaza Guerra »Salvador«

Abschaffung von Mythen

Überlegungen zur militärischen Politik der KP Chiles und der Patriotischen Front Manuel Rodriguez

Als Andenken an alle Kämpfer gegen die Diktatur und für alle, die von einer besseren Welt träumen.

Während der letzten Jahre hat es eine Reihe von Reportagen über die FPMR (Frente Patriótico Manuel Rodríguez) gegeben. Die meisten behandeln das Leben in der Organisation, aber, bewusst oder unbewusst, taucht aus politischem Interesse eine Reihe von journalistischen Spekulationen auf, die die Geschichte verzerren und verhindern, dass ihre Entwicklung und die Rolle im Kampf unseres Volkes objektiv betrachtet wird.

Der Ursprung der Front liegt in der nationalen und internationalen Lage, die, unter der imperialen Strategie der Doktrin von der nationalen Sicherheit, sämtliche nationalen und revolutionären Prozesse innerhalb der Völker unseres Amerikas verhinderte.

Zweifellos wurde unser Land unter der Regierung der Unidad Popular und geführt von Salvador Allende zum einem Beispiel für die Völker der Welt. Gleichzeitig entwickelte es sich zu einer großen Bedrohung für die Mächtigen. In 1.000 Tagen der Regierungszeit führte die Volksregierung tiefgehende Veränderungen auf allen Ebenen durch, von denen vor allem das Volk profitierte. Trotz der großen Schwierigkeiten ging der Prozess voran und begann, die Geschichte zu verändern. Die Hauptdarsteller waren die Arbeiter, Studenten, Frauen, Slumbewohner, Bauern, die merkten, dass das Modell von einem gerechteren Land realisierbar war. Aber die herrschende Klasse wollte ihre enormen Gewinne nicht geschmälert sehen und griff auf ihre Geldmittel zurück, um den chilenischen Prozess aufzuhalten, sie zerstörte die demokratischen Institutionen, die über Jahre ihre Interessen geschützt hatten.

Seit dem Tag des Sieges Allendes an den Urnen begannen die Oligarchie und das Imperium, Pläne zu schmieden; zunächst, um die Machtübernahme zu verhindern und später die Regierungsführung. Sie merkten, dass der demokratische Staat ihnen nicht mehr von Nutzen sein würde und wählten den Terror: Unter allen Umständen musste das Wachstum des »kommunistischen Krebses«[1] verhindert werden. Als letzte Möglichkeit griffen sie zu den Waffen. Sie nutzten die Feuerkraft der Streitkräfte, die durch ihre politische und ideologische Ausrichtung, Ausbildung und Ausrüstung das wichtigste Vernichtungsinstrument darstellten.

Am 11. September 1973 fand der Endangriff statt, der eine unbekannte Etappe in unserem Land einläutete. Träume und Hoffnungen verwandelten sich in Frustration und Ohnmacht, da es nicht gelang, die Volksregierung entschieden zu verteidigen. Mal abgesehen vom Versuch der Genossen des GAP[2] und einiger loyaler Uniformierter, die den Genossen Präsidenten nicht alleine ließen, der durch die Entscheidung der Massen in La Moneda eingezogen war.

Der Staatsterrorismus setzte sich als offizielle Politik durch, der jegliche Überreste von Andersdenken beseitigen sollte: Mord, Verschleppung, Berufsverbote, Folter und Exil waren die Mittel der Wahl. Die revolutionäre Volksbewegung wurde neutralisiert, ihre wichtigsten Führer verfolgt, verhaftet, ermordet oder man ließ sie verschwinden. Zur gleichen Zeit wurden die Fundamente für das neoliberale Modell gesetzt.

Es vergingen lange Jahre der Restrukturierung des Kampfes und des Nachdenkens über einen Weg zum Sturz der Diktatur. Mit großem Wagemut mobilisierten kleine Gruppen gegen den Tyrannen. Während der ersten Jahre und mit einem wechselnden Beteiligungsgrad glaubten die wichtigsten politischen Kräfte an die Möglichkeit einer Veränderung innerhalb der Diktatur. Sie suchten erfolglos nach möglichen Räumen, die die Bildung einer antifaschistischen Front ermöglichen könnten. Zwar wurde dadurch der Kampfeswillen hochgehalten, aber letzten Endes handelte es sich um eine Fantasie.

Überzeugt, dass dieser Weg keine Erfolgsaussichten hatte und mit einem Volk, das nicht bereit war, sich zu unterwerfen, wurden neue Formen des Protestes gefunden, die breite Unterstützung fanden, insbesondere unter den Slumbewohnern und den Studenten. Sie organisierten sich mitten in einem Land, das überall durch das Militär und eine Staatssicherheit kontrolliert wurde, die beide mit allen Mitteln den Terror durch ihre Einsatzkommandos, Informanten und Mitarbeiter säten. Bei dieser Aufgabe bediente sich das Regime der Medien und der Journalisten – Lobbyisten des Establishments und gewisser politischer Führer.

So entwickelte sich ein Klima, das es erlaubte, einen neuen Weg der Konfrontation mit der Diktatur zu finden. Angesichts der wahllosen Repression war es notwendig, die Bewegung aufrecht zu erhalten und ihren Fortbestand zu sichern; so kam man zu der Einsicht, dass es möglich war, zu kämpfen und Erfolg zu haben. Trotz der erhaltenen Schläge reihten sich Tag für Tag Tausende Männer und Frauen in diesen Kampf ein, wobei den Christen – Laien und Ordensmitgliedern – die Hauptrolle zukam.

Die linken Parteien schufen aus dem Untergrund die Bedingungen, die ihre Führung in dieser neuen Wirklichkeit sichern sollten. Die *Kommunistische Partei Chiles* entwarf und führte die neue Strategie des »Volksaufstandes«[3] ein, deren Hauptziel die Beendigung der Tyrannei war. In die Mobilisierung des Volkes wurden neue Formen des Widerstandes integriert, mit Aktionen auf dem Gebiet der Selbstverteidigung und offensiven oder gewagten Aktionen, die zusammen einen Prozess der Destabilisierung und Unregierbarkeit voranbringen sollten.

Als eine Form der Konfrontation mit den auftauchenden Schwierigkeiten ersann die Partei neue Instrumente, entsprechend der neuen Strategie. Als Erstes wurde die *Frente Cero* gegründet, um spektakuläre Aktionen, insbesondere auf dem Gebiet der Propaganda, durchzuführen.

Aber die Dynamik des Kampfes machte es notwendig, neue Elemente einzubeziehen, die zur Stärkung der Politik der Rebellion dienen sollten. In diesem Kontext fand eine Neuorganisation in der Partei statt, die der militärischen Kommission eine tragendere Rolle zugestand. Sie machte schnelle Fortschritte bei der Organisation der militärischen Arbeit der Partei, die die Einbindung aller Formen des Kampfes, inklusive der Anwendung von Gewalt, beinhaltete.

Vorher gab es an diversen Orten eine Serie von Diskussionen über die Notwendigkeit der Gestaltung einer militärischen Politik, die mit der Volksrebellion eine reale und konkrete Basis für eine politische, ideologische und technische Tragfähigkeit darstellen sollte.

Bei dieser Entscheidung trafen verschiedene Bemühungen und Erfahrungen zusammen. Die Basis bildeten zweifellos diejenigen, die die Diktatur im Land selbst bekämpften. Sie wurden größtenteils zu Ausbildungskursen für den Kampf in das solidarische und internationalistische Kuba geschickt.

Die Ausbildung der Kader

Seit 1975 hatte die reguläre militärische Ausbildung durch die *Revolutionären Streitkräfte Kubas* (FAR) begonnen, die aber nicht unbedingt für einen Kampf gegen die Diktatur geeignet war, der einen irregulären Kampf darstellen würde.

Durch ihr fachliches und politisches Niveau hatte diese Ausbildung eine gut definierte Strategie und basierte auf der Idee, Fachleute für die Kriegsführung auszubilden, die eine tragende Rolle bei der Beteiligung oder dem Aufbau einer neuen Armee haben würden. Daher wurden Fachleute auf den verschiedensten Gebieten ausgebildet: allgemeine Truppen (Infanterie), Panzertruppen, Ingenieure, Kommunikation, Logistik, Flugabwehrartillerie, Kriegsmarine und medizinische Dienste. Es versteht sich von selbst, dass diese Art der Ausbildung – die in den regulären Ausbildungsstätten stattfand und einen spezifischen Lehrplan hatte – sich in Ziel und Inhalt an den Verteidigungsbedürfnissen Kubas ausrichtete.

Die Ausbildung richtete sich nach den Normen und Vorschriften der FAR, es gab keinerlei Unterscheidung aufgrund unserer Nationalität oder Parteizugehörigkeit. Dies war eine Neuerung in der kubanischen Revolution, da es eine internationalistische Unterstützung auf militärischem und zivilem Gebiet bisher nur für Staaten und nicht für Organisationen gegeben hatte.

Obwohl uns der Kampf unseres Volkes ständig präsent war, war es uns so oder so bewusst, dass der gewählte Weg ein echtes Hindernis für eine kurzfristige Eingliederung darstellte. Wir dachten an unsere Rückkehr und zusammen mit unserer Ausbildung und der gewonnenen Erfahrung auf diesem neuen Gebiet versuchten wir, unseren Beitrag zur Diskussion und zum Entwurf einer echten militärischen Politik zu leisten.

Eine große Gruppe von Genossen studierte zum Zeitpunkt des Putsches Medizin in Havanna, gestützt durch die Abkommen zwischen Kuba und der Unidad Popular. Sie wurde in diese Ausbildung integriert. Vieler dieser Genossen wurden als Offiziere der allgemeinen Truppen in einer speziellen Gruppe innerhalb eines Fortbildungskurses für Offiziere ausgebildet. Der Ausbildungsplan dieses Kurses entsprach den Notwendigkeiten der Revolution mit dem Ziel, die Kenntnisse der Kader zu erweitern, die wegen der Kontingentierung nicht die Möglichkeit gehabt hatten, ihre theoretischen Kenntnisse zu vertiefen, aber sowohl über eine große Erfahrung an der Spitze von mittleren und großen Einheiten als auch in verschiedenen internationalistischen Missionen verfügten.

Nach dem Abschluss wurden wir entsprechend unserer Ausbildung verschiedenen militärischen Einheiten zugeteilt. Das Leben in den Kasernen war nicht einfach.

Die latente Bedrohung der kubanischen Revolution durch den stärksten Feind, den die Menschheit jemals hervorgebracht hat, erforderte eine ständige Alarmbereitschaft. Unsere kommunistische Geisteshaltung und Disziplin halfen uns, stoisch und mit Erfolg dieser neuen Aufgabe nachzukommen. Obwohl es für uns schwer und schwierig war, wussten wir, dass es uns besser ging als jenen, die Tag für Tag ihr Leben im Untergrund in einem ungleichen Kampf mit den chilenischen Völkermördern aufs Spiel setzten.

Internationalistische Erfahrungen

Zu dieser Zeit bedrängte das Volk von Nicaragua unter Führung der *Sandinistischen Befreiungsfront* (FSLN) die Diktatur Somozas und begann die Endoffensive. Mehr als 100 von uns Offizieren arbeiteten bei dieser internationalistischen Aufgabe im Generalstab der kubanischen Streitkräfte auf explizite Anweisung Fidels mit.

Der Zeitpunkt, an dem wir unsere Kenntnisse ausprobieren konnten, rückte näher. Unsere Gruppe aus Militanten mit verschiedenen Kenntnissen und Verantwortlichkeiten schloss die Reihen. Wir wurden ausgewählt, eine internationalistische Brigade anzuführen, die sich in diesem Moment für den irregulären Kampf vorbereitete und aus Nicaraguanern, Guatemalteken, Salvadorianern, Chilenen und Uruguayern bestand. Dazu kam noch eine Gruppe von zivilen Parteimitgliedern, die auf der Insel verschiedene Aufgaben hatte. Sofort bauten wir die Parteiorganisation auf mit dem Ziel, unsere Mission politisch, ideologisch und militärisch abzusichern. Nur einer unserer Kamaraden erlitt eine schwere Nervenkrise, die er niemals überwand, trotz aller ärztlichen Bemühungen.

Fidel erschien persönlich an dem Tag, an dem wir uns versammelt hatten, und schlug uns die Mission in Nicaragua als eine Notwendigkeit für den Kampf dieses Brudervolkes vor. Mit diesem Ziel hatte er einen Boten zur Führung der *Kommunistischen Partei Chiles* nach Moskau geschickt. Fidel machte uns klar, dass unsere Beteiligung von der Entscheidung der KP abhing. Wir waren unruhig, aber nach kurzer Zeit kam Fidel zurück und las uns eine Nachricht von Luis Corvalán, Generalsekretär der KP Chiles vor, in der dieser anordnete, uns unter die Führung der kubanischen Revolution zu stellen und uns Erfolg für unsere Mission wünschte. Wir mussten nun nur noch auf unsere Abreise warten.

Für unsere Gruppe, unser Volk und für die Partei war Nicaragua ein Meilenstein. Wir erlebten Brüderlichkeit im Kampf, Schmerz und Freude. Unsere Überzeugung und unser Willen für den Kampf für ein freies und gerechtes Vaterland wurde gestärkt.

Wir hoben die Fahnen des Internationalismus wie seinerzeit die Befreier unseres Amerikas. Als Kinder von Bolívar, Artigas, San Martín, Farabundo Martí, O'Higgins, Sandino und Manuel Rodríguez[4] überquerten wir politische und geografische Grenzen.

Der sandinistische Sieg brachte uns auf die eine oder andere Weise dem Vaterland[5] nah und wir glaubten, uns einen Platz im antidiktatorischen Kampf geschaffen zu haben. Wir führten eine Reihe von Aufgaben durch, die uns näher an eine militärische Politik für unser Land brachten und nahmen aktiv an der Schaffung einer sandinistischen Volksarmee teil. Die Partei orientierte uns und ließ uns an den Diskussionen teilnehmen, wobei der Verantwortliche für unsere Arbeit in Havanna, der Genosse Jacinto Nazal, eine Hauptrolle inne hatte. Während der Seminare organisierte er Aktivitäten, die eine direkte Begegnung mit Genossen, die in Chile zurückgeblieben waren, ermöglichten.

Unsere Ausbildung und Erfahrung als Guerillakämpfer wurden durch die Berichte über den Kampf im Untergrund genährt – so verschieden von den Methoden und der Art, die wir von unserer Ausbildung her gewohnt waren. Wir waren davon überzeugt, dass wir unseren Beitrag leisten könnten, wenn es uns gelänge, unsere Kenntnisse über die Kriegskunst und -wissenschaft kreativ anzuwenden. Wir kämpften gegen die natürlichen Tendenzen zur Technisierung und Verabsolutierung des Kampfes und hatten die politische, soziale und militärische Wirklichkeit des neuen Schauplatzes vor Augen, die nichts mit der uns bekannten Wirklichkeit zu tun hatte.

Raul Pellegrin Friedman, »Rodrigo«

Nach langen Diskussionen und fehlgeschlagenen Versuchen beschloss die Parteiführung, eine Gruppe unserer Genossen nach Chile zu schicken. Als Gruppe schlugen wir zehn Genossen vor, unter Leitung unseres Führungsstabs. Zum Schluss wurde die Eingliederung von fünf von ihnen beschlossen.

Von Nicaragua reisten sie nach Kuba, wo sie eine Ausbildung in einigen Techniken der konspirativen Arbeit erhielten. Anfang 1983 reisten sie per Flugzeug auf mehreren Routen in Chile ein. Ihre Assimilierung erfolgte schnell, und die Anforderungen im Zusammenhang mit den Protesten stiegen ständig. Die Gruppe wurde von Raúl Pellegrin Friedman angeführt, der schon während seiner Schulzeit zur Zeit der Volksregierung in die *Kommunistische Jugend* eingetreten war. Seine Eltern, ebenfalls Militante der *Kommunistischen Partei*, waren in der Bundesrepublik im Exil, von wo aus Raúl nach Kuba ausreiste, um sich dort als politischer Offizier der allgemeinen Truppen ausbilden zu lassen.

Er war ein Teil der ersten Gruppe, die sich dem Befreiungskampf der Sandinisten anschloss und war verantwortlich für eine Guerillagruppe an der Südfront.[6]

Wenn wir vom Kommandanten José Miguel, unserem lieben Rodrigo, sprechen, sprechen wir zugleich von Kämpfern, von Männern und Frauen, die die Mythen und gewöhnlichen Geschichten überwanden, die manchmal die Größe einer revolutionären Aufgabe überschatten. Ich lernte Rodrigo unter dem Dach der unbeschränkten Solidarität des kubanischen Brudervolkes kennen. Aber es war im Land Sandinos, wo sich unsere Beziehung festigte, denn bis dahin hatte ich eher mit seinem Vater Raúl Pellegrin Arias zu tun gehabt, der aus einem anderen Blickwinkel zur politischen Vorbereitung unserer internationalistischen Gruppe beigetragen hat.

In Nicaragua tat sich Rodrigo durch seine Verantwortung, Konsequenz und politischen Beiträge hervor und wurde trotz seiner Jugend Teil der Führungsebene der Partei. Aber es war vor allem in Chile, im Kampf gegen die Diktatur, wo er herausragte. Er war führend am Aufbau der *Patriotischen Front Manuel Rodriguez* beteiligt, sowohl an den politischen als auch operativen Aspekten.

Zusammen begaben wir uns auf den Weg des Kampfes und der Träume. Unsere Freundschaft war sehr eng, wie ich es niemals wieder erlebt habe. Sein Name repräsentiert ein Vorbild der Konsequenz und Würde, ebenso wie der anderer großer Kämpfer wie Salvador Allende, Miguel Enríquez, Cecilia Magni und Víctor Díaz López.

Die Patriotische Front Manuel Rodriguez

Wenn man von José Miguel spricht, spricht man von der *Patriotischen Front Manuel Rodríguez* und der Politik der Volksrebellion. Zweifellos trug sein Eintritt in den Kampf gegen die Diktatur – zusammen mit einer kleinen Gruppe Kämpfer – entscheidend zur Organisation und Einführung einer militärischen Politik als notwendigem Bestandteil der Parteistrategie bei, die den Weg zu einer Reihe von kühnen Aktionen inmitten der Proteste des Volkes bahnte.

Die Eingliederung dieser kleinen Gruppe im Land trug auf allen Ebenen zur Schaffung einer Basis für die Einführung der Strategie der Volksrebellion bei, insbesondere auf der militärischen Ebene. Die Front (FPMR) wurde aus der militärischen Politik der Partei geboren und bildete zusammen mit der militärischen Massenarbeit die Basis für diese Aufgabe.

In diesem Sinne war die militärische Arbeit ein untrennbarer Teil der Strategie der Volksrebellion, deren oberstes Ziel es war, die Tyrannei zu beenden. Das Niveau des Widerstandes wurde durch die Einbettung verschiedenster Formen des Kampfes inmitten einer wachsenden Mobilisierung des Volkes angehoben.

Zu diesem Zweck war es notwendig, die Bedingungen für die Einführung der Strategie der Volksrebellion zu schaffen, und am 14. Dezember 1983 entstand die Patriotische Front Manuel Rodríguez als Teil der politischen Entscheidungen der Parteiführung. Für die KP war die Front nichts anderes als ein militärischer Apparat, eine Art bewaffneter Arm, der in der Lage war, im operativen Bereich hoch wirksame und destabilisierende Aktionen durchzuführen, insbesondere auf dem Gebiet der Propaganda und dort, wo die bewaffnete Aktion auf Instrumente der politischen Aktion beschränkt blieb.

In diesem Zusammenhang war es folgerichtig, dass die Front den bewaffneten Kampf als Strategie übernahm. Insbesondere, wenn wir davon ausgehen, dass diese nicht von einer Strategie der Machtübernahme zu trennen ist, und die Volksrebellion offensichtlich weit von einer eigenen Strategie entfernt war.

Es wäre daher nicht richtig, von der Front als einer politisch-militärischen Organisation mit eigenen Grundsätzen und eigenständigem Denken zu sprechen, da sie es niemals schaffte, auch nicht in der kurzen Zeit ihrer unabhängigen Existenz, ihren operativen Charakter zu überwinden. In der Front wurde nicht über Politik diskutiert, es wurden operative Aktionen vorgeschlagen und durchgeführt, aber die Entscheidungen traf die Parteiführung.

Es ist zutreffend, dass die Idee, eine eigene militärische Kraft zu haben, einen schwierigen und komplexen Weg beinhaltete. Um es in politischen Begriffen auszudrücken, ich beziehe mich da auf die großen Vorurteile in der Partei angesichts eines Themas, das mehr Angst und Ablehnung als Zustimmung erzeugt, weit entfernt von den politischen Entscheidungen, die zu diesem Schritt zwangen. In operativen Begriffen war es eine große Herausforderung, sich dem Staatsterrorismus entgegenzustellen, der Jahre Zeit gehabt hatte, einen kriminellen Apparat aufzubauen ohne an Geld zu sparen, um das Volk und seine Organisationen zu unterdrücken.

Inmitten dieser Widrigkeiten übernahm Rodrigo die Verantwortung, der neuen Organisation, mit der ein neuer Faktor im Kampf gegen die Diktatur ins Spiel kam, Körper und Seele zu geben. Als Kopf der Organisation und als Mitglied der militärischen Kommission der Partei war Rodrigo ein aktiver Teilnehmer an allen Diskussionen über die Einführung neuer Formen des Kampfes, über die Führung sowie die politische und technische Konsolidierung der Front. In diesen Jahren gab es keine Aktion, an der er nicht in erster Reihe teilgenommen hätte.

Sein Denken und seine Aktionen brachten ein neues Phänomen hervor, eine neue Alternative für den Kampf: den Rodriguismus, der bei Weitem die eigenen Grundsätze übertraf und immer noch Gültigkeit hat.

Der Rodriguismus verwandelte sich in eine klare und konkrete Option für den Kampf. Die Volksrebellion wurde in der Perspektive eines Volksaufstandes gesehen, in Verbindung mit einer Mobilisierung der Massen als entscheidendem Beitrag für die Destabilisierung und Unregierbarkeit durch den Tyrannen.

Das Handeln der FPMR

Die Politik der Volksrebellion war keine Strategie, die sich auf die Machtübernahme richtete, sondern sollte die Tyrannei beenden und einen hochentwickelten Weg zur Erschaffung revolutionärer Strömungen öffnen. Obwohl dieser Weg nicht geöffnet wurde, handelte es sich um einen entscheidenden Beitrag zum Sturz der Diktatur. In dieser Richtung trug die militärische Politik der Partei mit mehr Treffern als Fehlern zu diesem Erfolg bei.

Wenn es auch zutreffend ist, dass diese Strategie bewaffnete Aktionen als politisches Instrument beinhaltete und sich nicht auf technische Aspekte oder Spezialaufgaben beschränkte, war sie weit davon entfernt, ein Synonym für die Aufnahme des bewaffneten Kampfes als ein Weg zum Sturz der Diktatur und zum Aufbau einer neuen sozialen Ordnung zu sein. Sie war zwar kein Aufruf zur Revolution, aber der populäre und revolutionäre Charakter dieser Politik wurde dadurch nicht verneint.

Die militärische Arbeit der Partei und somit auch die Aktionen der Front orientierten und entwickelten sich unter dieser Denkweise: hin zur Herbeiführung der Regierungsunfähigkeit des Regimes und dem Aufstand des Volkes. Der Weg war der Volksprotest, die Sabotage, die Selbstverteidigung der Massen und Anschläge, die zeigen sollten, dass es eine Möglichkeit gab, dem Staatsterrorismus die Stirn zu bieten.

Der operative Rahmen der Aktionen auf militärischem Gebiet bestand nicht darin, die Streitkräfte zu besiegen, sondern auf diese Art zur politischen und moralischen Zersetzung beizutragen. Die bewaffneten Aktionen richteten sich mit wenigen Ausnahmen gegen kaum geschützte Ziele, da nicht die Vernichtung der Hauptkräfte der Tyrannei angestrebt, sondern überraschende und harte Schläge unter der klaren Voraussetzung ausgeführt wurden, dass ein operativer Erfolg nicht unbedingt einen politischen Erfolg bedeutete.

Die Struktur, Organisation und die Aktionen waren in diese Richtung orientiert. Allerdings gab es Ausnahmen wie die massive Verbringung von Waffen wie im Fall Arsenales[7] oder das Attentat gegen den Diktator.[8]

Bei allen Aktionen gab es eine enge Koordination und Zusammenarbeit mit der Einheit für militärische Arbeit der KP, deren Mitglieder vor allem verantwortlich für den Kampf im Land waren, denn die Kampfeinheiten wurden von der Parteibasis organisiert.

Zur Durchführung der Missionen bestand die Front aus einer zentralen Kraft mit operativen Gruppen und einer Struktur aus rodriguistischen Milizen in den wichtigsten Gebieten, insbesondere in den großen Städten wie der Hauptstadt, Valparaíso, Concepción und im Mapuchegebiet. Ein Problem stellte die Unmöglichkeit einer Konsolidierung und zeitlichen Stabilität dar, da sie durch das Niveau ihrer Aktionen einer ständigen Verfolgung durch die Staatssicherheit ausgesetzt waren, die in der Front ihren Hauptfeind sah.

Die militärische Arbeit und somit auch die der Front erreichten in den Jahren der Diktatur ein hohes Niveau. Es wurden Hunderte von Aktionen durchgeführt, die meisten von ihnen verknüpft mit der Entwicklung der Volksbewegung als Demonstration des Widerstandes. Sie spiegelten die Empörung wider und drückten die Gefühle großer Gruppen der Bevölkerung aus, die mit Sympathie und Hoffnung sahen, wie mitten in einem militärisch kontrollierten Land eine Aktion nach der anderen stattfand, die alle den Willen zum Sturz der Diktatur zeigten. In diesem Sinne beinhaltete jede Aktion einen Propagandaaspekt, wie die langen Stromausfälle durch die Zerstörung von Hochspannungsmasten, die Störsignale im Radio und Fernsehen mit Aufrufen zum Kampf, die Besetzung von Radiosendern und andere Aktionen auf dem Gebiet der Selbstverteidigung der Massen, etwa die Errichtung von Straßensperren und einer Volksbewaffnung zur Verteidigung.

Bei diesen Aktionen gab es zwei durch ihr Ausmaß und ihre Form herausragende Ereignisse: der Versuch des Tyrannenmordes und die Verbringung von Waffen in das Land. Sie zeigten die Fähigkeiten und das Niveau der erreichten Entwicklung. Es stimmt, dass sie ihr Ziel nicht ganz erreichten, aber aus operativer Sicht stellten sie einen politischen Meilenstein im Kampf unseres Volkes dar. Außerdem ist es nicht sicher, inwieweit sich die Situation bei einem erfolgreichen Ausgang geändert hätte. Aber sie zeigten die Verletzlichkeit des Regimes und insbesondere die der Sicherheitsorgane, die damit prahlten, dass sich in Chile nicht ein Blatt bewegte, ohne dass sie dies mitbekämen. Es bewegte sich ein ganzer Wald, und sie merkten es nicht.

Hunderte von Genossen nahmen an der Verbringung der Waffenarsenale teil, in einer kleinen Bucht mitten in der Wüste, wo jeder Fremde sofort auffiel. Trotzdem gelangten mehrere Tonnen von Waffen in das Land. An der Operation »Siglo XX«, wie der Versuch der Hinrichtung des Tyrannen genannt wurde, nahm eine große

Zahl von Genossen teil, unter ihnen Kämpfer und Sicherungskräfte. Es wurde eine absolute Geheimhaltung erreicht. Während des Gefechtes wurden die Bewacher komplett ausgeschaltet, auf unserer Seite gab es keine Verluste. Der Rückzug erfolgte ohne Schwierigkeiten. Der Grund für den Misserfolg lag in einem zurückhaltenden Angriff, der zusammen mit dem Wagemut des Chauffeurs dem Tyrannen die Flucht ermöglichte.

Die Kampfplanung und die Sicherungskräfte spielten bei der Sicherung der Aktionen eine große Rolle. Es wurden viele Schulungsstätten in verschiedenen Teilen des Landes aufgebaut und die Inhalte hingen von den Merkmalen der Gruppe ab. Sie lehrten konspirative Methoden, also alles, was mit der persönlichen und der Sicherheit der Organisation zusammenhängt sowie mit dem Gebrauch von Handfeuerwaffen, selbst hergestellten Waffen und Sprengstoff. Die Ausbildung spielte sich in konspirativen Häusern ab, die manchmal für diesen Zweck angemietet wurden und andere wurden von einem Netz aus Unterstützern zur Verfügung gestellt. Die Kommunikation lief über persönliche Kontakte, die häufig und alltäglich waren. Zur Versorgung von möglichen Verletzten verfügten wir über einige geheime Kliniken mit dem entsprechenden Personal.

Ein großes Problem waren die Ausweispapiere, die wegen der Verfolgung durch die Sicherheitsorgane ständig ausgetauscht werden mussten. Wir verfügten über eine Fälscherwerkstatt zur Herstellung von neuen Ausweisen, die jeglicher Überprüfung standhielten. Eine große Hilfe war die Unterstützung durch die Genossen vom MIR (Bewegung der revolutionären Linken), die uns eine große Menge von Blankoausweisen zukommen ließen. Sie stellten uns auch ein Abhörgerät zur Verfügung, mit dem wir die wichtigsten Gesprächsverbindungen der Sicherheitsorgane abhören konnten, insbesondere Gespräche über Überwachungen und Kontrollpunkte. Dies half uns sehr bei den entsprechenden Maßnahmen und erhöhte unsere Sicherheit. Das Abhören machte es uns möglich, ihre Einsätze zu verstehen. Insbesondere im Fall des CNI[9], des Nationalen Informationszentrums, dessen Mitarbeiter unverschlüsselt kommunizierten, sahen wir auf der einen Seite, wie viel Angst sie vor unseren Operationen hatten, und auf der anderen Seite fiel uns die Vulgarität ihrer Gespräche auf, welche die asoziale Herkunft der operativen Mitglieder deutlich machte.

Internationale Beziehungen

Die Basis unserer internationalen Beziehungen lag in der Parteiorganisation, der Unterstützung durch Militante im Exil und der Hilfe der Schwesterparteien.

Die Beziehungen zu anderen revolutionären Bewegungen, speziell in Lateinamerika, aber auch auf anderen Kontinenten, bewegten sich ausschließlich auf operativem Gebiet. Sie bestanden aus dem Austausch von Erfahrungen, sowohl auf operativem als auch auf technischem Gebiet. Es gab keine politischen Absprachen oder Verpflichtungen, die auf eine internationale Organisation hinarbeiten.

Es wurde viel über die Rolle der kubanischen Revolution gesprochen, über die breite internationalistische Unterstützung, die Kuba für die nationalen Befreiungsbewegungen geleistet hat und leistet, und die sich nicht auf technisch-militärische Aspekte beschränkt. Die kubanische Unterstützung in den Bereichen der Gesundheit und der Bildung ist bekannt. Es ist nicht richtig, daraus eine Einmischung in die Politik und interne Angelegenheiten abzuleiten. Es ist klar, dass diejenigen, die diese Art von Schlussfolgerungen ziehen, sich an ihren eigenen Erfahrungen orientieren, die sie in Marionetten des Imperiums und des Großkapitals verwandelt haben. Die Destabilisierung der Volksregierung und die Aufoktroyierung der Diktatur mittels Blut und Feuer wurde vom State Department geplant und finanziert und durch die örtlichen Kompagnons ausgeführt.

Einige Schlussfolgerungen

Die Rebellion des Volkes gegen die Diktatur vertiefte sich täglich und die Konfrontation wuchs. Mit jeder Aktion verschärfte sich die Verfolgung. Massive Durchsuchungen von Arbeitervierteln und Gefechte führten zu Verhaftungen, Folter und Mord. Aber es schlossen sich immer mehr Menschen dem Kampf an. Nach und nach verwandelte sich der Rodriguismus in ein unumstrittenes Paradigma der antidiktatorischen Politik. Die Aktionen waren mit der Mobilisierung des Volkes verbunden und erhielten eine breite Unterstützung, sie trugen zur Erneuerung der Hoffnung bei, durch den direkten Kampf eine Rückkehr zur Demokratie zu erreichen. Das Imperium und einige Kräfte in Chile sahen die Möglichkeit einer radikalen Lösung, es begann daher eine neue politische Phase mit dem Ziel der Mediation und dadurch einer Neutralisierung der breiten Volksbewegung. Sie reagierten schnell, und es begannen Verhandlungen über die Vereinbarung einer Lösung, die der Demokratie den Weg freimachen würde unter Beibehaltung der pinochetistischen Institutionen, die bis heute in Chile regieren.

Die Politik der Volksrebellion wurde schwammig und die Partei leitete Schritte zur Zerschlagung der militärischen Arbeit ein. Die Bemühungen der Partei, die Kontrolle über die militärische Arbeit beizubehalten beschränkten sich auf schicksalhafte Interventionen seitens der »vertrauenswürdigen Kader«. Es ist eine Tatsache, dass die politische Investition der Führung der KP in die militärische Arbeit praktisch nicht existierte. Kein Führer beteiligte sich an der Ausbildung von Offizieren, sämtliche Genossen kamen von der Basis und waren allerhöchstens lokale Führer. Ähnliches passierte in der Patriotischen Front. Über die Rolle bei strategischen Operationen wie dem Attentat und der Verbringung der Waffenarsenale brauchen wir gar nicht erst sprechen. Es muss anerkannt werden, dass sich in der Führung der militärischen Kommission ein Genosse befand, der zweifellos die großen Fortschritte möglich gemacht hat.

In diesem Zusammenhang führten die Front und ein Teil der militärischen Arbeit ein Eigenleben und versuchten, unter den gleichen Fahnen eine Strategie der Macht ins Auge zu fassen.

Der Rodriguismus verwandelte sich in eine große revolutionäre Strömung, und in kurzer Zeit überholte er die Front und erreichte große Erfolge über eine beginnende Massenarbeit mittels der MDJ (Bewegung für Würde und Gerechtigkeit), die rodriguistischen Milizen und die Patriotische Jugend.

Die Idee, die Front von einem Apparat in eine integrale politische Organisation zu verwandeln, war uns ständig präsent, und es gab Vorschläge zur Schaffung der politischen und ideologischen Basis dieser Veränderung. Leider standen diese Anstrengungen im Widerspruch zu einer fehlerhaften Interpretation der neuen Situation, die von einer möglichen Verhandlungslösung ausging. Dazu kam eine engstirnige Mentalität in unseren eigenen Reihen, die subjektive Aspekte wie den Willen, die Entscheidung, die Unbedingtheit – alles Dinge, die eine fundamentale Rolle im Kampf gegen die Diktatur gespielt hatten – nun überzubewerten, obwohl sie keinen Eigenwert angesichts dieser neuen Situation hatten. Viele Rodriguistinnen und Rodriguisten trugen mit ihren Anstrengungen zur Öffnung der großen Alleen und zu einer besseren Welt bei.

Wenn es auch zutrifft, dass die politischen Entscheidungen der Parteiführung sehr wertvoll waren – schon vor dem Konzept der Volksrebellion, wie die Ausbildung von regulären Kadern in Kuba oder die Einführung verschiedenster Formen des Kampfes zeigt –, stellten die Vorurteile über die militärischen Aufgaben ein großes Hindernis dar. Möglicherweise hat die Analyse unter dem Einfluss historischer Ereignisse gestanden, als verschiedene kommunistische Parteien nach einer ähnlichen Entscheidung vor Spaltung und Fraktionsbildung standen. Dies bewirkte, dass die militärische Politik lediglich als ein Gewürz für die Politik gesehen wurde und nicht als ein wesentlicher Bestandteil.

In all diesen Jahren ist eine Reihe von »Analytikern« und Reportagen aufgetaucht, die über unsere Geschichte spekuliert haben. In ihrer Mehrheit versuchen sie, den Beitrag zum Kampf gegen die Diktatur zu verfälschen. Die Quellen sind immer die gleichen: die Geheimdienste, anonyme Informanten oder mutmaßliche Ex-Militärangehörige.

Das Ziel ist es, vergeblich die These eines inneren Krieges im Land zu belegen und auf die eine oder andere Art den Staatsterrorismus zu rechtfertigen, ebenso wie die Rolle des Militärs mit der bedingungslosen Unterstützung durch Politiker, Unternehmer, die Justiz, die Medien und sicherlich die Bürgschaft und Finanzierung durch das State Department. Sie versuchen es als gegeben hinzustellen, dass die Gewalt das Werk der Volksbewegung war, aber unser Weg war nichts anderes als eine würdige Antwort auf ein kriminelles Regime.

In dem Versuch, bestimmte Argumente zu belegen, war es für sie notwendig, die Existenz von zwei Seiten im »angeblichen bewaffneten Konflikt« in unserem Vaterland zu beweisen, was sie zwang, diejenigen, die sie für ihren Hauptfeind hielten, zu dämonisieren. Der anschaulichste Fall war die Entführung des Obersten Carlos Carreño[10] in Santiago.

Sie behaupten, dass diese Aktion in Verbindung stand mit den Informationen, die der Oberst über die schmutzigen Waffengeschäfte mit der Diktatur im Iran besaß. Das ist eine weit von der Wahrheit entfernte Spekulation, da wir die Wichtigkeit des Oberst während der Durchführung der Aktion entdeckten. Vermutlich wollten die Geheimdienste den Oberst endgültig zum Schweigen bringen. In diesem Zusammenhang wurden fünf Genossen der Front entführt, nicht um sie auszutauschen, sondern um sie umzubringen und verschwinden zu lassen und um so unseren Zorn anzufachen. Sie führten wahllose Hausdurchsuchungen in diversen Teilen der Hauptstadt durch, und ihre Absicht lag vermutlich nicht darin, den Oberst lebendig zu befreien, ganz im Gegenteil. Nach seiner Freilassung durch die FPMR sahen das Militär und Pinochet höchstpersönlich ihn als einen Verräter an und beendeten seine militärische Karriere.

Die Strategie der Volksrebellion war der beste Weg, der Diktatur die Stirn zu bieten und die Diktatur zu stürzen. Daher die Versuche einer politischen Klasse, die an ihren Privilegien und ihrer Vormachtstellung festhält, diese Jahre zu vergessen und die Geschichte zu verfälschen. In den Institutionen, die sie sich zurechtgeschneidert hatten, versuchen selbst die eingeschworenen Komplizen Pinochets, sich als wahre Demokraten darzustellen. Aber die Geschichte kann nicht ausradiert werden und definitiv sind ihre Hände mit Blut befleckt. Daher können nur neue Strukturen dieser Straffreiheit ein Ende setzen.

Der exemplarische Widerstand der Jugendbewegung, entworfen am Ende der siebziger Jahre und verankert in den neunziger Jahren unter den Regierungen der

Koalition, lässt eine neue politische Alternative erahnen, die den Wunsch nach einer konstitutionellen Ordnung unter demokratischen Bedingungen und einer echten Beteiligung des Volkes repräsentiert.

Nachbemerkung des Autors

Ich möchte meinen Dank, mich für Ihre Veröffentlichung ausgewählt zu haben, ausdrücken. Ich muss sagen, dass es mir nicht leichtgefallen ist – einerseits ist dies mein erster veröffentlichter Artikel und andererseits muss ich mich mit den starken Gefühlen auseinandersetzen, verursacht durch die Erinnerung an diejenigen, die nicht mehr da sind. Das war meine große Motivation – dass diese Helden nicht ins Vergessen geraten.

Und ich musste mich an meine Zeit als Gefangener in Londres 38, im öffentlichen Gefängnis, in den Haftanstalten Tres und Cuatro Álamos erinnern, ebenso an meine Ausweisung aus dem Land und fast dreißig Jahre Leben im Untergrund.

Ich hoffe, dass mein Beitrag hilft, die Dinge richtigzustellen, in der Hoffnung, dass sich früher oder später die großen Alleen öffnen.

Brüderlich.

Sergio Apablaza Guerra »Salvador«

Biografisches

Am Dienstag, dem 14. Mai 1974, um acht Uhr morgens wurde Sergio Apablaza Guerra in Anwesenheit vieler Studierender im Institut für Erziehungswissenschaften der Philosophischen Fakultät der Universität Chiles verhaftet. Dort studierte er im letzten Jahr Chemie, engagierte sich als Studierendenvertreter und war Mitglied der Jugendorganisation der *Kommunistischen Partei Chiles* (*Juventud Comunista de Chile*).

Sergio Apablaza wurde am 9. November 1950 in Santiago de Chile als vorletztes Kind von sechs Geschwistern geboren. Seine Mutter Luisa war Hausfrau, sein Vater Galvarino Unteroffizier in der chilenischen Armee, der nach mehr als 25 Dienstjahren in den Ruhestand getreten war.

Agenten des chilenischen Geheimdienstes *Dirección de Inteligencia Nacional* (DINA) nahmen ihn unter Gewaltanwendung fest und brachten ihn in das Folterzentrum *Londres 38*, das nach seiner Adresse benannt worden war. Zwei Wochen lang gehörte er zu den Gefangenen, deren Aufenthaltsort unbekannt war, eine illegale staatliche Praxis, die unter dem Begriff »Verschwindenlassen« traurige Berühmtheit erlangte. Später wurde er in den Bundesstaat Chile und von dort aus in das staatliche Gefängnis von Santiago gebracht. Dort wurde ihm vor dem Militärgericht, unter Vorsitz des Staatsanwalts Joaquín Elbaurn, der Prozess gemacht. Das Verfahren wurde eingestellt; da er jedoch nach den Sicherheitsgesetzten verhaftet worden war, wurde er in die ehemalige Haftanstalt von Santiago verlegt. Danach wurde er im Lager *Tres Álamos* gefangen gehalten und später von dort aus in das Gefangenenlager *Melinka* in Puchuncaví gebracht. Dieses Internierungslager für Gefangene unterstand der Infanterie der Marine und hatte Ähnlichkeiten mit den Konzentrationslagern der Nazis: doppelter Stacheldraht, hohe Wachtürme, bewegliche Strahler und Sirenen.

Als sich Sergio Apablaza Guerra weigerte, ein Dokument des Geheimdienstes zu unterschreiben, das seine »freiweillige Ausreise« belegen sollte, wurde er in das Haft- und Folterzentrum *Cuatro* Álamos gebracht, das sich in San Miguel in Santiago neben dem Lager *Tres* Álamos befand. Dort brachte man ihn in die Freigangzone, seine Daten wurden erneut registriert und er bekam einen Ausweis, in den der Buchstabe »L« gestempelt war, und der deshalb nur im Fall der Ausreise Gültigkeit besaß.

Am 5. September wurde er aus Chile ausgewiesen: Zwischen 18 und 19 Uhr wurde Sergio Apablaza zusammen mit anderen Gefangenen in einen Bus geladen und am Flughafen in ein Flugzeug mit dem Ziel Panama gesetzt. Die Regierung von General Omar Torrijos hatte der Aufnahme von 25.000 Chilenen zugestimmt. Im Dezember desselben Jahres reiste er nach Kuba, da die Verletzungen, die er unter der Folter erlitten hatte, chirurgisch behandelt werden mussten.

1979 führte er eine Gruppe junger, lateinamerikanischer Internationalisten an, die halfen, Nicaragua von der Tyrannei Anastasio Somozas zu befreien. Die Einbindung der Chilenen in den sandinistischen Kampf kam zustande, da die *Kommunistische Partei* eine »historische Leerstelle« der Linken schließen wollte, die aus dem Fehlen einer militärischen Politik entstanden war. Siebzig junge Mitglieder der *Kommunistischen Partei* bildeten die erste Gruppe, die Offiziere werden wollten und von einem Kommandanten Salvador angeleitet wurden – hinter diesem Tarnnamen verbarg sich Sergio Galvarino Apablaza.

Am 19. Juni 1979 beendeten die siegreichen Sandinisten die Diktatur von Anastasio Somoza Debayle und setzen damit der Familiendynastie, die von seinem Vater Anastasio Somoza García im Jahr 1937 begründet worden war (der die Ermordung von Augusto Sandino angeordnet hatte) und später von seinem Bruder Luis und seinem Sohn fortgeführt wurde, ein Ende.

Nach dem Sieg der Sandinisten reiste Sergio Apablaza Ende Juli 1984 heimlich nach Chile ein und widmete sich vollständig dem Widerstandskampf gegen die Diktatur. Er wurde der Nachfolger von Raúl Pellegrin Friedmann (Kommandant José Miguel) und übernahm die Leitung der militärischen Organisation *Frente Patriótico Manuel Rodríguez* (FPMR). Kommandant José Miguel war zusammen mit Cecila Magni (Tamara) festgenommen worden, nachdem sie versucht hatten, das Dorf Los Queñes militärisch einzunehmen. Beide, José Miguel und Tamara, wurden brutal gefoltert und von Pinochets Sicherheitsdienst ermordet. Ihre Leichen tauchten erst drei Tage nach ihrer Festnahme, am 31. Oktober 1988, im Fluss Tinguiririca wieder auf.

Anmerkungen

1   Gustavo Leigh Guzmán, Oberbefehlshaber der chilenischen Luftwaffe, sagte während der ersten Ansprache der putschenden Militärjunta, deren Mitglied er war, dass es die Mission der Militärs wäre, »den marxistischen Krebs in Chile auszurotten«.

2   Die GAP (Gruppe der Freunde des Präsidenten), Sicherheitseinheit des Präsidenten Salvador Allende, setzte sich ursprünglich aus Mitgliedern der MIR (Bewegung der Revolutionären Linken) zusammen, später aus Mitgliedern der Sozialistischen Partei.

3   Im September 1980 erklärte Luis Corvalán in Radio Moskau, dass der Volksaufstand gegen die Tyrannei Pinochets »legitim« sei und kündigte an, dass die KP alle Formen des Kampfes nutzen würde, einschließlich des bewaffneten Kampfes, um die Diktatur zu beenden. Daraus entstand die Politik des Volksaufstandes der Massen.

4   Manuel Rodríguez Erdoiza, Patriot und chilenischer Guerillakämpfer, der sein Leben der Unabhängigkeit Chiles widmete. Zur Zeit der Wiedereroberung blieb er in Chile und kämpfte aus dem Untergrund gegen das spanische Joch und hielt die Fahne der Freiheit hoch. Die FPMR übernahm seinen Namen wegen seiner Schlauheit, seines Wagemutes und seiner Würde, Werte die den Kampf gegen Pinochet verkörperten.

5   Der Begriff *Vaterland* hat im Kontext der lateinamerikanischen Freiheitskämpfe eine andere Bedeutung als im europäischen Nationalismus. Er steht eher für die Solidarität der Völker gegen die imperialistische Unterdrückung als für einen national-chauvinistischen Blut-und-Boden-Mystizismus. [Anm. d. Verl].

6   Grenzgebiet zu Costa Rica, wo die chilenischen Offiziere zusammen mit anderen Internationalisten des Kontinents ihren Beitrag zur Überleitung des Guerillakrieges zum Stellungskrieg leisteten. Die reguläre Ausbildung der Kader in Infanterie, Artillerie und Bodenverteidigung war von entscheidender Bedeutung.

7   Mitte 1986 organisierte die FPMR eine Operation zur Verbringung von Waffen im Küstenort Carrizal Bajo, im Norden von Chile in der Dritten Region von Atacama gelegen. Die Aktion wurde entdeckt.

8   Am Sonntag den 7. September 1986 führte die FPMR ein Attentat gegen Augusto Pinochet in der vor den Kordilleren gelegenen Zone Cajón del Maipo, 40 km von Santiago entfernt, durch. Bei der Operation starben fünf Wächter, aber der Tyrann entkam unverletzt.

9   1977 nach der Auflösung der DINA (Nationaler Geheimdienst) geschaffenes Repressionsorgan der Diktatur. Genau wie sein Vorgänger entführte, folterte und ermordete es Tausende von Chilenen.

10 Am 1. September 1987 entführte ein Kommando der FPMR den Oberst Carlos Carreño, zweiter Direktor der FAMAE (Waffenfabrik und Werkstatt der Streitkräfte). Die sogenannte »Operation Prinz« fand ihr Ende am 3. Dezember des gleichen Jahres mit der Befreiung des Obersten in Sao Paulo, Brasilien.

Solidaritätsversammlung in Moskau 1973.

Freilassungskampagne
für Luis Corvalán, Berlin,
DDR 1976.

HELFT CHILE

VENCEREMOS

Solidaritätsdemonstration
in der DDR 1974.

Solidaritätsveranstaltung in Prag 1975.

Internationale Konferenz der Solidarität mit Chile in Helsinki am 26. Januar 1974, an der auch der finnische Staatspräsident Urho Kekkonen teilnahm. Im Bild: Isabel Allende, die Tochter von Salvador Allende und Paul Vernes, Leiter der DDR-Delegation bei dieser Veranstaltung.

Solidaritätsveranstaltung in Budapest 1974.

Karlheinz Möbus

Die Beziehungen DDR-Chile

Bei der Aufarbeitung der Geschichte der DDR zeigen sich vor allem westliche Publizisten immer wieder überrascht über den besonderen Rang, den für die DDR die Beziehungen zu einem südamerikanischen Land im tiefsten Süden Lateinamerikas hatten: Chile. In keinem anderen Land Europas wurde der Wahlsieg des sozialistischen Präsidenten Salvador Allende 1970 von den Medien und der Bevölkerung mit solcher Aufmerksamkeit und Zustimmung begrüßt wie in der DDR. Und in keinem anderen Land Europas wurde die Politik der Regierung der Volkseinheit (Unidad Popular) unter Führung von Präsident Allende mit so viel Interesse, Anteilnahme und Sympathie verfolgt wie von der Bevölkerung der DDR. Presse, Funk und Fernsehen berichteten fast täglich über die Bemühungen zur Umsetzung des Regierungsprogramms wie die Verstaatlichung der Kupferbergwerke und anderer Großbetriebe, die Durchführung einer umfassenden Agrarreform, die Einführung eines einheitlichen Bildungssystems und die vielen anderen Maßnahmen der Regierung, über ihre Erfolge und ihre Schwierigkeiten. Die Gewerkschaften und andere gesellschaftliche Organisationen der DDR bis hin zu religiösen Vereinigungen sammelten Geld für Solidaritätsschiffe, chilenische Musikgruppen füllten die Säle, und das spanische Wort »Venceremos« ging in den Sprachgebrauch der DDR-Bürger ein.

Als dann am 11. September 1973 eine Militärjunta unter General Pinochet diese Volksregierung mit einem blutigen Putsch stürzte und Präsident Salvador Allende im Regierungspalast sein Leben opferte, kannten Wut, Enttäuschung, Schmerz und Trauer der DDR-Bevölkerung keine Grenzen.[1] In kürzester Zeit entwickelte sich eine Solidaritätsbewegung im Volk der DDR, die in ihrer emotionalen Tiefe und organisatorischen Breite nur mit der Unterstützung für das vietnamesische Volk im Kampf gegen die USA-Invasion zu vergleichen war. Bereits einen Monat nach dem Putsch wurde bei einem feierlichen Akt in Anwesenheit der Witwe Salvador Allendes das *Chile-Solidaritätskomitee* geschaffen, das die immer breiter werdende Solidaritätsbewegung orientieren und koordinieren sollte. Dem Präsidium des Komitees gehörten Vertreter aller Parteien und Massenorganisationen, Wissenschaftler, Künstler und Repräsentanten der Kirchen in der DDR an.

Straßen, Plätze, neu aufgebaute Wohnkomplexe und kommerzielle Zentren erhielten die Namen von Salvador Allende und dem chilenischen Volksdichter Pablo Neruda, der fast zeitgleich mit Allende gestorben war.

Nur wenige Tage nach dem gewaltsamen Sturz der Allende-Regierung trafen dann auch die ersten Chileninnen und Chilenen in der DDR ein, die der Verfolgung durch das Militär entrinnen konnten und ihr Heimatland verlassen mussten. In den folgenden Jahren wurden es mehr als 2.000, die in der DDR eine vorübergehende zweite Heimat fanden.

Auch in Chile selbst leisteten ehemalige Mitarbeiter der DDR-Botschaft trotz des Abbruchs der diplomatischen Beziehungen eine hervorragende Arbeit bei der Hilfe für Verfolgte des Pinochet-Regimes: Sie halfen bei deren Unterbringung in den Gebäuden der Botschaft, organisierten unter Einsatz ihres Lebens die Ausschleusung des Generalsekretärs der *Sozialistischen Partei Chiles* – einer der meistgesuchten Politiker der Volkseinheit – über die Gebirgsgrenze in den Anden und stellten sich den Parteien der Volkseinheit für die Verbindung ins Ausland zur Verfügung.

Die *Sozialistische Partei Chiles*, die Partei von Salvador Allende, akzeptierte das Angebot der DDR, den offiziellen Sitz ihres Auslandsbüros in Berlin einzurichten, was die Unterbringung von etwa zwanzig Spitzenfunktionären dieser Partei und ihrer Familien in der DDR-Hauptstadt bedeutete.

In den sechzehn Jahren der Pinochet-Diktatur empfingen Erich Honecker und weitere Repräsentanten der DDR mehrfach die führenden Vertreter des chilenischen Widerstandes wie die Vorsitzenden der *Kommunistischen Partei*, Luis Corvalán, der *Sozialistischen Partei*, Carlos Altamirano und Clodomiro Almeyda, der *Radikalen Partei*, Anselmo Sule, zu offiziellen Gesprächen und intensivem Informations- und Gedankenaustausch.

Schließlich spielte die DDR auch eine wichtige Rolle bei der Vorbereitung und Durchführung mehrerer internationaler Konferenzen zur Entlarvung und Verurteilung der chilenischen Militärjunta und zur Unterstützung des antifaschistischen Kampfes der demokratischen Kräfte Chiles.

Die Geschichte dieser außergewöhnlichen und wahrhaft brüderlich zu nennenden Freundschaft, Unterstützung und Zusammenarbeit endete erst im Jahre 1989, als die DDR den Beitritt zur Bundesrepublik Deutschland erklärte und damit aufhörte zu existieren und als – im gleichen Jahr – der Diktator Pinochet als Präsident Chiles zurücktreten und den Weg für die Entwicklung eines freien und demokratischen Chile öffnen musste. Hunderttausende Chilenen kehrten nach jahrelangem Exil in ihre Heimat zurück, darunter auch nahezu alle diejenigen, die in der DDR gelebt hatten.

Auf die vielfach gestellte Frage, wie es dazu gekommen ist, dass die DDR gerade mit Chile derart vielfältige und intensive Beziehungen aufgebaut und über Jahrzehnte unterhalten hat, antwortete ein Publizist einmal »die DDR und Chile haben sich gegenseitig entdeckt«.

Tatsächlich dürfte dies die treffendste und zugleich kürzeste Antwort sein, um das Phänomen dieser besonderen Beziehungen zu erklären. Denn sowohl die DDR als auch Chile befanden sich in den 1960er-Jahren auf einer Art Partnersuche in der Welt. Die DDR führte damals den Kampf um internationale Anerkennung, nachdem die Bundesrepublik der Welt ihre »Hallstein-Doktrin« verkündet hatte und damit drohte, ihre diplomatischen und wirtschaftlichen Beziehungen mit jedem Land abzubrechen, das es wagen würde, mit der DDR auf staatlicher Ebene Verbindungen aufzunehmen. Durch intensive Kontaktarbeit auf den Gebieten der Politik, des Handels und der Kultur versuchte die DDR, ihre von der BRD betriebene internationale Isolierung zu durchbrechen und politischen Kontakt vor allem mit Ländern aufzunehmen und zu pflegen, die eine eigenständige und unabhängige Außenpolitik suchten und sich von den Großmächten nicht vorschreiben lassen wollten, mit wem sie Beziehungen unterhielten und mit wem nicht.

Das zeigte sich in besonders auffälliger Weise in Chile. Das Land steckte in den sechziger Jahren in einer tiefen ökonomischen und politischen Krise, und immer mehr Chilenen suchten in der Welt nach Beispielen und Anregungen für die Lösung der sozialen Probleme des Landes. Es entwickelte sich eine starke linke Bewegung, die nicht nur der *Kommunistischen Partei* und der *Sozialistischen Partei* jeweils mehr als zwanzig Prozent der Wählerstimmen eintrugen, sondern selbst in den bürgerlichen Parteien starke linke Strömungen entstehen ließen. Erstmals begannen chilenische Parlamentarier beider Kammern, bei Europa-Reisen auch sozialistische Länder zu besuchen.

Dabei erweckte die DDR ihr besonderes Interesse, da deren Sozialismus-Modell zwei Besonderheiten aufwies:

im politischen Bereich die Existenz eines Mehrparteiensystems und in der Wirtschaft das Bestehen eines privaten Sektors neben dem staatlichen und dem genossenschaftlichen. Nicht nur im bürgerlichen Lager, sondern auch bei der Mehrheit der chilenischen Linken waren die Existenz unterschiedlicher politischer Parteien sowie freie Wahlen tief verwurzelte Grundprinzipien ihres Politikverständnisses. Mögliche politische, ökonomische und soziale Veränderungen der Struktur des Landes durften deshalb nur im Ergebnis der freien Willensbildung und demokratisch herausgebildeter Mehrheiten angedacht werden. Die DDR kam nach Ansicht chilenischer linker Politiker diesem Modell eines demokratischen Systems unter den sozialistischen Ländern am nächsten. [2]

So zählten zu den Besuchern der DDR aus Chile nicht nur Senatoren und Abgeordnete der *Kommunistischen* und der *Sozialistischen Partei*, sondern immer mehr auch der starken *Christdemokratischen Partei*, der traditionsreichen *Radikalen Partei* und andere, die in den sogenannten Blockparteien der DDR, vor allem in der CDU und der NDPD, gute Partner fanden. Die erste DDR-Reise einer Delegation des chilenischen Parlaments, Anfang der sechziger Jahre unter Leitung von Armando Holzapfel von der *Radikalen Partei*, löste dabei eine heftige Pressekampagne in der Bundesrepublik aus, die ihren Ausdruck u.a. in einem Artikel der Hamburger Tageszeitung Welt mit dem Titel »Ein Holzäpfelchen rollt durch die Zone« fand. Dies wiederum führte zu Verärgerung und Protesten in politischen Kreisen Chiles, was die Existenz der DDR im Lande noch populärer machte. Nicht zuletzt aus diesen Auseinandersetzungen heraus gründeten chilenische Parlamentarier eine Freundschaftsgesellschaft mit dem Namen *Kulturinstitut Chile-DDR*, deren Präsident eben jener Armando Holzapfel wurde. Der Abgeordnete der *Christdemokratischen Partei* Fernando Buzeta wurde Vizepräsident.

Eine der ersten und zugleich spektakulärsten Aktionen dieser Freundschafsgesellschaft war dann die von ihr initiierte öffentliche Erklärung von 61 chilenischen Senatoren und Abgeordneten, in der sie die völkerrechtliche Anerkennung der DDR und die Aufnahme beider deutscher Staaten in die UNO forderten. Die Wahl des führenden Mitgliedes der *Sozialistischen Partei Chiles*, Dr. Salvador Allende, zum Präsidenten des Senats gab den parlamentarischen Beziehungen einen weiteren Auftrieb und führte zu einer Intensivierung des Delegations- und Erfahrungsaustausches.1968 besuchte eine weitere Delegation beider Kammern des chilenischen Parlaments unter Leitung des Vizepräsidenten des Senats, Luis Fernando Luengo Escalona, die DDR.

Damit war ein Anfang gemacht, dass sich auch auf anderen Gebieten die Kontakte erweiterten und die Beziehungen festigten. Chilenische Rundfunk- und Fernsehstationen baten in der DDR um Film- und Tonmaterial, mit dem sie immer öfter ihre Sendungen gestalteten. Der chilenische Journalistenverband lud einen Pressevertreter der DDR-Nachrichtenagentur ADN ein, sich als ständiger Korrespondent in der Hauptstadt Santiago niederzulassen. Dieser nahm 1965 seine Arbeit auf, zwar ohne die übliche Akkreditierung beim chilenischen Außenministerium, aber mit aller Bewegungsfreiheit, die er für seine Arbeit benötigte.

Im Ergebnis gegenseitiger Besuche wurden zwischen verschiedenen Universitäten der DDR und Chiles Vertragsbeziehungen hergestellt. DDR-Wissenschaftler reisten für mehrjährige Gastprofessuren an der Universidad de Chile bzw. der Technischen Universität Santiago in das Andenland. Immer öfter wurden auch DDR-Künstler wie Schauspieler, Musiker und Maler zu Gastspielen, Ausstellungen bzw. Besuchen nach Chile eingeladen.

Auch die Regierung des christdemokratischen Präsidenten Eduardo Frei (1964–1970) hielt sich noch an die Hallstein-Doktrin der BRD. Trotzdem entwickelte sich der Handel zwischen beiden Staaten allmählich weiter. Das Exportvolumen der DDR wuchs von 0,4 Millionen Valutamark der DDR im Jahre 1964 in den Folgejahren auf 2,5 Millionen, 3,6 Millionen und schließlich 4,7 Millionen im Jahre 1967 an. Wichtigste Exportgüter der DDR waren Druck-, Büro-, Werkzeug- und Textilmaschinen sowie Instrumente der Feinmechanik/Optik und Paraffine. Importiert wurden aus Chile in geringem Maße Fischmehl, Linsen, Zitronen und Frischobst.

Zu allen diesen Kontakten kamen feste Beziehungen zwischen mehreren Parteien Chiles und der DDR, zwischen Jugendorganisationen sowie den Gewerkschaften beider Länder. Auch von diesen wurde immer öfter die Normalisierung der Beziehungen zwischen beiden Staaten gefordert. Präsident und Vizepräsident der mächtigen chilenischen Einheitsgewerkschaft CUT trugen bei einer Audienz Präsident Eduardo Frei die Forderung vor, mit der DDR diplomatische Beziehungen aufzunehmen. Frei wich dieser Frage mit Hinweis auf eventuelle politische und wirtschaftliche Sanktionen der Bundesrepublik gegenüber Chile aus, versprach aber einen Ausbau der Beziehungen zur DDR unterhalb der diplomatischen Schwelle.

Unabhängig vom Fehlen völkerrechtlicher Beziehungen zwischen beiden Staaten gab es also schon vor dem Amtsantritt von Präsident Salvador Allende eine außerordentlich breite Palette von Verbindungen auf vielen Ebenen.

Bei den Präsidentschaftswahlen im September 1970 errang dann mit Salvador Allende erstmals in der Geschichte Lateinamerikas ein Politiker das höchste Amt im Staate, der sich als Sozialist bezeichnete, in seinem Wahlprogramm revolutionäre Veränderungen der politischen, wirtschaftlichen und sozialen Struktur des Landes vertrat und kein Geheimnis daraus machte, dass er damit »die Tür zum Sozialismus aufstoßen« wollte. Das Regierungsprogramm der Unidad Popular sah die Enteignung der großen US-amerikanischen Kupferbergwerke vor, die seit Jahrzehnten diesen größten nationalen Reichtum (Chile ist der zweitgrößte Kupferproduzent der Welt) ausbeuteten, während die Schere zwischen Armen und Reichen immer weiter auseinanderklaffte. Auch die Grundstoffindustrie und die großen Banken sollten in Staatseigentum übergehen und damit in den Dienst einer Wirtschaftspolitik gestellt werden, die ausschließlich den sozialen Bedürfnissen des chilenischen Volkes dient. Mit der Agrarreform sollte Zehntausenden landlosen Bauern ein Stück Land gegeben werden, um die grassierende Armut zu beseitigen. Breite Sympathie im In- und Ausland fand ein Sofortprogramm der Allende-Regierung, das unter anderem die kostenlose Vergabe je eines halben Liters Milch an Kinder unter fünfzehn Jahren vorsah. Damit sollte ein erster wichtiger Schritt getan werden, um der hohen Kindersterblichkeit zu begegnen. Zu den Plänen der neuen Regierung gehörten darüber hinaus die Forcierung des Wohnungsbaus zur Beseitigung der Obdachlosigkeit sowie Maßnahmen zur Überwindung des Analphabetismus. Präsident Allende betonte in seinen Reden, dass diese Maßnahmen nichts mit Sozialismus zu tun haben und die Unterstützung aller Schichten des chilenischen Volkes verdienen. Er schloss aber eine spätere Orientierung auf den Sozialismus nicht aus, für den Fall, dass die Unidad Popular auch bei künftigen freien und demokratischen Wahlen siegen würde.

Für das Streben der DDR nach internationaler Anerkennung stellte dieser Wahlsieg der chilenischen Unidad Popular insofern einen Glücksfall dar, als es sich bei den Parteien der Unidad Popular um jene Kräfte handelte, die sich schon seit Längerem für eine Öffnung gegenüber den sozialistischen Ländern ausgesprochen und die volle diplomatische Anerkennung der DDR gefordert hatten. Dementsprechend war eine unabhängige Außenpolitik, zu der auch die Aufnahme diplomatischer Beziehungen zu Kuba, zur Volksrepublik China und zur DDR gehörte, im Regierungsprogramm Allendes angekündigt worden. Das eröffnete für die DDR die Chance, erstmals auf dem südamerikanischen Subkontinent als Staat präsent zu sein und nach Kuba mit einem zweiten lateinamerikanischen Land diplomatische Beziehungen aufzunehmen.

Die neue chilenische Regierung bat die DDR-Regierung um Verständnis dafür, dass die beabsichtigte Aufnahme diplomatischer Beziehungen nicht sofort nach ihrem

Amtsantritt erfolgen könne, sondern erst nach einigen Monaten, wenn die internationalen Konsequenzen des Amtsantritts Allendes und seines Regierungsprogramms abzuschätzen seien und sich die Welt an ein Chile unter Allende »gewöhnt« habe.

Die Unterzeichnung des Vertrages über die Herstellung diplomatischer Beziehungen auf der Ebene von Botschaften erfolgte dann in den letzten Märztagen 1971. Präsident Salvador Allende ernannte den ehemaligen Generalsekretär der *Kommunistischen Partei* Chiles und Senator Carlos Contreras, eine in ganz Chile geachtete Persönlichkeit, zum Botschafter in der DDR. Die DDR ihrerseits erhob den bereits seit einigen Jahren als Leiter der DDR-Handelsvertretung in Santiago tätigen Mitarbeiter des Außenministeriums der DDR, Harry Spindler, in den Rang eines Botschafters und entsandte weitere diplomatische und kommerzielle Mitarbeiter an die neue Botschaft der DDR. Dabei handelte es sich vorwiegend um junge Kader, die zum ersten Male auf dem »diplomatischen Parkett« tätig waren.

Die Herstellung diplomatischer Beziehungen zwischen der DDR und Chile zum damaligen Zeitpunkt war also noch keine Normalität, wie sie es sonst zwischen beliebigen Staaten darstellt. Für Chile war sie von hoher politischer Brisanz, da der andere deutsche Staat, die Bundesrepublik, noch immer auf dem Alleinvertretungsanspruch beharrte und dementsprechend Druck auf die neue chilenische Regierung ausübte. Wie später im Diplomatischen Korps in Santiago bekannt wurde, hat Bonn damals versucht, die Entsendung der chilenischen Regierungsdelegation in die DDR zur Herstellung der diplomatischen Beziehungen zu verhindern. Als Begründung dafür wurde der chilenischen Regierung »vertraulich« mitgeteilt, dass »innerdeutsche« Verhandlungen mit der DDR anstünden, die durch den chilenischen Schritt »gestört« werden könnten. Offenbar hat sich aber die chilenische Regierung davon nicht beeinflussen lassen.

Für die DDR bedeutete der Austausch von Botschaftern einen wichtigen weiteren Durchbruch in ihrem jahrzehntelangen Bemühen um weltweite Anerkennung als souveräner und unabhängiger Staat. Chile war nach Kuba das zweite Land Lateinamerikas, das diesen Schritt ging. Dem Alleinvertretungsanspruch der westdeutschen Bundesrepublik war damit ein weiterer schwerer Schlag versetzt worden, und es wurde immer offensichtlicher, dass die Hallstein-Doktrin nicht länger zu halten sein würde. Insofern war dieser Schritt der Allende-Regierung zugleich ein Akt der Solidarität mit der DDR, der auch wesentlich dazu beitrug, dass ein Jahr später beide deutsche Staaten in die Organisation der Vereinten Nationen aufgenommen wurden und die DDR zu fast allen Ländern der Welt diplomatische Beziehungen aufnehmen konnte.

Somit hatten die diplomatischen Beziehungen der DDR zu Chile von Anfang an einen besonderen Charakter: Sie waren von gegenseitiger Solidarität und freundschaftlicher Verbundenheit gekennzeichnet. Hier liegen auch die Wurzeln für die große Hilfe und Unterstützung, die die DDR in den folgenden Jahren der Regierung der Unidad Popular und später den Opfern der Pinochet-Diktatur gegeben hat.

Für die Entwicklung der Beziehungen auf wirtschaftlichem, gesellschaftlichem und kulturell-wissenschaftlichem Gebiet zwischen der DDR und Chile waren mit der Aufnahme diplomatischer Beziehungen gute Voraussetzungen geschaffen worden. Wie von der chilenischen Regierung beabsichtigt, wurden bereits mit der Delegation zur Leipziger Frühjahrsmesse 1971 erste Verhandlungen über die künftige wirtschaftliche Zusammenarbeit geführt. Ihr Leiter Alcides Leal – stellvertretender Außenminister, der auch von chilenischer Seite den Vertrag über die Aufnahme diplomatischer Beziehungen unterzeichnete – sprach dabei nicht nur die traditionellen Gebiete des chilenischen Exports und Imports an, sondern verwies vor allem auf neue Bedürfnisse und Vorhaben des Landes, die sich aus den Zielen des Regierungsprogramms der Allende-Regierung ergaben. Die von der Allende-Regierung in Erfüllung dieses Programms verkündete Enteignung der in ausländischen Händen befindlichen großen Kupferbergwerke Chiles sowie die Verstaatlichung der Grundstoffindustrie und der Banken bedeutete, dass der chilenische Staat diese Wirtschaftsgebiete in seine eigenen Hände nehmen und leiten musste. Dazu wollte Chile die Erfahrungen sozialistischer Länder, insbesondere der DDR nutzen. Alcides Leal schloss in seinen Darlegungen auch die Möglichkeit wirtschaftlicher Erpressung durch die USA und andere Länder als Antwort auf die Nationalisierungen nicht aus und verwies auf die Möglichkeit von Sabotageakten bestimmter einheimischer Kräfte, was eventuell ökonomische Sofortmaßnahmen erforderlich machen könnte. Dabei könnte es für Chile notwendig werden, die Hilfe anderer Länder, darunter die DDR, in Anspruch zu nehmen. Befürchtet würden besonders auch künstlich erzeugte Störungen der Versorgung der Bevölkerung mit Lebensmitteln, denen durch schnelle Lieferungen des Auslands begegnet werden müsste.

Alcides Leal brachte auch die Absicht der neuen Regierung zur Sprache, dem Analphabetismus in Chile den Kampf anzusagen und dazu ein einheitliches nationales Bildungssystem zu schaffen, bei dem die DDR als Vorbild dienen und entsprechende Hilfe leisten könnte.

Bereits vier Monate später, am 27. Juli 1971, wurden dann in Berlin ein Handelsabkommen sowie ein Abkommen über die wissenschaftlich-technische Zusammenarbeit von den Regierungen beider Länder unterzeichnet. Beide Verträge sollten eine

Gültigkeit bis 1975 haben. In den entsprechenden Verhandlungen erklärte die chilenische Seite ihr Interesse, von der DDR vor allem Unterstützung bei der Leitung der neuen Staatsbetriebe auf dem Gebiet des Kupfers sowie bei der Erkundung weiterer Kupferlagerstätten zu erhalten. Darüber hinaus wünschte sie, in der Landwirtschaft sowie in der Ernährungswirtschaft von der DDR langfristige Hilfe zu erhalten.

Die Hilfe der DDR für die Wirtschaftspolitik Chiles wurde damit zum Hauptinhalt der Beziehungen zwischen beiden Ländern. Für die neue chilenische Regierung der Unidad Popular war die rasche Qualifizierung ihrer Arbeit auf wirtschaftlichem Gebiet zu einer Überlebensfrage geworden. Dazu wurden erfahrene Berater aus anderen Ländern benötigt.

In dieser Frage orientierte sich die chilenische Regierung in besonderem Maße auf die DDR und trug entsprechende Wünsche bzw. Vorschläge in den bilateralen Verhandlungen vor, die von der DDR positiv beantwortet wurden. Der Einsatz von DDR-Experten auf verschiedenen Gebieten in Chile, die Ausbildung von chilenischen Studenten und Fachschülern in der DDR sowie der Austausch von Studiendelegationen wurden in der Folgezeit zum wichtigsten Bestandteil der Beziehungen zwischen beiden Ländern. Schwierigkeiten ergaben sich lediglich daraus, dass die Auswahl und Vorbereitung der DDR-Berater – darunter vor allem das Erlernen der spanischen Sprache – einige Zeit in Anspruch nahmen, sodass die im Juli 1971 vereinbarte Entsendung von sechzehn DDR-Experten erst im ersten Halbjahr 1972 erfolgen konnte. Diese waren u.a. im Kupferbergbau, in der Zementproduktion, in den Kohlebergwerken sowie in der Berufsbildung tätig. Zwei DDR-Berater arbeiteten in den zentralen Planungsorganen ODEPLAN und ODEPA. Der Einsatz dieser sechzehn Berater stellte für Chile einen außerordentlich wichtigen Beitrag zur kontinuierlichen Verbesserung der Arbeit des staatlichen Sektors der Wirtschaft und damit zur Erfüllung des Regierungsprogramms der Allende-Regierung dar.

Parallel zum Einsatz dieser Berater trat die Kommunistische Partei Chiles, der – als zweitstärkste Partei innerhalb der Unidad Popular – von Salvador Allende mehrere Ministerposten auf ökonomischem Gebiet übertragen worden waren, an ihren Partner in der DDR, die *Sozialistische Einheitspartei Deutschlands* (SED), ebenfalls mit der Bitte um größtmögliche Unterstützung für die Wirtschaftspolitik heran. Die SED entsandte daraufhin eine 6-köpfige Delegation nach Chile, die unter Leitung des stellvertretenden Finanzministers der DDR, Ernst Höfner, stand. Diese Delegation bereiste in sechs Monaten das Land, besuchte wichtige Betriebe und Institutionen und erarbeitete kontinuierlich Schlussfolgerungen und Empfehlungen für die chilenische Regierung. Zum Abschluss ihres Einsatzes wurde die Delegation von Präsident Allende zur Darlegung der Ergebnisse ihrer Untersuchungen empfangen und mit Dank und Anerkennung für ihren Einsatz geehrt.

Bei der Ausgestaltung der ökonomischen Beziehungen erwies es sich bereits nach wenigen Monaten als dringend erforderlich, die Finanzierung der immer umfangreicher werdenden Vorhaben durch Kredite zu sichern. Auf der Tagung der *Gemischten Kommission* im September 1972 in Berlin, zu der der chilenische Wirtschaftsminister Pedro Vuskovic persönlich angereist war, wurde deshalb ein Kreditabkommen unterzeichnet.

Auf der Grundlage dieses Kreditrahmens wurden von der DDR Traktoren und Landmaschinen, Saataufbereitungsanlagen, medizinisch-technische und Laborausrüstungen, Werkzeugmaschinen sowie Ausrüstungen für ein Feinmessgerätewerk geliefert, die jeweils durch den entsprechenden – zum Teil sehr intensiven – Kundendienst ergänzt wurden. So befanden sich zum Beispiel zeitweise sechs Spezialisten des Traktorenwerkes Schönebeck in Chile, um für die gelieferten Traktoren den technischen Service abzusichern. Die Handelspolitische Abteilung der Botschaft der DDR in Santiago de Chile musste diesem Wachstum der Wirtschaftsbeziehungen angepasst und dementsprechend auch hinsichtlich ihres Personalbestands erweitert werden.

Auf diese Weise erreichten die Wirtschaftsbeziehungen zwischen der DDR und Chile 1972–73 eine hohe Dynamik, die die Basis für eine rasche Ausweitung und Vertiefung in der Folgezeit darstellte. Mit ihrem Engagement ging die DDR weit über das übliche Maß ihres Entgegenkommens an Handelspartner der sogenannten Dritten Welt hinaus. Im Unterschied zur Sowjetunion und den anderen sozialistischen Ländern Europas, die in ihrem Engagement für das Chile Allendes weitaus zurückhaltender waren, zeigte die DDR eine von echter Freundschaft und solidarischer Verbundenheit geprägte Haltung.

Auch nach der allgemeinen völkerrechtlichen Anerkennung der DDR und der Herstellung diplomatischer Beziehungen zu den anderen lateinamerikanischen Staaten im Jahre 1972 blieb damit das Chile der Unidad Popular ein Schwerpunkt in der Außenpolitik der DDR. Neben den ökonomischen Beziehungen bekamen auch die Verbindungen auf nahezu allen anderen Gebieten einen bedeutenden Schub. Der Reiseverkehr zwischen beiden Ländern intensivierte sich durch Vertreter der Regierungen, Parlamente und Parteien. Handelsschiffe der DDR liefen chilenische Häfen an. An den Hoch- und Fachschulen der DDR erhöhte sich die Zahl chilenischer Studenten kontinuierlich. Auf dem Gebiet der kulturellen und

Wissenschaftsbeziehungen orientierte die DDR auf die Unterstützung der chilenischen Regierung bei der Entwicklung eines fortschrittlichen Bildungswesens. Zwischen mehreren Universitäten beider Länder wurden Verträge über eine Zusammenarbeit auf verschiedenen Gebieten, darunter der Austausch von Wissenschaftlern, abgeschlossen. Auch auf dem Gebiet des Gesundheitswesens begann sich eine Kooperation anzubahnen.

Parallel zu dieser raschen Entwicklung der staatlichen Beziehungen und gefördert durch die breite Berichterstattung von Presse, Rundfunk und Fernsehen der DDR über die revolutionären Umgestaltungen in Chile wuchs in der DDR eine Solidaritätsbewegung heran, die immer breitere Kreise der Bevölkerung erfasste. Die größte Massenorganisation der DDR, der *Freie Deutsche Gewerkschaftsbund* (FDGB), widmete einen immer größeren Teil der finanziellen Einnahmen aus den sogenannten Solidaritätsbeiträgen seiner Mitglieder der Unterstützung Chiles. Hinzu kamen Geldsammlungen und Hilfsaktionen des *Solidaritätskomitees* der DDR, das bereits über große Erfahrungen aus den Solidaritätsaktionen für Vietnam verfügte und diese Erfahrungen nunmehr auf die Hilfe für Chile übertrug. Auch die Jugendorganisation *Freie Deutsche Jugend* (FDJ) widmete ihre Tätigkeit immer stärker der Solidarität mit Chile, besonders durch Kulturveranstaltungen mit Teilnahme chilenischer Künstlergruppen.

Diese Bewegung verstärkte sich Ende 1972, als erste Nachrichten von organisierten Aktionen gegen die Allende-Regierung, wie beispielsweise Boykottaktionen der Transportunternehmer und die Hortung von Lebensmittel in geheimen Lagern durch Großhändler, bekannt wurden. Damals entstand die Idee, mehrere Schiffe mit Gütern, die von der Bevölkerung dringend benötigt wurden, nach Chile zu schicken. Die folgenden Monate waren angefüllt mit Aktionen, die betreffenden Waren zu beschaffen. Einige dieser Produkte, wie zum Beispiel komplett ausgerüstete Feuerwehrwagen, mussten erst in Auftrag gegeben und produziert werden. Mitte des Jahre 1973 – als sich die politische Lage in Chile bereits weiter zugespitzt hatte und Engpässe in der Versorgung der Bevölkerung nicht mehr zu übersehen waren – konnten dann drei Handelsschiffe der Deutschen Seereederei gechartert und mit den gesammelten Waren beladen werden. Ein wichtiger Teil dieser Fracht waren Lebensmittel, wie etwa Fleisch- und Butterkonserven.

Die drei Schiffe trafen im Juli/August in den Häfen von Valparaíso und San Antonio ein. Beauftragte der chilenischen Regierung legten fest, wer die Empfänger der verschiedenen Güter sein sollten. Bei besonderen Produkten, wie beispielsweise die Feuerwehrwagen, wurde die Übergabe in offiziellen feierlichen Akten durch Mitar-

beiter der Botschaft der DDR vollzogen. Höhepunkt der Übergabe der Solidaritäts-
güter war schließlich ein zentraler Akt im Hafen von Valparaíso mit Hunderten von
Hafenarbeitern, in dessen Verlauf Präsident Salvador Allende und DDR-Botschafter
Harry Spindler Ansprachen hielten. Niemand ahnte damals, dass dies nicht nur einer der schönsten, sondern zugleich auch der letzte Höhepunkt der Beziehungen
zwischen der DDR und Chile sein sollte:

Am 11. September 1973 putschte das chilenische Militär unter General Pinochet und stürzte die Regierung der Unidad Popular. Präsident Allende kam bei
den Kämpfen um den Regierungspalast La Moneda ums Leben. Dies bedeutete
das gewaltsame Ende des revolutionären Prozesses, der mit dem Wahlsieg Allendes Ende 1970 begonnen und wichtige Veränderungen in der ökonomischen
und sozialen Struktur des Landes mit sich gebracht hatte. Wie später ans Licht
der Weltöffentlichkeit kam, war dieser Putsch – der erste in der Geschichte Chiles – von einheimischen Militärs und der USA-Regierung gemeinsam vorbereitet
und durchgeführt worden. Es begann eine Schreckensherrschaft des Militärs, die
sechzehn Jahre dauern und nahezu alle Errungenschaften der Allende-Regierung
rückgängig machen sollte.

Als Protest gegen diesen Putsch beschlossen die sozialistischen Staaten mit Ausnahme Chinas und Rumäniens, die diplomatischen Beziehungen zu Chile abzubrechen. Der erst wenige Wochen zuvor akkreditierte neue Botschafter der DDR übergab im chilenischen Außenministerium eine entsprechende Note seiner Regierung
und reiste innerhalb weniger Tage ab. Ihm folgten im Verlaufe der nächsten zwei
Wochen alle diplomatischen Mitarbeiter sowie die Mehrzahl der anderen Angestellten der Botschaft aus den Bereichen des Handels und der Verwaltung mit ihren Familienangehörigen. In Santiago verblieb eine kleine Gruppe von Mitarbeitern, denen
die Verwaltung der Dienstgebäude und des sonstigen Eigentums der Botschaft an-
vertraut wurde.

Genau einen Monat nach dem Putsch wurde in Berlin das *Chile-Komitee* gegründet, das zum bereits bestehenden Solidaritätskomitee der DDR gehörte und
unter der Schirmherrschaft bedeutender Persönlichkeiten der DDR aus Vertretern
aller Parteien und Organisationen bestand. Bei der Gründungsveranstaltung war die
Witwe von Salvador Allende, Frau Hortensia Bussi, anwesend.

Anmerkungen

1   Das zeigte sich auch darin, dass sich spontan und bis in die ländlichen Regionen hinein in LPGs
    und einigen Betriebsgruppen Solidaritätsgruppen bildeten, die Geld sammelten, riesige Transpa-

rente aufhängten und vieles mehr.

2   Dies geht auf die Diskussionen zur Verwirklichung von Demokratie im Sozialismus zurück. In der DDR existierten mehrere Parteien, die SED besetzte jedoch zweifellos die Schlüsselpositionen in Militär, Justiz etc.

Gotthold Schramm

Die DDR und Chile während und nach dem Putsch

D ie Entwicklung Chiles wurde in der DDR nach der Gründung
der aus sechs Parteien bestehenden Unidad Popular, die im
September 1970 als gemeinsamen Präsidentschaftskandidaten
Dr. Salvador Allende nominierte, mit großer Anteilnahme und
Sympathie, aber auch mit erheblicher Sorge verfolgt. Einerseits
war es Freude mit dem chilenischen Volk über die Bildung einer Regierung, die
erstmals auf parlamentarisch-demokratischen Wege gesiegt und sich eine gerech-
te und sozialistische Entwicklung auf die Fahne geschrieben hatte, andererseits
war die Sorge groß, dass imperialistische Einflüsse und konterrevolutionäre Aktivitäten diese Regierung und die eingeschlagene Entwicklung zu Fall bringen
könnten. Vielleicht hatten die DDR-Bürger angesichts der Ziele und Aktivitäten
der Bundesregierung und ihrer Hintermänner ein besonderes Gefühl dafür. Immerhin waren seit 1930 allein auf lateinamerikanischen Boden mit Hilfe der USA
vierzig bürgerlich-demokratische Regierungen gestürzt worden.

Mitte 1973 war eine besorgniserregende Lage in Chile entstanden. Die LKW-
Fahrer, deren Tätigkeit für das Land ohne wesentliche Eisenbahnlinien unersetzlich
ist, streikten – wie sich später herausstellte mit aktiver politischer und finanzieller Unterstützung der USA –, die Versorgung war in Gefahr. Zehntausende Demonstranten
befanden sich auf Straßen und Plätzen.

In dieser Situation ging im August 1973 bei der Aufklärung der DDR eine wichtige Information von einer Top-Quelle aus dem BND ein. Ohne Angabe eines Ter-

mins hieß es darin, dass in Chile ein Militärputsch unmittelbar bevorstünde. Anfang September wurde diese Information über Parteikanäle Allende und Corvalan zugeleitet; beide haben diese jedoch nicht ernst genug genommen. Sie glaubten an die Verfassungstreue der Militärs, zumal es vorher mehrere Bekundungen in dieser Hinsicht gab.

In dem Buch *Flucht vor der Junta* (edition ost, [hrsg. von Gotthold Schramm, Berlin 2005, Anm. d. Verl.)] heißt es hierzu auf Seite 86:

»Die Tatsache, dass im Generalstab die Mehrheit gegen die Regierung der Unidad Popular stand, dass Hinweise auf die Pläne der CIA vorlagen und der Marineadjutant Allendes, Kapitän Araya, ermordet wurde, ließen allerdings Zweifel an der Verfassungstreue aufkommen. Allende und Corvalan sahen das offenkundig nicht so. Sie schätzten die Lage falsch ein und wurden in gewisser Weise vom Putsch am 11. September überrascht. Der ursprüngliche Plan der CIA und Pinochets sah den Staatsstreich in der ersten Septemberwoche vor. Allende sollte in jener Zeit in Algier weilen. Wegen der angespannten innenpolitischen Lage sagte der Präsident jedoch die Reise ab. Daraufhin legten die Putschisten den Termin fest: den 11. September.«

In den ersten Tagen nach dem Putsch suchten ca. hundert Chilenen Schutz auf dem Gelände der DDR-Botschaft, in der Regel Mitglieder der Parteien der Unidad Popular und Funktionäre des chilenischen Staates und der chilenischen Gesellschaft. Die Pinochet-Junta hatte bereits am ersten Tag des Putsches den vorbereiteten »Erlass Nr. 10« mit den 95 meistgesuchten Personen herausgegeben. Sieben davon befanden sich in der DDR-Botschaft, die nach der Aufkündigung der diplomatischen Beziehungen mit dem Pinochet-Chile unter dem Schutz Finnlands stand. Es handelte sich um:

Carlos Altamirano – Generalsekretär der Sozialistischen Partei

Vladimir Chavec – Gouverneur der Bergarbeiterregion O`Higgins Racagua

Luis Guastavino – Fernseh- und Rundfunk-Kommentator

Jorge Insunza – Mitglied der Politischen Kommission des ZK der KP, Chefredakteur von El Siglo

Alejandro Rochas – Präsident des Kommunistischen Studentenbundes

Jose Miguel Varas – Leiter des KP-Senders Radio Magalanes

Hugo Fazio – Vizepräsident der Staatsbank

Sie konnten vor dem Zugriff der Junta gerettet werden.

Carlos Altamirano, der von der Junta Meistgesuchte, wurde in einer spektakulären Aktion illegal mit geheimdienstlichen Mitteln und Methoden nach Argentinien ausgeschleust. Er war bis zur Durchführung der Aktion am 5. November 1973 zunächst separat in der Botschaft untergebracht. Während der Vorbereitung wurde in Argentinien in einem PKW ein Personenversteck eingebaut, ein französischer Pass in der Zentrale der Aufklärung in Berlin hergestellt und ein mit BRD-Papieren ausgerüsteter inoffizieller Mitarbeiter der Aufklärung auf die Schleusung vorbereitet. In die erfolgreiche und hochriskante Aktion waren mehrere DDR-Bürger einbezogen, die keinerlei Verbindung zum Ministerium für Staatssicherheit unterhielten.

Zur Vorbereitung weiterer Ausschleusungen war die »MS Neubrandenburg«, ein auf der Kuba-Route verkehrendes Handelsschiff der DDR-Flotte, nach Chile umgeleitet worden. Es befand sich unter Vortäuschung eines Maschinenschadens mehrere Tage im Hafen von Valpariso.

An Bord waren Verstecke für Ausschleusungen vorbereitet. Diese Möglichkeit wurde jedoch nicht genutzt, da sich inzwischen andere Ausreisemöglichkeiten, auch offizieller Art, ergeben hatten. Hierbei haben sich die noch in der Vertretung befindlichen DDR-Bürger große Verdienste erworben, ebenso bei der Versorgung und Betreuung der untergebrachten chilenischen Bürger, die oft wochenlang auf ihre Ausreise warten mussten.

Es folgt nachstehend ein Auszug aus dem Beitrag »Die DDR-Vertretung bei der Unterstützung des chilenischen Widerstandes« von Rudolf Herz und Arnold Voigt (aus *Flucht vor der Junta* [S. 150–156, Anm. d. Verl.]):

»Am 11. September kam es zu unkoordinierten und spontanen bewaffneten Widerstandsaktionen zur Verteidigung von Fabriken und Armenvierteln, denen sich auch einzelne Angehörige von Polizei und Armee anschlossen. Vereinzelt wurde auch in den folgenden Tagen und Nächten geschossen. Dieser Widerstand wurde von den Putschisten mit dem Einsatz von Kampfflugzeugen, Hubschraubern und schweren Waffen brutal niedergeschlagen.

Bis in die 80er Jahre hinein gab es sporadische Aktionen einzelner Widerstandsgruppen. Das waren zumeist Sabotageakte, die sich gegen militärische und infrastrukturelle Einrichtungen der Junta richteten.

So wurde etwa der Sohn von Luis Canales Anfang Dezember 1973 bei dem Versuch getötet, mit seiner Gruppe der JJ.CC (kommunistischer Jugendverband) die Masten einer Überlandleitung zu sprengen. Canales hatte in unserer Vertretung Schutz gesucht.

Die spektakulärste Aktion, die bekannt wurde, richtete sich direkt gegen Pinochet im Cajón de Maipo. Der Anschlag misslang, weil die auf die gepanzerte Limousine abgefeuerte Rakete nicht explodierte. Verantwortlich dafür zeichnete eine Gruppe junger Kämpfer der JJ.CC und der MIR, die sich zur FPMR (*Frente Patricótico*

Manuel Rodríguez, dt. Patriotische Front Manuel Rodríguez) zusammengeschlossen hatten.

Bekannt sind auch Aktionen, bei denen Spitzel, Verräter und Folterknechte ausgeschaltet wurden.

Die vordringliche Aufgabe des Widerstandes bestand jedoch darin, die Organisationsstrukturen der UP-Parteien aufrechtzuerhalten, gefährdete Kader in sicheren Verstecken unterzubringen, ihnen, wenn nötig, das Asyl in einer Botschaft zu ermöglichen oder sie ins Ausland zu schleusen, Kommunikationswege zu schaffen, zu sichern und zu erneuern, wenn sie von der DINA zerrissen waren, Informationen zu sammeln und gegen die Junta gerichtete Propaganda-Aktionen zu starten.

Eine bedeutende Rolle spielten dabei auch die Kontakte zu UP-Anhängern, die unentdeckt in den Reihen von FF.AA. und Carabineros ihre Positionen gehalten hatten, obwohl die Streitkräfte mehreren brutalen Säuberungswellen ausgesetzt waren. Alleine bei der FACH (*Fuerza Aérea de Chile*, dt. Chilenische Luftstreitkräfte) gab es mehr als 900 Verhaftete, von denen viele nach grausamen Folterungen ermordet wurden. Unter den Toten war auch der Vater der ehemaligen Verteidigungsministerin der Lagos Regierung, General Bachelet.

Zu den nicht minder wichtigen Aufgaben des Widerstandes gehörte es auch, den vielen Angehörigen der Verhafteten, Verschwundenen und Getöteten Unterstützung zu gewähren und tatkräftige Solidarität zu bekunden. Diese Solidarität wurde von vielen Chilenen geleistet, auch wenn sie keiner Widerstandsgruppe angehörten.

Infolge der Gräueltaten der Junta bildeten sich spontan viele neue Widerstandsnester, die ihre eigenen praktischen Erfahrungen im illegalen Kampf sammelten. Dabei wurden Fehler gemacht, es gab Leichtsinn und Disziplinlosigkeit, die angesichts eines gut ausgebildeten und hervorragend ausgerüsteten Gegners teuer bezahlt werden mussten.

Mit der DINA hatte sich die Junta einen zentralen Geheimdienst geschaffen, dem die Dienste der einzelnen Teilstreitkräfte und der Carabineros untergeordnet waren. Ihm standen nicht nur beträchtliche personelle und materielle Mittel zur Verfügung, sondern die DINA und ihre Nachfolgeeinrichtung, die CNI (*Central Nacional de Inteligencia*) operierten, unterstützt von CIA-Mitarbeitern und beraten durch brasilianische Folterspezialisten, nahezu außerhalb jeglicher Kontrolle. Ihr Kommandeur, General Contreras, unterstand direkt Pinochet. Diese Terrororganisation hinterließ auch im Ausland durch Mordanschläge eine Blutspur.

Zu den ersten Opfern zählten als UP-Anhänger bekannte Angehörige der Streitkräfte und Funktionäre und Mitglieder der UP-Parteien. Sowohl die KP als auch die

SP verloren ihre ersten illegalen Leitungen. Erst im Laufe eines längeren Prozesses formierten sich aus weniger bekannten Kadern neue Leitungsstrukturen.

Von den prominenteren Politikern der UP befanden sich zum Zeitpunkt des Putsches lediglich Orlando Letelier (SP) und Volodia Teitelboim (KP) im Ausland. Sie unternahmen alle Anstrengungen, um die weltweite Protest- und Solidaritätsbewegung zu stärken und zu koordinieren und die über das Asyl ins Ausland kommenden Kader ihrer Parteien zu sammeln und zu organisieren. Nach der Ausschleusung des Generalsekretärs der SP, Carlos Altamirano, richtete seine Partei eine ihrer Auslandszentralen in Berlin ein. Dort sammelten sich im Laufe der Zeit viele namhafte Kader.

Die Herstellung einer stabilen Verbindung zu den illegal operierenden Widerstandskräften in Chile wurde zu einer immer vordringlicheren Aufgabe.

In dieser Situation konnte die Parteiführung der DDR, die aus den bitteren Erfahrungen der KPD die Bedeutung und den Wert einer Verbindung zur Außenwelt zur Genüge kennen gelernt hatte, Hilfe leisten. Es bot sich an, die in Chile verbliebene DDR-Restgruppe als Verbindungsglied zwischen den Auslandsleitungen der UP-Parteien und dem inneren Widerstand zu nutzen. Die Notwendigkeit und die Möglichkeit, Altamirano aus Chile auszuschleusen, führten solche Überlegungen bald zu konkreten Entscheidungen.

Schon Ende September 1973 nahm die Führung der KP Chiles Kontakt zur Mitarbeitergruppe auf. Man kannte sich aus früheren Arbeitskontakten zu Journalisten und Außenhändlern aus der DDR. Im Vordergrund stand zunächst nur eine Frage: ›Könnt ihr uns helfen, gefährdeten Genossen zumindest zeitweise Unterschlupf zu gewähren?‹

Allerdings erfuhren auch sie aus Gründen der Konspiration nicht, dass sich Altamirano unter unserem Dach befand und seine Ausschleusung vorbereitet wurde. Deshalb verhielten sich die Genossen aus der DDR zunächst etwas abweisend. Gleichwohl wurden zu jener Zeit Alejandro Rojas und Hugo Fazio mit seiner Familie nach vorheriger Abstimmung mit Berlin aufgenommen.

Bei diesen Kontakten wiesen die chilenischen Genossen ihre in diesen Fragen völlig unerfahrenen DDR-Freunde in einige Grundregeln der konspirativen Arbeit ein. Damit wurde es möglich, auch kompliziertere, meist aus einer Notsituation geborene *operativos* (konspirative Aktionen) in Angriff zu nehmen.

Dazu gehörten die Sicherung von wichtigen Dokumenten und eines Teils des Barvermögens der KP-Führung. So stand eines Vormittags ein bekannter chilenischer Genosse vor dem Botschaftstor und übergab zwei große Beutel mit Brötchen, unter denen Geld und Dokumente versteckt waren. Gleichzeitig bat er um dringende Hilfe für einen anderen Genossen, der sich mit dem Rest der ›Brötchen‹ in einem nahegelegenen Armenviertel aufhielt, das von der Polizei schon weiträumig abgesperrt war. Dort stand offensichtlich eine Großrazzia bevor. Erkennungszeichen, Uhrzeit und Treffpunkt der Übergabe waren bereits vereinbart, es blieb gerade einmal eine Stunde.

Nach kurzer Beratung fuhren zwei Mitarbeiter mit ihren CD-Fahrzeugen los. Auf einem Parkplatz in der Nähe des Treffpunktes trennten sie sich und der mit seinem Diplomatenpass etwas besser geschützte Konsul drang unbehelligt in den Sperrbezirk ein, übernahm die ›Brötchen‹ am vereinbarten Ort und fuhr zurück zu seinem wartenden Kollegen. Unterwegs war ihm aufgefallen, dass er ›Begleitung‹ erhalten hatte: Ihm folgte ein von jungen Männern in Zivil besetzter Peugeot 404, ein Fahrzeugtyp, der auch von der DINA benutzt wurde.

Nach kurzer Beratung auf dem Parkplatz übergab er seinem Begleiter eine große, aber leere Aktentasche. Der fuhr mit hoher Geschwindigkeit in Richtung Stadtzentrum – nunmehr hatte er den Peugeot am Heck. In der Zwischenzeit konnte der Konsul die ›Brötchen‹ unbehelligt in die Vertretung bringen.

Eine neue Qualität der Verbindungen zur KP war mit der Ankunft von MfS-Offizieren möglich. Das Ressort konspirative Arbeit konnte nun in professionelle Hände übergeben werden.

Ein weiteres Kontaktgespräch mit zwei offiziellen KP-Emissären verlief ohne Zwischenfälle. Eine der chilenischen Kontaktpersonen war von den vorausgegangenen Begegnungen persönlich gut bekannt. Im Auftrag der illegalen Leitung trugen sie verschiedene Anliegen vor:

Nach wie vor galt es als vordringlich, gefährdete Genossen bzw. solche, die von der Inlandsleitung gezielt ins Ausland geschickt werden sollten, in unserer Vertretung unterzubringen. Am Herzen lag den chilenischen Genossen vor allem eine Gruppe von Parlamentariern, die in der Öffentlichkeit sehr bekannt waren und so kaum in die illegale Arbeit einbezogen werden konnten.

Grundsätzlich orientierte die Inlandsleitung der KP darauf, dass die Mitglieder ihrer Partei und die des Kommunistischen Jugendverbandes im Lande verblieben und sich in den illegalen Kampf einbrachten.

Nach den guten Erfahrungen, die bei der Sicherstellung von Parteigeldern und -dokumenten gemacht worden waren, bestand ein zweites Anliegen darin, die Arbeitsfähigkeit der Gruppe zu gewährleisten, die von der KP-Führung mit diesen Fragen betraut war. So wurden wir ersucht, den Ressortverantwortlichen, Luis Canales (von uns respektvoll mit Don Lucho angeredet), und den Anwalt Guillermo Montecinos bei uns aufzunehmen. Beide sollten bis zur Sicherung des Parteivermögens und bis zur Regelung anderer finanztechnischer Probleme im Lande verbleiben und von einem sicheren Unterschlupf aus ihre Aufgaben lösen.

Mit der Zustimmung aus Berlin wurden beide aufgenommen, Guillermo fand in der Schule Unterschlupf, und Don Lucho bezog ein Gästezimmer in der ehemaligen Residenz des Botschafters. Hier wohnten der Leiter der DDR-Gruppe mit seiner Gattin, der Konsul und ein chilenisches Ehepaar, auf dessen Verschwiegenheit wir uns verlassen konnten.

Don Lucho, ein älterer, bescheidener und kluger Genosse gehörte nun zur Familie.

Der Finanzapparat der Partei war auf eine mögliche illegale Arbeit relativ gut vorbereitet und hatte sein eigenes Verbindungssystem, in das der nun verantwortliche Genosse des MfS problemlos einbezogen werden konnte.

Als Helferinnen und Boten fungierten oft junge, attraktive weibliche Mitglieder des kommunistischen Jugendverbandes, die sich durch Mut und Umsicht auszeichneten.

Ein weiteres Anliegen, das die chilenischen Genossen vortrugen, betraf die Kommunikation, das heißt die Nutzung der Möglichkeiten der DDR-Mitarbeitergruppe für die Installierung eines Verbindungskanals zu der inzwischen durch Volodia Teitelboim in Moskau konstituierten Auslandsleitung der KP. Auch dazu erfolgte eine Zusage. Mit der chiffrierten Telex-Verbindung, dem über die finnische Botschaft gut funktionierenden diplomatischen Kurierweg und über die Ein- und Ausreisebewegungen von DDR-Dienstreisenden, Kundendiensttechnikern und den Mitarbeitern der Restgruppe existierten günstige Voraussetzungen.

Die ersten Zusammenkünfte dienten vor allem der Etablierung eines konspirativen Verbindungssystems mit Zeichenstellen, Toten Briefkästen, telefonischen Signalvereinbarungen, Einwurfschleusen, Trefforten, Not-und Warnzeichen etc. Das war ein Prozess des Gebens und Nehmens, in dem sich die jungen chilenischen Genossen als äußerst umsichtige, mutige und intelligente Kampfgefährten erwiesen. Dieses Verbindungssystem, das im Laufe der Jahre ständig vervollkommnet und den sich verändernden Bedingungen angepasst wurde, leistete hervorragende Dienste. Die Akteure auf beiden Seiten wechselten mehrfach.

Der illegalen Leitung der KP und der später unter Luis Corvalan in Moskau tätigen Auslandsleitung stand in all den Jahren ein stabiler und sicherer Verbindungsweg zur Verfügung, der vor allem zur Nachrichtenübermittlung, gelegentlich auch

für die Übermittlung von eher kleineren Geldbeträgen und von technischen Hilfs-
mitteln, zu keinem Zeitpunkt aber zur Lieferung von Waffen oder militärischen Ausrüstungen genutzt wurde.

Die Leitung der *Sozialistischen Partei Chiles* und das in Berlin tätige UP-Zentrum
Antifaschistisches Chile profitierten gleichfalls von diesem Kanal.

Auch die Restgruppen der UdSSR, der CSSR, Ungarns und zeitweise auch Polens
nutzten die DDR-Telexverbindungen. Es entwickelten sich gute Kontakte und eine
erfolgreiche Zusammenarbeit mit Mitarbeitern der UdSSR in der CEPAL und dem
Leiter der CSSR-Firma TRACO.

Im Jahre 1987 konnten die konspirativen Aktivitäten eingestellt werden.

Der Brückenkopf der DDR in Chile war auf zwei Familien geschrumpft, die nun
unter dem Schutz Rumäniens standen. Die DDR-Restvertretung nahm fortan nur
noch technisch-kommerzielle Funktionen wahr und wurde zu diesem Zweck von
der Kammer für Außenhandel später wieder personell verstärkt.

Die politische Opposition in Chile hatte in der Zwischenzeit im illegalen Kampf
gut organisierte und effektivere Strukturen geschaffen. In dieser Zeit begann auch die
Rückführung der ersten UP-Funktionäre und -Anhänger, die bisher im Exil gelebt
hatten. Das stärkte den Widerstand im Inneren und eröffnete ihm immer wirkungs-
vollere, später auch legale Möglichkeiten. Die Bedeutung der Auslandszentralen der
UP-Parteien ging folgerichtig zurück.«

Karlheinz Möbus

Chilenische Emigranten in der DDR

Bereits wenige Stunden nach dem Sturz der chilenischen Regierung der Volkseinheit unter Salvador Allende am 11. September 1973 wurde offensichtlich, dass die chilenische Militärjunta unter Pinochet mit äußerster Brutalität gegen die Bevölkerung vorging. Vor allem in der Hauptstadt Santiago, die ständig von Panzern durchfahren und Militärflugzeugen bzw. Helikoptern überflogen wurde, konnte man bald die ersten Toten am Straßenrand liegen oder im Mapocho-Fluss treiben sehen. In den Arbeitervierteln begann eine Welle von Hausdurchsuchungen durch bewaffnete Kräfte, bei denen Tausende festgenommen, misshandelt und gefoltert wurden und viele der Verhafteten zählten später zu den sogenannten Verschwundenen, nach denen teilweise noch heute gesucht wird. Diese Brutalität war von der Militärjunta offenbar bewusst gewählt worden, um die Bevölkerung einzuschüchtern und jeglichen Willen zum Widerstand von vornherein zu brechen.

Um diesem Mordterror zu entfliehen, suchten immer mehr Chilenen Zuflucht in ausländischen Botschaften, darunter auch in der Botschaft der DDR. Zwar hatte die DDR – wie nahezu alle damaligen sozialistischen Staaten – aus Protest gegen den Sturz der demokratisch gewählten Regierung Allende den Abbruch der diplomatischen Beziehungen erklärt und damit den diplomatischen Status ihrer Vertretung verloren. Nichtsdestotrotz erschienen bereits am Tag nach dem Putsch erste Chilenen und baten um politisches Asyl. Obwohl es keine internationalen Regeln gab, die ein solches politisches Asyl durch nicht-amerikanische diplomatische Vertretungen erlaubten und trotz des Fehlens ihres diplomatischen Status wurden diese Asylsuchenden von den DDR-Vertretern widerspruchslos aufgenommen. Auch die anderen Botschaften füllten sich mit immer mehr politischen Flüchtlingen. Die Pinochet-Regierung hatte inzwischen die Ausweisung politisch missliebiger Bürger als zusätzliches Instrument der Beseitigung jeglichen politischen Widerstandes entdeckt und vielen Verhafteten die Entlassung aus den Gefängnissen und Konzentrationslagern für den Fall zugesagt, dass sie die Einreiseerlaubnis eines Drittstaates vorweisen konnten. Dieser Fälle nahmen sich vor allem internationale Organisationen wie die UNO-Flüchtlingsorganisation an, die mit dem diplomatischen Korps eng zusammenarbeiteten und immer öfter auch die DDR um Aufnahme auch solcher Chilenen bat, die in zwar andere Botschaften geflüchtet waren, jedoch nicht in das betreffende Land ausreisen konnten oder wollten. Schließlich gehörten zu den Schutzsuchenden auch Bürger anderer lateinamerikanischer Staaten, wie zum Beispiel Brasilianer, Bolivianer und Uruguayer, die bereits vor den Diktaturregimen in ihren Heimatländern geflohen waren und von der Allende-Regierung Asyl in Chile erhalten hatten.

In den folgenden Tagen und Wochen nahm die Zahl der Asylsuchenden immer weiter zu, und nach dem Botschaftsgebäude wurden auch weitere von der ehemaligen DDR-Botschaft genutzte Gebäude wie die Residenz des Botschafters, das Gebäude der Handelsvertretung und die Schule für DDR-Kinder für deren Unterbringung genutzt. Als die Republik Finnland die Schutzmachtvertretung für die DDR übernahm, wurden auch viele Flüchtlinge, die in die kleine finnische Botschaft geflohen waren, in diesen Gebäuden der ehemaligen DDR-Botschaft untergebracht. In dem Maße wie klar wurde, dass die Militärclique nicht die Absicht hatte, die Macht an gewählte Vertreter zu übergeben und zu demokratischen Verhältnissen zurückzukehren, bedeutete dies, dass die Emigration tausender Chilenen vorbereitet, finanziert und realisiert werden musste. Für die DDR bedeutete dies, dass für die in den Räumlichkeiten der Botschaft befindlichen Asylsuchenden alle Vorbereitungen für eine Übersiedlung in die DDR und einen längeren Verbleib in der DDR getroffen werden mussten

In dem Maße wie die chilenischen Behörden der Ausreise der Betreffenden zustimmten und auch die Pass-, Visa- und Transportfragen geklärt wurden, ergab sich für die DDR-Behörden die Notwendigkeit, für die Übersiedlung sowie für die Aufnahme, Unterbringung und allseitige Betreuung dieser Chilenen in der DDR zu sorgen. Mit den Geldspenden der Bevölkerung standen zwar zunächst größere finanzielle Mittel zur Verfügung, grundlegende Bedürfnisse der eintreffenden Emigranten wie die Übergabe einer Wohnung, Sicherung eines Arbeitsplatzes mit ausreichendem finanziellen Einkommen, Erziehung und Bildung der Kinder und ärztliche Betreuung waren jedoch unter den Bedingungen des gesellschaftlichen Systems der DDR nicht allein mit Geld zu regeln, sondern bedurften der Einschaltung der staatlichen Organe auf zentraler und örtlicher Ebene. So konnte Wohnraum angesichts der andauernden

Knappheit auf diesem Gebiet nur durch entsprechende Beschlüsse auf höchster Ebene des Staatsapparates besorgt werden.

Diesen neuen Notwendigkeiten entsprechend wurden auf Ebene des Politbüros der Sozialistischen Einheitspartei Deutschlands sowie des Ministerrates der DDR Beschlüsse gefasst, die den Rahmen für die Aufnahme, Betreuung und Eingliederung der politischen Emigranten aus Chile absteckten und die für die zuständigen staatlichen Organe – wie zum Beispiel das Ministerium des Innern und seine nachfolgenden Institutionen in den Bezirken der DDR, das Volksbildungsministerium, das Staatliche Komitee für Arbeit und Löhne usw. –die notwendigen Weichenstellungen vornahmen. Auf diese Weise entstand ein einheitliches und umfassendes Netz der sozialen, kulturellen, medizinischen und politischen Betreuung für die Exilanten aus Chile. Im Zentralkomitee der SED, im Ministerium des Innern sowie in den Räten der Bezirke wurden Arbeitsgruppen gebildet, die für die Umsetzung dieser Beschlüsse verantwortlich waren. Das im Solidaritätskomitee der DDR geschaffene Chile-Zentrum, fühlte sich insbesondere für die politisch-kulturelle Betreuung der Chilenen zuständig. Darüber hinaus unternahm es große Anstrengungen, den Gedanken der Solidarität mit dem leidenden und kämpfenden chilenischen Volk unter der DDR-Bevölkerung zu fördern und zu vertiefen. Eines der Ergebnisse dieses Bemühens bestand in der Aufbringung bedeutender finanzieller Mittel für die Betreuung der Chilenen. Eine ähnlich wichtige Arbeit leisteten auch der Freie Deutsche Gewerkschaftsbund, der über die »Soli-Marken« seiner Mitglieder ebenfalls beträchtlich zur Finanzierung der Betreuungsaufgaben beitrug, sowie die Jugendorganisation FDJ.

Bereits in den ersten vier Monaten nach dem Putsch kamen mehr als sechshundert Flüchtlinge aus Chile in die DDR, unter ihnen sechzig Bürger anderer lateinamerikanischer Staaten und ca. 150 Kinder. Die meisten erwachsenen Chilenen waren Mitglieder der Parteien der Unidad Popular, insbesondere der Kommunistischen und der Sozialistischen Partei, die überwiegende Mehrheit von ihnen Intellektuelle, wie beispielsweise Hochschullehrer, Journalisten, Künstler, Ärzte und Studenten sowie ehemalige Angestellte im Staatsdienst der Allende-Regierung. Angesichts dieser großen Zahl, deren weiteres Anwachsen absehbar war, reichten die ursprünglich vorbereiteten zwei Aufnahmeheime bald nicht mehr aus. Verschiedene staatliche Institutionen und gesellschaftliche Organisationen mussten eigene Ferienobjekte oder Schulungszentren zur Verfügung stellen, die dann als Aufnahmeheime genutzt wurden. Dementsprechend waren diese Heime über die ganze DDR verstreut. Das größte von ihnen war wohl das Hotel Lunik in Eisenhüttenstadt, das mehr als ein Jahr lang diesem neuen Zweck diente.

In den Aufnahmeheimen erfolgte eine erste medizinische Betreuung. Da die Übersiedlung vom chilenischen Sommer in den europäischen Winter erfolgt war, war die schnelle Beschaffung entsprechender Bekleidung erforderlich. In jedem Heim musste ein Spanisch-Dolmetscher stationiert werden, mit dessen Hilfe erste Gespräche über familiäre Fragen, berufliche Fähigkeiten, Möglichkeiten der arbeitsmäßigen Eingliederung geführt und erste verwaltungstechnische Aufgaben wie die Ausstellung von Personaldokumenten usw. gelöst werden konnten. Auch mit dem Erlernen der deutschen Sprache wurde schon in den Aufnahmeheimen begonnen.

Eine Schwierigkeit bestand zunächst darin, dass die meisten Chilenen einer der Parteien der Unidad Popular angehörten und deshalb die Einzelheiten ihres Exils mit ihren Parteiführungen abgestimmt werden mussten. Diese waren aber auf Grund der Verfolgungen durch das Militär längere Zeit nicht arbeitsfähig. Es dauerte einige Wochen oder Monate bis diese Parteien beginnen konnten, eine Leitungsstruktur im Exil aufzubauen. Erst dann war es möglich, eine Koordinierung herbeizuführen und die Eingliederung ihrer Mitglieder in das gesellschaftliche und berufliche Leben der DDR mit ihnen abzusprechen. Dabei herrschte in den ersten Monaten bei den chilenischen Parteiführungen noch die Meinung vor, dass sich das Pinochet-Regime nur wenige Monate halten könne und bald gestürzt würde. Unter diesem Gesichtspunkt sahen sie die Eingliederung ihrer Mitglieder in das Leben der DDR mit Deutschunterricht und Einarbeitung in eine neue berufliche Tätigkeit zunächst als unnötig und teilweise sogar störend bei der Vorbereitung des revolutionären Kampfes gegen die Pinochet-Diktatur an.

In dem Maße jedoch wie die Führungen dieser Parteien erkannten, dass ihr Kampf um die Rückkehr zu demokratischen Verhältnissen in Chile eine Angelegenheit sein würde, die sich über Monate und Jahre hinziehen könnte, begrüßten sie schließlich die Bemühungen der DDR-Organe um eine alle Seiten des persönlichen Lebens umfassende Integrierung ihrer Mitglieder in die DDR-Gesellschaft. Sie nutzten dieses Angebot, um auf die persönliche Entwicklung ihrer Parteimitglieder Einfluss zu nehmen und sie beruflich und politisch auf ein späteres demokratisches Chile vorzubereiten. Ein solches Herangehen an das Exil ließ sich ohnehin nur in sozialistischen Ländern wie der DDR realisieren, da die Parteien hier mit der organisierten Hilfe des Staates rechnen konnten. In einigen wenigen Fällen wurde von den chilenischen Parteien auch die Umsiedlung in ein anderes Exilland oder gar die illegale Rückkehr nach Chile vorgesehen und die zuständige DDR-Stelle um entsprechende Unterstützung gebeten. Jugendliche wurden dazu angehalten, sich beruflich bestmöglich zu qualifizieren und – soweit möglich – ein Hochschulstudium zu absolvieren.

Da die Beschaffung von Wohnungen für die eintreffenden Emigranten für die örtlichen Organe des Staatsapparates der DDR ein sehr schwieriges Problem darstellte, wurde von Anfang an darauf hin gearbeitet, nur einen geringen Teil von ihnen in der Hauptstadt unterzubringen und alle übrigen auf große Städte in den verschiedenen Bezirken der DDR zu verteilen. Zunächst wurden die Bezirke Halle, Karl-Marx-Stadt, Dresden, Gera und Suhl vom Vorsitzenden des Ministerrates der DDR angewiesen, Wohnraum für jeweils fünfzig, hundert bzw. 150 Emigranten bereitzustellen. Die dort entstehenden »chilenischen Kolonien« waren meist an Großbetriebe wie zum Beispiel die Leuna- und die Buna-Werke im Bezirk Halle, die Volkseigenen Betriebe Carl Zeiß Jena oder Sachsenring Zwickau gebunden, wo die Erwachsenen nicht nur auf die dortigen Arbeitsplätze umgeschult und in die Arbeit eingegliedert wurden, sondern immer auch die in der DDR übliche allseitige soziale und medizinische Betreuung gesichert war. Später kamen die Bezirke Cottbus und Frankfurt/Oder und Magdeburg hinzu. Ärzte, Wissenschaftler, Journalisten sowie Spitzenfunktionäre der politischen Parteien wurden in Berlin und anderen Bezirkshauptstädten untergebracht. Schauspieler, Musiker und andere Künstler wurden in Rostock eingegliedert, wo sie unter Federführung des dortigen Volkstheaters die notwendigen spezifischen Möglichkeiten für die Ausübung ihres Berufes bekamen. Beim Rundfunk der DDR wurde der Sendebereich Radio Berlin International durch eine tägliche spanisch sprachige Sendung erweitert, die speziell auf Chile ausgerichtet war. Dort arbeiteten einige chilenische Journalisten.

Bei den Wohnungen, die den Chilenen zur Verfügung gestellt wurden, handelte es sich fast ausnahmslos um Neubauwohnungen. Zu einem großen Teil waren diese Wohnungen bereits einzelnen DDR-Bürgern zugewiesen worden, und es bedurfte klärender Aussprachen mit ihnen, dass sie einige Monate länger auf eine neue Wohnung warten mussten. Der Solidaritätsgedanke war stark genug, um das Verständnis der Betreffenden zu erlangen.

Bei der Einweisung in ihre neue Wohnung wurde den Emigranten ein Übergangsgeld von mindestens 2.500 DDR-Mark, für jedes Kind zusätzlich 500 Mark gegeben. Zur Einrichtung ihrer Wohnungen mit Möbeln erhielten sie einen zinslosen Kredit, der in Monatsraten von mindestens fünf Prozent ihres Einkommens zurückzuzahlen war. Ehepaare mit Kindern durften bis zum Abschluss ihrer Einarbeitungszeit mietfrei wohnen.

So war bereits wenige Wochen nach Eintreffen der ersten politischen Emigranten aus Chile ein gut funktionierendes System geschaffen worden, das ihre weitgehend reibungslose Eingliederung in das Leben der DDR gestattete und sie sozial mit den Bürgern der DDR gleichstellte. Insgesamt belief sich die Zahl der in der DDR zeitweilig lebenden politischen Emigranten, Familienangehörige eingerechnet, auf etwa 2.000.

Da nach dem Abbruch der diplomatischen Beziehungen keine chilenische Vertretung mehr in der DDR existierte, die konsularische Angelegenheiten wie Pass- und Visafragen sowie standesamtliche und notarielle Angelegenheiten für diese Bürger regelte, wurde eine eigene Institution notwendig, bei der die Emigranten ihre Probleme vortragen und – soweit möglich – lösen konnten. Dazu wurde in Berlin das *Komitee Antifaschistisches Chile* geschaffen, das eine Art Interessenvertretung aller chilenischen Emigranten in der DDR darstellte und in dessen Büro mehrere chilenische und DDR-Bürger tätig waren. Auf Beschluss ihrer Parteien akzeptierten die Chilenen die in der DDR geltenden Einschränkungen der Reisefreiheit auch für sich selbst. Dementsprechend mussten Besuche beim chilenischen Konsul in Westberlin zur Regelung von Angelegenheiten wie Passverlängerung, Urkundenbeschaffung usw. von den Emigranten zunächst beim Büro beantragt und von ihm genehmigt werden. Gleiches galt für alle Auslandsreisen. Das Büro wurde auch zum Ansprechpartner für alle DDR-Institutionen bei der Organisierung von Solidaritätsveranstaltungen und der Regelung anderer Fragen, die auf diese oder jene Weise mit Chile oder chilenischen Bürgern in der DDR zu tun hatten. Erster Vorsitzender des Komitees war Osvaldo Puccio, Mitglied der *Sozialistischen Partei Chiles* und enger Freund und langjähriger persönlicher Sekretär von Präsident Salvador Allende, der mehrere Monate zusammen mit seinem Sohn und anderen Spitzenfunktionären auf der KZ-Insel Dawson gefangen gehalten worden war und danach ins Ausland abgeschoben wurde. Sein Stellvertreter im Berliner Büro war ein ehemaliger Gesundheitsminister Chiles und ehemaliger Christdemokrat. Beide genossen hohes Ansehen unter den chilenischen Emigranten.

Nach der erfolgreichen Ausschleusung des Generalsekretärs der *Sozialistischen Partei Chiles*, Carlos Altamirano, aus Chile durch Mitarbeiter der Restgruppe der ehemaligen DDR-Botschaft in Santiago bot die *Sozialistische Einheitspartei Deutschlands* diesem an, sich in Berlin niederzulassen und hier ein Büro der Auslandsleitung seiner Partei einzurichten. Altamirano nahm dieses Angebot dankend an und bat darum, mehrere Mitglieder der Führung seiner Partei, die sich in anderen Asylländern befanden, in die DDR übersiedeln zu lassen, um hier ein Büro der Auslandsleitung der Partei einzurichten und von Berlin aus den Wiederaufbau der *Sozialistischen Partei Chiles*, der Partei Salvador Allendes, zu beginnen.

Mit der Installierung des Sitzes der Auslandsleitung der *Sozialistischen Partei Chiles* in Berlin wurde die Hauptstadt der DDR zugleich zu einem der wichtigsten Zentren des weltweiten Kampfes gegen das faschistische Pinochet-Regime. Alle Spitzenpolitiker der Regierung der Unidad Popular und ihrer Parteien, soweit ihnen die Flucht ins

Ausland gelungen war und sie Asyl in einem anderen Land gefunden hatten, kamen von nun an in unregelmäßigen Abständen in die DDR, um sich mit Altamirano bzw. der Auslandsleitung der SP zu treffen. Dazu gehörten die Vorsitzenden bzw. Generalsekretäre dieser Parteien, die bei ihren Besuchen jedes Mal auch ihre Aufwartung bei der Führung der SED machten. Neben dem Vorsitzenden der *Kommunistischen Partei Chile*, Luis Corvalán, der nach seiner Befreiung aus chilenischen Gefängnissen in der DDR auf einem großen Festakt im Palast der Republik in Berlin begrüßt worden war, waren auch die Vorsitzenden der anderen Parteien der Unidad Popular öfter zu Gast in Berlin. Dadurch stand auch die Parteiführung der DDR in ständigem Kontakt mit den wichtigsten Politikern der chilenischen Linken und wurde in die Lage versetzt, über die Situation in Chile und den Kampf der antifaschistischen Kräfte im In- und Ausland ständig gut informiert zu sein.

Alle ins Exil getriebenen chilenischen Parteien – einschließlich der *Christdemokratischen Partei Chiles*, die ihrerseits den Militärputsch gegen Salvador Allende zwar gefördert und begrüßt hatte, dann aber von Pinochet aus allen Machtpositionen entfernt worden war – verfolgten das Ziel, den Kampf des chilenischen Volkes gegen das faschistische Pinochet-Regime bestmöglich vom Ausland her zu unterstützen. Dazu gehörte zum einen, die internationale Verurteilung dieses Regimes in der Organisation der Vereinten Nationen (UNO) und allen anderen wichtigen internationalen Gremien zu organisieren und zu fördern. Wichtigste Person dabei war der ehemalige UNO-Botschafter der Allende-Regierung Orlando Letelier, der zeitweilig auch die Funktion des Verteidigungsministers innehatte und deshalb bei Pinochet zu den meistgehassten Politikern gehörte. Letelier, der nach der Ankunft Altamiranos ebenfalls auf Besuch in der DDR-Hauptstadt weilte, wurde später durch Pinochet-Agenten in den USA ermordet.

Eine andere Seite der Tätigkeit der Auslandsleitungen der Parteien Chiles war die Unterstützung ihrer Mitglieder in Chile selbst, die den schwersten Teil des Kampfes gegen das Pinochet-Regime zu führen hatten. Diese Unterstützung bestand im Aufbau illegaler Leitungen, ihrem bestmöglichen Schutz vor Verfolgungen sowie materieller und finanzieller Hilfe. Voraussetzung dafür war ein funktionierendes System von Verbindungen zwischen In- und Ausland, das vom politischen Gegner nicht entdeckt werden konnte. Dabei leisteten die DDR-Bürger, die nach dem Abbruch der diplomatischen Beziehungen als Restgruppe in Chile verblieben waren, wertvolle Unterstützung.

Neben dem Büro *Antifaschistisches Chile* und der Auslandsleitung der Sozialistischen Partei gab es ein drittes chilenisches Büro in Berlin: das der *Kommunistischen Partei Chiles* (KP). Die KP war die Partei mit den meisten Mitgliedern unter den Emigranten in der DDR und entwickelte unter diesen ebenfalls große Aktivitäten zu einem baldigen Sturz des Pinochet-Regimes. Obwohl die Auslandsleitung der KP Chiles ihren Hauptsitz in Moskau hatte, wo auch ihr Generalsekretär Luis Corvalán lebte, nutzte sie die große Mitgliederzahl in der DDR und die Hilfsbereitschaft der DDR-Regierung, um von hier aus ihre Ziele durch konkrete Aufgaben zu verfolgen. Auf Wunsch der KP-Führung wurde an der Universität in Leipzig eine Gruppe chilenischer Wissenschaftler beschäftigt, die die Situation in Chile ständig analysieren und der Partei in der Ausarbeitung ihrer Strategie und Taktik zuarbeiten sollte.

Die übrigen Parteien der Unidad Popular hatten jeweils nur eine geringe Mitgliederzahl in der DDR. Trotzdem wurden dem jeweiligen verantwortlichen Funktionär von den DDR-Behörden ebenfalls gute Bedingungen für seine Arbeit geschaffen. Auch diese Parteien nutzten die Hilfsbereitschaft der DDR zur Durchführung von Leitungssitzungen, multilateralen Treffen und Seminaren.

Auf Druck der Organisation der Vereinten Nationen musste das chilenische Pinochet-Regime die Frage der chilenischen Staatsbürgerschaft für Chilen klären, die entweder ohne gültigen Pass ins Exil gereist waren oder deren Pässe abgelaufen und nicht wieder verlängert worden waren. Die Aufrechterhaltung dieses Zustandes hätte bedeutet, dass diese Bürger ihre chilenische Staatsangehörigkeit verloren hätten, Staatenlose geworden wären und nicht mehr in ihre Heimat hätten zurückkehren dürfen. Für das faschistische Regime hätte die bloße Ausstellung oder Verlängerung der chilenischen Pässe jedoch bedeutet, dass die Passinhaber jederzeit ins Land zurück kommen dürften, denn kein Land darf seinen eigenen Staatsbürgern die Einreise verweigern. Um aus diesem Dilemma herauszufinden, wandte Pinochet einen Trick an: Er kam zwar der Forderung der UNO nach und gestattete die Ausstellung bzw. Verlängerung der chilenischen Pässe für politische Emigranten, ließ jedoch allen Personen, deren Rückkehr nach Chile er zu verhindern gedachte, ein großes »L« in den Pass stempeln, womit ihnen die Rückkehr verboten wurde. Dieses »L« bekamen natürlich in erster Linie die Spitzenfunktionäre der Parteien der Unidad Popular bzw. der Allende-Regierung. Offensichtlich hatte Pinochet aber auch etwas gegen Chilenen, die in sozialistische Länder geflüchtet waren, auch wenn sie nicht zur Kategorie der Parteiaktivisten gehört hatten. Somit bekamen die meisten der in der DDR lebenden politischen Emigranten Chiles von »ihrem« Konsul in Westberlin ebenfalls ein »L« in den Pass gestempelt.

Den wenigen Parteimitgliedern, deren Pass nicht auf diese Weise markiert worden war und denen damit eine Rückkehr in die Heimat nicht verwehrt wurde, empfahlen die politischen Parteien, wieder nach Chile zu gehen. Hintergrund dieser Empfehlung war auch die Erkenntnis, dass der Kampf gegen das faschistische Pinochet-Regime hauptsächlich im Lande selbst geführt werden musste und politisches Asyl nur von denjenigen in Anspruch genommen werde sollte, die nicht im eigenen Lande leben konnten. Die Schwierigkeit bestand für die Betreffenden allerdings darin, dass in Chile eine hohe Arbeitslosigkeit herrschte und sie in den meisten Fällen nicht über die Mittel verfügten, um sich eine neue Existenz in Chile aufzubauen. Trotzdem begann damit Ende der siebziger Jahre der lange Prozess der Rückkehr der chilenischen Emigranten in ihr Heimatland, der jedoch noch zehn Jahre bis zu seinem Abschluss brauchen sollte.

Angesichts dieser ersten Konzessionen, die das Pinochet-Regime auf Grund des immer stärker werdenden internationalen Druckes machen musste, sowie der Zunahme auch des inneren Widerstandes gegen das System begannen die UP-Parteien zu dieser Zeit auch, die illegale Rückkehr von Spitzenfunktionären ins Inland zu betreiben, wofür sie die DDR um Hilfe baten. Ziel dieser Aktionen war es, die Leitungen der Parteien im Inland zu stärken und damit dem Kampf gegen das Regime stärkeren Auftrieb zu geben. So wurden in den achtziger Jahren mehrere bekannte Persönlichkeiten wie beispielsweise Clodomiro Almeyda (SP), Jorge Insunza (KP) und Enrique Correa (MOC) mit Hilfe einschlägiger DDR-Institutionen auf die illegale Heimkehr vorbereitet, wo sie bedeutende Aktionen gegen das Regime organisieren halfen.

1986 sah sich die Pinochet-Junta auf Grund des anhaltenden internationalen Drucks veranlasst, die Liste der Chilenen, denen die Rückkehr in die Heimat verweigert wurde, schrittweise zu reduzieren. Allerdings ließ sie sich dabei viel Zeit, und erst 1988 – wenige Tage vor dem von Pinochet siegessicher angeordneten Plebiszit, bei dem darüber entschieden werden sollte, ob er weiter »Präsident« von Chile bleiben würde oder sich auf seinen Posten als Chef des Heeres zurückziehen sollte – wurde das Rückkehr-Verbot endgültig aufgehoben. Als das Volk ihm dann in dem Plebiszit die Gefolgschaft verweigerte und sich für die Rückkehr zu freien Wahlen entschied, schien der Bann gebrochen. Es begann die massive Rückkehr auch der in der DDR lebenden chilenischen Emigranten in ihre Heimat. Ein letztes Mal mussten große Anstrengungen unternommen werden, um den Hunderten Familien eine Übersiedlung zu ermöglichen, die ihnen einen Neubeginn in der Heimat sicherte, bei dem sie zumindest in der ersten Zeit keine Not leiden mussten. In vielen Fällen hatten die – inzwischen erwachsen gewordenen – Kinder der Emigranten mit DDR-Bürgern eigene Familien gegründet, von denen einige mit nach Chile gingen und andere in der DDR blieben.

Die Erben der Chilenen, die 1973 vor dem Terror des faschistischen Pinochet-Regimes in die DDR kamen, um ihr Leben zu retten, finden sich deshalb heute in beiden Ländern wieder.

Aktionen gegen ITT Berlin und Nürnberg, Aktionserklärung der RZ vom 17.11.1973:

»Die Revolutionäre Zelle übernimmt die Verantwortung der Anschläge auf ITT-Niederlassungen in Berlin und Nürnberg am 16. 11. und 17.11.73. Wir haben deshalb ITT-Niederlassungen angegriffen, weil ITT verantwortlich ist für die Ermordung und Folterung chilenischer Frauen, Arbeiter und Bauern.

Schon 1971 wollte ITT mit Hilfe des damaligen CIA-Chefs McCone, der gleichzeitig Aufsichtsrat von ITT ist, mit Hilfe der ITT-eigenen innenpolitischen Abteilung, des Nachrichtendienstes und der Spionageabwehr und natürlich mit Unterstützung des Massenmörders Nixon den Wahlsieg Allendes verhindern. Für diesen Versuch bot ITT allein der CIA 1 Million Dollar an. ITT scheute sich nicht, den im Volk beliebten General Schneider ermorden zu lassen, um damit einen Putsch heraufzubeschwören. Es ist ihnen nicht gelungen, weil das chilenische Volk wußte, daß es für seine Befreiung kämpfen muß, daß die Herrschenden mit allen Mitteln die Unterdrückung des Volkes – das kapitalistische System – durchsetzen, daß es ihnen scheißegal ist, wieviel Menschen dabei krepieren.

Sperrung von Krediten, Einfuhrbeschränkungen, Einstellung von Treibstoffnachschub, Manipulation des Kupferpreises und Waffenlieferungen an Rechtsradikale: Das ist das Instrumentarium des US-Imperialismus, den wirtschaftlichen Zusammenbruch Chiles zu erzwingen; Nixon, das Schwein, aber läßt erklären, daß die USA mit dem Militärputsch in Chile nichts zu tun habe. [...]

ITT hat allein in 53 Ländern Gesellschaften (u.a. Brasilien, Bolivien, Nigeria, Nicaragua, Südafrika, Uruguay, Angola) und natürlich stehen Firmen wie IBM, Dow Chemical, Siemens, Bosch, AEG in der Ausbeutung der Dritten Welt ITT in nichts, aber auch gar nichts, nach.

Die Anschläge auf ITT-Niederlassungen in der Schweiz, USA, Italien und Spanien zeigen, daß überall Menschen begriffen haben, daß der bewaffnete und militante Kampf nicht nur in Chile politisch richtig ist. Sie haben erkannt, daß der, der sich mit dem Kampf des chilenischen Volkes solidarisiert, den antiimperialistischen Kampf im eigenen Land militant führen muß, daß man dem Terror des Kapitals überall – das heißt auch hier – den Widerstand des Volkes entgegensetzen muß. Unsere Anschläge in Berlin und Nürnberg sind nur ein winziger Teil des antiimperialistischen Kampfes. Sie haben nur symbolischen Charakter.

Sie zeigen, daß wir mit dem chilenischen Volk solidarisch sind und an seiner Seite kämpfen. Sie sollen in der BRD vermitteln, daß wir mit all den uns zur Verfügung stehenden Mitteln kämpfen müssen.
Der Kampf kann nur massenhafter werden, wenn wir mit unseren Möglichkeiten gegen dieses System kämpfen, das uns jeden Tag in seinen Klauen hat.

Der Kampf kann nur massenhafter werden, wenn wir lernen, neue Kampfformen zu entwickeln. Kämpfen wir gemeinsam gegen den BRD-Imperialismus! Den antiimperialistischen Kampf militant führen! Solidarität mit dem chilenischen Volk! Solidarität mit der MIR!«

Diese Anschläge standen in einer Reihe mit Angriffen in der Schweiz, Italien, Spanien, den USA und anderen Ländern gegen den Multinationalen Konzern ITT.

Die KPD/ML begrüßte diese Anschläge:»Am 16. und 17. November wurden Sprengstoffanschläge auf die Niederlassungen der ITT (International Telephone & Telegraph Corp.) in Nürnberg und Westberlin durchgeführt [...]. Es ist gut und nicht schlecht, wenn diese Verbrecher auf die eine oder andere Weise einen Denkzettel erhalten« (Roter Morgen, 1. Dezember 1973).

Urs Müller-Plantenberg

Die Bundesregierungen nach dem Putsch vom 11. September 1973

Fünfzehn Jahre Beziehungen zur Militärdiktatur in Chile

D ie politischen, kommerziellen und kulturellen Beziehungen zwischen Chile und der Bundesrepublik Deutschland sind gut. Es gibt viele Konzepte, die wir gemeinsam haben wie die Selbstbestimmung der Völker und die friedliche Lösung internationaler Streitigkeiten. Im Bereich der Wirtschaft gibt es einen ständig wachsenden Handelsaustausch. Im kulturellen Bereich vereint uns nicht nur die gemeinsame westliche Tradition, sondern auch eine enge Zusammenarbeit, die ihren Ausdruck in zahlreichen Begegnungen in allen Sektoren gefunden hat. Auch der starke Zustrom deutscher Einwanderer hat seine Spuren im chilenischen Kulturleben hinterlassen. Die positivsten Elemente finden sich im wirtschaftlichen Bereich. Wir sind der größte Käufer chilenischer Produkte auf dem Weltmarkt. Deutsche Banken und Unternehmen haben mit beträchtlichen Krediten ihr Vertrauen in die chilenische Wirtschaft gezeigt.«

Diese Worte, die in sehr eindeutiger Weise die Beziehungen zwischen Chile und der Bundesrepublik interpretieren, stammen vom bundesdeutschen Verfassungstag am 23. Mai 1981, dem 32. Jahrestag der Verabschiedung des Grundgesetzes. Und es war nicht irgendjemand, der sie gesprochen hat: Es war der Botschafter der Bundesrepublik in Santiago de Chile, Heinz Dittmann, im Gespräch mit dem Organ der chilenischen Großbourgeoisie *El Mercurio.*

Man muss sich den Zeitpunkt vergegenwärtigen: Zehn Wochen nach Inkrafttreten einer durch und durch antidemokratischen Verfassung in Chile, zehn Wochen, nachdem General Augusto Pinochet gemäß dieser Verfassung eine neue achtjährige Amtsperiode angetreten hatte, bezeichnete dieser Botschafter die politischen, kommerziellen und kulturellen Beziehungen als gut. Davon, dass das Selbstbestimmungsrecht seit damals schon fast acht Jahren mit Füßen getreten wurde; davon, dass die demokratischen Rechte und Freiheiten, für die doch das Grundgesetz eintritt, in Chile brutal eingeschränkt waren; davon, dass die westliche Tradition in Chile nur noch als barbarischer Anti-Sozialismus in Erscheinung trat, davon kein Wort. Der Handel blühte, die Banken hatten Vertrauen, und die Geschäfte stiegen, also unterhielt man auch gute politische Beziehungen.

Und diese Worte waren nicht etwa das Ergebnis der politischen Wende in der Bundesrepublik, im Gegenteil, sie waren eher Anzeichen für Kommendes. Dittmann war nicht der Botschafter einer Regierung Kohl-Zimmermann, er war der Botschafter der Regierung Schmidt-Genscher. Bis zum Regierungswechsel sollte es noch anderthalb Jahre dauern.

»Die Bundesregierungen nach dem Putsch vom 11. September 1973: Fünfzehn Jahre Kollaboration mit der Militärdiktatur«. Als ich hörte, dass ich auf diesem Forum hier zu diesem Thema sprechen sollte, war mein erster Gedanke, dass man die Angelegenheit so platt nicht behandeln könnte, dass es schließlich zwischen SPD/FDP/CDU/CSU noch gewichtige Unterschiede gebe und dass die Behandlung des Themas ohne eine zuspitzende Differenzierung oder differenzierende Zuspitzung nicht möglich sei. Inzwischen habe ich noch einmal nachgesehen, was ich selber so im Laufe der Jahre über die deutsch-chilenischen Beziehungen geschrieben habe, welche Nachrichten ich selber verarbeitet habe, und ich muss sagen, dass das menschliche Gedächtnis sehr gnädig sein kann. Wenn es hier Differenzierungen geben kann, dann jedenfalls nicht in dem Sinne, dass die sozial-liberale Bundesregierung in irgendeiner Weise konsequenter gegen die menschenrechtsfeindliche Militärdiktatur aufgetreten sei als ihre christlich-liberale Nachfolgerin.

Der Botschafter Dittmann galt im Jahre 1981 sogar noch als ein Fortschritt gegenüber seinem Vorgänger Strätling, den das Auswärtige Amt aus Südafrika nach Chile versetzt hatte, wo er innigsten Umgang mit den Reaktionären aus der deutschen Kolonie und mit den Leitern des deutschen Musterguts und Folterlagers Colonia Dignidad pflegte.

Aber beginnen wir mit 1973: Wenige Tage nach dem Militärputsch vom 11. September fand hier in Bonn im Bundesministerium für Wirtschaftliche Zusammenarbeit eine politische Diskussion von Mitarbeitern statt, bei der einige der jungen Idealisten, die Erhard Eppler hatten helfen wollen, aufgeregt fragten, warum sich denn der 21-Millionen-DM-Kredit für die Regierung Allende in Chile, den sie bearbeitet hatten, immer und immer wieder verzögert hatte. Die Antwort war leicht zu geben. Für die endgültige Freigabe dieses Kredits, der im Prinzip beschlossene Sache war, waren zwei andere Ministerien zuständig: Das Auswärtige Amt unter Walter Scheel und das Bundeswirtschaftsministerium unter Hans Friderichs, beide FDP. Sie prüften und prüften – bis die Regierung Allende nicht mehr existierte. Damit war auch der Ton angegeben für das, was kommen sollte.

Dass die Bundesregierung sich nach dem Putsch in Chile nicht dazu entschließen konnte, dem neuen Regime die Anerkennung zu verweigern und die diplomatischen Beziehungen abzubrechen, weil das »nicht der Praxis der Bundesregierung entspricht«, mochte noch als normal gelten, war sie doch beispielsweise in den Fällen Brasilien und Griechenland ebenso verfahren. An der Frage der Aufnahme von Flüchtlingen, bei der auch das Bundesinnenministerium – ebenfalls in Händen der FDP – beteiligt war, zeigte sich dann schon ab Oktober 1973, auf welcher Seite die bundesdeutschen Sympathien lagen. Nach einer Vorauswahl durch Agenten der Junta wurden die politisch Verfolgten, die um Aufnahme in der Bundesrepublik nachsuchten, in Santiago einer weiteren Auswahl durch bundesdeutsche Beamte unterzogen. Minister Genscher meinte: »Wir werden uns hier doch keinen Haufen Tupamaros hereinholen.«

Die Sozialdemokraten, die gelegentlich harte Worte über die chilenische Militärjunta als »Mörderbande« (so Matthöfer, aber auch damals schon Blüm) fallen ließen und sich damit deutlich von christdemokratischen Juntabewunderern wie Carstens oder Heck, von Hassel oder Pieroth, Wohlrabe oder Todenhöfer abhoben, nahmen auf die Beziehungen der Bundesregierung zu Chile so gut wie keinen Einfluss und konnten so ihre Hände in Unschuld waschen. Alle chilenischen Angelegenheiten fielen in die Ressorts der Liberalen.

Dennoch übernahm im November 1974, also schon nach dem Wechsel von Brandt zu Schmidt im Bundeskanzleramt, der sozialdemokratische Staatsminister Wischnewski im Auswärtigen Amt den Auftrag, für die Auszahlung der einst Allende zugesagten 21 Millionen DM an Pinochet nun wenigstens die Freilassung von vierzig Gefangenen auszuhandeln.

Diese Linie der schleichenden Stützung der Junta durch die sozialdemokratisch geführte Bundesregierung war auch bei den Umschuldungsverhandlungen des Pariser Klubs im März 1974 und im März 1975 maßgebend. Während die Regierungen Großbritanniens, Italiens, Norwegens, Dänemarks und der Niederlande diese Verhandlungen schließlich boykottierten, trug die Bundesregierung durch Kompromissbereitschaft zu ihrem Erfolg bei. Das Regime in Santiago erhielt den notwendigen Spielraum zur Einleitung seiner katastrophal wirkenden neoliberalen Schockpolitik.

Als im Oktober 1975 bekannt wurde, dass der chilenische Oberstleutnant Helmut Kraushaar an einem Lehrgang für militärische Führung an der Bundeswehrakademie in Hamburg teilnahm, stellte sich heraus, dass SPD-Verteidigungsminister Georg Leber keine Ahnung davon hatte. Gleichwohl verteidigte er die Einladung als kennzeichnend für »Realpolitik«. Die Bundeswehr sei schließlich eine »Schule der Nation in Sachen Demokratie«. Dass Kraushaar in dieser Schule nichts gelernt hatte, bewies er, als er zum Abschied seinen deutschen Kameraden einen Vortrag über die Vorzüge der chilenischen Militärdiktatur hielt.

Diese Militärdiktatur erhielt denn auch trotz aller Verurteilungen durch offizielle Parteitagsbeschlüsse der SPD (wie in Mannheim 1975) die für sie notwendigen Waffen, Maschinengewehre, U-Boote und gepanzerte Wagen von Heckler & Koch, Messerschmidt-Bölkow-Blohm, Dornier und Daimler-Benz, selbst wenn manche dieser Geschäfte über die Schweiz oder Thailand abgewickelt werden mussten.

Im Dezember 1976 verurteilten die Vereinten Nationen das Regime in Chile wegen der fortdauernden Menschenrechtsverletzungen, aber die Bundesregierung enthielt sich der Stimme. Gleichzeitig gewährte die Weltbank, die der Regierung Allende jeden Kredit verweigert hatte, nun mit der Stimme der Bundesregierung der Militärdiktatur einen Kredit von 62 Millionen Dollar.

Bei der CDU/CSU stieß diese Linie auf genauso wenig Opposition wie bei Bankiers, Managern und rechten Ideologen, die sich bei den Militärs und den »Chicago Boys«[1] in Santiago die Klinke in die Hand gaben. Hören wir Elmar Pieroth: »Der Mut breiter Schichten des chilenischen Volkes und des Militärs, auch in einer verunsicherten und manchmal schon feige gewordenen Welt eine drohende kommunistische Diktatur zu verhindern, verdient Respekt.« Der Satz voller Bewunderung für das politische Modell Chiles hätte auch von Hermann Josef Abs (Deutsche Bank), Hans Wuttke (Dresdner Bank), Otto Wolff von Amerongen (Deutscher Industrie- und Handelstag) oder Dieter Blumenwitz (Universität Würzburg) stammen können. Noch größer aber war ihrer aller Bewunderung für das ökonomische Modell, für die konsequente Anwendung monetaristischer Konzepte im großen Maßstab.

Und hier, nicht in ganz unmittelbaren Wirtschaftsinteressen, ist auch das Motiv zu suchen, das erklärt, warum die Liberalen in allen Bundesregierungen der letzten fünfzehn Jahre hartnäckig und behutsam die Sache der chilenischen Militärregierung verteidigt haben und warum sie sich mit dieser Linie gegen die Sozialdemokraten durchsetzen konnten.

Gehen wir der Reihe nach vor: Die bundesdeutschen Direktinvestitionen in Chile kann man praktisch vernachlässigen, sie haben durch die mit dem Wirtschaftsmodell verbundene Entindustrialisierung sogar noch an Bedeutung verloren. Im Außenhandel ist zwar die Bundesrepublik ein wichtiger Handelspartner für Chile, aber der Anteil Chiles am Außenhandel der Bundesrepublik ist minimal, und das notwendige Kupfer ließe sich auf dem Weltmarkt auch bei schlechten politischen Beziehungen zu Chile finden. Größere ökonomische Bedeutung haben allenfalls die Kredite, die deutsche Banken privaten chilenischen Unternehmen und dem chilenischen Staat gegeben haben und die später vom Staat übernommen werden mussten. Aber weil diese Kredite selbst Ausdruck und Ergebnis der Kooperation und Kollaboration mit der Militärdiktatur sind, können sie diese nicht erklären.

Die Erklärung muss vielmehr in der ideologischen und politischen Nähe der bundesdeutschen Liberalen vom Schlage Scheel, Friderichs, Graf Lambsdorff, Genscher, Moersch und Horn zu den Chicago Boys in Chile und deren Lehrmeistern in den USA und Deutschland gesucht werden. Wichtig ist ihnen Chile als das Muster eines Landes, in dem die Auflagen des Internationalen Währungsfonds in vorauseilendem Gehorsam erfüllt werden, in dem die Monopolmacht der Gewerkschaften gebrochen ist, in dem der Freihandel regiert und möglichst viel dereguliert wird.

Die politische Form, die dies ermöglicht, ist eine andere Sache, eine Sache der politischen Konstellation. Solange zur Durchsetzung des wirtschaftsliberalen Programms die harten Methoden der Militärdiktatur als zwingend notwendig erachtet wurden, musste man das eben bedauernd hinnehmen. »Wir sind keine Missionare«, ließ sich Staatsminister Moersch (FDP) 1976 aus Santiago vernehmen. Heute, da auch die Chicago Boys, in den letzten Tagen sogar Pinochet selbst, zivilere, liberalere Formen der politischen Auseinandersetzung für vereinbar mit dem Wirtschaftsmodell halten, können auch die bundesdeutschen Liberalen die Achtung der Menschenrechte in Chile einklagen und konsequente Schritte auf dem Rückweg zur bürgerlichen Demokratie anmahnen. Es kostet nichts.

Die Sozialdemokraten um Bundeskanzler Schmidt und Minister Matthöfer hatten dem wenig entgegenzusetzen. Ihr Modell Deutschland setzte den internationalen freien Handel mit Waren, Dienstleistungen, Kapital und Technologie als Grundlage für die Verteidigung des hohen Lebensstandards der bundesdeutschen Arbeiter voraus. Hans Matthöfer, alter Freund und Kollege chilenischer Gewerkschafter und sicher ehrlich empört über die Methoden politischer Unterdrückung in Chile, hatte doch andererseits dem Wirtschaftsprogramm der Chicago Boys nichts Ernsthaftes entgegenzusetzen. Weil er die Inflation für einen noch schlimmeren Feind der Arbeiter hielt als das Kapital, trat er als Finanzminister und Gouverneur des Internationalen Währungsfonds stets für die härtesten Auflagen gegenüber den Entwicklungsländern ein, um sie so zur »Vernunft« zu zwingen. Dass diese Auflagen in Widerspruch zu seinen Wünschen für eine soziale und demokratische Entwicklung in diesen Ländern stehen könnten, wollte und will er nicht sehen.

Franz Josef Strauß hat bei seinem Besuch Ende 1979 in Chile keine Schwierigkeiten gehabt, sich das politische Modell und das wirtschaftliche Modell der Militärregierung zu eigen zu machen. Für seine empörten Kritiker aus SPD, FDP und CDU hat er nur Hohn übrig gehabt und ihnen Heuchelei vorgeworfen. Zieht man die Bilanz aus den letzten fünfzehn Jahren bundesdeutscher Beziehungen zu Chile, so war dieser Vorwurf zwar nicht subjektiv, aber doch objektiv richtig: Die Kritik der bundesdeutschen Regierung, wenn sie denn einmal erfolgte, richtete sich immer nur gegen die politische Form, nie wirklich gegen den ökonomischen Inhalt der chilenischen Gegenrevolution.

Die christlich-liberale Bundesregierung Kohl-Zimmermann hat sich den Luxus leisten können, in ihren Erklärungen zu Chile behutsamer zu sein, weil sich inzwischen die Zeiten geändert hatten. Jetzt galt es, den Blick nach vorn, auf die verheißene »Wiederherstellung der Demokratie« zu richten. Die Minister Geißler und Blüm konnten sich als Vorkämpfer der Menschenrechte hervortun. So ehrlich sie das auch gemeint haben und so anerkennenswert ihre Motive sein mögen, die Legitimität des Putsches haben sie nicht wirklich diskutiert, und deshalb bleibt auch bei ihnen ein Rest an Heuchelei.

Der Vorwurf, der heute der Bundesregierung gemacht werden kann, ist der, dass sie in ihren Verlautbarungen den Eindruck zu erwecken versucht oder ihm mindestens nicht entgegenarbeitet, dass es im Rahmen der Verfassung von 1980 und ohne Bruch mit ihr eine wirkliche Demokratisierung geben könne. Dieser Auffassung sind nicht einmal die chilenischen Christdemokraten. Noch absurder ist der ständig wiederholte Hinweis auf die mögliche Gefährdung der zu erringenden Demokratie durch die Linke. Aber das kennt man schon: Die Bundesregierung ist nicht ganz blind, sondern nur auf einem Auge – aber da gezielt.

[9. September 1988]

Anmerkung

1   Der Begriff »Chicago Boys« bezeichnet eine Gruppe von chilenischen Wirtschaftswissenschaftlern, die in Chicago studiert hatten und nach ihrer Rückkehr, während der Zeit der Diktatur, die radikalen neoliberalen Wirtschaftsprinzipien propagierten.

Chile und die deutsche Linke

Ein Roundtable-Gespräch mit Dieter Boris, Klaus Meschkat und Urs Müller-Plantenberg

Das Gespräch mit Dieter Boris, Klaus Meschkat und Urs Müller-Plantenberg führten Detlef Nolte und Peter Imbusch am 12.9.2000 im Institut für Soziologie der Universität Hannover.

Wir haben uns heute hier in Hannover getroffen, um wichtige Einschnitte in der jüngeren Geschichte Chiles – insbesondere die Ereignisse der Allende-Zeit, den nachfolgenden Militärputsch und die Diktatur – zu besprechen und in ihrer Bedeutung für die deutsche Linke zu eruieren. Dabei werden wir am Ende sicher noch auf die aktuelle Situation zu sprechen kommen, die ja sehr kontrovers eingeschätzt wird. Fangen wir vielleicht mit einigen persönlichen Eindrücken an. Was hat seinerzeit deutsche Wissenschaftler nach Chile, ein doch recht abseitiges Land, getrieben?

Müller-Plantenberg: Ich wurde 1968 eingeladen, um an einem einjährigen Forschungsprojekt über die Provinz Talca teilzunehmen. Es war das letzte Regierungsjahr von Eduardo Frei. Mein deutscher Kollege Franz Hinkelammert, der in Chile arbeitete, bat mich drei Jahre später, doch als Gastprofessor und Gastforscher an die Katholische Universität zu kommen. Dem habe ich gerne entsprochen, obwohl das Gehalt, das wir da bekamen, in US-$ berechnet außerordentlich niedrig war, der Escudo war damals schon sehr stark gesunken. Ich habe also von März 1972 bis März 1973 in Chile in einem Projekt gearbeitet, in dem es um die Wirtschaftsprogrammatik der Regierung der Unidad Popular ging. Dass ich erst im März 1973 nach Deutschland zurückkehrte, hatte den Vorteil, dass ich gerade noch bis zum Putsch Zeit hatte, eine gewisse Infrastruktur für die spätere Solidaritätsarbeit aufzubauen.

Boris: Mein Bezug zu Chile stammt aus dem Jahre 1970, und zwar genau dem September 1970. Mit dem Wahlausgang hatte sich mein und das Interesse einer kleinen Arbeitsgruppe in Marburg auf Chile gerichtet, sodass wir uns eingehend damit befasst haben. Ich selbst bin erst später nach Chile gekommen, war vom 15. Februar bis zum 1. Mai 1973 dort. Ich bin dann im Mai zurückgefahren und habe somit die Entwicklungen zum Putsch miterlebt. Später bin ich 1980 noch einmal nach Chile gereist. Mein Interesse wurde über die politische Entwicklung, insbesondere die Wahl 1970, ausgelöst.

Meschkat: Man müsste sich eigentlich die Frage stellen, warum man sich überhaupt mit Lateinamerika beschäftigte. Ich bin durch einen merkwürdigen Zufall dort hingekommen. Eigentlich war ich Osteuropa-Soziologe und Historiker und hatte an der Freien Universität einen Kurs von Stipendiaten zu betreuen, die von einem Rockefeller-Programm finanziert wurden, junge Lateinamerikaner, die sich mit Osteuropa vertraut machen sollten, um in ihren Ländern Osteuropa-Institute aufzubauen. In diesem Zusammenhang, und das war meine erste Begegnung mit Chile, lernte ich drei interessante Chilenen kennen. Einer war der Sohn von Radomiro Tomic, dem Präsidentschaftskandidaten der Christdemokraten, der 1970 gegen Allende unterlegen war. Ein anderer, Gaston Salvadore, wurde später in der Studentenbewegung eine Art Assistent von Rudi Dutschke; und ein Dritter war bei der CODELCO [Corporación Nacional del Cobre, Kupferhersteller; Anm. d. Verl.] beschäftigt. Das war meine erste Begegnung mit Chilenen. Ich bin dann erst über den »Umweg« Kolumbien, über das ich mit einem Habilitationsstipendium der DFG arbeitete, nach Chile gekommen. In diesem Rahmen war ein Aufenthalt in Santiago vorgesehen, das damals ein intellektuelles Zentrum Lateinamerikas war, was heute kaum noch bekannt ist. Nach einigen Monaten am CESO, einem Institut der Universidad de Chile, habe ich mich dann in Concepción im Süden Chiles niedergelassen, wie ich dachte, mit einer festen Professur für lange Zeit. Es dauerte dann nur vom März 1973 bis zum Putsch.

Das hört sich so an, als wenn die politischen Hintergründe für die Beschäftigung mit Lateinamerika oder Chile gar nicht ausschlaggebend waren?

Müller-Plantenberg: Doch, meine Wahl Chiles gegenüber Mexiko oder Panama hatte schon mit der Situation im Land selbst zu tun.

Boris: Für mich schließt die wissenschaftliche Beschäftigung mit einem Land ein, dass man politisch an der Entwicklung des Landes interessiert ist. Man hätte vielleicht von Kolumbien aus auch nach Uruguay gehen können, aber wahrscheinlich nicht nach Guayana.

Meschkat: Ich hätte zu dem Zeitpunkt für den Zweck meiner Arbeit vielleicht auch nach Mexiko gehen können. Dennoch möchte ich noch einmal betonen, dass unabhängig von der politischen Konjunktur der Entscheidung für Chile – generell der Beschäftigung mit Lateinamerika – schon eine politische Motivation zugrunde lag: Die Beschäftigung mit Lateinamerika hatte etwas zu tun mit der Hoffnung auf revolutionäre Veränderungen in der Dritten Welt, mit der Figur von Che Guevara und anderen. Dies war für viele das Motiv, sich überhaupt diesem Kontinent zuzuwenden.

Fragen wir einmal nach der konkreten Bedeutung Chiles für die deutsche Linke. Für diejenigen, die das nicht bewusst miterlebt haben, muss man inzwischen erklären, warum das weit entfernte Chile für die Linke in Deutschland Bedeutung gewonnen hat.

Müller-Plantenberg: In der Hinsicht stellen wir eine gewisse Ausnahme dar, denn für die Linke insgesamt oder für die verschiedenen Gruppen der Linken hat Chile wirkliche Aufmerksamkeit eigentlich erst mit dem Militär-Putsch von 1973 gewonnen. Bis dahin musste sich erst noch herumsprechen, dass mit der Präsidentschaft von Salvador Allende der Versuch gemacht worden war, Demokratie und Sozialismus zu vereinbaren oder – wie man damals sagte – den Sozialismus auf demokratische Weise aufzubauen. Ein solches Projekt, das war damals die eigentliche Hoffnung eines eher geringen Teils der Sozialdemokraten und eines eher geringen Teils der Kommunisten, aber eigentlich doch insbesondere die heimliche Hoffnung der 68er-Generation, also der Studentenbewegung und der jüngeren Leute. Es wurde erst in dem Moment des Putsches klar, welche vermeintlich welthistorische Chance da verloren gegangen war, und das hat die Leute dann wirklich erst aufgerüttelt. Man hatte ja ähnliche Hoffnungen mit der Revolution in Kuba verbunden und auch mit dem Prager Frühling von 1968. Es schien so, dass mit Chile ein Land der Dritten Welt das Beispiel für eine Transformation abgeben könnte, die auch in Europa, vielleicht in Italien oder Frankreich, stattfinden könnte. Aber bevor die verschiedenen Gruppen der Linken in Deutschland richtig mitbekommen hatten, was sich in Chile wirklich ereignete, war alles schon vorbei, sodass eigentlich nur noch die Solidaritätsarbeit übrig blieb. Das »historische Projekt« Chile war damit eigentlich bereits abgeschlossen.

War denn der Putsch oder doch die Wahl Allendes das wichtigere Datum?

Boris: Die Wahl war wohl auch ein Signal und hat die Medienberichterstattung zeitweise auf Chile gelenkt. Aber Chile war ein Land, das man politisch und historisch fast nicht kannte, am anderen Ende der Welt, jenseits der Anden und ökonomisch nicht sonderlich bedeutsam. Das hat sich zwar nach dem 4. September 1970 geändert, aber man kann nicht sagen, dass die Diskussionen der Linken sich jetzt auf den Fall Chile konzentrierten. Die Wenigen, die sich mit Lateinamerika befassten, haben es jetzt stärker in den Blick genommen, aber man konnte die Leute wahrscheinlich an zwei Händen abzählen, die sich nach dem 4. September 1970 mit Chile beschäftigten.

Meschkat: Im Großen und Ganzen würde ich mich dem anschließen. Allerdings möchte ich eure Äußerungen ein bisschen relativieren, denn dieses Unerwartete in Chile hat doch diejenigen, die sich im weitesten Sinne zur Linken rechneten, beschäftigt. Ich habe gerade eine Korrespondenz mit Rudi Dutschke gefunden, der kein Lateinamerika-Spezialist war, aber sein Interesse daran äußerte. Wir dürfen nicht vergessen, es war ja die Zeit des Zerfalls der frühen Studentenbewegung in zahlreiche konfligierende Gruppen, eine Zeit der Neuorientierung vieler, die Zeit auch der Vorgeschichte und Geschichte der RAF. Alle diese Gruppierungen hatten eine gewisse internationale Orientierung. Man muss sich die Bedeutung von Vietnam und des Vietnam-Kongresses mit der Losung von Che Guevara, »weitere Vietnams zu schaffen«, vergegenwärtigen. Dies alles lag in der Luft, und so hat man versucht, Chile zu interpretieren. Die einen betrachteten es als ein Experiment für einen sozialistischen Weg, der durch Wahlen eingeleitet werden könnte, um auf einem friedlichen und graduellen Weg zum Sozialismus zu kommen; und die anderen sagten, dieser Weg wird nicht funktionieren und setzten auf die Mobilisierung von unten, eventuell auch auf den bewaffneten Kampf. Es gab also schon damals verschiedene Versuche, mit Blick auf Chile Argumente für das zu finden, was man selbst an politischen Prioritäten vertrat.

Inwiefern konnte denn Chile da Orientierung bieten?
Müller-Plantenberg: Ich würde sagen: überhaupt gar nicht. Die Interpretation der Ereignisse in Chile war von den eigenen Interessen der politischen Gruppen und von deren Ideologie geleitet. Man wollte nicht wirklich aus Chile lernen, denn man sagte, aus dem Fall Chile ließen sich Lehren ziehen, aber das waren immer schon die Dinge, die man vorher längst wusste. Im Unterschied zu uns, die wir vor Ort in diesem Laboratorium des Klassenkampfes waren, hat man gar kein richtiges Interesse gehabt, die verschiedenen politischen Konjunkturen und die unterschiedlichen sozialen Interessen innerhalb Chiles genau zu analysieren, sondern man hatte seine vorgeprägte Meinung, und nach den Ereignissen in Chile hat man das eventuell etwas modifiziert. Das Komplizierte ist nicht nur, dass die Unidad Popular zuerst große Erfolge verbuchte und dann erst große Probleme bekommen hat, sondern auch, dass innerhalb der Unidad

Popular ganz verschiedene Interessen existierten und das Regierungsprogramm der Unidad Popular ein Programm war, auf das sich alle einigen konnten, weil es schwammig war: Es war anti-imperialistisch, weil es die Verstaatlichung des Großkupferbergbaus verlangte; es war anti-feudal, weil es die Agrarreform stark beschleunigen wollte; und es war anti-monopolistisch, weil es die Banken und die großen Industrien verstaatlichen wollte, aber damit war nichts darüber gesagt, ob es auch anti-kapitalistisch sein sollte. Das blieb dem Interpretationsspielraum der verschiedenen Parteien oder Gruppen innerhalb der Unidad Popular anheimgestellt. Große Teile der Sozialisten und die christliche Linke innerhalb der Regierung verstanden es als ersten Schritt zur Abschaffung des Kapitalismus, andere, wie die Kommunisten und Radikalen und Allende selbst, verstanden es als die Ermöglichung eines sozial-sensiblen modernen Kapitalismus. Das waren ganz divergierende Interpretationen dieses Programms und entsprechend suchten die Gruppen innerhalb der deutschen Linken nach Partnern auf chilenischer Seite, die sie bestätigen konnten.

Meschkat: Beim Letzten würde ich widersprechen: Ich würde auch Allende und den chilenischen Kommunisten zubilligen, dass sie damals subjektiv glaubten, dass ihre Politik auf eine Überwindung des Kapitalismus hinauslief.

Müller-Plantenberg: Langfristig!

Meschkat: Ja, langfristig, das ist richtig. Aber damals gab es auch in der deutschen Sozialdemokratie noch sehr viele, die langfristig auf eine Überwindung der kapitalistischen Ordnung hofften, es allerdings anders machen wollten als die Kommunisten. Das war damals schon ein gemeinsamer Horizont, und ohne diesen Horizont wäre es auch unverständlich gewesen, dass radikale linke Gruppierungen, die direkter auf den Sozialismus zusteuern wollten, eine Möglichkeit sahen, mit anderen Sektoren zu kooperieren. Es ging doch darum, wie man in einem Land der Dritten Welt den Kapitalismus überwinden kann, sei es durch eine Massenmobilisierung und durch eine Zuspitzung der sozialen Lage kurzfristig oder mit einer geschickten Bündnispolitik, an die Allende und die Kommunisten glaubten, langfristig. Aber diese Perspektive war doch bei allen vorhanden.

Müller-Plantenberg: Zu der Bündnispolitik möchte ich noch anmerken, dass diese eigentlich komplett gescheitert ist, weil die kommunistische Partei und auch Allende versucht haben, durch immer weitere Zugeständnisse die Mittelschichten auf ihre Seite zu ziehen. Je grösser die Zugeständnisse waren, umso unverschämter wurden deren Forderungen. Das war eigentlich der Punkt, an dem das ganze Konzept nicht aufging. Nach dem Programm der UP hätten die Mittelschichten durchaus für die Regierung der Unidad Popular sein können.

253

Boris: Wir waren ja eigentlich noch bei dem Punkt des Stellenwertes des UP-Wahlsieges. Ich bin nach wie vor der Meinung, dass es vielleicht bei Wissenschaftlern, die sich mit Lateinamerika und der Dritten Welt befasst haben, eine Rolle spielte, aber in der gesamten damaligen Ostpolitik war das ein ganz kleines Pünktchen. Wer von den sozialdemokratischen Regierungsmitgliedern hat sich denn jemals in Chile sehen lassen? Brandt hat Allende nie kennengelernt. Das hat keine große Rolle in der Sozialdemokratie gespielt, vielleicht haben sich die Jusos interessiert. Chile stand nicht oben auf der Agenda. Es gab keine Solidaritätsbewegung. Es war ein interessantes Land, was man bisher nicht kannte, das nun auf einmal in die mediale Öffentlichkeit geriet. Aber zurück zu dem Realismus der UP-Zielsetzungen, die Grundlagen für den Übergang zum Sozialismus zu schaffen.

Vielleicht können wir übergehen zu einer Bewertung der Unidad Popular und ihrer Koalitionspolitiken. War das Scheitern quasi vorgegeben oder hätte die Unidad Popular Erfolg haben können? Wo lagen die Ursachen für den Militärputsch? Und dann natürlich die zeitgeschichtlich interessante Frage, ob sich rückblickend euer Urteil über die Hintergründe des Scheiterns der Unidad Popular verändert hat oder das damalige Urteil weiterhin gültig ist?

Müller-Plantenberg: Ich würde schon sagen, dass bestimmte Ideen, die in der Zeit der Unidad Popular Gestalt angenommen haben, nämlich die starke Beteiligung der Bevölkerung an öffentlichen Diskussionen, die Idee der Volksmacht etc., Dinge sind, die doch zu einer positiven Bewertung der Unidad Popular beitragen können. Das Hauptproblem der Unidad Popular waren die mangelnde programmatische Klarheit und die Unentschiedenheit der Beteiligten untereinander in Bezug auf die Interpretation des Programms. Zudem gibt es wenigstens zwei Dinge, die heute von allen relativ positiv bewertet werden, nämlich die Verstaatlichung des Großkupferbergbaus, der seinerzeit einstimmig beschlossen wurde, und die Agrarreform. Chile hätte heute nicht eine so effiziente Landwirtschaft, wenn es diese Agrarreform nicht gegeben hätte. Aber alles andere ist von der Regierung unter der Militärdiktatur systematisch zurückgeschraubt worden, systematisch in andere Richtungen gelenkt worden. Was die Ursachen des Putsches und die Gründe des Scheiterns angeht, so gibt es, glaube ich, nicht nur einen Grund. Es gibt eine ganze Anzahl von Gründen. Man darf meines Erachtens nicht vergessen, mit welcher Insistenz Richard Nixon und Kissinger und die CIA und die von ihr bezahlten Kräfte in Chile versucht haben, von Anfang an das UP-Projekt unmöglich zu machen. Dazu kamen natürlich auch Kräfte in Chile selbst. Dazu gehört aber auch die Tatsache, dass die UP niemals die Bevölkerungsmehrheit wirklich hinter sich hatte, sie konnte zwar auf einen großen Teil der Bevölkerung, immerhin vierzig Prozent, zählen, aber sie hatte niemals die Mehrheit. Dann muss man die erheblichen Finanznöte, die die Regierung Allende produziert hat, erwähnen und sehen, dass diese Finanznöte dazu geführt haben, dass der Internationale Währungsfonds und die Weltbank eine ungeheure Macht gehabt haben, über das wirtschaftliche Schicksal Chiles zu entscheiden. Die schlechte Bündnispolitik der UP gegenüber den Mittelschichten wurde bereits erwähnt. All das hat dazu beigetragen, dass die UP scheitern konnte.

Boris: Zum Scheitern der UP und der veränderten Einschätzung kann ich sagen, dass man aus heutiger Sicht einen gelungenen Übergang zum Sozialismus für noch unwahrscheinlicher halten muss als damals. Allein schon wegen der weltweiten Kräfteverhältnisse und den externen Restriktionen: US-Imperialismus, Boykott-Politik, Zahlungsverweigerungen etc., die ja nicht nur von den USA, sondern auch von mit den USA verbündeten Ländern – selbst sozialdemokratische Regierungen haben teilweise mitgemacht – durchgeführt wurden. Aber ich will noch ein, zwei Punkte hinzufügen, die mir wichtig erscheinen: einmal die fehlende Militärpolitik, die auch der *Partido Socialista* immer wieder bei seinen Analysen als großes Manko herausgestellt hat, das heißt, dass das Militär als sakrosankte, professionelle demokratische Institution betrachtet wurde und man nicht versuchte, es irgendwie in den Transformationsprozess einzubeziehen, um wenigstens einen Teil des Militärs im Falle des Falles, der dann im September 1973 eintrat, zu neutralisieren. Das ist meines Erachtens ein ganz großer Fehler gewesen. Der zweite Punkt betrifft die Bündnispolitik. Wenn wir die Stimmengewichtung bei Wahlen anschauen, dann stellt sich in der Tat die Frage, wie realistisch es war, von Anfang an mit einer solch heterogenen Unterstützung eine grundlegende Umwälzung von Ökonomie und Gesellschaft anzustreben; ob es nicht notwendig gewesen wäre, zunächst einmal zu versuchen, die soziale Basis zu erweitern, und nicht die durch die Kommunalwahlen 1971 beflügelte Hoffnung zu nähren, dass man so in den Sozialismus hineinwächst, es ein Spaziergang zum Sozialismus wird. Mit einem solch ungeheuer scharfen Aufbrechen der Klassendifferenzen und Klassenkämpfe, gegen das man irgendwie gewappnet sein musste, rechnete in der UP wohl niemand.

Müller-Plantenberg: Aber die UP hat in dem Moment, als sich andeutete, dass es schwierig werden würde, dass die Verteilungskämpfe zunehmen, auf illegales Vorgehen von Spediteursvereinigungen nicht mit harter Hand reagiert, sondern mit Zugeständnissen, sodass man dieser Angelegenheit nur noch mit einer Regierungsbeteiligung des Militärs Herr werden konnte. Das meine ich mit verkehrter Bündnispolitik. Es geht nicht darum, ob man die Mittelschichten für sich gewinnen will, sondern es geht darum, mit welchen Mitteln man das tut. Wenn diese Mittel zusätzlich den Effekt haben, die Inflation anzuheizen, dann wird es noch schlimmer.

Ihr habt in Eurer Analyse hauptsächlich auf die äußeren, nicht von der UP verursachten Probleme hingewiesen (Imperialismus, falsche Bündnispolitik, ökonomische Zwänge etc.). Ein Großteil dieser Probleme ist aber erst durch die Politik der UP entstanden: Ich denke etwa an die vorauseilende Sozialisierung von Industriebetrieben, die besetzt waren oder besetzt wurden, die dann ökonomische Zwänge geschaffen haben, die für die UP als Regierung gar nicht mehr handhabbar waren.

Boris: Meines Erachtens lag der wesentliche Grund des Scheiterns darin, dass die UP die Diskrepanz zwischen den Notwendigkeiten einer radikalen Umwälzung und den politischen Möglichkeiten dazu nicht klar genug gesehen hat. Im Prinzip wäre es in Chile notwendig gewesen, nach einem Jahr eine Verfassungsänderung vorzunehmen, eine verfassunggebende Versammlung einzuberufen, um dann mehr Möglichkeiten zu haben. Das hätte auch eine Politisierung, Mobilisierung, Diskussion bewirkt und vielleicht auch die Mittelschichten stärker einbezogen. Das war eine Grundlinie der falschen Politik, die kurz gesagt in der Unterschätzung der Kräfte des Gegners und einer Überschätzung der eigenen Kräfte bestand.

Müller-Plantenberg: Die Wirtschaftspolitik der UP hat auf bestimmten Illusionen aufgebaut insofern, als sie gesagt hat, man kann massiv umverteilen zugunsten der ärmeren Schichten der Bevölkerung, ohne dass die Produktionsstruktur wesentlich verändert wird. Auf diese Weise wurden die ganzen Engpässe produziert. Man muss sehen, dass im ersten Jahr der UP die Nachfrage nach Kartoffeln, Bohnen und Zigaretten um mehr als fünfzig Prozent zugenommen hat, das ist einsamer Weltrekord. Die Leute haben zum ersten Mal die Gelegenheit gehabt, so viele Kartoffeln zu kaufen, wie sie brauchten, um satt zu werden, und das geschah durch eine Umverteilung zugunsten der armen Bevölkerung. Das konnte auf Dauer nicht gut gehen, weil ungenutzte Kapazitäten nicht bei Kartoffeln existierten, sondern bei dauerhaften Konsumgütern. Dadurch entstanden Versorgungsschwierigkeiten, die insbesondere bei den Mittelschichten für Konsequenzen politischer Art gesorgt und die Leute aufgebracht haben.

Meschkat: Für mich stellt sich die Frage noch ein bisschen anders. Wenn man auf diesen US-amerikanischen Imperialismus zurückkommt, den man ja heute nicht mehr so gerne erwähnt, also auf die Rahmenbedingungen, unter denen die UP überhaupt angetreten war, und die finstere Entschlossenheit der US-Regierung, dieses Experiment mit allen Kräften zu einem schnellen Ende zu bringen, dann muss man sich fragen, unter welchen Voraussetzungen es überhaupt verantwortlich ist, einen alternativen politischen Weg anzukündigen und zu versuchen, diesen durchzusetzen. Auf einzelne Fehler zu verweisen, also etwa im Militär ein paar Veränderungen vorzunehmen oder in der Wirtschaftspolitik diese und jene Maßnahmen zu ergreifen, damit die Sabotage von Teilen der Mittelschichten nicht zum Tragen kommt, darüber kann man sicherlich reden. Aber dann verkennt man, dass die chilenische Linke vor einem grundsätzlichen Dilemma stand, und das Dilemma bestand aus meiner Sicht darin, dass für die Allende-Regierung die Notwendigkeit bestand, in einem großem Umfang die Sektoren der Bevölkerung, derentwegen man eigentlich die Revolution machte, auch wirklich zu mobilisieren, und diese Mobilisierung andererseits notwendigerweise Ängste und Furcht bei den Mittelklassen auslöste. Im Falle der Streitkräfte lässt sich zum Beispiel sagen, dass jeder Versuch, die Streitkräfte wirklich unter Kontrolle zu bekommen, mit einem noch früheren Putsch beantwortet worden wäre. Alle waren sich bewusst, dass diese Kaste unantastbar gewesen und geblieben ist. Die Frage ist dann, unter welchen Voraussetzungen man überhaupt eine Kraftprobe riskieren konnte.

Müller-Plantenberg: Das Erstaunliche an dem chilenischen Militär ist aber doch eigentlich gewesen, eine wie große Zahl von Generälen, Offizieren – von Soldaten gar nicht zu reden – verfassungstreu geblieben ist. Wie sehr diese Verfassungstreue strapaziert worden ist, sieht man alleine daran, dass sich viele Militärs umgebracht haben oder in den Tod getrieben wurden. Die Bourgeoisie in Chile hat nachher die große Leistung für sich selbst vollbracht, dieses Militär insgesamt auf ihre Seite zu ziehen. Das war eine sehr anstrengende und schwierige Angelegenheit, aber sie hat es geschafft und damit den Militärputsch erst ermöglicht. Der Militärputsch war nicht von vornherein abzusehen.

Der Putsch war wohl das einschneidende Ereignis. Wie hat jeder von Euch den Putsch erlebt? Noch einmal die Frage, warum der Putsch dann die Aufmerksamkeit der Linken viel stärker auf Chile gezogen hat als etwa die Wahlen 1970?
Boris: Die Ursachen des Putsches liegen auf der Hand. Mit den Wahlen vom 4. März 1973 war deutlich geworden, dass sich die Hoffnungen auf eine Zweidrittel-Mehrheit der Opposition nicht realisieren würden – und damit eine verfassungsmäßige Destitution unmöglich wäre –, jedenfalls nicht auf kurze Sicht. Die Wahlen waren ein relativer Erfolg für die UP (43 Prozent der Stimmen), die Opposition hoffte, dass sie unter 33 Prozent bliebe, um dann die Zweidrittel-Mehrheit im Senat zu haben. Nach den Wahlen ist deutlich geworden, dass jetzt die letzte Runde eingeläutet würde. Täglich hat man die Steigerung der Aktivitäten der Rechten gespürt, es kam zu Zusammenstößen, Provokationen, Tränengaseinsätzen, und zunehmend gewann man den Eindruck,

dass man auf eine gewaltsame Entfernung der Regierung setzte. Dazu wurden alle möglichen Rechtfertigungen herangezogen, etwa das Chaos in der Wirtschaft, beim Privateigentum, die Inflation, die Isolierung nach außen etc. Aber es war dennoch überraschend, dass der Putsch mit einer solchen Härte und in so drastischer Form vonstatten ging, dass mit einer solchen Massivität gegen eine Regierung vorgegangen wurde, die sich nichts hatte zu Schulden kommen lassen, sondern nur auf demokratische Weise die Gesellschaft grundlegend verändern wollte. Das hat auch bei uns einen ziemlichen Schock ausgelöst und hat viele Leute mitgerissen, die vorher Chile nur dem Namen nach kannten, sich kaum für Dritte-Welt- oder Lateinamerika-Fragen interessierten. Es gab eine ungeheure Welle von Bewegung, Mitleid und emotionaler Betroffenheit. Es gab zahlreiche Demonstrationen und vielfältige Proteste.

Müller-Plantenberg: Wir hatten zweieinhalb Monate vor dem Putsch in Berlin eine kleine Informationsschrift gegründet, die alle vierzehn Tage erscheinen sollte, die *Chile-Nachrichten*, und hatten, wie wir dann nach dem Putsch nachlesen konnten, immer geschrieben, dass es wahrscheinlich nicht zu einem Putsch kommen würde, aber den Weg zu einem Putsch so genau analysiert, dass dem aufmerksamen Leser eigentlich klar sein musste, es wird dazu kommen. Wir wollten nicht glauben, was wir selbst geschrieben hatten. Und deshalb war auch die Empörung bei uns und anderen so heftig. Auf den Putsch in Chile folgten allerlei mögliche Interpretationen, auch solche, die ihn dann sehr schnell als faschistisch abstempelten. Es war ja zu diesem Zeitpunkt in keiner Weise absehbar, welche sozialen Folgen dieser Militärputsch haben würde, wie es weitergehen würde, sondern es hat ein halbes Jahr gedauert, bis die enge Verbindung zu den »Chicago Boys« und ihrer Idee von einer »Revolution für eine freie Gesellschaft« klar wurde.

Meschkat: Ich habe ja den Putsch und die Zeit vor dem Putsch in Chile selbst miterlebt und möchte in diesem Zusammenhang noch einmal auf die Rolle des Militärs zurückkommen, weil ich mich deutlich an die Zeit Anfang August 1973 erinnere, also fünf bis sechs Wochen vor dem Putsch. In der Provinz war die Lage noch schlimmer als in Santiago. Wir hatten in Concepción eine große Veranstaltung mit Beteiligung der Gewerkschaften, eine Veranstaltung zum Protest gegen die Folter in der Kriegsmarine. Es war bekannt geworden, dass hier Matrosen, die es gewagt hatten, sich politisch erkennen zu geben oder sich zu betätigen, auf die übelste Weise gefoltert worden waren. Darüber wurde in dieser legalen Veranstaltung berichtet. Am Ende wurden alle Teilnehmer, zu denen auch ich gehörte, von Carabineros durch die Straßen gejagt, gegen die Wand gestellt, untersucht, eingeschüchtert, das heißt, die Rolle des repressiven Apparates war schon unter der Allende-Regierung prekär. Ein anderer Aspekt, an dem dies gezeigt werden kann, waren die provokativen Durchsuchungen der Betriebe und der »poblaciones« [Armenviertel; Anm. d. Verl.] nach dem Waffenkontrollgesetz, die im Grunde genommen zeigten, dass Teile des Staatsapparates nicht unter der Kontrolle der Regierung standen. Das wollte ich stärker in den Mittelpunkt rücken, dass nämlich der Anspruch der Regierung der UP, wirklich die Macht in Chile in der Hand zu haben, teilweise fiktiv war. Die Frage war doch, wie viel Zeit nötig wäre, um die Kräfteverhältnisse zu verändern. Der Putsch kam auch deswegen, weil trotz der wirtschaftlichen Schwierigkeiten eine Niederlage der UP aus sich heraus gar nicht zu erkennen war; er kam auch deshalb, um all diese Prozesse zu unterbrechen und ihnen ein Ende zu setzen. Die Unausweichlichkeit einer solchen Zuspitzung wurde von Tag zu Tag deutlicher. Dass der Putsch ein solches Echo gefunden hat, hatte auch etwas damit zu tun, dass so viele Hoffnungen in dieses Experiment gesetzt hatten.

Müller-Plantenberg: Im Vergleich zu Argentinien kann man sagen, dass Isabel Perón und »der Hexer« [span. »el Brujo«, Spitzname von José López Rega, Peróns Privatsekretär und Wohlfahrtsminister; Anm. d. Verl.] ja gegenüber Allende nicht gerade Lichtfiguren darstellten, sondern im Gegenteil einen Putsch durchaus verdient hatten – wenn auch nicht diesen Putsch! Mit der Regierung der UP waren tatsächlich große Hoffnungen verknüpft. Trotz der Zuspitzung des Klassenkampfes und einer extrem chaotischen politischen Organisation hat die UP nicht verloren, sondern sie hatte sich gehalten oder sogar ihren Stimmanteil verbessert. Deshalb war in dem Moment das Entsetzen so groß.

Hat der Putsch auch die Strategie- oder Theorie-Diskussionen der deutschen Linken beeinflusst? Wir wissen ja beispielsweise, dass in Italien der »historische Kompromiss« der Kommunisten sehr stark von der chilenischen Erfahrung beeinflusst wurde.

Boris: Das ist jetzt ein schwieriges Terrain, aber man kann ganz allgemein sagen, dass dieser Vorgang keinen großen Reflexionsprozess oder Forschungsprozess »Wie war's?« und »Wäre es möglich gewesen?« ausgelöst hat. Er hat eher eine Befestigung von vorher vorhandenen Vorurteilen ausgelöst. Jeder hat sich bestätigt gefühlt: die K-Gruppen, die maoistischen Gruppierungen, die sozialdemokratischen und auch die KP-Kräfte. Es gab sicherlich auch noch andere Gruppen, links-sozialistisch unabhängige Gruppierungen, Sponti-Gruppen, aber gerade die hatten mit Chile nicht sehr viel am Hut.

Müller-Plantenberg: Doch, die Chile-Komitees waren beispielsweise rein spontaneistisch!

Boris: Aber ganz generell kann man sagen, dass Chile nicht den Reflexionsprozess ausgelöst hat oder die Leute irgendwie die Fronten hat wechseln lassen, da es ohnehin schon diese Instrumentalisierungsattitüde gab. Das ist durch die Ereignisse noch verstärkt und später durch die unmittelbare, tagtägliche Arbeit überdeckt worden. Es war also nicht so, dass viele politische Kräfte dies theoretisch intensiv bearbeitet hätten, zumindest nicht in den ersten Monaten nach dem Putsch.

Müller-Plantenberg: Immerhin gab es eine Reihe von europäischen Kongressen über Chile. Ich entsinne mich an einen, wo nur so allgemeine Prinzipien beschworen wurden, aber keine Strategien diskutiert wurden. Es gab allerdings interessante Reaktionen, etwa als die portugiesische Nelkenrevolution stattfand, aber kaum ein Wort über Portugal verloren wurde, weil man aufgrund der chilenischen Erfahrung gesagt hat: »Militärs sind das Letzte. Von Militärs kann man nichts verlangen, Militärs machen immer das Schlimmste, was man sich vorstellen kann.« Das Interessante oder auch Traurige war, dass schon wenige Wochen nach diesen Chile-Kongressen ein Teil der Leute, die da teilgenommen hatten, umgestiegen ist auf das Thema Portugal und sich nicht mehr weiter für Chile interessierte.

Nach dem Putsch haben sich ja die Parteien im Exil zunächst einmal weiter aufgesplittert, und es gab die unterschiedlichsten Interpretationen über die Hintergründe des Putsches, auch die Strategie gegenüber dem Militärregime innerhalb der chilenischen Exilgruppen. Verlief diese Diskussion weitgehend in kleinen Zirkeln oder hat sich die deutsche Linke, soweit die Zielgruppen in Deutschland waren, auch eingebracht?

Müller-Plantenberg: Also innerhalb der Solidaritätsbewegung hat es natürlich Verdoppelungen in dem Sinne gegeben, dass die verschiedenen chilenischen Parteien und Gruppen ihre besonderen Vertrauensleute haben wollten. Auf der deutschen Seite gab es vielfach dieses Bemühen, die Solidarität als Einbahnstraße zu betrachten, nach dem Motto »Wir müssen sie unterstützen, wir hier sind in der Pflicht«. Aber das hatte wenig mit den politischen Diskussionen zu tun, sondern das wurde immer mehr von »Berufs-Solidariern« betrieben. Auf der anderen Seite gab es natürlich unter den Exilierten Bemühungen, Anschluss an die deutsche Realität zu finden, besonders stark bei den Frauen. Es hat auch abgestufte Formen der Identifikation mit dem Gastland gegeben: Manche lebten nur in ihrer Welt, nur in Chile, andere haben sich hier vollständig integriert und sind praktisch zu Deutschen geworden.

Wir haben bisher über die westdeutsche Linie gesprochen, gab es auch Reaktionsformen in der DDR oder hat das im Gegensatz zum Westen keine Rolle gespielt?

Müller-Plantenberg: In der DDR gab es 1. von Berlin aus so etwas wie eine Unterform des offiziellen Anti-Faschismus, das heißt, der chilenische Putsch wurde mit aller Macht abgelehnt; 2. wurden das chilenische Exil und die chilenische Opposition mit allen Mitteln unterstützt. Die Chilenen, die in der DDR exiliert waren, haben in der Regel sofort Arbeit bekommen, ein Mindestmaß an materieller Unterstützung, es wurde ihnen allerdings abgefordert, dass sie politisch diszipliniert zu agieren hätten, so wie das in der DDR notwendig war. Ich entsinne mich daran, dass ein kommunistischer Arzt, der vor seiner Übersiedlung in die DDR noch eine Woche bei uns gewohnt hatte, nach zwei Jahren zu uns kam und sagte, er wollte sich einfach nur einmal aussprechen. Er erzählte dann entsetzt, dass seine Kinder offen rassistische und antisemitische und nazistische Sprüche in der Schule gehört hätten, es ihnen aber strikt verboten worden sei, darüber zu reden. Das hatte diese Chilenen doch sehr entsetzt, das war die andere Seite der Medaille dieses offiziellen Antifaschismus.

Wir sollten dann zur Militärdiktatur selbst kommen. Wie waren hier die Einschätzungen der Linken? Am Anfang war nicht absehbar, dass die Militärdiktatur so lange dauern würde, dass es gar eine der längsten Militärdiktaturen in Lateinamerika werden würde.

Müller-Plantenberg: Ich sagte schon, am Anfang geisterte das Wort des Faschismus umher, das war sicher nicht zutreffend, denn das Einzige, was man über die Militärdiktatur am Anfang sagen konnte, war, dass sie äußerst brutal zugeschlagen und einen Polizeistaat etabliert hatte. Das hätte noch der Katholischen Soziallehre entsprechen können oder sonst irgendetwas. Nur dass die Parteien der Linken da keinen Stand haben würden, das war klar. Es hat sich jedenfalls erst mit der Zeit in der Linken in Deutschland herumgesprochen, dass die Diktatur Pinochets das neoliberale Programm der Chicago Boys mit äußerster Brutalität – jetzt nicht in Form von bewaffneten Auseinandersetzungen, sondern in Form von sozialer Erbarmungslosigkeit – durchführte und dass dieses neoliberale Programm nicht nur ein wirtschaftliches, sondern auch ein politisches und gesellschaftliches Projekt war, dessen ganze Tragweite lange nicht begriffen wurde. Die Schock-Therapie, die von den Neoliberalen ab dem Jahre 1975 durchgesetzt wurde und zweimal (1975 und 1982) zu fürchterlichen wirtschaftlichen Einbrüchen geführt hat, hat für einige Jahre zu einer einfachen Interpretation Chiles durch die westdeutsche Linke geführt: Neoliberalismus – das ist Krise, das ist brutale Militärdiktatur, brutales Zugreifen der Polizeikräfte und des Militärs, das ist die brutale Zerstörung der wirtschaftlichen Grundlagen der Bevölkerung. Seit 1986 hat sich dann die Lage insofern geändert, als sich ausgehend von den tiefen Depressionen, die über Chile gekommen sind, im Rahmen des neoliberalen Modells ein bedeutendes Wirtschaftswachstum ergeben hat, das zwar eigentlich nur einen Aufhol- oder Rekonstruktionsprozess darstellte, aber von den Chilenen doch so wahrgenommen wurde, dass man in der Endphase dann Diktatur plus relatives Wohlergehen gesehen hat. Dieses Umschalten ist in der deutschen Linken sehr langsam vor sich gegangen, dieses Verstehen, dass auch mit einem neoliberalen Programm – wenn erst einmal alles vorher zerstört war – Aufschwung möglich ist. Insofern ist das Umschwenken der linken und christdemokratischen Politiker in Chile auf dieses neoliberale Wirtschaftsprogramm in den letzten Jahren der achtziger Jahre überhaupt nicht verstanden worden.

Boris: Noch einmal zum Faschismusbegriff und dessen Einschätzung. Ich denke, dass der Begriff weniger als wissenschaftlicher, sondern als Kampfbegriff benutzt wurde, um die Brutalität deutlich zu machen, um auch die Kontinuität des Anti-Faschismus deutlich zu machen und auch ein bisschen als Symbolbegriff der Abgrenzung innerhalb der Linken, der dazu diente, eine antifaschistische Einheitsfront herzustellen. Das war eine Begrifflichkeit, die auf der politisch-symbolischen Ebene gelegen hat. Auch im wissenschaftlichen Bereich hat es natürlich Versuche gegeben, das irgendwie zu retten. Ich erinnere mich an eine Konferenz in Mexiko-Stadt 1976, da haben Orlando Caputo und Fernando Faynzilber versucht, ein Konstrukt Militär-Faschismus oder so etwas wie einen peripheren Faschismus zu entwerfen, eine faschistische Ordnung im Sinne des Monopol-Kapitals, aber ohne soziale Basis. Später ist das dann fallen gelassen worden, weil man durch die Analyse anderer Militärdiktaturen merkte, dass Militärdiktatur nicht gleich Faschismus ist. Außerdem konnten diejenigen, die in den Jahren 1979, 1980 und 1981 nach Chile gefahren sind, völlig verdutzt zurückkommen, weil man in Chile – im Gegensatz zu manchem redemokratisierten Nachbarstaat – kaum Militär und Polizei sah, im Zentrum von Santiago keine zerlumpten Gestalten herumhingen, sondern nur adrett gekleidete Leute anzutreffen waren, saubere Straßen und Märkte sowie glitzernde Konsumtempel zu sehen waren. Da haben sich viele gefragt: »Wo ist hier der Faschismus? Wo ist die Repression? Wo ist der Polizeistaat?« Es war alles wohl geordnet und keiner fühlte sich bedrängt. Man hatte eine neue Institutionalität in Chile geschaffen (Plan Laboral, Verfassung etc.), aus der eine neue Legitimität erwuchs, die sozusagen die Krassheit der faschistischen Unrechtssituation, des totalen Willkürzustandes und des ökonomisch dauernden Abwärtsgehens hinter sich ließ. Abgesehen von den nationalen Protesttagen der Jahre 1983 und 1984 ging entsprechend auch die Solidaritätsarbeit ständig zurück.

Müller-Plantenberg: Dazu kam auch, dass die chilenischen Parteien untereinander darüber zerstritten waren, ob sie das Angebot einer von den Militärs kontrollierten

Demokratisierung annehmen sollten oder nicht. Sich in die Wählerlisten neu einzu-schreiben, bedeutete ein nicht unbeträchtliches Risiko, das bestimmt für die Kommunisten wesentlich größer war als für die Christdemokraten oder die Anhänger der *Radikalen Partei*. Insofern gab es sehr unterschiedliche Meinungen darüber, was man tun sollte. Man hat sich in Deutschland die Köpfe eingeschlagen, ob es richtig sei, bei den Wahlen von 1989 mitzumachen oder nicht.

Der Rückgang der Solidaritätsbewegung Anfang der achtziger Jahre war natürlich auch darauf zurückzuführen, dass plötzlich Zentralamerika auftauchte. Es gab die erfolgreichen Revolutionäre in Nicaragua, die Aufstandsversuche in El Salvador, und die Linke in Chile passte sich vermeintlich immer mehr dem neoliberalen System an. Hat in den achtziger Jahren eine Entfremdung zwischen der deutschen Linken und der chilenischen Linken stattgefunden? Ich erinnere mich an so manchen Artikel, wo fast eine Verbitterung durchklingt, dass die chilenische Linke sich doch ganz anders entwickelt hat, als man es erwartet hätte.

Meschkat: Man muss zwei Dinge im Auge behalten: Zum einen gab es ja vielfälti-gen Widerstand gegen die Diktatur, von den traditionellen Parteien der chilenischen Linken, dann den bewaffneten Widerstand von der MIR, aber auch der *Kommunis-tischen Partei*, die dann umgeschwenkt ist. Es gab Versuche der Selbstorganisation in den Armenvierteln und vielfache Ansätze, in einer durch die Militärdiktatur atomi-sierten Gesellschaft wieder etwas Neues zu schaffen. Nach dem missglückten Attentat auf Pinochet wurde die Mobilisierung von unten wieder zurückgedrängt und in ihre Schranken verwiesen. Angesichts dieser Erfahrungen war es zum anderen natürlich klar, dass man gegenüber den gewendeten Sozialisten, die plötzlich versuchten, Real-politik zu betreiben, eine große Distanz besaß. Vielfach hieß es: »Die haben nicht das Recht, mit irgendwelchen Manövern den Pinochet auszutricksen.« Zwar war ein Ende der Diktatur willkommen, aber mit diesen Kräften wollte man nichts zu tun haben, denn sie beabsichtigten, das traditionelle Spiel der Parteien wieder einzuführen, gegen das die unabhängige Linke gerade einmal aufgestanden war.

Müller-Plantenberg: In den achtziger Jahren gab es zwei Entwicklungen: Die eine ist der langsame und schwierige Weg zur Demokratie mittels der geschützten oder kon-trollierten Demokratisierung durch die Verfassungshüter und die Wahlen Ende 1989; die andere ist die Akzeptanz des neoliberalen Wirtschaftskonzeptes als Grundlage für ein weiteres Wachstum der Wirtschaft in Chile und damit auch der Modernisierung, die von der Diktatur geleistet worden ist, seitens der Opposition. Es ist schon interes-sant, dass in der sozial- und wirtschaftswissenschaftlichen Diskussion in Deutschland

Chile vor allem wegen der Rentenversicherung vorkommt. Das Abgehen vom Solidaritätsprinzip wird als die große Masche empfunden und Chile damit als Vorreiter des neoliberalen Projektes in der Welt hingestellt.

Boris: Dazu passt die gesamte Diskussion um die »societá civile« (Gramsci), die ominöse und berüchtigte Zivilgesellschaft. Das ursprüngliche Konzept und der Sinn des Begriffs sind vollkommen in den Hintergrund getreten. Inzwischen wird die Sociedad Civil nicht mehr als zu überwindende Schranke hin auf dem Weg zum Sozialismus verstanden, sondern unter Einbezug des Marktliberalismus als zu erreichendes Endziel uminterpretiert. Unter diesem Banner sind viele ehemalige Linke zu Adepten eines vielleicht sozial aufgeplusterten und abgefederten Neoliberalismus geworden. Ich nenne hier nur Carlos Ominami, der ursprünglich ein ganz radikaler Regulationstheoretiker in Frankreich gewesen ist, sich als Marxist ganz radikal gab und zwei Jahre später in einem neoliberal geführten Kabinett Wirtschaftsminister wurde. Dafür war sicherlich die Vermittlungsebene Zivilgesellschaft nicht unwichtig als geistiges Bindeglied dieser Umkehrentwicklung.

Müller-Plantenberg: Die Konzepte von Gramsci sind allerdings durchaus nützlich, um die Veränderungen in der chilenischen Gesellschaft zu begreifen. Das Projekt der Unidad Popular wäre nicht möglich gewesen, wenn die kulturelle Hegemonie der Bourgeoisie nicht schon angeknackst gewesen wäre. Was die Bourgeoisie, das Bürgertum, in Chile dann geschafft hat, die Militärs zusammen mit den Neoliberalen und all denen, die diesen Prozess getragen haben, ist, die kulturelle Hegemonie in fast allen wichtigen gesellschaftlichen Bereichen zu erringen. Die Presse besteht nur aus zwei großen Monopolen; die Kirche – einst eine Gewalt gegen die Militärdiktatur – huldigt einem Konservatismus fürchterlichster Art; in praktisch allen Bereichen, im Fernsehen, selbst im Fußball, ist diese konservative Mentalität herrschend geworden, die es möglich macht, dass ein sozialistischer Präsident gewählt werden kann, ohne dass sich viel verändert. Die Angst, die man vor Allende gehabt hat, die war bei Ricardo Lagos nicht mehr existent, weil man wusste, dass die Bastionen des kulturellen Konservatismus so festgezurrt sind, dass es quasi unmöglich ist, irgend etwas zu ändern.

Meschkat: Das beinhaltet natürlich für viele von uns eine gewisse Distanz zur offiziellen Linken in Chile, die in meinem Falle größer geworden ist. Die eine Sache ist, dass mit ganz wenigen Ausnahmen die gesamte chilenische Linke, und zwar gerade auch Personen aus dem ehemals revolutionären Lager, auf diese Linie eingeschwenkt sind. Die linken Intellektuellen in Chile sind zum großen Teil Träger eines neoliberalen Projekts geworden. Diese neue Führungsschicht hat noch eine andere unangenehme Eigenschaft, die allerdings in Chile auch sehr weit verbreitet ist, sie ist sehr stolz auf die chilenischen Erfolge, und das ist der Kitt, der alles zusammenhält. Das neoliberale Modell verheißt ja sozusagen für das Land eines abhängigen Kapitalismus die Standortvorteile, die einmal da sind, und eine neue Gesellschaftsschicht, die sich in ihrer unternehmerischen Initiative unablässig nach dem Motto feiert: »Wir stehen im Zentrum dieses Transformationsprozesses, und wenn wir alles machen, wie wir müssen und uns niemand in den Arm fällt, dann wird Chile weiter als kapitalistisches Land an der Spitze stehen und sehr erfolgreich sein.« Damit vermengt sich das Feiern des neoliberalen Prinzips mit einer Art von Nationalismus, die in jedem Land der Welt ziemlich unangenehm ist.

In welchem Sinne lässt sich denn überhaupt noch von einer Linken in Chile sprechen? Wenn sich die Linke weitreichend verändert hat bzw. in die Defensive geraten ist, welche Perspektiven existieren für eine Linke in Chile noch? Was kann umgekehrt Chile der Linken noch sagen oder gar lehren?
Müller-Plantenberg: Utopien sind zwar beizeiten nützlich, aber wenn sie vollkommen jenseits jeden Realitätsbezugs liegen, dann helfen sie nicht sehr viel weiter. In diesem Sinne gilt es, sich in den Erwartungen an die chilenische Linke zu beschränken. Ich glaube, dass es ihr möglich sein könnte und müsste, im Augenblick zwei große Aufgaben zu erfüllen. Die eine ist, für mehr soziale Gerechtigkeit zu sorgen: Ich glaube, da ist nicht ausgereizt, was innerhalb des neoliberalen Modells möglich ist. Wenn es momentan auch nicht darum gehen kann (aber müsste), das neoliberale Modell grundsätzlich aus den Angeln zu heben, so müsste doch seine soziale Komponente gestärkt werden. Die Wachstumserfolge sind dafür groß genug. Die zweite große Aufgabe der chilenischen Linken würde ich darin sehen, die Hegemonie dieses kulturellen Konservatismus zu brechen, einfach ein gewisses Ausmaß an Laizismus oder wenigstens an kritischem Christentum wieder in der Gesellschaft wirksam werden zu lassen; daran hapert es im Augenblick vollkommen.
Boris: Ich kann mich dem nur anschließen und feststellen, dass die chilenische Gesellschaft bis vor Kurzem doch einen gewissen Entpolitisierungsprozess erfahren hat. Gerade das massive Fernbleiben von jüngeren Chileninnen und Chilenen bei den jüngsten Wahlen ist nach weniger als einer Dekade nach der überwundenen Diktatur schon eine etwas merkwürdige Konstellation. Die Zeichen stehen im Moment auf Entpolitisierung, Stärkung der privaten Orientierungen und Technikfetischismus. Es gibt viele Stimmen, die sagen, dass die Parteienkonstellation der »concertación« [Bündnis der Mitte-links-Parteien, das aus dem Oppositionsbündnis beim Plebiszit 1989 gegen die Verlängerung der Diktatur hervorgegangen ist; Anm. d. Verl.] sich

überlebt hat. Die hohen Stimmenanteile für Joaquín Lavin deuten darauf hin, dass die bisherige Entwicklung so nicht weiter gehen muss. Wenn ein dezidierter Vertreter der Rechten fast fünfzig Prozent der Stimmen erreicht – das hat es selbst vor zehn Jahren bei den Wahlen und im Plebiszit nicht gegeben –, so zeigt das schon eine starke Dominanz. Wie sich die Linke in einer veränderten Parteienkonstellation einfügen würde, ist vollkommen offen.

Müller-Plantenberg: Nur eine Bemerkung zur Entpolitisierung. Untersuchungen haben gezeigt, dass die Jugendlichen, die nicht zur Wahl gegangen sind, durchaus nicht total entpolitisiert oder gegen Politik überhaupt sind. Tatsache ist, dass die Stimmabgabe nichts an dem Ergebnis der Politik ändert. Die Verfassung macht es unmöglich, ernsthaft etwas in Chile zu ändern, egal wie die Leute abstimmen. Das haben die Jugendlichen erkannt. Wenn nicht all die Älteren schon eingeschrieben wären, sondern sich erst noch einschreiben müssten, dann würden sie wahrscheinlich genauso wenig zur Wahl gehen. Deshalb ist dieser Tatbestand allein nicht sehr aussagekräftig, wohl aber ein Misstrauensbeweis gegen das geltende politische System, seine Strukturen und Repräsentanten, und natürlich gegen diese Verfassung, die im Kern undemokratisch ist.

Meschkat: Es ist sehr schwierig, Prognosen zu stellen. Ich denke, die Hoffnung sollte darauf gerichtet sein, dass man sich nicht vorstellen kann – und das ist vielleicht doch der Vorzug dieser institutionellen mittelfristigen Stabilität –, dass es in Chile ein Zurück zur Militärdiktatur gibt. Das macht es möglich, dass in der Gesellschaft vielfältige politische und soziale Prozesse weitergehen, deren Konsequenzen wir schlecht überblicken. Wir haben uns sicher nicht vorgestellt, dass nach der Rückkehr zur formalen Demokratie gerade der Sektor der Indígenas derjenige sein würde, der am stärksten mit seinen Forderungen und Anliegen in den Vordergrund tritt. Nach wie vor beruht dieses ganze ökonomische Modell auf einer gewaltigen Überausbeutung der natürlichen Ressourcen des Landes. Die Frage ist dann, welche Konsequenzen man daraus zieht. Mir scheint dieses ganze System auch in ökonomischer Hinsicht ein sehr prekäres System zu sein, sodass es darauf ankommt, in welchen Sektoren der Bevölkerung sich ein Bewusstsein darüber herstellen wird. Gerade bei möglichen Voraussagen derart, dass künftig Krisen mit der Kampfbereitschaft irgendwelcher Volkssektoren verbunden sind, wäre ich außerordentlich vorsichtig. Aber auch für Chile gilt, dass die Geschichte bestimmt noch nicht an ihrem Ende angekommen ist.

Friedrich Paul Heller

Die Colonia Dignidad: ein politischer Skandal bis heute

Das ehemalige deutsche Gut Colonia Dignidad in Chile ist in vieler Hinsicht einzigartig, auch als Folterlager. Als einziges Geheimgefängnis der Pinochet-Diktatur war es schon vor dem Putsch ein (Sekten-)Lager und bestand nach Ende der Diktatur weiter. Alle anderen Haftorte wurden umfunktioniert oder zu Gedenkstätten gemacht, die Colonia Dignidad ist bis heute ein umzäuntes Gelände und ein politischer Skandal.

1956 gründete der zuvor mehrfach gekündigte evangelische Jugendpfleger Paul Schäfer bei Siegburg die *Private Sociale Mission*. Offiziell war es ein Erziehungsheim für Kinder von Gruppenmitgliedern, tatsächlich aber der Versuch Schäfers, seine Anhänger von der Außenwelt abzuschirmen. In dem von einer Mauer umschlossenen Gebäude wurde gebetet, gesungen, geschlagen; darüber hinaus verging sich Schäfer an den Jungen. Als die Staatsanwaltschaft gegen Schäfer wegen des Verdachts des sexuellen Missbrauchs ermittelte, floh ein Großteil der Sekte 1960/61 nach Chile, im Laufe der Zeit insgesamt etwa dreihundert Frauen, Männer und Kinder. Papiere wurden gefälscht und Elternteile nicht oder falsch unterrichtet. Es war die massivste Kindesentführung in der Geschichte der BRD.

In Chile baute die Gruppe das landwirtschaftliche Gut Colonia Dignidad (Kolonie der Würde) auf; ein Zaun schottete das Gut streng ab, und nur ausgesuchte Besucher wurden empfangen. Nun konnte Schäfer ungehemmt die Jungen der Sekte missbrauchen und sich seine Anhänger durch Schläge, Folter und Überdosen von Psychopharmaka gefügig machen.

Die Führung hatte schon während der UP-Zeit Kontakte zur rechtsterroristischen Gruppierung *Patria y Libertad* (Vaterland und Freiheit), deren Mitglieder auf dem Gelände an Waffen übten und sich notfalls auch dort versteckten. Am 9. September 1973, also zwei Tage vor dem Putsch, kamen Agenten aus Brasilien, dem größten damals von einer Militärdiktatur regierten Land Lateinamerikas, und aus dem ebenfalls diktatorisch geführten Uruguay nach Chile. Sie wussten sich mitten in der polarisierten Stimmung von Allendes letzten Tagen keinen anderen Rat, als ein Taxi zu nehmen und in die Colonia Dignidad zu fahren, um den Putsch abzuwarten. Brasilianische Agenten waren nach dem Putsch am 11. September an Folterungen in der Siedlung beteiligt.

Am 11. Mai 1974 trafen sich sieben Mitglieder des bedeutungsvoll mit SS (*Servicio de Seguridad*) abgekürzten Sicherheitsdienstes von *Patria y Libertad* in San Carlos, einer Ortschaft in der Nähe der Colonia Dignidad. Im Protokoll[1] der Sitzung wurden Pläne festgehalten, die chilenischen Institutionen einschließlich der Streitkräfte unter die Kontrolle von *Patria y Libertad* zu bringen und über die Grenzen nach Peru, Bolivien und Argentinien »zu expandieren […], sobald wir die notwendige Armee haben«. Eine bewusste politische Allianz von zivilem und staatlichem Terror war also die Arbeitsgrundlage, die die Colonia Dignidad und die Pinochet-Diktatur verband.

Die Colonia Dignidad diente Pinochets Anfang 1974 gegründetem Geheimdienst DINA (Dirección Nacional de Inteligencia) als örtliches Haftzentrum, als Folterschule, als Vernichtungslager, als Standort für ihre Labore zur Herstellung von Massenvernichtungswaffen, als Kommunikationskanal zum Ausland, als Schmuggelzentrum und als Platz für Schießübungen. Schäfer überließ der DINA die benötigten Räumlichkeiten. Er und seine Vertrauten waren aber auch selbst an der Repression beteiligt.

Heute ist die Colonia Dignidad das am besten dokumentierte Folterlager der Pinochet-Diktatur. Anfangs war es das am besten getarnte. Ein geheimnisumwittertes Lager war es schon vor dem Putsch, der Zaun um das Siedlungsgelände war schon vorher da, das Areal der DINA war ein Lager im Lager. Es war also doppelt getarnt: Das DINA-Lager innerhalb der Siedlung war selbst für die meisten deutschen Bewohner ein Geheimnis, auch wenn sie häufige nächtliche Autofahrten bemerkten; und den Zaun um die Siedlung hatte es seit Jahren gegeben, er erregte daher jetzt keinen Verdacht. Die sektiererische Verrücktheit der Deutschen tarnte die DINA-Enklave besser als alle Geheimhaltungsversuche der DINA-Häuser in Santiago. Die DINA fand in der Colonia Dignidad eine perfekte Infrastruktur für ihre Zwecke vor:

Foltererfahrung (auch von Ärzten), ein Krankenhaus, Abschottung nach außen, eine Sendeanlage, Wohnmöglichkeiten für die Agenten und einen paramilitärischen Trupp zu ihrem Schutz. Deshalb richtete sie dort ihre Folterschule ein.

Die Colonia Dignidad als Vernichtungslager

Der Putsch der chilenischen Militärs war eine Ausnahme in Lateinamerika. Er war nicht der Wechsel einer politischen Fraktion zu einer anderen, sondern Ausdruck des Vorhabens, das ganze »Volk« zu verändern. Die Linke sollte ein für alle mal vernichtet werden. Dieser Vernichtungswille traf zusammen mit der Praxis der Schäfer-Sekte, den Teufel durch Folter, Zwangsmedikamentierung in Überdosis und Unterdrückung der Sexualität auszutreiben. Der Marxismus, über den die Junta-Mitglieder bei jeder Gelegenheit wetterten, und der Teufel, den Schäfer beschwor, verschmolzen zu einer Einheit. Militär und Sekte wurden zu natürlichen Bündnispartnern.

Der Vernichtungswille führte dazu, dass die DINA ihre Gefangenen spurlos verschwinden ließ. Die letzte Spur vieler »Verschwundener«, die nicht ins Meer geworfen oder irgendwo verscharrt wurden, verliert sich folgerichtig in der Colonia Dignidad. Ein US-Geheimdienstler berichtete dem US-Journalisten John Dinges, dass in der Colonia Dignidad Gefangene ermordet und in Massengräbern verscharrt worden seien.[2] Auch der Bericht der chilenischen *Nationalen Kommission für Wahrheit und Versöhnung*[3] bestätigt Fälle von »Verschwinden« in der Colonia Dignidad. Vieles in einem Prozess wegen 21 »Verschwundener« aus Parral deutet ebenfalls auf die Colonia Dignidad.

Die Colonia Dignidad unterhielt zusammen mit den chilenischen Streitkräften das Arbeitslager Monte Maravilla[4]. Dort »verschwanden« schätzungsweise mehr als hundert politische Gefangene. Der DINA-Informant René Muñoz legte im Juni 1977 vor dem Solidaritätsvikariat (einer Menschenrechtsorganisation in Santiago) eine Lebensbeichte ab und wurde kurz darauf ermordet. Er berichtete, er habe einige Gefangene in der Colonia Dignidad verschwinden lassen. »Im Augenblick« (das heißt 1977) würden dort 112 noch lebende »Verschwundene« festgehalten, darunter viele, die aufgrund der Folter am Rande des Wahnsinns seien. Sie seien im »Pavillon 2« untergebracht. Möglicherweise bezieht sich Muñoz auf das Arbeitslager. Von den Gefangenen von Monte Maravilla gibt es bis heute keine Spur.

Beim größten Menschenrechtsprozess, der in Chile stattfand, ging es um den Studenten Alfonso Chanfreau. Er wurde am 31. Juli 1974 verhaftet. Am 13. August 1974 holte man ihn von der Folter sichtbar geschwächt aus seiner Zelle in Santiago und brachte ihn weg. Sein Jugendfreund Pedro Matta sagte später aus, dass ein weiterer Gefangener, Contreras, der zur Zusammenarbeit mit dem Geheimdienst gezwungen worden war, 1975 zu ihm gesagt hatte: »Ich weiß, dass sie Poncho (Chanfreau) in die Colonia Dignidad gebracht haben. Ich bin nie da gewesen, aber ich weiß, dass sie, wenn sie aus dir durch die Folter vierzig bis fünfzig Prozent von den Informationen, die du hast, herausgeholt haben, aus dem, den sie in die Colonia Dignidad bringen, hundert Prozent der Informationen herausholen werden. Ich weiß, dass sie in der Colonia Dignidad spezielle Isolierräume gebaut haben, die wie Gräber sind; ich weiß, dass sie dort Genossen hinbringen, damit sie völlig den Sinn für Raum und Zeit verlieren, in völliger Dunkelheit, ohne das mindeste Geräusch, alleine, über lange Zeiträume, um sie psychologisch zu zerbrechen. Ich glaube, dass Poncho heute tot ist, und wenn er es nicht ist, ist es, als sei er tot.« Im Mai 2013 wurden Contreras und weitere DINA-Agenten wegen der Entführung Chanfreaus verurteilt.

Das »Verschwinden« Chanfreaus wird – zwar ohne Namensnennung, aber eindeutig zuzuordnen – in einer Aktennotiz des Bonner Auswärtigen Amtes (AA) von 1977 erwähnt.[5] Dennoch beantwortete die Bundesregierung eine parlamentarische Anfrage 1989 damit, dass ihr über die Haft Chanfreaus in der Colonia Dignidad keine Informationen vorlägen.[6] So viel diplomatische Zurückhaltung bedeutete für Schäfer immer wieder eine Atempause.

Das Ferienlager

Die Zusammenarbeit der DINA mit der Colonia Dignidad ging weit über das technische Gebiet der Geheimdiensttätigkeit hinaus. Pinochet und Gattin waren dort. DINA-Agenten gingen in der Siedlung ein und aus und verbrachten ihre Ferien dort. Auch eine Reihe prominenter chilenischer Geheimdienstler machte in der Siedlung Urlaub und nicht zuletzt einige CSU-Politiker. Strauß allerdings vermied auf seiner Chilereise 1977 den Besuch der Siedlung.[7]

Die Attraktivität der Colonia Dignidad bedarf der Erklärung. Es wäre ja klüger gewesen, um diese notorische Skandalsiedlung einen Bogen zu machen, wie es Strauß tat, nachdem er seinen persönlichen Referenten zur Erkundung vorgeschickt hatte. Aber die ideologische Nähe wog schwerer als taktische Bedenken. Colonia Dignidad und DINA waren Männerbünde mit gleicher Libidostruktur. Beide wurden durch die Verehrung für Pinochet oder Schäfer/Gott zusammengehalten. Hinzu kommt die Dominanz der Männlichkeit. Männerbünde leben von der verkappten Homoerotik ihrer Mitglieder untereinander und im Verhältnis zum Führer. Wenn diese Homoerotik zu sichtbar wird, wird sie zum unerwünschten Skandal, wenn sie aber überhaupt nicht wahrnehmbar ist, fehlt die Ausstrahlung. Diese zugleich verdeckte und lockende Homoerotik hat die anziehende Wirkung der Colonia Dignidad extrem gesteigert. Jeder wusste, dass Schäfer Jungen unter einmalig monopolistischen Bedingungen missbrauchte, und es hatte deshalb 1966 auch schon einen Skandal gegeben (siehe unten), aber diese Tatsache wurde mit allen Mitteln der Rechtsbeugung, des Betrugs, der aufwändigsten Fassaden kaschiert, und ein ganzer Staat gab Rückendeckung. Der so gesteigerte Reiz des Verbotenen lebte zusätzlich von der großen Wertschätzung, die der deutsche Militarismus in Chile genießt seit preußische Ausbildungsoffiziere seinen Streitkräften ihre Prägung gegeben haben. Zudem repräsentierte das Siedlerkollektiv eben jenes vom Bösen gereinigte »Volk«, das die Militärs mit dem Putsch schaffen wollten.

Die Colonia Dignidad als Militärstützpunkt

Die DINA hatte sich die Mission gesetzt, Lateinamerika und letztlich die Welt vom Marxismus zu reinigen. Dazu gehörten Morde im Ausland, an denen auch die Colonia Dignidad beteiligt war, und das nichtkonventionelle Rüstungsprojekt ANDREA, das atomare, biologische und chemische Massenvernichtungswaffen umfasste. ANDREA war ein 1975 von den chilenischen Geheimdiensten DINA und SIM (Heer) angeregtes, geheimes Bündnis lateinamerikanischer Nationalisten, Geheimdienstler und Antisemiten, das – ähnlich wie die Operation Condor – elitäre und rechtsextreme politische Ziele verfolgte und dabei die formellen staatlichen Institutionen unterlief.[8] Chile war das Zentrum und die Colonia Dignidad einer der Stützpunkte.

ANDREA sollte Chile in einem Krieg gegen das linkspopulistische Militärregime in Peru und ab 1978 auch gegen Argentinien verteidigen. Da Chile seinen Nachbarländern auf dem Gebiet der konventionellen Rüstung unterlegen war, plante es einen nichtkonventionellen Angriff oder Gegenschlag, zu dem auch Überlegungen zu einem möglichen Einsatz von Volksmilizen gehörten. An dieser Kriegsplanung war der durch seine Luftwaffeneinsätze im Zweiten Weltkrieg berühmt gewordene Hans-Ulrich Rudel beteiligt. Rudel hatte sich mit Hilfe der katholischen Kirche nach Ende des Kriegs nach Argentinien abgesetzt und wurde dort militärischer Berater des Präsidenten Juan Perón. Nach dem Putsch berief Pinochet Rudel als Berater. Rudel und sein Beraterkreis hielten die Bewaffnung der chilenischen Streitkräfte für unterlegen und sagten, dass es unmöglich sei, Santiago gegen die überlegene argentinische Luftwaffe zu verteidigen. Sie legten deshalb geheime Luftwaffenstützpunkte an, von denen aus der Gegenschlag erfolgen sollte. Diese bestanden aus unterirdischen Hangars, Waffenlagern und Kommandozentralen. Einer dieser getarnten Stützpunkte war die Colonia Dignidad.

Die chilenischen Geheimdienstler kauften über Scheinfirmen, in denen Pinochets Sohn Augusto eine führende Rolle spielte, moderne Waffen, die sie auseinandernahmen und kopierten. Dabei wurden an unterschiedlichen Orten Module gefertigt, die dann zusammenmontiert wurden. In der Colonia Dignidad wurden Maschinenpistolen mit Schalldämpfern, Maschinengewehre und Handgranaten nachgebaut. Es gibt Berichte über einen unterirdischen Raum, in dem im Schichtbetrieb mit Metallteilen gearbeitet wurde, die für Waffen bestimmt waren. Ein Siedler erlitt bei einem Unfall während dieser heimlichen Produktion starke Verbrennungen an der Brust.

Die Colonia Dignidad, das Auswärtige Amt und die deutsche Botschaft

Das AA und die deutsche Botschaft in Santiago verhielten sich über Jahrzehnte ambivalent gegenüber der Colonia Dignidad, wenn sie sie nicht sogar deckten. Schon zur Zeit der Auswanderung war die Sekte gegenüber dem AA konkret beschuldigt worden. Verwandte hatten geschrieben, die Ausreise einzelner Mitglieder sei womöglich nicht freiwillig gewesen. Sie schilderten Missstände in der Sekte während der Zeit in Siegburg.

Dem Jugendlichen Wolfgang Müller gelang es, 1966 aus der Colonia Dignidad zu fliehen. Er berichtete der Presse und der deutschen Botschaft über sexuellen Missbrauch, medizinische Zwangsbehandlung und Freiheitsberaubung. Eine undatierte handschriftliche Notiz (wohl von 1966) in den Akten des AA spricht von »pietistischem Sektiererclub mit moral. dubiosem Unterbau«. Hugo Baar, der Vertreter der Sekte in Deutschland, mache einen »wenig soliden Eindruck«. Das AA telegrafierte an die Botschaft: »Wegen der starken, unerfreulichen Publizität Vorgänge um Siedlung Dignidad in Weltpresse und wegen zahlreicher Anfragen muß Auswärtiges Amt baldmöglichst in Lage versetzt werden, Behauptungen entgegenzutreten, die deutschem Ansehen abträglich«.[9] Schon am Anfang ging es dem AA also nicht darum, was in der Colonia Dignidad geschah, sondern um das »deutsche Ansehen«, das zu schützen war wie auch die Siedlung selbst, die offenbar als Teil dieses Ansehens betrachtet wurde. Die Botschaft antwortete, wie von ihr erwartet, mit einem Lob der landwirtschaftlichen Leistungen der Siedlung und dass sich nach polizeilichen

Ermittlungen kein Verdacht strafbarer Handlungen ergeben habe, sehe man einmal von Paul Schäfer ab, der die Siedlung verlassen habe. Tatsächlich hat er die Siedlung und ihre Außenstellen selten verlassen.

Nach einem Besuch in der Kolonie, bei dem es darum ging, dass zwei Siedler die Botschaft gebeten hatten, ihnen zur Rückkehr nach Deutschland zu verhelfen, verfasste Botschaftsmitglied Dr. Werner Kaufmann-Bühler im Juni 1972 eine Aufzeichnung von 23 Seiten, in der eine Reihe von Fragwürdigkeiten aufgezählt werden. So heißt es: »Einiges spricht dafür, daß er [Heinz Schmidt, einer der Ausreisewilligen] gegen seinen Willen am Verlassen der Kolonie gehindert wird«. Bevor Kaufmann-Bühler mit Schmidt sprechen konnte, musste er mit der Ärztin Dr. Gisela Seewald konferieren, die – was der Botschaftsmitarbeiter nicht wissen konnte – ihre Behandlungen mit Exorzismus verband und Deutsche und später auch Chilenen folterte. »Sie war mit einem dicken Dossier bewaffnet, dem Vorgang der Kolonie über Heinz Schmidt. Ich solle selbst lesen. Es sei beinahe unzumutbar, zumal für eine Frau […], über diese Dinge zu sprechen. Das Dossier besteht aus Notizen über Beobachtungen und Aussagen anderer Personen, vor allem von Kindern über Heinz Schmidt. Es war eine regelrechte staatsanwaltliche Strafakte. Die Vorwürfe bestehen meist aus Betätigungen mit sexuellem Einschlag, wie sie den Sittlichkeitsdezernenten einer jeden Großstadt nicht fremd sind. Sie erreichen kaum die Stufe der kleinen Sittlichkeitskriminalität. Aber in der Kolonie schien so etwas unfaßbar zu sein.«

Die Folterärztin hatte Kaufmann-Bühler eine der Seelsorgeakten der Sekte zu lesen gegeben, die es über fast alle Mitglieder gab. Kaufmann-Bühler schreibt weiter, Schmidt sei 1966 die Flucht in die Botschaft gelungen, »dort wurde er jedoch von seinen Adoptiveltern eingeholt und zur Umkehr bewogen.« Er war damals 23 Jahre alt. Danach bat er in zwei herausgeschmuggelten Briefen um Hilfe für die Rückführung nach Deutschland. Das Gespräch zwischen Kaufmann-Bühler und Schmidt fand in Anwesenheit von dessen Adoptiveltern statt, Schmidt wirkte »übermüdet, schweigsam, gezwungen und geschoben« und verwies auf eine schriftlich vorformulierte Antwort. Der Schlusssatz von Kaufmann-Bühlers Bericht lautet: »So ist die Kolonie ein Stück Auslandsdeutschtum, das uns auch weiterhin mehr belasten als nützen wird.« Klar war: Hier stimmte etwas nicht. Im Übrigen sah der Botschaftsmitarbeiter keine große Zukunft für die Siedlung.

Spätestens jetzt hätten in der Botschaft und im AA die Alarmlampen blinken müssen. Aber der Putsch des chilenischen Militärs 1973 änderte alles. Die Colonia Dignidad stand nun unter dem Schutz der Diktatur. Auch das Verhältnis zwischen Botschaft und Colonia Dignidad verbesserte sich nun. Endlich habe es mal ein deutscher Botschafter für nötig befunden, die Siedlung zu besuchen, sagte der nach einem vorgetäuschten Selbstmord offiziell tote Schäfer im November 1976 zu Botschafter Erich Strätling, der gerade seinen Dienst in Chile angetreten hatte. Strätling, innerhalb des diplomatischen Dienstes ein Rechtsaußen, hatte eindeutige Sympathien für die Pinochet-Diktatur sowie eine Abneigung gegen neue Akteure wie *amnesty international*, wollte ansonsten keinen Ärger und bekam nicht immer alles so genau mit. Er wurde sieben Stunden in dem »Mustergut« herumgeführt und kam sich vor »wie im Märchen von Schneewittchen«.

Im März 1977 veröffentlichten der *Stern* und *amnesty international* (ai, deutsche Sektion) detaillierte Informationen zu den Folterungen in der Sektenkolonie. ai stellte am 21. März 1977 in Frankfurt am Main die Broschüre *Colonia Dignidad – ein Folterlager der DINA* vor, was eine anonyme telefonische Drohung an einen der Autoren zur Folge hatte. Die in dieser Dokumentation aufgeführten Fakten erwiesen sich in einem Prozess, den die Colonia Dignidad 1977 gegen die Menschenrechtsorganisation anstrengte und nach zwanzig Jahren verlor, als zutreffend. Heute bestreitet sie niemand mehr, nicht einmal die in Villa Baviera umbenannte Colonia Dignidad. Die Frankfurter Journalistin Ulrike Holler rief am Tage der ai-Veröffentlichung, noch ehe es eine offizielle Sprachregelung gab, die Botschaft in Santiago an, wo ihr Konsul Petermann sagte, die Botschaft sei gegenüber der Sekte sehr skeptisch, die Colonia Dignidad habe gute Kontakte zur Polizei, und der Botschaft lägen persönliche Berichte und beglaubigte Aussagen über Folter unter Beteiligung der Deutschen vor.[10]

Die Colonia Dignidad rechnete Strätling zu ihren Verbündeten. Sie rief nach der Veröffentlichung sofort die Botschaft an, und diese meldete am 18. März – also unmittelbar nach dem *Stern*-Bericht – nach Bonn, der »Vorwurf von Folterungen« beruhe »auf Aussagen, die nicht eigene sichere Wahrnehmungen, sondern Vermutungen, Mutmaßungen und Schlußfolgerungen wiedergeben.« In einem Fernschreiben vom 23. März 1975 wusste die Botschaft Einzelheiten: Roberto Tieme [richtig: Thieme, der später in seinen Lebenserinnerungen ausführlich über seine illegalen Aktivitäten in der Colonia Dignidad schrieb] sei dort unbekannt. Strätling hob in seinem Schreiben alles hervor, was die Colonia Dignidad entlasten könnte. Kleinlaut fügte er seinem Fernschreiben vom 23. März hinzu: »Der Botschaft ist aber bekannt geworden, daß Schäfer – anscheinend unter falschem Namen – zumindest innerhalb der Kolonie in Erscheinung tritt.«

Dann sah sich der geistig nicht sehr bewegliche Strätling zu einem weiteren, zweitägigen Besuch veranlasst und riet der Sekte, gegen die Menschenrechtsorganisation zu klagen. Er ließ von der chilenischen Luftwaffe Luftbilder der Siedlung anfertigen, die in Bonn ausgewertet wurden. Das gut getarnte System von unterirdischen Bunkern, Befehls- und Kommunikationszentralen und Tunneln und der »Kartoffelkeller«, in dem der Geheimdienst folterte, waren der Bundesluftwaffe bei der Auswertung offenbar entgangen. Dann gab der Botschafter gegenüber der Presse eine Ehrenerklärung für die Colonia Dignidad ab. Er verschwieg, dass Schäfer ihn bei dem Besuch geführt und sich dabei geweigert hatte, ihm eine in die Kellerräume führende Tür zu öffnen. In einer zur selben Zeit erstellten Aufzeichnung spricht ein Botschaftsmitarbeiter ohne Wenn und Aber von Menschenrechtsverletzungen in der Colonia Dignidad.[11]

Die US-Botschaft in Santiago hatte ihre Zweifel an Strätlings Beobachtungsgabe. Der US-Botschaftssekretär Charles Stout fragte seinen deutschen Amtskollegen Henning Leopold von Hassell, ob die Botschaft mit der Besichtigung zufrieden sei. »Von Hassell sagte Nein, es gäbe zu viele seltsame Dinge in Bezug auf die Kolonie, ihren eigentümlichen Charakter einmal beiseite gelassen. Sie hatten sehr moderne Installationen und Ausrüstungen. Wo war das Geld her? Sie seien in engem Kontakt mit dem Mutterhaus in Deutschland, und der Ursprung der Operation sei obskur. Sie haben ein komplexes und teures Kommunikationssystem. Und sie planen den Ankauf eines Düsenflugzeugs, das internationale Reisen machen kann.« »All good questions!«, steht handschriftlich am Rande dieser Stelle des Gesprächsprotokolls. Der US-Diplomat sprach von Hinweisen auf enge Beziehungen mit der DINA. Von Hassell antwortete, er sei sich nicht sicher, es könne aber wegen der achtzehn im Gebiet der Colonia Dignidad liegenden Andenpässe ein »natürliches Sicherheitsinteresse« oder aber auch »andere Gründe« geben. »Von Hassell stimmte meiner Bemerkung zu, wenn irgendetwas Finsteres vorging, könne es in der Kolonie versteckt werden, oder es könne eine Niederlassung der chilenischen Regierung in der Nähe oder auf dem Gebiet der Colonia Dignidad geben.« Von Hassell fügte in dem Gespräch noch hinzu, die Colonia Dignidad habe Pinochet wegen »seiner verständnisvollen Einstellung« einen Mercedes 600 geschenkt.[12]

Es gab in diesen Wochen des Jahres 1977 eine Anzahl von Kontakten zwischen der Colonia Dignidad und der Botschaft, die auf Initiative beider Seiten zurückgingen. Strätling kabelte nach Bonn, dass Hans Jürgen Blank, ein Führungsmitglied der Sekte, am 10. April nach Deutschland fliege, um Rechtsanwälte zu beauftragen, darunter Dr. Servatius in Hamburg und Dr. Dahs in Bonn[13]. Am 22. April 1977 meldete Strätling ans AA, er habe Unterlagen, die ihm »von den Beauftragten der Colonia Dignidad für die Botschaft übergeben« worden seien, und die er ans AA weiterleite. Es war eine 18-seitige Ausarbeitung, die Blank zur Vorbereitung einer Klage in

Deutschland abgefasst und vor seiner Abreise der Botschaft übergeben hatte. »Nach erster Prüfung«, so der Botschafter, sei es »eine sorgfältige Arbeit«, die »sicherlich auch einen Beweiswert« habe.

Das AA übernahm bald darauf den Tenor von Strätlings unkritischer Zusammenfassung des von Blank gelieferten Entwurfes und machte daraus, wie wir sehen werden, nach einigen Umformulierungen eine Vorlage für den Minister.

In Deutschland besprach sich Blank mit dem chilenischen Botschafter in Bonn, der im AA anrief[14], und er sprach bei dem Bundestagsabgeordneten Franz Müller (CDU) vor, der mit der Bitte um Klärung ans AA schrieb. Müller teilte mit, die Colonia Dignidad biete an, dass eine Untersuchungskommission die Siedlung besuchen könne. Wie ernst dies gemeint war, zeigt Blanks Vorschlag gegenüber Strätling, der Präsident des chilenischen Obersten Gerichtshofs – ein bekennender Parteigänger der Junta – sollte als »neutrale Persönlichkeit« die Siedlung besuchen, woraufhin der Botschafter eine »Persönlichkeit aus dem Ausland«[15] vorschlug.

Mittlerweile hatte sich herausgestellt, dass Raban von Mentzingen, ein früherer Botschaftsmitarbeiter, der nun in Bonn arbeitete, in Sachen Colonia Dignidad gut informiert war. Das AA bat ihn um einen Bericht. In der Aufzeichnung, die von Mentzingen erstellte, sprach er ohne Wenn und Aber von Menschenrechtsverletzungen in der Colonia Dignidad und nannte Quellen und Fälle. Eine Zusammenarbeit der Colonia Dignidad mit den Militärs – ein zentraler Vorwurf von ai, den die Colonia Dignidad leugnete – war nach diesen Aufzeichnungen nicht mehr zu bestreiten, und wenn man Strätlings diverse Schreiben nach Bonn genau liest, bestreitet auch er sie nicht.[16] Von Mentzingen übersandte seinen Bericht am 5. April 1977 an das AA mit einem Brief, in dem er sagt, er habe die Colonia Dignidad besuchen wollen, diese Bitte sei aber von dem »Dignidad-Vertreter in Santiago« abschlägig beschieden worden. Seine Erfahrungen würden deshalb auf einer Dienstreise Ende 1976 in die Provinz Linares beruhen, in der die Colonia Dignidad liegt, wo er mit verschiedenen Persönlichkeiten gesprochen habe (darunter zwei Bischöfe).

Strätling, der von der Bitte an Mentzingen unterrichtet war, sandte ein »Privatdienstschreiben« ans AA.[17] Er zeigte sich »verwundert« darüber, dass von Mentzingen angefragt wurde, da er zuständig sei, und bäte darum, zur Berichterstattung nach Bonn gerufen zu werden. Es gehe, so Strätling, um »alte Auseinandersetzungen« und »Gerüchte« (immer wieder spricht er von Gerüchten, mal unterstrichen, mal gesperrt), aber nichts Neues. Am 3. Mai 1977 legte der Botschafter in einem 7-seitigen Schreiben nach: Wiederum spricht er von »Gerüchten«; ein »Emil Zot« (gemeint ist der chilenische politische Gefangene Erick Zott, der in der Colonia gefoltert wurde und von dem die Botschaft offenbar meint, er müsse sich bei ihr eingeführt haben) sei in der Botschaft unbekannt, die Aussage eines früheren politischen Gefangenen zu einem Mitgefangenen (Alfonso Chanfreau), der in der Colonia Dignidad gesehen worden sei, sei in der Botschaft »ohne zusätzlichen Vermerk zu den Akten genommen worden« – offenbar meinte Strätling, dass es eines Aktenvermerks bedurfte, damit eine Aussage zutrifft. »Im Übrigen überrascht es, daß Herr von Mentzingen alle von ihm aufgeführten Fälle so gut im Gedächtnis hat«, zumal er dafür nicht zuständig gewesen sei. »Gerüchte und unbewiesene Behauptungen [dürften] nicht ausreichen, um eine Gemeinschaft von deutschen Staatsangehörigen im Ausland pauschal moralisch zu verurteilen.« Es müsse das »im Zweifel für den Angeklagten« gelten. Nach dieser Logik hätte Strätling allerdings die international geachtete Menschenrechtsorganisation statt der Sekte in Schutz nehmen müssen, denn angeklagt war in Bonn schließlich ai.

Am 19. April hatte die Colonia Dignidad einen Hungerstreik begonnen, an dem 220 Mitglieder teilnahmen. Schäfer aß. Er brauche Kraft, sagte er. Die Colonia Dignidad verfasste eine Hungerstreikerklärung und forderte eine Antwort von Bundesaußenminister Genscher. Botschafter Strätling kabelte am 22. April 1977 verschlüsselt die Hungerstreikerklärung, die ihm die Colonia Dignidad übergeben und die sie auch der Presse zugestellt hatte, nach Bonn. Am 24. April, dem fünften Tag des Hungerstreiks, bat Strätling, der Colonia Dignidad eine Botschaft übermitteln zu dürfen, in der es unter anderem heißen sollte: »Die Bundesregierung dankt Sociedad Dignidad für ihre Erklärung. Sie hat mit Befriedigung zur Kenntnis genommen, daß Gemeinschaft [die Colonia Dignidad] gegen sie gerichtete Vorwürfe durch gerichtliches Verfahren als unbegründet erweisen lassen will. Bundesregierung hat sich diese Vorwürfe nicht zu eigen gemacht, da sie bisher nicht bewiesen wurden«. Das AA kabelte zurück, der Botschafter möge von dieser Erklärung Abstand nehmen.

Der Botschafter bat den chilenischen Gesundheitsminister General Matthei um Hilfe, der auch sofort mit einem Ärzteteam in die Colonia Dignidad flog. Nach sechs Stunden Verhandlung in ihrer »Generalversammlung« brach die Colonia Dignidad den Hungerstreik ab. Dies wurde bei einem großen Empfang in Santiago bekannt und löste »beim Staatspräsidenten [Pinochet] und beim Innenminister offensichtlich große Erleichterung aus«. Matthei besuchte noch am späten Abend desselben Tages Strätling, »um seine Eindrücke zu schildern […] Er war beeindruckt von der sektiererischen Hartnäckigkeit« bei der Generalversammlung der Colonia Dignidad. Zur Überraschung des begriffsstutzigen Botschafters sagte Matthei, Schäfer sei der »Hauptwortführer« bei der Generalversammlung gewesen, so der Botschafter.[18]

Am 27. April 1977 fasste Johannes Marré, Referatsleiter für Lateinamerika im AA, die ihm vorliegenden Unterlagen in einer Vorlage an den Staatssekretär auf zwei Seiten zusammen: Die Unterlagen der Colonia Dignidad »scheinen sorgfältig erarbeitet worden zu sein […] Die Verfasser gehen hierbei methodisch, fast wissenschaftlich vor; sie verzichten auf Polemik ebenso wie auf Dialektik; ihre Sprache ist nüchtern, fast spröde und die Argumentation begrifflich klar«. Marré kommt zu dem Schluss: »Eine kritische Durchsicht der von der Colonia Dignida übergebenen Unterlagen führt zu dem Schluß, dass die Existenz eines Folterzentrums im Bereich der Siedlung äußerst zweifelhaft erscheint.«

Zwei Tage später geht ein wiederum von Marré abgefasster, 5-seitiger Text an den Staatssekretär und Bundesaußenminister, der eine Überarbeitung des Textes vom 27. April ist. Von den beiden hinzugekommenen Einleitungsabschnitten seien nur die Unterstreichungen erwähnt: »Gemeinschaft von zumeist Heimatvertriebenen«, »Mustergut« und »schon früh Gerüchte«. Weiter: Botschafter Strätling habe »keine Anhaltspunkte« gefunden. Die Behauptung, es gebe in der Colonia Dignidad ein Folterlager, habe »vor allem in linksorientierten Blättern« eine gewisse Beachtung gefunden. Auf diese Weise eingestimmt, hatte Bundesaußenminister Genscher nun den gegenüber der Version von vor zwei Tagen moderat abgeschwächten Satz zu lesen: »die Existenz eines Haftlagers oder Folterzentrums im Bereich der Colonia Dignidad erscheint zweifelhaft.« Am 27. April war das noch das Resultat der »kritischen Durchsicht« der Colonia Dignidad-Unterlagen, am 29. April ist es eigene Einsicht, die sich, so der Folgesatz, nach der »kritischen Lektüre der Unterlagen« der Colonia Dignidad »verstärkte«.

Abschließend empfiehlt Marré dem Minister, das AA solle »weiterhin Zurückhaltung üben« und sich »jedweder Stellungnahme zu den Vorwürfen strikt enthalten«. Eine handschriftliche Notiz am Schluss des Textes lautet: »Wir haben ein objektives Interesse an der Aufklärung der Vorwürfe, können diese Aufklärung aber keinesfalls selbst vornehmen. Wir sollten uns auch nicht in die Auseinandersetzung zwischen der Colonia Dignidad einerseits und Amnesty International andererseits hineinziehen lassen«.[19]

Ein von ai angebotenes Gespräch mit Chilenen, die in der Colonia Dignidad gefoltert worden waren, lehnte das AA ab.

Sorge machte dem Botschafter auch, dass der *Stern* geschrieben hatte, die Colonia Dignidad habe Pinochet den Mercedes 600 geschenkt. Er erkundigte sich mehrfach und fand heraus, dass die Colonia Dignidad der chilenischen Regierung einen solchen Wagen »gelegentlich zur Verfügung stelle«, da diese selbst »über einen Repräsentationswagen dieser Art«[20] nicht verfüge. Hatte Strätling von dem Gespräch von Hassels mit seinem US-Kollegen nichts gewusst, in dem von dem Geschenk die Rede war, oder verschwieg er die Fakten? Wenige Wochen später bestätigte Blank im Bonner Gerichtssaal das Geschenk.

Was in der Botschaft und im AA ablief, lässt sich kaum als Meinungsbildungsprozess beschreiben. Es waren Schritte, die die Position der Colonia Dignidad in diplomatisch abgeschwächter Form zu der des AA machten. Die Berichte der Botschaft ans AA in diesen Jahren waren selektiv und tendenziös. Die Botschaft entschied nach Aktenlage (wobei sie bestimmte Akten ignorierte) oder nach Aussagen der Colonia Dignidad-Mitglieder, darunter solchen, die in Begleitung Dritter in der Botschaft vorsprachen. Sie ignorierte damit Dutzende von Hinweisen, dass die Kolonisten von ihren eigenen Leuten bespitzelt wurden und allein befragt und dann in Sicherheit gebracht hätten werden müssen. Die Berichte ans AA waren – wie gesagt – sehr einseitig. Dies setzte sich innerhalb des AA fort. Dissidente Positionen aus den eigenen Reihen wurden ausgesondert, das »deutsche Ansehen« dadurch geschützt, dass die mordende und folternde Sekte gegen angeblich linke Angriffe in Schutz genommen wurde. Ai war als störender Akteur auf die Institution AA gestoßen, die es eher gewohnt war, mit der Wirtschaftslobby zusammenzuhocken. Die in Sprachregelungen festgeschriebene Position des AA (»Zurückhaltung«) galt für die kommenden Jahre. Das Leiden in der Colonia Dignidad konnte weitergehen.

Es war letztlich ein Übermaß an ideologischer Verblendung, das die deutsche Diplomatie dazu getrieben hat, eine Sektierergruppe von Kinderschändern, Folterern und Mördern, Lügnern und Betrügern in Schutz zu nehmen. Objektive staatliche deutsche Interessen – auch Waffenhandel, Antiterrorismus und Ähnliches – können zu Beginn der Diktatur nicht der verdeckte Beweggrund gewesen sein. Wer Folter in Chile denunzierte, griff ein befreundetes Regime an, und das durfte nicht sein. Tatsächlich hat die deutsche Diplomatie dem »deutschen Ansehen« einen Dauerschaden zugefügt, der bis heute nicht behoben ist. Das Gegenkriterium zum »deutschen Ansehen« wären die Menschenrechte gewesen, aber eine Menschenrechtspolitik gegenüber westlichen Staaten bildete sich damals gerade erst heraus und musste von externen Akteuren gegen das AA durchgesetzt werden.[21]

Auch in der Folgezeit sah die Botschaft »keine Veranlassung, von bisheriger Beurteilung abzuweichen«. Zwar hatte René Muñoz, ein kurz nach einer Lebensbeichte ermordeter chilenischer Geheimdienstagent, Mord und Folter in der Colonia Dignidad bestätigt, aber Strätling schrieb dazu, die Colonia Dignidad sei durch die Einstellung eines Verfahrens, das aufgrund der Aussagen von Muñoz begonnen worden war, durch die chilenische Justiz entlastet worden. Zwar pfiffen es in Chile die Spatzen von den Dächern, dass die chilenische Justiz der Diktatur hörig war, und kompetente deutsche Beobachter hätten dies bestätigt, aber offenbar gab sich das AA mit Strätlings knapper Bemerkung zufrieden. »Anhaltspunkte«, dass Bewohner gegen ihren Willen dort festgehalten werden, hätten sich immer noch nicht ergeben, so die Botschaft weiter.[22] Ob die Botschaft sich um solche Informationen überhaupt gekümmert hat, steht nicht dabei. Sie (und das AA) hätten in ihren eigenen Akten das Gegenteil lesen können.

Die »äußerste Zurückhaltung«, die die Botschaft und in der Folge das AA gegenüber der Colonia Dignidad empfohlen hatten, galt wohl eher nach außen. Handwerker der Siedlung renovierten die Botschafterresidenz und bauten bei dieser Gelegenheit einige Wanzen ein. Die abgehörten Gespräche zwischen dem Botschafter und seiner Frau erzeugten bei den Sitzungen der Siedlungsführung Heiterkeit. Die Colonia Dignidad und die mit ihr verbündete DINA mussten bestens über die Interna der Botschaft informiert gewesen sein. Der Bundesnachrichtendienst oder das Bundesamt für Verfassungsschutz[23] benutzte die Colonia Dignidad, um Informationen über chilenische Gefangene zu erhalten, die Aufnahme in die BRD beantragt hatten. Auch das mag zur Schonhaltung der deutschen Diplomatie gegenüber der Sekte beigetragen haben.

So viel bürokratische Borniertheit, administrative Trägheit und persönliche Unzulänglichkeit man dem diplomatischen Personal in Rechnung stellen mag und muss – ohne den politischen Hintergrund von Botschaft und AA bliebe es unverständlich, warum die deutsche Diplomatie den Schutz der Foltersekte so lange mit dem des »deutschen Ansehen[s]« gleichsetzen konnte. Für diesen Hintergrund steht ein 5-seitiges Schreiben »Aussichten für eine Wiederherstellung der parlamentarischen Demokratie in Chile« vom 1. Juli 1975 der Botschaft an das AA. Dort heißt es, es solle »sorgfältig geprüft werden, ob im Interesse der Sicherheit des Westens nicht trotz aller Bedenken die Fortdauer der Militärherrschaft der Errichtung einer kommunistischen Diktatur vorzuziehen ist«, und diese Diktatur würde schlimmer sein als Pinochet – eine Alternative gebe es nicht. Dass es eine Alternative gab, zeigte sich einige Jahre später. Das Schreiben der Botschaft zeigt, wie Antikommunismus blind macht. Hätte das AA sich um die etwa zweihundert in der Siedlung misshandelten Deutschen gekümmert statt um das »deutsche Ansehen«, hätte es am Ende diesem Ansehen weniger geschadet. So aber ging die als »äußerste Zurückhaltung« kaschierte Toleranz gegenüber Schäfers Treiben weiter. Hunderte von Deutschen litten weiter unter dem Regime der Führungsclique der Siedlung, und weiter wurden chilenische

Oppositionelle dort gefoltert und ermordet. Die »äußerste Zurückhaltung« galt bis 1985, als zwei geflohene Siedlerehepaare alle »Gerüchte« über Misshandlungen an Deutschen bestätigten.

Was die chilenischen Opfer betrifft, ist Zurückhaltung bis heute Politik des AA und der chilenischen Regierung. Zum Waffenschmuggel der Colonia Dignidad und zu der Tatsache, dass dort politische Gefangene mit Giftgas ermordet wurden, sagen beide nichts, obwohl sie die Fakten kennen. Am Cerro Gallo, einem Hügel in unmittelbarer Nähe der Siedlung, wurden nach 1977 politische Gefangene in großer Zahl massakriert. An die fünfhundert chilenische Soldaten waren bei dieser Gelegenheit in der Siedlung. Schäfer und Pinochet konnten sich das leisten, sie hatten, wie Schäfer sagte »die Botschaft in der Hand«[24]. Eine unparteiische und professionelle oder gar an den Menschenrechten orientierte Position der deutschen Diplomatie hätte diese Morde vielleicht verhindern können.

Mit der CSU und der bayrischen Landesregierung unterhielt die Colonia Dignidad einige Jahre lang stabile Beziehungen. Hartmut Hopp, Leiter und Arzt des Folter-»Krankenhauses« in der Siedlung und für deren offizielle Außenkontakte zuständig, war Mitglied der CSU. Bayern zahlte Geld für mit der Colonia Dignidad befreundete Agenten der DINA und deren Verbindungsbüro in Starnberg. Der bayrische Ministerpräsident Franz Josef Strauß betrieb damals seine eigene Nebenaußenpolitik gegen die Bonner sozialliberale Regierung, und in ihr spielte Chile eine besondere Rolle. Fast die ganze Welt hielt eine gewisse Distanz zu Pinochet, aber Strauß hofierte ihn. Professor Lothar Bossle, ein Protegé und persönlicher Freund des Ministerpräsidenten, besuchte die Kolonie vier Mal. Anfangs waren diese Besuche freundlich. 1985, als die geflohenen Siedlerehepaare Baar und Packmor die Strauß-Freunde über die Realität hinter Schäfers Inszenierungen und über die Zusammenarbeit mit der DINA belehrt hatten, wurde es auch der bayrischen Landesregierung zu viel. Der Würzburger Professor Dieter Blumenwitz, Gutachter für die Colonia Dignidad und Mitarbeiter an Pinochets Verfassung von 1980, und Bossle wandten sich mit den Informationen der Geflohenen an die chilenische Botschaft in Bonn und das Außenministerium in Santiago, und sie informierten die deutsche Botschaft in Chile. Im Oktober 1987 erhielt Bossle Audienz bei Pinochet und sagte ihm, dass die menschenrechtswidrigen Zustände in der Colonia Dignidad eine neue Kampagne gegen Chile auslösen könnten. Pinochet antwortete seinen ehrfurchtsvollen Zuhörern, es sei nichts bewiesen und zuständig seien die deutschen Gerichte.[25]

Schäfer hatte 1985 die Unterstützung der CSU verloren. Die Colonia Dignidad benannte sich noch schnell um in Villa Baviera (Bayerndorf), aber die Bayern, die

Mord und Folter toleriert hatten, setzten sich nun vom Kinderschänder Schäfer ab. Bossles letzter Besuch[26] in der Colonia Dignidad sollte ausloten, wie es mit der Siedlung ohne Schäfer weitergehen könne. Schäfer nannte ihn jetzt hintenherum »Arschloch«. Offenbar scheiterte Bossles Mission. Die CSU entzog Hopp still und leise die Parteimitgliedschaft.

Die Berichte der 1985 geflohenen Ehepaare hatten den Wendepunkt bei der deutschen Botschaft und dem AA gebracht. Konsul Dieter Haller, der in diesem Jahr seinen Dienst in Santiago antrat[27] und Botschafter Kullak-Ublick beendeten die bis dahin gängige Praxis, dass die Pässe der Siedler stoßweise und auf Grund von Vollmachten der Passinhaber verlängert wurden. Der damalige Außenminister Genscher soll getobt haben, als er von den Versäumnissen der Botschaft hörte. Im Dezember 1987 reiste eine Delegation nach Chile, die aus Kullak-Ublick, einem pensionierten deutschen Diplomaten, dem Weihbischof von Quito und dem deutschen Geschäftsführer des katholischen Hilfswerks Adveniat bestand. Zwei Ministeriale und ein Polizeipsychologe waren ebenfalls dabei. Sie schwebten in einem Hubschrauber in die Colonia Dignidad ein, der beinahe abstürzte, weil Schäfer landwirtschaftliches Gerät und im Rotorenwind aufflatternde Bänder auf dem Landeplatz platziert hatte. Als sie dann landeten, schnauzte Hopp den chilenischen Militärpiloten an, wenn ihm seine Uniform lieb sei, solle er verschwinden. Kullak-Ublick machte einen zweiten Versuch und boxte sich in Schäfers Dorf durch, aber niemand sprach mit ihm.

Die Tatsache, dass ein Militär an der Landeaktion teilnahm, deutet auf das Einverständnis militärischer Kreise hin. Schäfer sah offenbar seinen Einfluss bei der Junta schwinden, denn er reagierte mit einer Umkehrung der bisherigen Argumentation. Das deutsche Mustergut, das sich gerade erst zum »Bayerndorf« gewandelt hatte, gab sich nationalistisch-chilenisch. »In unserem Herzen sind wir Chilenen«, hieß es nun; man arbeite für die »Vergrößerung von Chiles Ruhm« und verbitte sich die »interventionistische« Delegation und den »Druck einer ausländischen (der deutschen) Regierung«[28]. Es mag sein, dass Schäfer in den Fraktionskämpfen der beginnenden *transición* (Übergang zur Demokratie) auf die nationalistisch-diktatorische Linie setzte. Seine verbalen Manöver nutzten ihm nichts mehr. Die Colonia Dignidad, nach dem Putsch ein Knotenpunkt des repressiven Staates, war zu einem lästigen Relikt geworden. Alle Folterlager und KZs waren aufgelöst, die deutsche Siedlung bestand weiter. In der *transición*-Phase taugte sie nur noch zum Skandal. Die deutschen Diplomaten schwammen mit dem Strom, als sie auf Distanz zu ihr gingen.

Die chilenische Regierung sagte – wie im Pinochet-Zitat oben –, die Colonia Dignidad sei ein deutsches Problem, und die deutsche sagte mit größerem Recht, sie sei ein chilenisches. Diese gegenseitige Blockade brach auf, als im November 2001 der Bundestagsabgeordnete Mark und weitere Abgeordnete der SPD, der Grünen und der FDP beantragten, dass die Bundesregierung den chilenischen Behörden bei der Suche nach Schäfer helfen und den in der Colonia Dignidad unterdrückten Siedlern in einer Ära nach Schäfer vor allem therapeutische Hilfe geben solle. Eine unabhängige Expertenkommission solle, so der Antrag, innerhalb von sechs Monaten eine Lösungsstrategie erarbeiten. Der Antrag wurde angenommen, erregte in Chile einiges Aufsehen, und die sechs Monate verstrichen, ohne dass etwas Erkennbares geschah. Die geforderten therapeutischen Hilfen konnten allerdings ohnehin erst eingesetzt werden, als die Führungsclique der Colonia Dignidad entmachtet war, und zur technischen Hilfe war hinter vorgehaltener Hand zu hören, dass Deutschland Gerät (ein Georadar für Untersuchungen unter der Erdoberfläche) und Personal angeboten habe, die chilenische Seite allerdings die Transportkosten nicht übernehmen wollte.

Aber auch wenn die Initiative Marks zunächst folgenlos war, brachte sie doch zum ersten Mal Überlegungen auf die Tagesordnung, was mit einer Colonia Dignidad nach Schäfer zu tun sei. Eine deutsche Hilfe für die chilenischen Folteropfer der Colonia Dignidad und die dort »Verschwundenen« war in dem Antrag nicht ausdrücklich vorgesehen. Eine parlamentarische Anfrage einer PDS-Abgeordneten beantwortete die Bundesregierung ausweichend.[29] Im persönlichen Gespräch hörte ich im Auswärtigen Amt dazu ein klares Nein.

Die Umorientierung der deutschen Diplomatie war zäh und verlängerte das Leiden der meisten Colonia-Bewohner um viele Jahre. Eine Erklärung ist die Langsamkeit, die Bürokratien vom Schlage des AA anhaftet. Einmal getroffene Sprachregelungen halten sich zählebig. Auch flickt sich das AA-Personal nicht gerne gegenseitig am Zeug; der *Esprit de corps*[30] behinderte kritische Revisionen älterer Positionen. In einem aber stimmten die chilenische und die deutsche offizielle Seite wohl überein: Die Colonia Dignidad hat so viele Leichen im Keller, dass es unklug gewesen wäre und wohl auch heute noch ist, die Siedlung aufzulösen. Es gibt zu viele Zeugen der unmittelbar in und in der Nähe der Siedlung begangenen Massaker. Die Produktion von Massenvernichtungswaffen und die von und mit Hilfe der Colonia Dignidad begangenen Morde im Ausland kommen hinzu. Die Colonia Dignidad konnte einen erheblichen Teil der politischen Elite Chiles mit dem von ihr gesammelten Material erpressen.

Die Colonia Dignidad im Übergang zur Demokratie

Die neue demokratische Regierung Chiles (ab 1990) entzog der Villa Baviera den Status der Gemeinnützigkeit, mit der sie von der Steuer befreit war, und löste sie formal auf. Da hatte Schäfer sie aber schon in eine Reihe formal selbstständiger Wirtschaftsunternehmen überführt. 1996 tauchte Schäfer unter, da er wegen Kindesmissbrauch von der chilenischen Justiz gesucht wurde. Er blieb aber durch den später vor der chilenischen Justiz nach Deutschland geflohenen Hans-Jürgen Riesland mit der Siedlung in regelmäßigem Kontakt.

Schäfer wurde 2005 in Argentinien gefunden und nach Chile ausgeliefert. Er starb im April 2010 in einem Gefängnis von Santiago im Alter von 88 Jahren.

Nachdem der deutsche Staat, wenn auch zögerlich und selektiv, begonnen hatte, das Problem Colonia Dignidad zu bearbeiten, bremsten die chilenischen Behörden. Im April 2013 schrieb der chilenische Journalist Jorge Escalante über seine früheren Kontakte mit dem Regierungspalast Moneda und dessen Sprecher Jorge Correa. Correa sperrte sich dagegen, dass die in der Colonia Dignidad begangenen Verbrechen aufgearbeitet wurden. Cristián Cruz, ein für diese Aufarbeitung zuständiger Rechtsanwalt, erinnert sich, dass Correa kein Interesse an der angemessenen Strafverfolgung der Verbrecher der Diktatur hatte, besonders, was die Colonia Dignidad betraf.[31]

Der deutsche Staat übte Zurückhaltung und der chilenische wollte keinen neuen Skandal. Aber auch die chilenischen Menschenrechtsgruppen verhielten sich passiv gegenüber der Colonia Dignidad. Die Gruppierungen der chilenischen Überlebenden und der Angehörigen der »Verschwundenen« waren isoliert. Von den Menschenrechtsgruppen in Santiago erhielten sie wenig Rückhalt. Für diese war die Colonia Dignidad ein obskures, irgendwie deutsches Problem. Recherchen, die ohnehin nicht ihre Stärke waren, waren in diesem Fall besonders mühsam. Die Colonia Dignidad profitierte einmal mehr von ihrer Abgelegenheit und Verschrobenheit.

Aktuelles Nachspiel

Hartmut Hopp war der Arzt und Krankenhausleiter der Colonia Dignidad. Er gehörte zu ihrer Führung und vertrat sie in der Öffentlichkeit. Er war mit Diktator Pinochet und seinem Geheimdienstchef Manuel Contreras persönlich bekannt. Der Oberste Gerichtshof Chiles verurteilte Hopp im Januar 2013 letztinstanzlich zu fünf Jahren Haft. Bei diesem Verfahren ging es um den systematischen sexuellen Missbrauch und die Vergewaltigung von Kindern in der Siedlung. Hopp aber war im Mai 2011 mit seiner Frau nach Deutschland geflohen, um der Haft und weiteren chilenischen Strafverfahren zu entgehen. Sie leben seitdem in Krefeld. In Deutschland ist er – noch (Sommer 2013) – ein freier Mann. Chile hat Deutschland um Auslieferung gebeten, was Deutschland mit Verweis auf die deutsche Staatsangehörigkeit Hopps abgelehnt hat.

Am 23. März 2013 hielten etwa vierzig Personen eine Protestveranstaltung vor dem Haus Hopps in Krefeld ab, bei der sie konsequente und rasche Strafverfolgung der Täter der Colonia Dignidad in Chile und in Deutschland, die Vollstreckung der chilenischen Haftstrafe von Hartmut Hopp in Deutschland und die Errichtung einer Gedenkstätte auf dem Gelände der ehemaligen Colonia Dignidad forderten. Zum ersten Mal handelten Menschenrechtsaktivisten in Chile und in Deutschland koordiniert und simultan, zum ersten Mal kümmerten sich alle chilenischen Menschenrechtsgruppen um die Colonia Dignidad und zum ersten Mal wurde bezüglich der Colonia Dignidad die Erinnerungskultur thematisiert. Die Colonia Dignidad ist über fünfzig Jahre nach ihrer Gründung und vierzig Jahre nach dem Putsch immer noch für Überraschungen gut.

Parallel zu dieser Aktion stellten die Grünen im Bundestag eine kleine Anfrage. Solche Anfragen gab es bereits zu Dutzenden, aber diesmal signalisierte die Antwort die – wenn auch späte – Bereitschaft, einige noch anstehende Probleme anzugehen. Die Bundesregierung erkennt das Leid der Opfer an und hat wegen der Gedenkstätte bereits Kontakte aufgenommen, steht in der Antwort. Zur Selbstkritik ist die Bundesregierung nicht bereit. Auf die Frage, welche Schlussfolgerungen die Bundesrepublik aus der Forderung nach einem Eingeständnis ziehe, »dass sie trotz weitreichender Kenntnisse über schwerwiegende Menschenrechtsverletzungen in der Colonia Dignidad keine ausreichenden Maßnahmen ergriffen hat, um diese zu verhindern« antwortet die Regierung: »Der Schutz der Menschenrechte auf chilenischem Territorium obliegt den dort zuständigen Stellen. Eine Mitverantwortung der Bundesrepublik Deutschland für die in der Colonia Dignidad begangenen Straftaten besteht nicht.« Die Frage bezog sich auf die Vergangenheit, die Antwort steht im Präsens. Wörtlich gelesen bedeutet die Antwort, dass die Pinochet-Diktatur für den Schutz der Menschenrechte zuständig war. Immerhin aber gibt es ernsthafte Überlegungen, einen Gedenkort einzurichten.

Bücher des Autors zum Thema:

Friedrich Paul Heller: *Colonia Dignidad – Von der Psychosekte zum Folterlager*, Schmetterling Verlag, Stuttgart 1993.
Friedrich Paul Heller: *Lederhosen, Dutt und Giftgas – Die Hintergründe der Colonia Dignidad*, 4. erweiterte und aktualisierte Auflage, Schmetterling Verlag, Stuttgart 2008.
Friedrich Paul Heller: *Pinochet – Eine Täterbiografie in Chile*, Schmetterling Verlag, Stuttgart 2012.

Anmerkungen

Wichtige hier zitierte Akten des AA haben die Signatur B33-465 und ZA 100.890, KA 17-12776
PA AA: Politisches Archiv des Auswärtigen Amtes

1   *amnesty international* 1977, S. 29, in: *Chile-Nachrichten*, 26.5.1975.
2   Vgl. *The Rebel* 6, Februar 1984.
3   Vgl. *Informe de la Comisión Nacionál de Verdad y Reconciliación*, Santiago 1991, zitiert nach Friedrich Paul Heller: *Colonia Dignidad – Von der Psychosekte zum Folterlager*, Schmetterling Verlag, Stuttgart 1993, S. 279; *Informe de la Comisión Nacionál sobre Prisión Política y Tortura*, Santiago 2004.
4   *Monte Maravilla* wird mehrfach als geheimer Haftort erwähnt. Nachdem Edgardo Enriquez, einer der führenden Leute der MIR, am 10. April 1976 in Buenos Aires verhaftet worden war, organisierte *amnesty international* eine Urgent Action, d.h. eine weltweite Telegramm- und Briefaktion, in der es heißt, Enriquez sei am 27. April nach Chile gebracht worden und werde vom Geheimdienst DINA »in einem Verhörzentrum Monte Maravilla festgehalten«. *amnesty international* sei wegen des Gefangenen auf das Äußerste besorgt, besonders auch deshalb, weil die Menschenrechtsorganisation »von diesem Haftort nie zuvor gehört habe«. Auch der UNO-Menschenrechtsbericht zu Chile vom Oktober 1976 erwähnt *Monte Maravilla*.
5   Vgl. Heller: 1993, S. 277.
6   Vgl. Bundestagsdrucksache 11/4285.
7   Strauß besuchte Chile wegen einer Gedenkfeier. Fünf CSU-Politiker aus seinem Tross benutzten die Gelegenheit zu einem Abstecher in die Colonia Dignidad. Ihr Eindruck war so zwiespältig, dass der persönliche Referent von Strauß, Dieter Huber, diesem von einem Besuch abriet.
8   Die DINA verfolgte innerhalb des chilenischen Militärstaates ein eigenes und zum Teil oppositionelles Programm, das kooperativistisch ausgerichtet und mit der neoliberalen Orientierung von Pinochets Wirtschaftsberatern nicht einverstanden war. In Argentinien gab es wegen der instabilen politischen Lage repressive Parallelstrukturen. Das argentinische Gegenstück zur DINA, das Geheimdienstbataillon 601 war eine Untergrundorganisation innerhalb des Militärs.
9   PA AA, Fernschreiben, 20. April 1966.
10   Vgl. Heller: 1993, S. 122.
11   Vgl. Heller: a. a. O., S. 277.
12   Zitiert nach Friedrich Paul Heller: *Lederhosen, Dutt und Giftgas – Die Hintergründe der Colonia Dignidad*, 4. erweiterte und aktualisierte Auflage, Schmetterling Verlag, Stuttgart 2008, S. 94.
13   Vgl. PA AA, Fernschreiben, 25. März 1977; PA AA, Fernschreiben, 6. April 1977. Bernhard Servatius, Anwalt in Hamburg, beriet die Colonia Dignidad (nicht zu verwechseln mit Robert Servatius, dem Rechtsanwalt Adolf Eichmanns). Die Kanzlei von Dr. Dahs vertrat den Verfassungsschutz und im NPD-Verbotsverfahren die Bundesregierung. Dahs übernahm das Mandat der Colonia Dignidad nicht. Die Bonner Klage der Colonia Dignidad wurde von Rechtsanwalt Felix Busse eingereicht, der auch für die CDU prozessierte. Busse legte recht bald sein Mandat nieder, da die Colonia Dignidad ihn von ihrer Unschuld nicht überzeugen konnte.
14   Vgl. PA AA, Vermerk, 26. April 1977.

15 PA AA, Fernschreiben der Botschaft, 6. April 1977.

16 Vgl. Heller: 1993, S. 277.

17 Vgl. PA AA, 1. April 1977.

18 PA AA, Fernschreiben, 28. April 1977.

19 Die Unterschrift »Ge« stammt offenbar vom damaligen Staatssekretär Dr. Gehloff.

20 PA AA, Fernschreiben, 2. März 1977.

21 Vgl. Dieter Maier: »Im Schatten der Souveränität – Bundesdeutsche Außenpolitik gegenüber den Militärdiktaturen in Chile und Argentinien«, in: *Blätter für deutsche und internationale Politik*, 11/1 2010.

22 Vgl. PA AA, Botschaft an AA, 15. Dezember 1978.

23 Mündliche Information eines mit dem Thema befassten und bestens informierten chilenischen Beamten. Er benutzte das spanische Wort für Geheimdienst. Als nach dem Putsch verfolgte Chilenen in der deutschen Botschaft Zuflucht suchten, schickte das Bundesamt für Verfassungsschutz einen Beamten nach Santiago, der diese Menschen daraufhin überprüfen sollte, ob sie Terroristen und/oder Extremisten seien.

24 Zitiert nach Heller: 1993, S. 208.

25 Vgl. *Lateinamerikanachrichten*, Berlin, Sondernummer Dezember 1989, S. 32.

26 1988 oder früher.

27 Haller war von 1985 bis 1988 Konsul und von 2000 bis 2003 Gesandter der deutschen Botschaft in Santiago.

28 Dokument vom 1. März 1988, Anlage zu einem Brief von MdB Adolf Herkenrath, 10. April 1988.

29 Vgl. Bundestagsdrucksache 14/9667.

30 Vgl. Leserbrief von Erwin Hartmann, in: FAZ, 15.4.2013.

31 Vgl. Jorge Escalante: »Un Correazo más fuerte«, Réplica de Jorge Escalante a Correa Sutil, 16. April 2013, unter: http://www.elmostrador.cl/noticias/pais/2013/04/16/un-correazo-mas-fuerte/, zuletzt abgerufen am 19. Juli 2013.

Protest in den USA.

NO AID TO THE JUNTA

Solidaritätsveranstaltung
in Schweden 1975.

Solidaritätsveranstaltung in Japan 1973

Solidaritätsdemonstration
in Mailand, 14. September 1974.

CONTRO IL FAS
E L'IMPERIALISM
FUORI L'ITALIA DALLA N
CON LA RESISTENZA, A
DEL POPOLO CILE
FINO LA TO
d'avanguardia

Solidaritätsdemo in Köln am 22.9.1973 mit über 5.000 Demonstranten.

In der Bundesrepublik fanden 1973/74 Hunderte von Veranstaltungen und Demonstrationen gegen die chilenische Militärdiktatur statt. Oft werden die gruppenspezifischen Spaltungen nicht überwunden: Eine der größten Demonstrationen fand am 14. September 1974 in Frankfurt statt mit 25.000 bis 30.000 Teilnehmern.

Chile-Solidarität der DKP in München 1973.

Fußballweltmeisterschaft 1974 in der BRD. Beim Spiel BRD—Chile verschaffen sich am 14. Juni 1974 Demonstranten Zugang zum Spielfeld, um gegen die Militärjunta zu protestieren. Sie werden von der Polizei verhaftet. Insgesamt haben sich ca. 2.000 Gegner der Diktatur aus dem »nicht-revisionistischen Flügel« der bundesdeutschen Linken im Stadion eingefunden, um mit Sprechaktionen und Transparenten gegen die Junta zu protestieren. Einen Tag später demonstrieren ca. 7.000 Menschen vor dem Hotel Schweizer Hof in Berlin, dem Sitz der WM-Vertreter, und überreichen eine Resolution gegen die Junta.

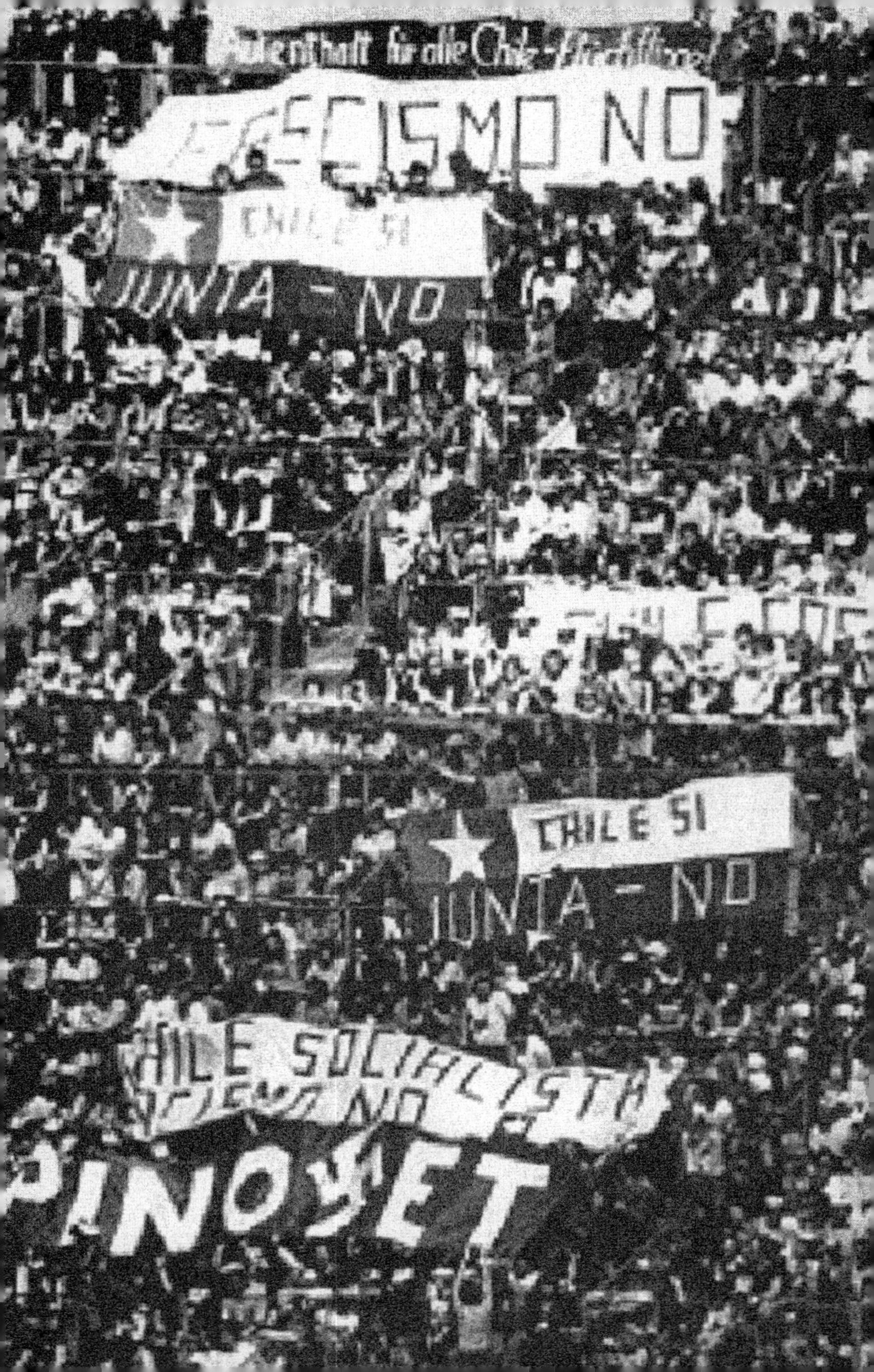
CHILE SI
JUNTA - NO
CHILE SI
JUNTA - NO

Oben: Fußball-Weltmeisterschaft, 18.06.1974: Chile—DDR. Da die DDR zum ersten Mal an einer Fußballweltmeisterschaft teilnehmen kann, verweigert die SEW, die Sozialistische Einheitspartei Westberlins, ein gemeinsames Vorgehen, um das Spiel zu stören. Die undogmatischen Linken skandieren deshalb ihre Parolen alleine. Am 22. Juni, beim Spiel Chile gegen Australien, gelingt es den Demonstranten erneut, das Spielfeld zu stürmen. Der Schiedsrichter muss das Spiel unterbrechen. Diese Aktion wird vom chilenischen Fernsehen übertragen, bis die Übertragung mit dem Hinweis »Störung« unterbrochen wird.

Willi Baer

Chronik eines angekündigten Todes

Die Rolle der USA beim Putsch Pinochets – Ein Massaker, das in Washington von Nixon und Kissinger geplant wurde

»Ich sehe nicht ein, warum wir tatenlos zusehen sollen wie ein Land durch die Un-verantwortlichkeit seines eigenen Volkes kommunistisch wird. Diese Angelegenheit ist viel zu wichtig, als dass man sie den chilenischen Wählern zur Entscheidung über-lassen kann.«

Henry Kissinger 1970

W as am frühen Morgen des 11. September 1973 als Krieg des chilenischen Militärs gegen das eigene Volk seinen Kulminationspunkt erreichte, hatte seine Wurzeln nicht in Santiago und Valparaiso, sondern in Washington und Langley, datierte zurück in die frühen sechziger Jahre des 20. Jahrhunderts. Kennedys sogenannte Allianz für den Fortschritt, ein Programm klassischer neokolonialer Politik, war darauf ausgelegt, mit Hilfe großzügiger finan-zieller Unterstützung der nationalen Eliten die wirtschaftliche Vorherrschaft der USA in Chile zu zementieren. Mit Millionen US-Dollar wurden die Wahlen seit Be-ginn der sechziger Jahre zugunsten der konservativen und rechten Parteien – der *Partido Nacional* und der Christdemokraten von Eduardo Frei – manipuliert. Trotz all dieser direkten und indirekten Operationen von CIA und Pentagon gewann 1970 der Kandidat der *Unidad Popular* (UP), Salvador Allende, die Präsidentschaftswah-len. Nun wurde aus der verdeckten Subversion ein offener Feldzug.

»Möchten Sie verantwortlich dafür sein, dass ein Kommunist Präsident dieses Landes wird?«, diese Frage stellte der CIA-Stationschef in Santiago, Henry Heckscher, im Sommer 1969 dem damaligen US-Botschafter Edward Korry. Heckscher, ein Veteran für verdeckte Operationen, hatte sein Handwerk in Guatemala und Laos gelernt und diente der CIA seit 1947. Für ihn war es keine Frage, dass Wahlen nur solange geduldet werden können, wie das von den USA intendierte Ergebnis dabei erzielt wird. Ähnlich dachte Edward Korry, der die USA seit Oktober 1967 als Botschafter in Santiago vertrat. Von der Kennedy-Administration wegen seines virulenten Antikommunismus in den diplomatischen Dienst rekrutiert, sah er sich als Hüter und Sachwalter amerikanischer Investitionen in Chile, insbesondere was die Interessen von ITT, Coca-Cola sowie der Bergbaukonzerne Kennecott und Anaconda anbelangte. Millionen flossen durch Mittelsmänner der US-Botschaft an den Medienkonzern der Familie Edwards, die mit ihrer Zeitung *El Mercurio* zuverlässig dafür sorgte, dass die chilenische Linke und die Gewerkschaften als Bedrohung für die Stabilität des Landes denunziert wurden. Mit dem Wahlsieg Richard Nixons 1969 und dem damit verbundenen Aufstieg Kissingers zum allmächtigen Sicherheitsberater nahm die Strategie der Subversion allerdings noch einmal einen neuen, aggressiveren Zug an. Bereits im April 1969 bereiteten die USA ihre Strategie für die kommenden chilenischen Wahlen des Jahres 1970 vor. Während eines Treffens des sogenannten 303-Komitees – verantwortlich für verdeckte Operationen aller amerikanischen Geheimdienste – forderte CIA-Chef Richard Helms eine detaillierte Strategie für die kommenden Präsidentschaftswahlen in Chile. Nur durch eine solide Vorbereitung sei der Erfolg des Jahres 1964 auch künftig sicherzustellen. Dieser Erfolg des Jahres 1964 hatte sein Vorbild in den italienischen Wahlen des Jahres 1948, als durch massiven Einsatz der CIA der Wahlsieg der Christdemokraten sichergestellt wurde. 1964 wurden rund fünfzig Prozent des gesamten Wahlkampfes von Eduardo Frei durch die CIA finanziert, weitere Millionen flossen der extremen Rechten der *Partido Nacional* zu. ITT und die Kupferkonzerne Kennecott und Anaconda sorgten durch großzügige Spenden für die »richtige Presse«.

Ähnlich sollten nun auch die anstehenden Wahlen des Jahres 1970 beeinflusst werden. Anfänglichen Widerstand von Beamten des State Departments konterten Korry und Heckscher mit dem Hinweis, hier gehe es um lebenswichtige wirtschaftliche Interessen der USA und mit dem Sieg Allendes drohe ein zweites Kuba in Südamerika. Der Kandidat der USA für das Jahr 1970 war nicht der Christdemokrat Radomiro Tomic, denn ihm wurden Sympathien für Allende unterstellt, sondern der 71-jährige Reaktionär Jorge Allesandri von der *Partido Nacional*. Im Dezember 1969 legten Korry und Heckscher in Washington ein gemeinsames Papier vor. Sie forderten einen unbegrenzten Etat zur Finanzierung der chilenischen Rechten und sprachen die Empfehlung aus, amerikanische Unternehmen sollten ebenfalls alles in ihrer Macht stehende unternehmen, um einen Wahlsieg der UP zu verhindern. Nur drei Monate später, am 25. März 1970, genehmigte das nun in 40-Committee umbenannte Geheimdienstgremium den Aktionsplan. Doch die finanziellen Mittel flossen anfangs spärlich, da Nixon und Kissinger vor allem auf die Situation in Vietnam fokussiert waren. Erst auf dem Höhepunkt des Wahlkampfes in Chile kamen größere Mittel zum Einsatz. Am 4. September 1970 bestätigten sich die Befürchtungen von Korry und Heckscher – Salvador Allende gewann mit 36,3 Prozent vor seinen Konkurrenten Allesandri und Tomic. Nun schrillten in Washington die Alarmglocken. Erste Versuche, den noch amtierenden Präsidenten Frei und den Kongress Chiles dazu zu bewegen, Allende die verfassungsmäßige Bestätigung zu verweigern, scheiterten. Nun schaltete Washington auf den sogenannten Track Two um. Vier Tage nach der Wahl Allendes trat das 40-Committee in Washington unter Leitung von Henry Kissinger zusammen. Ergebnis des Treffens: Auftrag an die chilenische US-Botschaft »kaltblütige Vorbereitung eines Militärputsches unter Anleitung und mit Unterstützung der USA«. (Quelle: *Assasination Report*).

Sowohl Korry als auch Heckscher waren anfangs skeptisch in Bezug auf die Erfolgsaussichten eines solchen Plans, galt doch General René Schneider, Oberbefehlshaber der Streitkräfte, als überzeugter Gegner jedweder militärischen Intervention und als absolut verfassungstreu. Korrys Initiative, den scheidenden Präsidenten zum Verfassungsbruch zu bewegen, blieb denn auch erfolglos. Am 15. September 1970 bestellte Richard Nixon CIA-Chef Helms ins Oval Office. Der Präsident befahl seinem Geheimdienst-Chef alles zu unternehmen, um Salvador Allende an der Präsidentschaft zu hindern. Alle Aktionen der CIA in Verfolgung dieses Ziels unterlägen strikter Geheimhaltung, weder das State Department noch die Botschaft in Santiago sollten eingeweiht werden. Einzig dem Sicherheitsberater Kissinger und ihm, dem Präsidenten, sei Helms verantwortlich.

In einer handschriftlichen Notiz von Helms heißt es dazu: »Kein Risiko scheuen […] die Botschaft nicht involvieren […] es stehen sofort 10 Millionen Dollar zur Verfügung, wenn nötig auch mehr […] die Wirtschaft erdrosseln bis sie quietscht.«

Eingeweiht in diesen Plan waren außerdem C. Jay Parkinson, Chef des Kupferkonzerns Anaconda, John McCone, Aufsichtsratsmitglied von ITT, und Augustin Edwards, Verleger der konservativen Zeitung *El Mercurio* und chilenischer Repräsentant von Pepsi-Cola. Track Two nahm seinen Lauf. In einer Depesche an die CIA-Station in Santiago hieß es dazu am 21. September 1970: »Sinn der Unternehmung ist es, Allende unter allen Umständen an der Präsidentschaft zu hindern. Alle Optionen hinsichtlich Eduardo Frei sind nicht mehr relevant. Einzig die militärische Lösung ist das Ziel.«

Gleichzeitig kündigten die USA alle Kredite an Chile und übten Druck auf internationale Institutionen aus, mit sofortiger Wirkung jedwede finanzielle bzw. wirtschaftliche Unterstützung Chiles einzustellen. Botschafter Korry, der zwar in die Aktionen von Track Two nicht eingeweiht war, jedoch aktiv in die Maßnahmen des Wirtschaftsboykotts involviert war, schrieb am 21. September nach Washington: »Die Chilenen sollen wissen, dass mit Amtsantritt von Allende weder eine Schraube noch ein Nagel das Land erreichen wird. Wir müssen dafür sorgen, dass Chile und die Chilenen Verelendung und Armut direkt spüren. Das Elend einer kommunistischen Herrschaft muss offensichtlich werden. Es muss auch Frei klar sein, dass es keine Alternative mehr zum wirtschaftlichen Zusammenbruch gibt.«

Die Mitglieder des 40-Committee gingen davon aus, dass eine sich abzeichnende wirtschaftliche Katastrophe letztendlich das Militär zum Eingreifen veranlassen würde, sogar noch vor Allendes Vereidigung. Die einzige Unsicherheit in diesem Plan war General Schneider, und so hieß es in einer internen Anweisung der CIA vom 21. September folgerichtig: »Wenn nötig, muss Schneider neutralisiert oder beseitigt werden. Das mittlere Offizierskorps ist das Ziel. General Camilo Valenzuela, Befehlshaber der Garnison von Santiago, ist ein vielversprechender Ansprechpartner. Man muss die Armee spalten.« Gleichzeitig sollte Botschafter Korry den Oberbefehlshabern der einzelnen Waffengattungen unmissverständlich klarmachen, dass die USA bei einem Amtsantritt Allendes jede Militärhilfe sofort einstellen würden. Sollte das Militär allerdings im Sinne von Track Two agieren, werde die Militärhilfe sofort ausgeweitet. In einem Schreiben an die CIA-Station in Santiago vom 19. September heißt es dazu: »Geheimdienstliche Informationsbeschaffung der Stimmungslage in den Streitkräften / Identifikation derjenigen Gruppen im Offizierskorps, die für einen Coup zu gewinnen sind / Schaffung eines innenpolitischen Klimas durch Terrorakte, Desinformation und gezielte Propaganda, um die radikale Linke zu Aktionen zu provozieren / Gezielte Infiltration der putschgeneigten Heeresgruppen und Zusicherung umfassender Unterstützung für Militärintervention.«

Die geheime Task-Force dieser Operation – nur Nixon und Kissinger gegenüber verantwortlich – bestand zu diesem Zeitpunkt aus nicht mehr als fünf Männern: David Phillips, CIA-Offizier und Drahtzieher des Putsches gegen Präsident Arbenz in Guatemala 1954; Thomas Karamessines, Chef des CIA-Planungsdirektorates; William Broe, Chef der CIA-Abteilung Western Hemispheres, sowie sein Stellvertreter und der Militärattaché der US-Botschaft in Santiago Colonel Paul Wimert, Agent des Militärgeheimdienstes DIA. Die Ansprechpartner auf chilenischer Seite waren Brigadegeneral Roberto Viaux – er hatte bereits 1968 einen Putsch versucht und war daraufhin aus dem Heer entlassen worden, verfügte jedoch im Offizierskorps über zahlreiche Anhänger – und General Camilo Valenzuela, Befehlshaber der Streitkräfte in Santiago. Zwischen dem 5. und 20. Oktober 1970 kam es zu insgesamt 21 Treffen zwischen Wimert, seinen Agenten und den mit einem Militärputsch sympathisierenden Generälen und Offizieren der Carabineiros. Die Gespräche verliefen jedoch eher frustrierend. Zwar bestellte General Viaux am 5. Oktober bei Wimert mehrere hundert Tränengasgranaten, um angeblich einen Putsch am 9. Oktober zu starten, der Plan jedoch war so abenteuerlich, dass die CIA ihn verwarf und Viaux aufforderte, den Zeitpunkt zu verschieben und einen möglichen Putsch detaillierter vorzubereiten. In einem Telegramm der CIA-Station Santiago nach Langley hieß es dazu: »Wir haben hier einen General ohne Armee. Er verlangt Waffen und hat keinen Plan. Wir aber brauchen einen General, der Eier hat!« Viaux erhielt zwar keine Tränengasgranaten, dafür jedoch 20.000 Dollar sowie die Zusicherung weiterer 250.000 Dollar zu einem späteren Zeitpunkt. Sein Plan, General Schneider zu entführen, wurde fürs Erste verschoben.

Am 15. Oktober – neun Tage vor der Kongressabstimmung zur Präsidentschaft Salvador Allendes – trafen im Weißen Haus Henry Kissinger, dessen Stellvertreter Alexander Haig und CIA-Direktoratsleiter Thomas Karamessines zu einer Lagebesprechung zusammen. Sie stimmten überein, es sei klüger, Viaux' Aktion zu verschieben und gleichzeitig mit Valenzuelas Gruppe eine Parallelaktion vorzubereiten. Zu diesem Zweck traf sich DIA-Agent Wimert am 17. Oktober mit Offizieren aus dem Stab Valenzuelas und sicherte ihnen die Lieferung von Tränengasgranaten sowie Maschinenpistolen zu, die dann auch prompt mit Diplomatenpost am frühen Morgen des 19. Oktober aus Washington geliefert wurden. Valenzuelas Plan sah vor, General Schneider während eines Abendessens am Abend desselben Tages entführen zu lassen. Der Oberbefehlshaber sollte nach Argentinien ausgeflogen werden. Gleichzeitig sollte Frei seine Ämter niederlegen und das Land verlassen und eine Militärjunta den Kongress auflösen und die Macht übernehmen. Die Presse hatte die Aufgabe, die Entführung Schneiders der radikalen Linken – der MIR – anzulasten.

Der Plan scheiterte, da General Schneider das Essen früher als geplant und nicht in seinem Dienstwagen, sondern mit einem Privatwagen verließ. Auch ein zweiter Versuch am 20. Oktober scheiterte. Trotz der Fehlschläge zahlte Wimert Valenzuela das vereinbarte Kopfgeld für Schneider in Höhe von 50.000 Dollar und übergab seinen Männern am 22. Oktober um zwei Uhr früh die Maschinenpistolen. Sechs

Stunden später schlugen die Putschisten zu. Schneiders Wagen wurde um acht Uhr durch ein Kommando gestoppt, das sofort das Feuer eröffnete. Schneider, von mehreren Kugeln getroffen, wurde in die nächstgelegene Klinik gebracht, erlag jedoch drei Tage später seinen Verletzungen. Der Ausnahmezustand wurde verhängt, doch das Militär verweigerte sich dem Putsch. Am Abend des 24. Oktober wurde Salvador Allende, auf den in den Tagen zuvor ebenfalls ein Mordanschlag verübt worden war, zum Präsidenten Chiles gewählt. Sowohl Track One als auch Track Two waren gescheitert, nun wurden in Washington neue Pläne entworfen.

Bereits im November 1970 wurden laufende Kredite an Chile eingefroren und Ersatzteillieferungen für die chilenische Industrie gestoppt: Es kam zu einem Wirtschaftsembargo gegen Allendes UP-Regierung. Gleichzeitig nahm die CIA ein neues Finanzierungsprogramm auf. Zwischen November 1970 und September 1973 gab der amerikanische Geheimdienst mehr als sieben Millionen Dollar (nach heutigen Berechnungen knapp vierzehn Millionen Euro) für verdeckte Operationen in Chile aus. Der Großteil der Gelder floss an die rechte *Partido Nacional* und die neofaschistische Organisation *Patria y Libertad*. Finanziert wurden damit Terroranschläge und Sabotageakte. Zwischen November 1970 und September 1973 wurden mehr als 600 Terroranschläge gegen die Regierung der UP verübt, dazu gehörten Brückensprengungen, Anschläge auf Bahnverbindungen und Pipelines sowie gezielte Mordanschläge auf Vertreter der UP. Die dritte Säule der Aktionen gegen die Regierung Allendes waren die Initiativen des US-Außenministeriums zur diplomatischen Isolierung Chiles. Sowohl Regierungen in Südamerika als auch in Westeuropa wurden unter Druck gesetzt, ihre bilateralen Beziehungen zu Chile einzufrieren, jedweden Kulturaustausch zu beenden und keinerlei Kreditvereinbarungen zu treffen. Chilenisches Kupfer, Hauptexportgut des Andenstaates, wurde auf Druck der USA in internationalen Häfen mit der Begründung beschlagnahmt, der Rohstoff sei Eigentum US-amerikanischer Konzerne – Kennecott und Anaconda. Dringend benötigte Ersatzteillieferungen wurden durch US-Gerichtsurteile ebenfalls in zahlreichen Ländern beschlagnahmt mit der Begründung, der Staat Chile schulde US-Investoren Millionen von Dollar. Das Subversionsprogramm trug bereits Ende 1971 Früchte. Die Inflation in Chile stieg von Monat zu Monat, es kam zunehmend zu Versorgungsengpässen. Dazu Thomas Karamessines: »Track Two hat niemals aufgehört zu laufen, das Programm wurde lediglich modifiziert, das Ziel allerdings beibehalten.«

Dazu gehörte auch, dass im Herbst 1971 die CIA-Station in Santiago ausgebaut und im chilenischen Militär ein Netzwerk potenzieller Putschisten organisiert wurde. Wie der neue US-Botschafter Nathaniel Davis erklärte, »wir waren bereits Ende

'71 mit dem künftigen Putsch schwanger«. Im Oktober 1971 lancierten CIA und
DIA ein gefälschtes Dokument in die Streitkräfte, in dem von geheimen Absprachen
zwischen UP-Regierung und Kuba die Rede war. Ziel sei es, so das Falsifikat, den
Geheimdienst der Carabineros gegen die Armeeführung einzusetzen und Liqui-
dationslisten hochrangiger Militärs zu erstellen. All dies solle mit Hilfe kubanischer
Agenten organisiert werden, dazu gehöre auch die geheime Bewaffnung der radikalen Linken mit schweren Waffen. Ab Frühjahr 1972 begann die sogenannte US-Milgroup – amerikanische Militärberater aus der berüchtigten School of the Americas
in der Panama-Kanalzone – gemeinsam mit CIA, DIA und Offizieren der chilenischen Armee, Verhaftungslisten linker Aktivisten für den möglichen Putsch aufzu-
stellen, Karten aller Regierungs- und Parteibüros der UP und der MIR anzulegen
und Namenslisten von zu schützenden Personen zu erarbeiten. Im Frühherbst 1972
begann die Infiltration der chilenischen Unternehmer- und Berufsverbände. Tausende von Dollars flossen den Interessenverbänden der Großindustrie und des Mittel-
standes zu, um auch dort die Stimmung für den künftigen Putsch »aufzubereiten«.
Rund 150.000 Dollar gingen innerhalb weniger Monate an SOFOFA (vergleichbar
mit der deutschen Handwerkskammer), CAP (Unternehmerverband) und FRENAP
(Nationale Front der Privatindustrie). Erhebliche Mittel wurden gleichzeitig durch
US-Konzerne wie ITT, Pepsi-Cola, Kennecott und Anaconda an die chilenische
Opposition überwiesen, um den Schwarzmarkt zu finanzieren. Gefälschte Escudos
wurden massenhaft in Umlauf gebracht, um die Währung zu destabilisieren, und die
Terrorkampagnen von *Patria y Libertad* nahmen täglich zu. Der Historiker Mario
Gongora nannte die Zeit zwischen September 1972 und 1973 einen »Bürgerkrieg
ohne Waffen« und verglich sie mit den letzten Monaten der spanischen Republik.

Die Lage im Land wurde zunehmend gefährlicher. Die Inflation erreichte
schwindelerregende Höhen, Waren des täglichen Bedarfs waren zumeist nur noch
auf dem Schwarzmarkt gegen Dollar erhältlich, jede Gesetzesinitiative der UP-Regierung wurde im Zwei-Kammern-System durch die Opposition blockiert, die dem
Präsidenten wiederholt Verfassungsbruch unterstellte. Am 29. Juni kam es zum ersten Putschversuch, der als *Tanquetazo* in die Geschichte einging. Der Versuch des
Panzerregiments forderte 22 Tote, konnte jedoch zurückgeschlagen werden. Doch
der Regierung Allende sollten nur weniger als drei Monate bleiben. Am 15. Juli begann ein landesweiter Streik der Fuhrunternehmer, finanziert durch die CIA, die den
LKW-Fahrern den Lohn bar auszahlte. Die gesamte Versorgung brach innerhalb
weniger Wochen zusammen. Am 20. August genehmigte der geheime 40-Commit-
tee-Ausschuss eine weitere Million Dollar zur Initialisierung des Putsches. Ab dem

25. August wurde die sogenannte US-Milgroup in Chile personell stark aufgerüstet, jeder chilenischen Waffengattung wurden spezielle Agenten der US-Geheimdienste als Instrukteure zugeteilt, Offiziere der Green-Beret-Eliteeinheiten wurden in Valparaiso konzentriert.

Für den 13. September hatte Salvador Allende eine Volksabstimmung geplant, um das Schicksal seiner Regierung einem Votum zu unterwerfen. Dazu kam es nicht mehr. Am Morgen des 11. September 1973 schlug das chilenische Militär unter Anleitung von CIA und US-Militärpersonal zeitgleich in allen Städten des Landes zu. Pinochets Junta startete die »Operation Djakarta«, den Krieg gegen die eigene Bevölkerung. Dieser Krieg kostete nach Angaben von Amnesty International mehr als 10.000 Menschen das Leben, Zehntausende wurden in Konzentrationslager verschleppt und gefoltert, mehr als hunderttausend flüchteten aus dem Land. Die blutige Diktatur dauerte bis 1989, doch die Herrschaft des Militärs und der mit ihm verbundenen Bourgeoisie war 1989 nicht zu Ende. Die »Verfassung« Pinochets gilt bis heute, die Diktatur des Großkapitals und der multinationalen Konzerne ebenfalls. Die Armee hat ihre Privilegien behalten und ihre Machtposition sogar ausbauen können, die Wirtschaft wurde in einem unglaublichen Ausmaß für ausländisches Kapital geöffnet. Heute gehören wieder 66 Prozent des chilenischen Kupfers internationalen Minenkonzernen, die Kluft zwischen Arm und Reich hat in Chile wieder das Ausmaß der Vor-Allende-Zeit erreicht.

Das Konzept der sogenannten Chicago-Boys ist damit aufgegangen. Wie schrieb die FAZ wenige Wochen nach dem Putsch: »Chile – jetzt investieren«. 1973, im Jahr des blutigen Putsches, wurde der Architekt des Massakers, Henry Kissinger, mit dem Friedensnobelpreis ausgezeichnet.

Urs Müller-Plantenberg

Despotisch abgesicherter Liberalismus

Die systematische »Desorganisation« des Kapitalismus – Wirtschaftspolitik, gesellschaftlicher Wandel und politischer Prozess in Chile seit 1976[1]

D ie Parlamentswahlen von 1979 in Großbritannien und die Präsidentschaftswahlen von 1980 in den USA haben in diesen beiden Zentren des kapitalistischen Weltsystems politische Kräfte in die Regierung getragen, die im Allgemeinen als »extrem konservativ« bezeichnet werden. Margaret Thatcher und Ronald Reagan haben jedoch nicht einen politischen Kurs eingeschlagen, der darauf hinausläuft, historisch gewachsene Strukturen gegen jede Veränderung zu schützen. Ihr Ziel ist vielmehr, mittels einer ultra-liberalen Wirtschaftspolitik – die den von Milton Friedman und Friedrich August von Hayek aufgestellten Prinzipien entspricht – einschneidende Veränderungen im Sinne der Wiederherstellung einer »freien Gesellschaft« – wie sie sie verstehen – zu erreichen. Die Geschichte der letzten fünfzig oder hundert Jahre soll im Sinne eines umfassenden Antisozialismus zurückgedreht werden.

In Chile, wo die Vertreter derselben Doktrin des orthodoxen wirtschaftspolitischen Liberalismus seit dem Militärputsch von 1973 in der Regierung vertreten sind und seit etwa 1976 zunehmend alle Sphären der politischen Macht unter dem Deckmantel der Diktatur des Staatspräsidenten und Generals Augusto Pinochet erobert haben, läßt sich besonders gut verfolgen, dass sich dieser Liberalismus nicht bei im engeren Sinne wirtschaftspolitischen Maßnahmen aufhält, sondern auch weitreichende gesellschaftliche und politische Umwälzungen bezweckt und wenigstens dann bewirken kann, wenn ihm dafür die ausreichenden Mittel politischer Macht zur Verfügung gestellt werden. Diese Umwälzungen bezeichne ich hier als systematische »Desorganisation« des Kapitalismus.[2]

»Chile ist das Modell der neuen Entwicklungsstrategie in seiner reinsten Form.« *Business Week*, 9. August 1976.

»Die Funktion der Militärs, die augenblicklich das Land regieren, wird es sein, die Hände der Politiker aus der Wirtschaft herauszuhalten, während die ›Chicago Boys‹ die wirtschaftlichen Institutionen einer freien Gesellschaft stärken.« *Wall Street Journal*, 18. Januar 1980.

»Wenn ich gehe, kann es aus sein mit Chile.« General Pinochet im Juli 1978.

»Die klassischen Prinzipien der Wirtschaftswissenschaft standen und stehen jedweder Gruppe von Ökonomen jedweden Landes zur Verfügung, aber die konsequente und vollständige Weise ihrer Anwendung unter Herausforderung von Interessen aller Art, das ist es, was im eigentlichen Sinne das chilenische Rezept ausmacht.« *El Mercurio*, 22. Januar 1980.

»Die wirkliche Eroberung der Demokratie ist eine Aufgabe des chilenischen Volkes und niemandes sonst.« Luis Maira 1978.

»Eine strukturelle Phase kann man konkret nur studieren und analysieren, wenn sie ihren gesamten Entwicklungsprozess bereits hinter sich hat, und nicht während dieses Prozesses selbst, es sei denn in Form von Hypothesen und unter der ausdrücklichen Erklärung, dass es sich um Hypothesen handelt.« (Antonio Gramsci, zitiert nach: Gramsci, *Antología*, Mexiko 1977, Seite 277.)

Das wissenschaftliche Instrumentarium zur Analyse politischer Prozesse in kapitalistischen Staaten ist selbst ein Teil der Geschichte dieser kapitalistischen Staaten. Seit Klassenorganisationen, Wirtschaftsverbänden mit Massencharakter, Einflussgruppen und politischen Parteien Gelegenheit gegeben wurde, über den kapitalistischen Staat auf die Regelung wirtschaftlicher Angelegenheiten einzuwirken, den Staat zu Interventionen im Sinne der jeweiligen Interessen zu bewegen und gegebenenfalls selbst die Macht über den Staatsapparat zu erobern, hat der kapitalistische Staat zwangsläufig eine wachsende Zahl von Funktionen übernommen, die über die allgemeine Funktion der Garantie der Reproduktion der kapitalistischen Produktionsweise weit hinausgehen. Der Staat und die ihn beherrschenden Koalitionen von gesellschaftlichen Gruppen und politischen Kräften wurden im Bewusstsein der Beherrschten zunehmend für wirtschaftliches Wachstum, allgemeine Wohlfahrt und soziale Fürsorge verantwortlich (oder zumindest mitverantwortlich) gemacht. Politik bestand und besteht im Wesentlichen aus Auseinandersetzungen zwischen Klassen, Verbänden und Parteien über Ausmaß, Art und Richtung staatlicher Interventionen, nicht über die Tatsache oder Notwendigkeit von Interventionen überhaupt. Um Klassen- oder Gruppeninteressen massenwirksam durchsetzen zu können, bedarf es innerhalb dieses komplexen Verhältnisses zwischen bürgerlicher Gesellschaft und kapitalistischem Staat nicht nur einer schlagkräftigen, gut funktionierenden Organisation, sondern auch einer politischen Strategie, eines mehr oder weniger ausformulierten nationalen Projekts, das kurz-, mittel- und langfristig die Interessen möglichst vieler und breiter Gruppen berücksichtigt und damit materielle Legitimation von Herrschaft ermöglicht.

Dieser »kollektivistische Protektionismus« ist nicht notwendiges Charakteristikum des kapitalistischen Staates. Er ist vielmehr das konkrete historica Produkt einer krisenhaften Epoche des europäischen Kapitalismus, nämlich der Großen Depression zwischen den mittleren 1870er- und 1890er-Jahren, als die europäischen Staaten begannen, das jeweilige nationale Kapital zu schützen und die »sozialen Kosten« der Krise zu lindern. Je mehr der Staat eingriff, um auf diesen Gebieten etwas zu erreichen, desto mehr sahen sich die Vertreter wirtschaftlicher Interessen und gesellschaftlicher Gruppen gezwungen, ihre Basis zu organisieren und zu mobilisieren, um den Staat zu Interventionen zugunsten ihrer Interessen zu bewegen oder zumindest zu vermeiden, dass er gegen ihre Interessen intervenierte. Die Abkehr vom Prinzip des liberalen Nachtwächterstaats bedeutete auf diese Weise gleichzeitig eine wesentliche quantitative Stärkung und qualitative Funktionsänderung – wenn nicht in vielen Fällen überhaupt erst das Entstehen – aller heute als wichtig erachteten gesellschaftlichen Organisationen: der Unternehmerverbände in Industrie, Bergbau, Handel und Bankwesen, der Bauernverbände, der Gewerkschaften und auch der modernen politischen Parteien. Wirtschafts- und Sozialpolitik wurden zu einem Kernbereich von Politik überhaupt: Politik wurde ökonomisiert, Ökonomie politisiert. Das bedeutete aber zugleich eine Stärkung massendemokratischer Tendenzen: Politik ist plötzlich nicht mehr eine von ausgebildeten Experten oder kundigen Honoratioren zu leistende Verwaltungsarbeit, sondern »geht alle an«.

Neben dieser vor allem von den Organisationen der Arbeiterklasse und der anderen abhängigen Schichten vorangetriebenen Tendenz zur Demokratisierung führte das Heraufkommen des »protektionistischen Kollektivismus« jedoch gleichzeitig auch zu einer Stärkung nationalistischer Strömungen: Je weniger die unterschiedlichen und miteinander im Konflikt liegenden Ansprüche und Interessen der verschiedenen Klassen, Schichten, Gruppen und Organisationen miteinander vermittelt oder befriedigt werden konnten, desto mehr schien es nötig, für Ersatzbefriedigung durch machtvolles Auftreten des Staates gegenüber dem Ausland zu sorgen oder sogar Hoffnungen darauf zu wecken, dass durch Eroberungen an den Grenzen oder in Übersee Gewinne gemacht werden könnten, die zum Ausgleich und zur Befriedigung aller gesellschaftlichen Ansprüche und Bedürfnisse im Inneren ausreichen würden.[3]

In dem Maße, in dem es den führenden Fraktionen des Industrie- und Bankenkapitals gelang, staatliche Hilfe und staatlichen Schutz auch für ihre Praktiken der Marktsicherung und privaten Monopolbildung zu erreichen, entstand schließlich um die Jahrhundertwende das, was Rudolf Hilferding das System des »organisierten Kapitalismus« genannt hat: das genaue Gegenbild von Konkurrenzkapitalismus, liberaler Gesellschaft und Nachtwächterstaat.[4] In der explosiven Kombination von Nationalismus und organisiertem Kapitalismus muss man schließlich die Ursache des klassischen Imperialismus und seiner kriegerischen Abenteuer in der ersten Hälfte des 20. Jahrhunderts sehen.

In diesem Beitrag kann die Geschichte des organisierten Kapitalismus im Verlauf des 20. Jahrhunderts nicht vertiefend behandelt werden. Nur muss in jedem Fall festgestellt werden, dass der europäische Faschismus in seinen verschiedenen nationalen Ausprägungen in keiner Weise einen Bruch mit den Traditionen des organisierten Kapitalismus bedeutete. Mit seinem starken Staatsinterventionismus, seinem Massencharakter, seinem hohen Organisationsgrad, seiner sozialen Demagogie und seiner totalitären, antiliberalen Ideologie war er vielmehr Ausdruck einer der historisch möglichen Tendenzen dieses organisierten Kapitalismus. Das Instrumentarium, das zur Analyse politischer Prozesse in kapitalistischen Staaten in den letzten Jahrzehnten entwickelt worden ist, setzt nun – mit Recht – voraus, dass sich die wesentlichen der im System des organisierten Kapitalismus zusammenfließenden Tendenzen weitgehend durchgesetzt haben. Seit Antonio Gramsci die Bedingungen der Möglichkeit einer sozialistischen Revolution in West- und Mitteleuropa untersucht hat, ist die ganze Komplexität des Verhältnisses zwischen Staat und bürgerlicher Gesellschaft unter den Bedingungen des organisierten Kapitalismus ins Bewusstsein der Analytiker getreten. Die fruchtbarsten und interessantesten Untersuchungen politischer Prozesse richten sich auf die Analyse wechselnder Allianzen von Parteien und politischen Gruppierungen und der durch sie wirkenden Bündnisse gesellschaftlicher Interessengruppen, Schichten, Klassenfraktionen und Klassen. Es geht dabei darum, die Instrumente und Mechanismen aufzudecken, mittels derer die hegemonialen Kräfte innerhalb des herrschenden Machtblocks das Bündnis, auf das sie sich stützen, zusammenhalten und ihre Herrschaft sichern und legitimieren. Die Stabilität und Stärke des herrschenden Machtblocks kann daran abgelesen werden, in welchem Ausmaß die Gefolgschaft der Beherrschten auf aktivem Konsens beruht oder nur durch Mittel äußeren Zwanges bis hin zur physischen Repression gesichert werden kann.

Um nun auf Chile zu sprechen zu kommen: Es fragt sich, ob eine auf die Verhältnisse im organisierten Kapitalismus zugeschnittene Art der Analyse noch geeignet ist, der wirtschaftlichen und politischen Entwicklung in diesem Land am Ende der 1970er-Jahre gerecht zu werden.

Die hier aufgestellte Hypothese ist, dass die Kräfte, die sich innerhalb des chilenischen Militärregimes zunehmend und mit einer Tendenz zur Radikalisierung durchgesetzt haben, kein anderes Ziel verfolgten als die systematische »Desorganisation« des Kapitalismus mit der Intention, langfristig die absolute Gültigkeit orthodoxer liberaler Prinzipen in Wirtschaft, Gesellschaft und Politik – im Zweifelsfall mit Gewalt, wo immer möglich aber auf der Basis eines »passiven Konsens« – zu verankern und so den Demokratisierungstendenzen, die dem organisierten Kapitalismus innewohnen, dauerhaft entgegenzuwirken. Auf diese Weise sollte einer Wiederholung der Situation aus den Jahren 1970 bis 1973, in der das Überleben der kapitalistischen Produktionsweise selbst in Frage gestellt worden war, vorgebeugt werden.

Die Strategie der chilenischen orthodoxen Liberalen, deren Kern das sogenannte Wirtschaftsteam (equipo económico) um Finanzminister Sergio de Castro und Zentralbankpräsident Alvaro Bardón bildet, besteht zunächst und vor allem darin, die Aufgaben des Staates allein auf die Garantie der allgemeinen Bedingungen der Reproduktion des Kapitals – nämlich freie Konkurrenz der Käufer und Verkäufer von Waren (einschließlich der Ware Arbeitskraft), Freiheit des Privateigentums an Produktionsmitteln und Freiheit der privaten Mehrwertaneignung – zu konzentrieren und alle anderen dem chilenischen Staat historisch zugewachsenen Funktionen, soweit das nur irgend möglich ist, abzubauen. Dies erfolgt nicht nur gegen den Willen der Mehrheit der Bevölkerung oder der jeweils Betroffenen, sondern im Zweifelsfall auch gegen wirtschaftlich mächtige Sonderinteressen.

Es versteht sich von selbst, dass eine solche Strategie darauf hinausläuft, die grundlegenden Charakteristika und Tendenzen dessen, was wir hier »organisierten Kapitalismus« genannt haben, abzubauen, aufzuheben oder zu vernichten. Wirtschaftspolitik besteht hier im Wesentlichen darin, strukturelle Veränderungen und Maßnahmen durchzuführen, die in Zukunft jede Wirtschaftspolitik unnötig, bedeutungslos oder unmöglich machen. Staat und Politik sollen wieder entökonomisiert, Wirtschaft und Gesellschaft wieder entstaatlicht und entpolitisiert werden. Schlüsselbegriffe, die in der internationalen wirtschafts- und entwicklungspolitischen Diskussion und in den Debatten in den meisten kapitalistischen Ländern eine entscheidende Rolle spielen, kommen in den offiziellen Verlautbarungen der chilenischen Regierung entweder überhaupt nicht mehr vor oder nur in einer liberalen Variante, die ihren ursprünglichen Sinn umkehrt: Ist von »Planung« die Rede, so ist damit in der Regel die planmäßige Aufhebung aller staatlichen Planung gemeint;[5] spricht man von »Entwicklung«, so ist damit der Abbau staatlicher Entwicklungsprogramme gemeint; »gefördert« wird der Abbau aller staatlichen Förderungsprogramme, »programmiert« eine Situation, in der Programme nur noch eine Sache der Privatinitiative sind. Schließlich zielt die gesamte »Strategie« darauf, keinen Sektor und keine Branche mehr als strategisch anzuerkennen, weil den ihr zugrundeliegenden Annahmen zufolge nur die private Konkurrenz auf dem Weltmarkt die jeweils günstigste Ressourcen-Allokation zu sichern vermag.[6]

Da die gegen jede Art von Kollektivismus und Protektionismus gerichtete, orthodox liberale Wirtschaftspolitik ohnehin als die einzig richtige, einzig vernünftige und vor allem einzig mögliche Politik dargestellt wird, bedarf sie weder einer Ratifizierung durch die Mehrheit der Bevölkerung, noch einer Fundierung durch ein nationales Projekt, das innerhalb eines Klassenbündnisses oder einer Allianz politischer Gruppen auszuhandeln wäre. Sie macht sich im Prinzip sogar unabhängig von allen Erfolgskriterien: Indem der Staat immer weniger oder schließlich gar nicht mehr interveniert, sorgt er dafür, dass er nicht mehr irren oder falsch intervenieren kann. Jede Verschlechterung einer gegebenen Situation (Verringerung der Produktion, Steigerung der Inflationsrate usw.) kann nach dieser Logik nur noch auf einen Mangel an Effizienz und Initiative auf der Seite der Privaten oder auf ungünstige äußere Umstände zurückgeführt werden, die sich der Kontrolle der staatlichen Politik entziehen.

Im Kern zielt dieser orthodoxe Liberalismus, wie schon gesagt, auf die Aufhebung der im organisierten Kapitalismus geschaffenen Strukturen und damit aber auch auf die Schwächung und Vernichtung der in der Geschichte des organisierten Kapitalismus gewachsenen und gestärkten gesellschaftlichen und politischen Tendenzen. Er ist nicht nur antisozialistisch, weil er das Privateigentum und die private Mehrwertaneignung verabsolutiert, er ist auch notwendig antidemokratisch, weil er große Bereiche des gesellschaftlichen Lebens von vornherein aus jeder öffentlichen Diskussion und jeder Art von Mehrheitsentscheidung herauszuhalten sucht. Darüber hinaus ist er antinationalistisch,[7] weil er gegen jede Art von Formulierung eines nationalen Projekts antritt, das die Unterordnung unter die freie Bewegung der Kräfte auf dem Weltmarkt, die ja nach Adam Smith den »Wohlstand der Nationen« sichert, fraglich macht. Und er gebärdet sich nicht nur gelegentlich als antifaschistisch, sondern ist objektiv gegen den Faschismus gerichtet, weil er jedem Versuch der Organisation von Massen und jeder sozialen Demagogie den Krieg erklären muss, um seine Prinzipien aufrechterhalten zu können.[8]

Unsere Hypothese geht nun weiter dahin, dass eine solche, gegen alle historisch gewachsenen Tendenzen der kapitalistischen Gesellschaft gerichtete Politik nur deshalb Chancen auf Verwirklichung bekommen konnte, weil es dem Staatspräsidenten General Augusto Pinochet mit der Zeit gelungen ist, alle politische Macht auf seine Person zu konzentrieren, und er sich gleichzeitig zunehmend mit der Strategie des orthodoxen Liberalismus identifizierte. Die im Statut der Militärjunta und in vielen von der Junta verabschiedeten Gesetzesdekreten verankerte Freiheit des Präsidenten zur absoluten Willkür bekam nachträglich den Sinn, das Militär-Regime und seine Wirtschaftspolitik gegen jeden Zwang zu Kompromissen mit demokratischen, populistischen oder faschistischen Kräften zu schützen, die im Militär selbst oder unter den Gruppen, die den Militärputsch gefördert und getragen hatten, aufkommen konnten. Dazu gehörte zugleich, dass Pinochet selbst bereit war, das Recht und die Macht zur letzten willkürlichen Entscheidung zu erobern, zu behaupten, jederzeit systematisch auszunutzen und sogar im Zweifelsfall auch die von ihm selbst willkürlich gesetzten Regeln zu verletzen.[9]

Es kann als sicher gelten, dass Pinochet im Moment des Militärputsches weder von Wirtschaftspolitik eine Ahnung hatte, noch mit den Ideen des orthodoxen Liberalismus eng vertraut war.[10] Tatsache ist aber, dass er seit 1975 seine Willkürentscheidungen zunehmend in den Dienst der politischen Erfordernisse des orthodoxen Liberalismus gestellt hat. In allen Krisensituationen haben denn auch die Leitartikler des »denkenden Organs der herrschenden Klasse«, wie die Zeitung *El Mercurio* in Chile häufig genannt wird, nie versäumt, darauf hinzuweisen, dass nicht nur die Weiterexistenz des Militär-Regimes überhaupt, sondern gerade und besonders die unangefochtene Stellung des Staatspräsidenten und der Person Pinochets ein unbedingtes Erfordernis für die erfolgreiche Weiterführung der vom Wirtschaftsteam eingeleiteten wirtschaftlichen und gesellschaftlichen Veränderungen sei.

Im Unterschied zu den eigenen Verlautbarungen des Militär-Regimes, des Wirtschaftsteams und der regimetreuen Presse haben die meisten kritischen Stimmen zur chilenischen Wirtschaftspolitik stets vor allem deren ökonomische Folgen in den Mittelpunkt ihrer Kritik gestellt und die sich daraus ergebenden gesellschaftlichen Veränderungen kaum beachtet oder als leicht reversibel dargestellt. Das ist verständlich, wenn man den spektakulären Rückgang der gesamten Produktion 1975, die völlige Veränderung der Produktionsstruktur, die enorme Umverteilung des geschaffenen Reichtums zugunsten der Reichen, die erheblich gestiegene Arbeitslosigkeit und die dramatische Situation der meisten Lohn- und Gehaltsempfänger betrachtet. Unsere Hypothese geht aber nun weiter dahin, dass das Militär-Regime und das Wirtschaftsteam nicht nur im unmittelbaren Interesse der nationalen (exportorientierten) Großbourgeoisie und des internationalen Kapitals mittels autoritärer Zwangsherrschaft eine wesentliche Steigerung der Mehrwertrate herbeiführen wollen, und dass es ihnen nicht in allererster Linie auf die Heranziehungen ausländischen Kapitals ankommt,[11] sondern dass es ihnen erklärtermaßen bei den wirtschaftspolitischen Maßnahmen (und immer stärker auch in allen anderen Bereichen) auch um grundlegende gesellschaftliche Veränderungen geht, um das nämlich, was das *Wall Street Journal* eine »freie Gesellschaft« nennt.[12] Über das Ende der Zwangsherrschaft des Militär-Regimes hinaus sollen die tragenden Säulen der kapitalistischen Produktionsweise, die freie Konkurrenz in allen Bereichen, das Privateigentum an Produktionsmitteln und die private Mehrwertaneignung, so fest verankert und stabilisiert werden, dass an ihnen nicht mehr gerüttelt werden kann. Der Abbau der Staatsinterventionen und die damit verbundene Behinderung aller gesellschaftlichen Organisationen, die über den Staat versuchen könnten, in den »freien Ablauf des Wirtschaftslebens« einzugreifen, haben auch den Sinn, das politische Selbstverständnis, den inneren Zusammenhalt und die Kampfkraft dieser Organisationen zu zerstören und zu brechen. Das gilt natürlich in besonderem Maße für die nach Auffassung aller orthodoxen Liberalen als »Kollektiv-Monopole« mit den Prinzipien der freien Marktwirtschaft nicht vereinbaren Gewerkschaften, besonders, wenn sie überbetrieblich zusammengeschlossen sind. Es gilt aber auch für alle anderen Verbände und Gruppen, die sich durch politischen Kampf und politischen Einfluss soziale Fortschritte oder wirtschaftliche Vorteile erkämpft hatten, welche nun allesamt gemäß liberalem Verständnis als »Privilegien« erkannt und verdammt werden.[13]

Für Karl Marx war der Kampf um die gesetzliche, und das heißt staatliche Regelung des Arbeitstages nicht nur deshalb sehr wichtig, weil der kürzere Arbeitstag einen großen sozialen Fortschritt darstellte, sondern vor allem auch deshalb, weil in diesem Kampf die Arbeiter begannen, politisch als Klasse für sich zu handeln. Genau das war auch der Punkt, weswegen die damaligen Liberalen so erbittert gegen die Regelung des Arbeitstages zu Felde zogen: Sie stärkte den inneren Zusammenhalt und die Kampfkraft der Arbeiterorganisationen und richtete ihr Interesse darauf, soziale Fortschritte durch Stärkung der eigenen politischen Macht zu erobern. Worauf es den orthodoxen Liberalen in Chile heute ankommt, ist, diesen Prozess rückgängig zu machen, im Namen individueller Freiheit den gesellschaftlichen Organisationen alle Aufgaben zu nehmen, die ihren Zusammenhalt stärken, sie so von innen ausbluten zu lassen, die Gesellschaft zu atomisieren und jenen »Isolierungseffekt«[14] dauerhaft zu erzeugen, den jede Beschränkung von Tätigkeit auf die reine Sphäre der Ökonomie zwangsläufig mit sich bringt. Keine systematische empirische Sozialforschung kann heute Auskunft darüber geben, welches Ausmaß dieser Isolierungseffekt bisher in den Jahren des Militär-Regimes erreicht hat. Dass er aber nicht nur angestrebt, sondern auch wirksam ist, daran kann kein Zweifel bestehen.[15]

Der Zusammenhang zwischen den vom Militär-Regime angestrebten wirtschaftlichen und gesellschaftlichen Veränderungen kann kaum klarer und eindeutiger formuliert werden, als das in einem Leitartikel von *El Mercurio* geschieht:

> »Für den Kampf um die Freiheit hatte das Regime (anfangs) kein Rüstzeug von politischen Ideen im eigentlichen Sinne. Es stützte sich auf die von den vaterländischen Freiheitstraditionen durchtränkte, mannhafte militärische Reaktion und auf den technischen Beistand von Wirtschaftlern, die ein Aktionsprogramm vorschlugen, das unter der Führung des Präsidenten Pinochet den Erfolg erreichte, wie er durch verschiedene Zeugnisse und Indikatoren bestätigt wird. Es ist erklärlich, dass sich die Ziele des Regimes im Wesentlichen auf die Herstellung einer Ordnung und die Festigung der wirtschaftlichen Freiheit hin konkretisierten. Mit diesen Zielen drehte sich die Orientierung des Landes um 180 Grad. Was Demagogie war, wandelte sich zu der kargen militärischen Sprache der Tatsachen. Die Tendenz, die mit dem Wohlfahrtsstaat und der dirigistischen Regierungsintervention anfing, um über den Sozialismus zum Kommunismus zu führen, wurde durch die entgegengesetzte Tendenz wettgemacht: die Übertragung des Maximums an wirtschaftlicher Verantwortung an die Privatleute.
>
> Als dieses Programm begann, konnten wenige die Gründlichkeit der Revolution erahnen, die in diesen Veränderungen stillschweigend enthalten war. Anhänger und Gegner der Regierung beginnen erst jüngst, undeutlich die Perspektiven und den Sinn dessen wahrzunehmen, was im Land gemacht wird.

Der Versklavungsprozess hatte seine Ursache im Misstrauen gegenüber der individuellen Freiheit und in der Sucht, alles besser machen zu wollen als das spontane Spiel der Willensentscheidungen. Das maßlose Wachstum des Staates, die ständige Ausdehnung der Dienste des Staates, das Beschäftigungsangebot vonseiten des Staates, die wachsende, fast absolute Kontrolle des Staates über die Bürger und schließlich die Kollektivierung der Gewissen und Verhaltensweisen finden ihren Ursprung in jenen Haltungen. Der Kampf um die Freiheit lief also hinaus auf den Widerstand gegen den Etatismus und auf die Erweiterung der Sphäre der freien Entscheidungen der Individuen.«[16]

Das ist das Freiheitspathos einer »verspäteten bürgerlichen Revolution«[17], die nicht mehr gegen die Privilegien des Klerus und des Adels, sondern gegen die »Privilegien« der Arbeiterklasse und der Staatsdiener kämpft. Diese »Revolution« muss umso gründlicher sein, als sie – auch nach liberalem Selbstverständnis – nicht dauerhaft auf die Unterstützung durch die despotischen Willkürentscheidungen eines personalistischen, autoritären Regimes angewiesen bleiben kann und soll. Das Problem dieser Liberalen ist, dass die auch von ihnen angestrebte »politische Freiheit« erst dann voll gewährt werden kann, wenn die von ihnen angestrebten gesellschaftlichen Veränderungen so tief gegriffen haben, dass von ihr kein Gebrauch mehr gemacht werden kann, der nicht in ihrem Sinne liegt. Die ständig wiederholten Beteuerungen von Pinochet, dass es für das Militär-Regime keine Fristen, sondern nur Zielsetzungen gebe,[18] und dass der erforderliche Wandel in der »Mentalität« der Chilenen eine ganze Generation in Anspruch nehmen könne,[19] ist in diesem Sinne und nicht nur als Ausdruck des persönlichen Machthungers zu verstehen und zu werten. Der Termin für die erste Wahl eines Staatspräsidenten durch das Volk ist deshalb auch bis mindestens zum Jahre 1989 hinausgeschoben worden.

Der seit etwa 1976 zu beobachtende Wandel in den Formen der politischen Repression (Entlassung politischer Gefangener, »Generalamnestie«, Umbenennung und Umstrukturierung des Geheimdienstes, Aufhebung des nächtlichen Ausgangsverbots, Veränderungen des Ausnahmezustandes etc.) und gewisse Liberalisierungen im politischen Bereich (kontrollierte Erweiterung der Meinungs- und Pressefreiheit, Herstellung der Tarifautonomie auf Betriebsebene bis hin zum Streikrecht etc.) sind sicher zum großen Teil das Ergebnis des Kampfes der demokratischen Opposition und der Kirche sowie des vom Ausland und den Vereinten Nationen ausgeübten politischen Drucks. Sie sind jedoch keineswegs als Schritte zur Demokratisierung des Landes zu verstehen, sondern können bestenfalls von den demokratischen Organisationen aller Schattierungen für den Kampf um Demokratisierung genutzt werden. Unsere Hypothese geht aber dahin, dass die einzelnen Schritte der »Liberalisierung« – unter dem zunehmenden Einfluss der orthodoxen Liberalen auch im politischen Bereich – stets so vorgenommen und ausgestaltet werden, dass dadurch die Tendenzen der Isolierung und Atomisierung nach Möglichkeit noch verstärkt werden. Auch der in fünfjähriger geheimer Kommissionsarbeit entstandene Entwurf einer Verfassung, die eine »autoritäre, geschützte, integrierende und technifizierte Demokratie mit authentischer gesellschaftlicher Beteiligung« schaffen soll, hat nichts mit Demokratisierung im herkömmlichen Sinne zu tun[20], sondern verabsolutiert lediglich die Prinzipien des orthodoxen wirtschaftlichen und politischen Liberalismus. Die angestrebte »neue Demokratie« oder auch »Neo-Demokratie«, wie Pinochet sie neuerdings nennt, hat auch nur sehr bedingt etwas mit der von den Ideologen der Trilateralen Kommission als notwendig erachteten »beschränkten« oder »kontrollierten« Demokratie zu tun, weil bei dieser die Einschränkung liberaler Freiheitsrechte gerade durch eine Stärkung der politischen Parteien und der gesellschaftlichen Organisationen erreicht werden soll und nicht durch deren Schwächung.[21]

Der Unterschied zwischen diesem chilenischen Liberalismus des späten 20. Jahrhunderts und dem klassischen europäischen Liberalismus der Jahrzehnte zwischen 1770 und 1870 liegt nicht in den Prinzipien und ihrer formalen Anwendung, sondern in der unterschiedlichen Situation, auf die die Anwendung dieser Prinzipien trifft. Die bewusste und gewollte Gleichbehandlung der wirtschaftlich Ungleichen[22] – jeder kann die Aktien der privatisierten Staatsbetriebe zu Schleuderpreisen erwerben, er muss nur über die notwendigen Dollar-Millionen verfügen – muss bei der inzwischen in aller Welt erreichten, in einem unterentwickelten Land wie Chile aber noch doppelt starken Konzentration des Kapitals und des gesellschaftlichen Reichtums umso brutaler wirken und hat sich deshalb auch nur auf dem Hintergrund einer brutalen Repression durchsetzen lassen. Aus dem Umstand, dass die mächtigsten Wirtschaftsgruppen des Landes außerordentlich stark von der Durchsetzung der liberalen Prinzipien profitiert haben und weiter profitieren und dass die führenden Mitglieder des Wirtschaftsteams sehr enge persönliche und finanzielle Beziehungen zu diesen mächtigsten Wirtschaftsgruppen unterhalten, wird häufig der Schluss gezogen, dass sich diese Gruppen den Zugriff auf den Staat für sich allein gesichert hätten und so eine noch stärkere Verzahnung zwischen Staat und Monopolen zustande gekommen sei.[23] Diese schon für den Staat des organisierten Kapitalismus nicht so unmittelbar zutreffende »Instrumentalisierungstheorie«[24] wird im chilenischen Fall völlig unhaltbar:

Die mächtigsten Wirtschaftsgruppen profitieren davon, dass sich der Staat gerade jeglichem Einfluss entzieht, auch ihrem Einfluss, dass er nichts tut und auch für sie nichts tut.[25] Wenn die hier vertretene Hypothese zutrifft, dann ergibt sich daraus eine ganze Reihe neuer theoretischer Problemstellungen, historisch-analytischer Fragen und neuartiger Aufgabenstellungen für die politische Praxis demokratischer Bewegungen.

Die neuen theoretischen Problemstellungen können hier nur benannt werden. Es sind etwa folgende:

– Offenbar genügt es nicht, allgemeine theoretische Aussagen über den kapitalistischen Staat zu treffen, die nur aus Erkenntnissen über die historische Entwicklung des Staates im organisierten Kapitalismus gewonnen worden sind. Offenbar gibt es eine breitere Vielfalt der Möglichkeiten, das Verhältnis von Staat und bürgerlicher Gesellschaft neu zu bestimmen, als allgemein angenommen wird.

– Das Verhältnis von Liberalismus und Demokratie – hier verstanden als Herrschaft im Auftrag und unter der Kontrolle des Volkes – wird gewöhnlich als unproblematisch betrachtet. Das äußert sich schon im Gebrauch des Begriffs »liberale Demokratie«. Der Liberale gilt quasi per definitionem als Demokrat. Man vergisst dabei, dass dem Liberalen die Frage der Staatstätigkeit stets wichtiger war als die der Regierungsform und dass ihm mehr daran lag, »die Wichtigkeit der politischen Entscheidungen zu verringern, als daran, wer sie ausübte«[26]. »Das Majoritätsprinzip ist in erster Linie ein Hilfsmittel und kein Grundprinzip«, stellt Milton Friedman als Vorkämpfer dieser Freiheit heute fest.[27]

– Zu der Frage, ob der Abbau der Staatstätigkeit die volle Durchsetzung der kapitalistischen Produktionsweise beschleunigt oder nicht und wie es damit insbesondere in den unterentwickelten Ländern aussieht, gibt es bisher kaum eine theoretische Diskussion, zumal sie sich bisher auch nur auf sehr wenig empirisches Material stützen könnte. Klar scheint allerdings zu sein, dass sich der orthodoxe Liberalismus einer Lösung der Probleme des sozialen Elends durch Massenauswanderung nicht widersetzt. Die Blütezeit der europäischen Auswanderung lag in allen Staaten jeweils in der Epoche der Herrschaft der Liberalen. Das »Bevölkerungsproblem« existiert für den echten Liberalen nicht, weder in der einen, noch in der anderen Richtung. Es ist ein Problem des Sozialstaats, des Wohlfahrtsstaats.

Uns interessieren hier aber besonders die historisch-analytischen Fragen, die den politischen Prozess in Chile selbst betreffen. Mit der Aufstellung unserer Hypothese sind mehrere Fragen aufgeworfen, die einer genaueren Analyse bedürfen:

– Warum ist gerade in Chile die Anwendung der klassischen Prinzipien des orthodoxen Liberalismus am konsequentesten und radikalsten vorangetrieben worden? Wie kommt es, dass ähnliche Ausgangslagen in Brasilien, Argentinien und Uruguay nicht zu denselben Ergebnissen führen?

– Wie ist es zu erklären, dass aus einem Putsch, der auf die Forderungen einer in höchstem Maße organisierten und mobilisierten Bourgeoisie eingegangen ist, ein Prozess entsteht, der auf ihre totale Desorganisation und Entmobilisierung hinausläuft?[28]

– Wie wurde es möglich, dass das Militär als eine Institution, die sich nach ihrem eigenen Selbstverständnis der Verteidigung der Nation als oberstem Ziel verschrieben hat, ausgerechnet die Zusammenarbeit mit jenen politischen Kräften gesucht und gefunden hat, die am entschiedensten jeden Schutz der nationalen Wirtschaft gegen die internationale Konkurrenz und gegen die Auswirkungen konjunktureller Schwankungen auf dem Weltmarkt abbauen wollen?[29]

– Wie war es möglich, den politischen Einfluss der Streitkräfte soweit zu neutralisieren, dass die gesamte politische Macht in den Händen des Staatspräsidenten General Pinochet konzentriert werden konnte?

– Wie war es andererseits möglich, dass die orthodoxen Liberalen des Wirtschaftsteams nicht nur in der Wirtschaftspolitik ihre Vorstellungen ungehindert durchsetzen konnten, sondern auch in anderen Bereichen der Politik die Vertreter korporativistischer und katholisch-konservativer Strömungen ins politische Abseits gedrängt haben?

– Schließlich stellt sich die Frage, mit welchen Legitimationsmustern es bisher möglich war, bei den wirtschaftlich und politisch ausschlaggebenden Schichten der chilenischen Bevölkerung zumindest den passiven Konsens zu erreichen, der auch für ein Militär-Regime Voraussetzung seiner Dauer ist.

Für die Kräfte der demokratischen Opposition in Chile ergäben sich aus einer solchen Analyse weitreichende theoretische und praktische Konsequenzen. Die noch immer weitverbreitete Charakterisierung des Militär-Regimes als »faschistische Diktatur« ist nicht nur analytisch unangemessen. Sie verstellt auch den Blick für die Erkenntnis, wie tief und grundsätzlich der von den orthodoxen Liberalen eingeleitete und angestrebte Wandel der gesellschaftlichen Strukturen sein soll, und lässt deshalb den Schluss zu, dass schon eine Veränderung der Herrschaftsformen (von der Diktatur zur Demokratie) ausreichend sei, um sehr bald auch die gesellschaftlichen und wirtschaftlichen Strukturveränderungen rückgängig zu machen. Damit aber bleiben die demokratischen Kräfte in ihrer Argumentation und in ihrer politischen Praxis ungerüstet für den Moment, in dem die orthodoxen Liberalen die eingetretenen Strukturveränderungen für ausreichend gesichert halten, um auch Veränderungen der politischen Herrschaftsformen im Sinne einer begrenzten Demokratisierung ertragen zu können.

Der politische Prozess in Chile in der zweiten Hälfte der 1970er-Jahre ist aber nicht nur für die chilenischen Demokraten von großem Interesse. Er kann nämlich den Demokraten in aller Welt vor Augen führen, dass Gefahren für die Demokratie nicht nur aus der Richtung einer bürokratischen Erstarrung und zunehmenden Kontrolle von oben drohen, wie in George Orwells *1984* prophezeit, sondern dass auch der für viele verlockend erscheinende liberale Ruf nach mehr Freiheit durch weniger Staat häufig nichts anderes meint als den Abbau des Sozialstaats und mehr Unabhängigkeit der wirtschaftlich Mächtigen von den politisch vielen.

Literatur

Almeyda, Clodomiro: »El nacionalismo latinoamericano y el fascismo de Pinochet«, in: *Nueva Sociedad*, Nr. 40, Caracas 1979.

Anonymus: *Notas sobre la vida cotidiana en un orden autoritario*, Manuskript, Santiago 1979.

Berg, Sven: »Alltag der Arbeitslosigkeit in Chile«, in: *Lateinamerika, Analysen und Berichte*, Bd. 1, Berlin 1977.

Crozier, Michael; Huntington, Samuel P.; Watanuki, Joji: »La gobernabilidad de la democracia«, in: *Estados unidos, Perspectiva latinoamericana. Cuadernos semestrales*, Nr. 2-3, Mexiko 1978.

Fortín, Waldo; Medina, Cecilia : *The Institutionalization of Repression. Chile: A Case Study*, Rotterdam 1980.

Friedman, Milton: *Kapitalismus und Freiheit*, München 1979.

Gath, P.; Chávez, T.: *La cultura y el nuevo orden en Chile*, Manuskript, Santiago 1977.

Gramsci, Antonio: *Antología*, Mexiko 1977.

Hayek, Friedrich A. von: »Politischer Liberalismus«, in: *Handwörterbuch der Sozialwissenschaften*, o.O. 1958.

Hilferding, Rudolf: *Das Finanzkapital*, Frankfurt am Main 1968.

Iriarte, Gregorio: »De la democracia liberal a la democracia restringida«, in: Támez, Elsa; Trinidad, Saul (Hrsg.): *Capitalismo, Violencia y anti-vida*, San José de Costa Rica 1978.

Maira, Luis: »Chile: Crisis política y recambio«, in: *Chile-América*, Nr. 48–49, Rom 1978.

Mattelart, Armand: »Chile. Was die Bourgeoisie von Lenin gelernt hat«, in: *Jahrbuch Politik*, Bd. 6, Berlin 1974.

Mires, Fernando: »Para una crítica a la teoría del fascismo latinoamericano«, in: *Nueva Sociedad*, Nr. 45, Caracas 1979.

Mises, Ludwig von: »Wirtschaftlicher Liberalismus«, in: *Handwörterbuch der Sozialwissenschaften*, o.O. 1958.

Moulian, Tomás; Vergara, Pilar: »Estado, ideología y políticas económicas en Chile«, in: *Estudios CIEPLAN*, Bd. 3, Santiago 1980.

Müller, Felix: »Veränderungen der chilenischen Klassenstruktur seit 1973. Die städtischen Volksklassen«, in: *Lateinamerika. Analysen und Berichte*, Bd. 3, Berlin 1979.

O'Donnell, Guillermo: »Reflexiones sobre las tendencias generales de cambio en el Estado burocrático-autoritario«, in: *Revista Mexicana de Sociología*, Nr. 1, Mexiko 1977.

O'Donnell, Guillermo: *Tensiones en el Estado burocrático-autoritario y la cuestión de la democracia*, Buenos Aires 1978.

Offe, Claus: *Strukturprobleme des kapitalistischen Staates*, Frankfurt am Main 1972.

Pinochet, Augusto: *Geopolítica*, Santiago 1968.

Pinochet, Augusto: *El día decisivo*, Santiago 1979.

Poulantzas, Nicos: *Politische Macht und gesellschaftliche Klassen*, Frankfurt am Main 1968.

Riz, Liliana de: »Formas de Estado y desarrollo del capitalismo en América Latina«, in: *Revista Mexicana de Sociología*, Nr. 2, Mexiko 1977.

Silva, Julio: El proyecto constitucional de la dictadura, in: *Chile-América*, Nr. 48–49. Rom 1978.

Soto, Francisco: *Fascismo y Opus Dei en Chile*, Madrid 1976.

Varas, Florencia: *Gustavo Leigh, el general disidente*, Santiago 1979.

Winkler, Heinrich August (Hrsg.): *Organisierter Kapitalismus. Voraussetzungen und Anfänge*, Göttingen 1974.

Anmerkungen

1   Der folgende Text ist entstanden als Einleitung zu einer noch nicht fertiggestellten Arbeit, in der die Entwicklung in Chile seit 1976 im Einzelnen untersucht werden soll. Diese Arbeit ist Teil eines von der Deutschen Gesellschaft für Friedens- und Konfliktforschung geförderten Forschungsprojekts am Lateinamerika-Institut der Freien Universität Berlin über »Grenzen der Durchsetzbarkeit der wirtschaftlichen und politischen Strategien südamerikanischer Militärdiktaturen«.

2   Um Missverständnisse zu vermeiden, mag noch angeführt werden, dass natürlich nicht alle, die sich selbst als »Liberale« bezeichnen, gemeint sind, wenn im folgenden Text von »Liberalismus« gesprochen wird. Beispielsweise hat sich in den USA ein Sprachgebrauch durchgesetzt, der gerade die als »Liberals« bezeichnet, die für eine stärkere Intervention des Staates zugunsten der sozial schwachen Schichten eintreten. Die Geschichte des politischen Liberalismus hat in den letzten zweihundert Jahren eine Vielzahl von Strömungen und Tendenzen hervorgebracht, unter denen längst nicht alle den alleinseligmachenden Markt über die Prinzipien der bürgerlichen Demokratie stellen. Es ist aber nicht falsch, daran zu erinnern, dass der Liberalismus, der heute nicht nur in Chile, in den USA und in Großbritannien, sondern in vielen – industrialisierten und unterentwickelten – Ländern der kapitalistischen Welt so starke Erfolge feiert und von dem hier die Rede ist, auf einen Liberalismus des 18. Jahrhundert zurückgreift, der mit Demokratie nichts im Sinn hatte.

3   Es ist hier nicht uninteressant, dass die um 1889 aufblühende internationale Friedensbewegung vor allem von freihändlerischen Liberalen getragen wurde, die den von konservativen Regierungen hingenommenen oder sogar noch geförderten Staatsinterventionismus als Grundübel und Wurzel des wachsenden Nationalismus und Militarismus anklagten.

4   Zum Begriff sowie zu den Voraussetzungen und Anfängen des Organisierten Kapitalismus in den west- und mitteleuropäischen Staaten sowie in den USA vgl. Heinrich August Winkler (Hrsg.): *Organisierter Kapitalismus. Voraussetzungen und Anfänge*, Göttingen 1974. Im Beitrag von Jürgen Kocka im genannten Band findet sich auch eine Auseinandersetzung mit dem konkurrierenden Begriff des Staatsmonopolistischen Kapitalismus.

5   Vgl. etwa Pläne aus dem Jahr 1980 für die Ministerien und die noch in Staatsbesitz verbliebenen Unternehmen, in: *El Mercurio*, 21.–27.2.1980.

6   Da man auf dem Weltmarkt mit Geld alles kaufen kann, sind auch ehemals »strategische« Produkte wie etwa der Weizen heute nicht mehr förderungswürdig. Vgl. die Diskussion dazu in: *Hoy*, 9.–15.8.1978.

7   Den antinationalen und antipatriotischen Charakter der Politik des chilenischen Militärregimes hat besonders Clodomiro Almeyda (1979) hervorgehoben. Er kommt dann allerdings zu dem Kuriosum eines antinationalistischen »Faschismus«. Vgl. Clodomiro Almeyda: »El nacionalismo latinoameri-

---

---

cano y el fascismo de Pinochet«, in: *Nueva Sociedad*, Nr. 40, Caracas 1979.

8   Daran, dass genuin faschistische Gruppen und Ideologen den Militärputsch von 1973 nachhaltig unterstützt und in der Anfangsphase der Diktatur auch Einfluss auf deren Politik gehabt haben, kann gar kein Zweifel bestehen. Vgl. etwa das Interview mit dem ehemaligen Führer der Organisation *Patria y Libartad*, Pablo Rodríguez in: *Hoy*, 4.–10.4.1979 und auch die Studie von Francisco Soto: *Fascismo y Opus Dei en Chile*, Madrid 1976. Zu welchen Widersprüchen man aber gelangt, wenn man die gesamte Politik des Militär-Regimes auch heute noch als spezifische lateinamerikanische Variante des Faschismus analysieren will, zeigt überzeugend Fernando Mires: »Para una crítica a la teoría del fascismo latinoamericano«, in: *Nueva Sociedad*, Nr. 45, Caracas 1979.

9   Charakteristische Beispiele dafür waren die Entscheidungen, am 4. Januar 1978 ein Plebiszit durchzuführen bzw. den Luftwaffenchef General Gustavo Leigh Mitte 1978 aus der Militärjunta auszuschließen. Vgl. *Lateinamerika-Nachrichten* Nr. 56 und 63 (1978) und vor allem die Klagen darüber bei Florencia Varas: *Gustavo Leigh, el general disidente*, Santiago 1979.

10 Davon zeugen nicht nur die Bücher von Augusto Pinochet: *Geopolítica*, Santiago 1968 und *El día decisivo*, Santiago 1979., sondern auch vor allem die Reden, die er in den ersten anderthalb Jahren nach dem Putsch gehalten hat.

11 Das erscheint bei Guillermo O'Donnell als der entscheidende Punkt. Vgl. Guillermo O'Donnell: *Tensiones en el Estado burocrático-autoritario y la cuestión de la democracia*, Manuskript, Buenos Aires 1978.

12 *Wall Street Journal*, 18.1.1980.

13 Die »Privilegierung der ›wirtschaftlichen Schwachen‹« durch staatliche Förderung war den echten Liberalen schon immer ein Dorn im Auge. Vgl. Ludwig von Mises: »Wirtschaftlicher Liberalismus«, in: *Handwörterbuch der Sozialwissenschaften*, o.O. 1958, S. 600.

14 Vgl. dazu besonders Nicos Poulantzas *Politische Macht und gesellschaftliche Klassen*, Frankfurt am Main 1968, S. 159ff.

15 Die Arbeiten von Sven Berg (1977), Felix Müller (1979), P. Gath/T. Chávez (1977) und Anonymus (1979) stellen zwar die Wirkungen der unmittelbaren militärischen, politischen und wirtschaftlichen Repression nach dem Putsch in den Vordergrund, lassen aber auch erkennen, wie die »freie Konkurrenz« der Armen und Lohnabhängigen nach der Abschaffung ihrer »Privilegien« die schon durch die Repression geschaffene Isolierung und Atomisierung noch verstärkt. Vgl. Sven Berg: »Alltag der Arbeitslosigkeit in Chile«, in: *Lateinamerika, Analysen und Berichte*, Bd. 1, Berlin 1977; Felix Müller: »Veränderungen der chilenischen Klassenstruktur seit 1973. Die städtischen Volksklassen«, in: *Lateinamerika. Analysen und Berichte*, Bd. 3, Berlin 1979; Gath, P.; Chávez, T.: *La cultura y el nuevo orden en Chile*, Manuskript, Santiago 1977.

16 *El Mercurio*, 13.1.1980.

17 Tomás Moulian, Pilar Vergara: »Estado, ideología y políticas económicas en Chile«, in: *Estudios CIEPLAN*, Bd. 3, Santiago 1980.

18 Zum Beispiel *Hoy*, 11.–17.4.1979 und 23.–28.8.1979.

19 Vgl. Ercilla. Nr. 2090, 1975.

20 Abgedruckt in *Chile-América*, Nr. 50–51 (1979). Vgl. dazu Julio Silva: »El proyecto constitucional de la dictadura«, in: *Chile-América*, Nr. 48–49. Rom 1978 sowie Waldo Fortín/Cecilia Medina: *The Institutionalization of Repression. Chile: A Case Study*, Rotterdam 1980.

21 Vgl. Michael Crozier, Samuel P. Huntington, Joji Watanuki: »La gobernabilidad de la democracia«, in: *Estados unidos, Perspectiva latinoamericana. Cuadernos semestrales*, Nr. 2-3, Mexiko 1978. Vgl. dazu vor allem die Beiträge von Gregorio Iriarte: »De la democracia liberal a la democracia restringida«, in: Támez, Elsa/Trinidad, Saul (Hrsg.): *Capitalismo, Violencia y anti-vida*, San José de Costa Rica 1978; und Luis Maira: »Chile: Crisis política y recambio«, in: *Chile-América*, Nr. 48–49, Rom 1978.

22 Vgl. Friedrich A. von Hayek: »Politischer Liberalismus«, in: *Handwörterbuch der Sozialwissenschaf-*

ten, 1958, S. 592.

23 In Verbindung mit der von der Kommunistischen Internationale adoptierten Faschismus-Definition Dimitrovs von 1935 erscheint dann auch eine Charakterisierung des chilenischen Militär-Regimes als faschistisch geradezu zwingend.

24 Vgl. Claus Offe: *Strukturprobleme des kapitalistischen Staates*, Frankfurt am Main 1972, S.66ff.

25 Allerdings ist nicht zu leugnen, dass sich in der Reihenfolge, in der Staatsinterventionen beseitigt wurden, auch Interessen und Einflüsse geltend gemacht haben. Stärkstes Beispiel ist die Kontrolle des Preises der Ware Arbeitskraft noch Jahre nach der Freigabe aller anderen Preise. Einschneidende Maßnahmen wie der Austritt aus dem Andenpakt und die beschleunigte Herabsetzung der Zölle wurden aber auch gegen direkt betroffene Interessen und sogar Proteste der mächtigsten Wirtschaftsgruppen durchgesetzt.

26 Friedrich A. von Hayek, a.a.O., S. 592.

27 Milton Friedman: *Kapitalismus und Freiheit*, München 1979, S.47.

28 Zur Organisation und Mobilisierung der Bourgeoisie vor dem Putsch vgl. Armand Mattelart: »Chile. Was die Bourgeoisie von Lenin gelernt hat«, in: *Jahrbuch Politik,* Bd. 6, Berlin 1974.

29 Diesen Widerspruch stellt auch Guillermo O'Donnell (1977) in den Mittelpunkt seiner Betrachtungen.

Urs Müller-Plantenberg

Die schwarze Utopie der Chicago Boys

Chile als Beispiel für Theorie und Praxis des Neoliberalismus[1]

ls in Santiago de Chile im Jahr 1969, also noch vor der Wahl des linken Präsidenten Salvador Allende, ein gut besuchtes internationales Seminar von Wirtschaftsexperten zu den wirtschaftspolitischen Alternativen für Lateinamerika in den letzten Jahrzehnten des 20. Jahrhunderts stattfand, trat auch ein spanischer Kollege auf, der mit wohlgesetzten Worten für eine liberale Wirtschaftspolitik zu werben versuchte, die den Staat zum Rückzug aus dem Wirtschaftsgeschehen veranlassen und den Markt zum einzigen Schiedsrichter ökonomischer Entscheidungen machen sollte. Angesichts der schwierigen ökonomischen und sozialen Lage in den meisten lateinamerikanischen Ländern einerseits und der relativen Erfolge der Strategie der importsubstituierenden Industrialisierung andererseits, erschien dieses Plädoyer für einen ungehemmten Manchesterkapitalismus praktisch allen Anwesenden wie eine gespenstische Erinnerung an eine längst überwundene Gedankenwelt. Diese Doktrin hatte ganz offenbar keinen Platz im Lateinamerika der späten sechziger Jahre, und der freundlichste unter den Kritikern tat sie denn auch damit ab, dass er sie schlicht und einfach »utopisch« nannte.

Zehn Jahre später war diese Doktrin nicht nur die herrschende Lehre in Chile, sondern auch Grundlage einer äußerst rücksichtslos zupackenden Praxis, die sich bald auch in den lateinamerikanischen Nachbarländern verbreitete und nach den Wahlsiegen von Margaret Thatcher 1979 in Großbritannien und Ronald Reagan

1980 in den USA auch in den führenden Nationen der Ersten Welt zur möglichst kompromisslosen Anwendung drängte.

Wie wir noch sehen werden, gab es 1969 durchaus Ökonomen, die dem neoliberalen Gedankengut verpflichtet waren, vor allem an der Katholischen Universität von Chile, aber sie hielten sich aus den nationalen und internationalen Diskussionen heraus, in denen es darum ging, Ziele und Werkzeuge staatlicher Wirtschaftspolitik zu debattieren. Da nach ihrer Meinung nur die Abschaffung staatlicher Eingriffe in das Wirtschaftsgeschehen eine Lösung aller Probleme versprach und sich im politischen Spektrum des Landes kein Ansatzpunkt für eine solche Linie bot, konzentrierten sie sich auf ihre akademischen Tätigkeiten an der Universität und, wo sich die Möglichkeit bot, auch auf einträgliche Geschäfte.

Bevor ich beschreibe, wie sich der Wandel dieser sogenannten Chicago Boys von der gesellschaftlichen Bedeutungslosigkeit zur politischen Allmacht vollzogen hat, scheint es mir notwendig, doch die Kernpunkte des neoliberalen Denkens zu benennen und zu sagen, worin es sich, wenn überhaupt, vom herkömmlichen Wirtschaftsliberalismus unterscheidet.

Ausgangspunkt der Betrachtung ist das Credo der neoliberalen Doktrin, wonach es das Ziel aller gesellschaftlichen Organisation sein muss, für eine optimale, das soll heißen: möglichst effiziente Allokation der in dieser Welt knappen Ressourcen zu sorgen. Benutzt man dann, wie die Neoliberalen es mit ihrem konsequenten methodologischen Individualismus tun, zur Bestimmung des Optimums das Pareto-Kriterium[2], dann stellen, und das ist geradezu tautologisch, zumindest kurzfristig nur Kaufs- und Verkaufshandlungen zwischen auf ihren Eigennutz bedachten Individuen auf einem freien Markt optimale Veränderungen und damit einen Beitrag zu einer effizienten Ressourcenallokation dar.

Dem neoliberalen Credo entsprechend bedeutet dies umgekehrt, dass jeder Eingriff von außen in das freie Marktgeschehen – sei es von Seiten des Staates, sei es von Seiten mächtiger Monopole – auf eine ineffiziente Allokation von gesellschaftlichen und natürlichen Ressourcen und damit auf eine Verschleuderung und Verschwendung knapper Mittel hinausläuft, mag die dahinter stehende Absicht noch so gut gemeint sein.

Nun ist der Neoliberalismus aber keine Angelegenheit des 18. oder 19. Jahrhunderts, sondern eine geschichtsmächtige Strömung am Ende des 20. Jahrhunderts. Worin besteht nun das Neue am Neoliberalismus? Ganz sicher nicht darin, dass er sich von dem alten liberalen Credo der Klassiker abgrenzen würde. Das Neue besteht vielmehr darin, dass der Neoliberalismus am Ende des 20. Jahrhunderts auf

Gesellschaften stößt, die mit ihrer weitreichenden staatlichen Wirtschaftstätigkeit, der starken Regulierung privater Aktivitäten, dem Protektionismus, der selektiven Subventionierung bestimmter Wirtschaftssektoren, der Bildung von Monopolen und Oligopolen und dem Aufkommen großer staatlicher und halbstaatlicher Bürokratien zur Verwaltung des Bildungssystems, des Gesundheitswesens, der Sozialversicherung und der Sozialfürsorge eindeutig gegen alte liberale Prinzipien verstoßen.

Die Aufgabe, der sich die neoliberalen Theoretiker und Praktiker verschreiben, kann deshalb nicht die Verteidigung einer gegebenen liberalen Gesellschaftsordnung sein. Sie sehen ihre Aufgabe vielmehr zunächst und zuallererst in einem Zerstörungswerk, nämlich im konsequenten Abbau aller staatlichen Aktivitäten, die die Freiheit des Marktes beschränken oder in den freien Lauf der Wirtschaft eingreifen. Man kann dieses Zerstörungswerk die systematische Desorganisation des organisierten Kapitalismus nennen; gewöhnlich werden dafür so wohlklingende Begriffe wie »Strukturanpassung« oder englisch »restructuring« benutzt. Die Chicago Boys in Chile haben angesichts des sehr gründlichen Charakters dieser Umwälzung nicht vor dem Gebrauch des Begriffes »Revolution« zurückgeschreckt, und Milton Friedman war immer ehrlich genug, um direkt von einer »Konterrevolution« zu sprechen.

Dieses neoliberale Zerstörungswerk ist auf alle Fälle strikt zu unterscheiden von einer Politik innerhalb einer nach neoliberalen Prinzipien funktionierenden Gesellschaft. Im neoliberalen Sprachgebrauch entspricht diesem Unterschied der Unterschied zwischen Ordnungspolitik auf der einen und Tages- oder Wirtschaftspolitik auf der anderen Seite. Und die Aufgabe, der sich die Chicago Boys nach dem Militärputsch in Chile zunächst gewidmet haben, war ausschließlich ordnungspolitischer – und das hieß unter den gegebenen Umständen: zerstörerischer – Natur.

Als die Admiräle und Generäle 1973 in Chile die Macht übernahmen, gab es schon einen fertigen Plan für eine neoliberale Transformation der Wirtschaft, aber er war den Militärs nicht bekannt. Pinochet und seine Kollegen hatten keineswegs ein klar ausgearbeitetes Regierungsprojekt. Die Streitkräfte hatten keinerlei Regierungserfahrung, und ihr Putsch war zunächst nicht mehr als eine Reaktion auf die Allende-Regierung und auf die Radikalisierung der politischen und sozialen Situation, die sie als schwere Bedrohung der nationalen Sicherheit und ihrer eigenen Existenz als Institution empfanden.

Die Marine, die zu Beginn die Verantwortung für die Wirtschaft übernommen hatte, teilte nur die allgemeine Ansicht, dass die Lage schwierig sei. Seit Ende 1972 hatten einige hohe Offiziere der Marine Kontakte zu einer Gruppe von Ökonomen hergestellt, die heimlich an der Vorbereitung eines alternativen Regierungsplans arbeitete. Am Tag des Militärputsches war dieser Plan fertig und schon an einige Offiziere der drei Teilstreitkräfte verteilt worden. Im Wunsch nach internationaler Anerkennung bevorzugten die neuen Machthaber jedoch anfänglich Personen, denen sie ein höheres Prestige zuschrieben, etwa Sergio Molina oder Raúl Sáez, die unter dem christdemokratischen Präsidenten Eduardo Frei höchste Posten bekleidet hatten.

Sehr bald aber wurde klar, dass die Militärjunta politisch mehr wollte als nur eine Wiederherstellung der Situation, wie sie vor der Wahl Allendes geherrscht hatte. Hernán Cubillos von der Geschäftsleitung der Tageszeitung *El Mercurio*, dem Zentralorgan der chilenischen Großbourgeoisie, empfahl den Admirälen dann wärmstens eine Gruppe von Ökonomen, deren Mehrheit von der Katholischen Universität kam und die insgeheim seit 1972 einen Plan für die Destabilisierung und den Sturz der linken Regierung ausgearbeitet hatte, der außerdem auch ein Regierungsprogramm für diesen Fall enthielt. Eine Untersuchungskommission des Senats der USA hat später bekannt gemacht, dass die Gelder für die Aktivitäten dieser Mannschaft von der CIA über Kanäle bereitgestellt wurden, die unter Beteiligung chilenischer Unternehmerorganisationen hergestellt worden waren.

Rolf Luders, prominentes Mitglied der Chicago-Gruppe in Chile, aber während dieser Periode nicht im Lande, beschrieb diese »Phantomexperten« auf folgende Weise:

»Sicher war die besagte Arbeitsgruppe möglich und fruchtbar wegen der gemeinsamen technischen Ausbildung, die ihre Teilnehmer kennzeichnete. Um die Mitte der fünfziger Jahre hatte die Universität von Chicago ein Programm des akademischen Austauschs mit der Universidad Católica de Chile begonnen, indem sie einige ihrer Professoren zur Forschung nach Chile sandte und selbst chilenische Studenten zur Absolvierung eines Postgraduiertenstudiums empfing. Durch dieses Programm und zusätzliche Stipendien hatten zu Beginn des vergangenen Jahrzehnts ungefähr hundert Studenten ihre Studien vervollständigt und mit einem Diplom der Universität von Chicago abgeschlossen. [...] Bis 1972 traten viele dieser Ökonomen – zurück in Chile – als Vollzeit-Professoren in die Universitäten ein. Einige andere übernahmen öffentliche Ämter, besonders während der Regierung Frei. Die übrigen gingen in die wichtigsten Unternehmen des Landes; aber alle bildeten eine Gemeinschaft, die sich jedes Jahr um die Generation neuer Ökonomen, die aus den chilenischen Universitäten kamen, erweiterte, eine Gemeinschaft, die sowohl eine technische Sprache und einen rationalistischen Problemlösungsansatz als auch den Wunsch teilte, mit ihren Kräften zu einer blühenden, gerechten und freien Gesellschaft beizutragen. Die Mehrheit dieser Ökonomen ist heute, ob es ihnen nun gefällt oder nicht, bekannt als Chicago Boys.«

Die wichtigsten Figuren der Gruppe waren: Sergio de Castro, ehemaliger Dekan der Escuela de Economía der Universidad Católica und der eigentliche Anführer der Gruppe, sowie Pablo Baraona, Alvaro Bardón, Sergio de la Cuadra, Rolf Luders und Miguel Kast, der 1973 noch in Chicago studierte. Andere Ökonomen, die an der bald sogenannten »chilenischen Wirtschaftsrevolution« teilnahmen, waren Jorge Cauas, der an der Columbia University studiert hatte, und José Piñera von der Harvard University, beide früher eng liiert mit den Christdemokraten.

Bis Anfang 1975 hatte die Mannschaft aus Chicago aber schwer um die Kontrolle der Wirtschaftspolitik zu kämpfen. Während dieser ersten anderthalb Jahre nach dem Militärputsch zielte die Wirtschaftspolitik hauptsächlich auf die Korrektur der während der Allende-Regierung entstandenen Ungleichgewichte. Die mit der Wirtschaft beauftragten Militärs widmeten folglich am Anfang ihre Hauptanstrengungen dem Ausgleich des Staatshaushalts und der Verminderung der Inflation. Auch das erste vornehmlich von Zivilisten gestellte Wirtschaftsteam bekräftigte die Absicht, die Inflation durch gemäßigte Schnitte im Staatshaushalt zu vermindern, weil man fürchtete, dass drastische Lösungen katastrophale Ergebnisse zeitigen würden.

Solche katastrophalen Ergebnisse wurden dann tatsächlich mit der »Schockbehandlung« erreicht, die im April 1975 eingeleitet wurde. Die Vorherrschaft der Chicago-Mannschaft ergab sich gleichzeitig mit dieser sogenannten Schockbehandlung, mit der die »schrittweise« Inflationsbekämpfung verworfen und die Kürzung des Staatshaushalts drastisch verstärkt wurde. Es wäre ein großer Irrtum, die Bedeutung der im April 1975 eingeleiteten Schockbehandlung zu unterschätzen. Diese Maßnahmen stürzten die Wirtschaft in eine tiefe Rezession, in der das Bruttoinlandsprodukt (BIP) um 12,9 Prozent sank.

Die Maßnahmen, die das Wirtschaftsmodell kennzeichneten, lassen sich in drei allgemeine Bereiche klassifizieren:

Liberalisierung des Systems der Preise und des Marktes, Schaffung eines offenen Marktes für den Außenhandel und die Operationen der Außenfinanzierung,

außerdem eine drastische Reduzierung der Rolle des Staates in der Wirtschaft.

Zwischen 1973 und 1980 wurden buchstäblich alle Kontrollen der Regierung über die Einzelhandelspreise abgeschafft; nur die Löhne, also die Preise für die Ware Arbeitskraft, blieben streng kontrolliert.

Der Prozess der »Marktöffnung« für ausländische Operationen verlief ebenso schnell. Die durchschnittlichen Einfuhrzölle wurden Schritt für Schritt von 92 auf zehn Prozent gesenkt. Zeitgleich mit der Senkung der Zolltarife wurden auch alle Einfuhrbeschränkungen beseitigt. Ende 1976 zog sich Chile aus dem Andenpakt zurück.

Gleichwohl bestand das eigentliche Ziel dieser allgemeinen Wirtschaftspolitik in der Reduzierung und Neuorientierung der Teilhabe des Staates an der Wirtschaft. Hier gab es drei Hauptbestrebungen: die Verkleinerung des öffentlichen Sektors, die Minimierung des regulierenden Einflusses der Regierung in der Wirtschaft und die Beseitigung der Rolle, die die Regierung in der direkten Produktion und als Organismus bei der Entwicklungsförderung spielte. Zwischen 1973 und 1979 gingen die Regierungsausgaben von vierzig Prozent des Bruttoinlandsprodukts auf 26 Prozent zurück. Diese Reduzierungen, die auf eine Verminderung des Haushaltsdefizits und der Inflation zielten, wurden auch beibehalten, nachdem das Defizit beseitigt war. Die Beschäftigung im Staatsapparat sank in weniger als vier Jahren um fast zwanzig Prozent: Die Gesamtzahl der Staatsbediensteten sank von 360.000 im Jahr 1974 auf etwas mehr als 290.000 im Jahr 1978.

Nach der Ausführung der eben beschriebenen Wirtschaftsmaßnahmen konzentrierte die Wirtschaftsmannschaft ihre Anstrengungen darauf, die Logik des Marktes auf die Gesamtheit der gesellschaftlichen Beziehungen auszudehnen. Die sogenannten »Modernisierungen« bedeuteten die Privatisierung der grundlegenden sozialen Dienste im Gesundheitswesen, im Bildungswesen und in der Sozialversicherung; die Ausarbeitung eines »Plan Laboral«, der dazu bestimmt war, »eine freie Gewerkschaftsbewegung« zu entwickeln; und die Zerstörung der »Berufskammern«, Organisationen, die die Praxis der freien Berufe regelten. Wie Pilar Vergara angemerkt hat, zielten die Maßnahmen gleichzeitig auf die Reduzierung der Macht des Staates und auf die Atomisierung der zivilen Gesellschaft. »Dazu verknüpfen sie die Privatisierung der sozialen Funktionen des Staates mit der Zersetzung der gesellschaftlichen Organisationen, sodass die Macht der Gewerkschaften, der Innungen und der Berufskammern auf ein Minimum gebracht wird.«

Der Plan Laboral erkannte das Streikrecht an, bestimmte als Ort kollektiver Tarifverhandlung einzig den internen Bereich des Unternehmens und beschränkte sie ausschließlich auf die Werktätigen des Privatsektors. Er erlaubte den freien Beitritt zu oder Austritt aus den Gewerkschaften und die Gründung von mehr als einer Gewerkschaft pro Unternehmen. Gleichzeitig wurden die Zusammenschlüsse auf der

Ebene eines Wirtschafts- oder Berufszweigs verboten und Aussperrungen von Seiten der Unternehmer erlaubt.

Die Renten der Sozialversicherung wechselten ihrerseits vom traditionellen, staatlich kontrollierten Verteilungssystem zu einem von Privatunternehmen verwalteten System individuellen Sparens. Ähnlich zielte das Gesetz, das die Freiheit der Mitgliedschaft in den Berufskammern herstellte, darauf, den Regulierungs- und Kontrollmöglichkeiten, die diese Vereinigungen in Bezug auf die Berufsausübung ihrer Mitglieder hatten, ein Ende zu setzen. Und schließlich verfolgte die Privatisierung der Gesundheitsdienste ebenso wie die Übertragung des Bildungswesens an die Gemeindebehörden das Ziel, mit dem, wie man meinte, ineffizienten Monopol, das der Staat über diese Dienste ausübte, Schluss zu machen.

Von Ende 1975 an wurden die ideologischen Grundlagen, auf die sich die eben beschriebenen technischen Maßnahmen stützten, deutlicher. Die Ökonomen, die den Prozess leiteten, sprachen mit großer Freimütigkeit über die theoretischen Prinzipien, an die sie glaubten. Sie teilten miteinander eine in sich schlüssige Ideologie, die an ihrer Diktion und ihren Aktionen offensichtlich wurde. Dank der Publizität, die ihnen die Medien gaben, und dank des triumphierenden Diskurses, der sie umgab, wurden die Ökonomen jetzt zu den Protagonisten des Regimes. Die Loyalität der Gruppe gegenüber Diktator Pinochet war absolut, und ihr Einfluss auf den Diskurs der regierenden Militärmannschaft war sehr offenkundig. Infolgedessen entwickelte sich mit der Zeit das Projekt »eines Bündnisses zwischen den Militärs und den Ökonomen«, wie es von *El Mercurio* gefeiert wurde.

Charakteristisch für den ideologischen Diskurs der Gruppe waren: erstens die Billigung des politischen Autoritarismus als notwendiger Bedingung für das Wirtschaftsmodell und das Bekenntnis dazu, zweitens die Benutzung der Wissenschaft zur Legitimation der erworbenen Macht und drittens der Versuch, die Bedeutung der Politik in der Gesellschaft zu vermindern.

Dass Chile nun unter einem autoritären Regime stand, war für die Gruppe eine positive und jedenfalls notwendige Situation. Die Schockbehandlung und die Einschränkung des Staatsapparates hatten verheerende gesellschaftliche Wirkungen auf die Mittelklasse und ihre Entwicklungsaussichten; gleichzeitig war die Arbeitslosigkeit auf bis dahin unbekannte Höhen von weit über dreißig Prozent gestiegen. Sozialen Kosten dieser Größenordnung hätte man unter demokratischen Verhältnissen nicht entgegentreten können. Der Autoritarismus war also für die neoliberale »Revolution« ein lebenswichtiges Element. Für die neoliberalen Ökonomen war jedoch der Autoritarismus nicht nur eine unvermeidliche historische Notwendigkeit. Sie betrachteten ihn im Gegenteil offen als ein ideales Regime, das das neutrale Funktionieren des Marktes garantierte.

Auf diese Weise wurde der Grundsatz, wonach die persönliche Freiheit und der freie Markt gleichbedeutend seien, zusammen mit der antikommunistischen Doktrin der Militärs von der Nationalen Sicherheit zum ideologischen Hauptkonzept des Regimes. Davon leitete man ab, dass es ohne individuelle wirtschaftliche Freiheit auf dem Markt auch keine politische Freiheit geben könne.

Als solcher war der Markt nicht nur der wichtigste Ort zur Ausübung der Freiheit, sondern auch der »Schauplatz« der Wissenschaft. Für die Chicago Boys kombiniert der Markt die normativen Prinzipien der Freiheit mit der neutralen und objektiven Praxis der ökonomischen Wissenschaft.

Die Autorität der ökonomischen Wissenschaft war das Hauptargument, das die Gruppe vorbrachte. Der bloße Gebrauch der »ökonomischen Wissenschaft« vermehrt die Freiheit, »denn wenn wir die Ökonomie als Wissenschaft anerkennen«, so Bardón, »bedeutet das unmittelbar weniger Macht für die Regierung und für die politische Struktur, weil sie nicht mehr für das Treffen dieser Entscheidungen verantwortlich sind und diese auf solche Weise wieder in die Hände der einzelnen Individuen und der Techniker fallen«.

Vermittels ihrer wissenschaftlichen Kenntnisse haben die Ökonomen der Gesellschaft die Freiheit zurückgegeben, die ihr von Natur aus zukommt: »Wir sind so monetaristisch, dass wir zu einer Situation gekommen sind, in der die Zentralbank fast schon nicht mehr die Versorgung mit Geld kontrolliert. Diese kontrolliert sich selbst«, erklärte Sergio de Castro der Zeitschrift *The Economist.*

Kritische Stellungnahmen von Verbänden, politischen Führern und Kirchenführern wurden als unqualifizierte Behauptungen von Leuten abgetan, die einer der Wissenschaft fremden, vormodernen Welt verhaftet waren. Durch die Tageszeitung *El Mercurio* und die Wochenzeitschrift *Qué Pasa* erfolgte eine systematische Indoktrinierung in einem Stil, wie man ihn für die Verbreitung eines Dogmas benutzt.

Die Hauptabsicht bestand darin, die Politik durch die Technologie zu ersetzen und die Politiker durch die Ökonomen. Dieses Ziel erforderte nicht nur die Inthronisierung einer technokratischen Sprache als herrschenden Diskurs und eine Kampagne zur systematischen Herabsetzung des Prestiges der Politiker, wie sie das Fernsehen und die vom Regime kontrollierte Presse veranstalteten. Es verlangte auch eine Neuordnung der Gesellschaft, welche die Politik ihrer Basis berauben würde: die freie Organisation der Bürger in ihrem Verhältnis zum Staat. Darauf zielten die »Modernisierungen«, die in dem vom freien Markt gesetzten Rahmen die materiellen

Grundlagen und Wertsetzungen der neuen selbstregulierten Gesellschaft darstellen sollten.

Jedes Individuum sollte die Probleme, die es früher mittels seiner Organisationen kollektiv angegangen war, jetzt isoliert auf dem Markt lösen.

Die von der Gruppe und ihren Anhängern entwickelte ideologische Konstruktion besagte außerdem, dass die exklusiv die Wünsche der Bürger betreffenden Entscheidungen »informierte« Entscheidungen sein müssten. Die Bürger müssten über die Folgen ihrer Entscheidungen aufgeklärt sein, und die dazu nötige Information müsse wiederum von den Technikern und Fachleuten der ökonomischen Wissenschaft angeboten werden. Die »Wissenschaft« müsse deshalb absolut über den »Ideologien« und den »individuellen Besonderheiten« herrschen.

Die Ökonomen seien dieser Aufgabe gewachsen, die wirtschaftlichen und politischen Strukturen würden einander stärken und die ökonomische Wissenschaft sei weiter fortgeschritten als die übrigen Sozialwissenschaften. Die Ökonomen seien deshalb besser ausgerüstet, die Bedingungen festzustellen, die die Entscheidungen des Regimes legitimieren könnten, und das gewünschte »demokratische« Projekt zu bestimmen. Piñera erklärte, dass die Regierung auf zwei Formen von Legitimität gegründet sei:

»[D]ie Legitimität der Rettung für unsere Befreiung vom Kommunismus und den Wiederaufbau des Landes [...] und die Legitimität der Revolution [...] zur Verwirklichung tief greifender Transformationen mit dem Zweck, dass sich der Zyklus, der mit dem Marxismus geendet hat, nicht wiederholen möge [...]. Da man weiß, dass diese Reformen mit dem traditionellen politischen Spiel nicht gemacht werden können, gibt die Mehrheit der Bürger ihre Unterstützung der Regierung, damit sie [...] diese Ziele erreichen möge«.

Die Anfangszeit der Durchsetzung des neoliberalen Wirtschaftsmodells hatte drei klar voneinander unterscheidbare Phasen: die Rezession von 1975/76, die Zeitspanne der Erholung, die 1980 endete, und die Periode ab 1981, in der das Modell in seinem ganzen Ausmaß in Kraft trat und später in die Krise geriet. Als die erste Rezession überwunden war, erlangte das Modell für die herrschenden Klassen in Chile und für die Regierungspropaganda die Kennzeichen eines beispiellosen Erfolgs. Die Verringerung der Inflation und die hohen Wachstumsraten, die seit dem Niedergang von 1975 gemessen wurden, ließen eine Gesundung der Wirtschaft und eine stabile und anhaltende Entwicklung erahnen. Die Liberalisierung der Kapitaleinfuhr stimulierte die Banken und Finanzierungsgesellschaften zur Verschuldung im Ausland. Die Banken verfolgten geradezu ihre Kunden in dem Bestreben, Kredite zu verkaufen. Die Unternehmer erzielten gute Gewinne, indem sie die um sich greifende Tendenz zu privaten Ausgaben ausnutzten, während die Mittelklassen befriedigt schienen vom Zugang zu attraktiven Waren und leichtem Kredit. Mit der Verordnung eines festen Wechselkurses sanken gleichzeitig die Preise der importierten Erzeugnisse. Die Regierung setzte alle Signale dafür, dass sich Hersteller und Verbraucher praktisch ohne Grenzen verschuldeten und den plötzlichen Geldsegen nutzten, um einen Aufwand und Konsum zu betreiben, der weit über ihre Einkommen hinausging. Verdutzt betrachtete das Land das Wunder der Überschwemmung mit importierten Konsumgütern, das für diejenigen, die Zugang dazu hatten, eine glückliche Zukunft ohne Beispiel in der Geschichte des Landes anzukündigen schien. Trotz der hohen Arbeitslosigkeit und der niedrigen Löhne konnten auch die Arbeiter diesen plötzlichen Wohlstand nicht ohne eine Mischung aus Ungläubigkeit und Hoffnung betrachten.

Verzückung umgab mehrere Millionen Chilenen, die an dem scheinbaren Wohlstand teilnahmen, ohne sich der repressiven Wirklichkeit des Regimes bewusst zu sein. Das Verschwindenlassen von Leuten, der verallgemeinerte Gebrauch der Folter, die Einkerkerung von Gewerkschaftsfunktionären und Politikern, das Exil von ungefähr einer Million Chilenen und die Unterdrückung und Illegalisierung der journalistischen Kritik und jeder politischen Tätigkeit wurden entweder schlichtweg geleugnet, als irrelevant abgetan oder als notwendige »Kosten« der stattfindenden wirtschaftlichen Umwandlungen wahrgenommen. Für eine Mehrheit der Verfechter stellten diese Praktiken auch eine Abrechnung mit einer lästigen und gefährlichen Vergangenheit dar, die sich als ein beharrliches Hemmnis für eine neue, unwiderlegbar scheinende Wirklichkeit erwies: Mit der Zustimmung zu den Prinzipien des Marktes hatte Chile das Gegenmittel gegen die ineffizienteste und gefährlichste aller Tätigkeiten gefunden: gegen die Politik.

Der Ausdruck »Chicago« erhielt für die Mehrheit der Chilenen eine präzise Bedeutung und wurde zu einem allgemein üblichen Begriff. Je nach der spezifischen Art und Weise, in der die Chilenen die Gruppe wahrnahmen, erwiesen sich die von den Ökonomen vermittelten Bilder von technischer Autorität oder Machtmissbrauch, von Modernität oder quasireligiösem Dogmatismus, von wissenschaftlicher Natur oder willkürlich-ideologischem Charakter ihrer technischen Entscheidungen als ebenso stark, wenn nicht stärker als das Bild, das die Militärs vermittelten.

Einer der Chicago Boys erklärte in einem Interview: »Das, was man in Chile macht, ist der Versuch, die Prinzipien des Economy Department der University of Chicago innerhalb eines sehr konkreten politischen Kontextes anzuwenden.«

Zur gleichen Zeit steigerte die importierte Ideologie ihre Macht durch die Ausdehnung auf weitere Länder mit ganz anderen wirtschaftlichen und politischen Bedingungen als Chile. Die Chicago Boys wurden vorgeführt als die »moderne« Avantgarde einer Flut des Monetarismus und der Privatisierung, einer Welle, die die Regierungsfunktionen wirtschaftlicher Regulierung demontierte und die alte Utopie des selbstregulierten Marktes wieder erstehen ließ, die viele unter den Trümmern der großen Krise von 1929 endgültig begraben geglaubt hatten. Ökonomen in England, in den Vereinigten Staaten und in einigen Ländern der lateinamerikanischen Region blickten mit Bewunderung auf Chile. Nirgendwo wandte man die neoklassische Theorie in größerer Reinheit und mit mehr Radikalismus an als hier. Und was noch wichtiger ist: In keinem anderen Fall hatte man die Kühnheit, mit ihr die Gründungsphilosophie einer neuen Gesellschaft verfassen zu wollen.

Die Wirkung, die diese Belobigungen in Chile selbst hervorbrachten, war sehr bezeichnend. Während man das Militärregime wegen der Verletzung der Menschenrechte und der Zerstörung der demokratischen Traditionen Chiles in aller Welt mit Verachtung ansah, wurde das Wirtschaftsmodell vielerorts als ein bewundernswertes und erstaunliches Experiment gelobt. Ökonomen, Bankiers, Philosophen und Politologen kamen sogar nach Chile, in ein Land, das in allen übrigen politischen und kulturellen Fragen isoliert war, um persönlich diesem Experiment der Freiheit ihre Aufwartung zu machen. Friedrich August von Hayek, Milton Friedman und Arnold Harberger kamen, begleitet von großem Öffentlichkeitsrummel, nach Santiago.

Von Hayek wurde zum Ehrenpräsidenten des Centro de Estudios Públicos (Zentrum für Öffentliche Studien) ernannt, das dazu bestimmt war, die konservativen Glaubenssätze zu fördern; Friedman erschien im Regierungsfernsehen und hielt eine Vorlesung. Harberger debattierte bei seinen häufigen Besuchen mit seinen ehemaligen Schülern. Dann gab es einen Besuch von Gordon Tullock, dem Hauptvertreter der sogenannten School of Virginia oder Public Choice School innerhalb der Politikwissenschaft; er war einer der ersten Gäste, die das Centro de Estudios Públicos besuchten. Die von Friedrich August von Hayek nach dem Zweiten Weltkrieg gegründete ultraliberale *Mont-Pelerin-Gesellschaft* entschied sich, ihre Jahresversammlung 1978 in Viña del Mar abzuhalten.

Die in dem Modell enthaltenen Ideen, zumindest die rein wirtschaftlichen, stimmten wortwörtlich mit den Textbüchern der orthodoxen liberalen Ökonomie überein. Gleichzeitig unterschieden sie sich in radikaler Form von den Ideen, die in Chile vor der Zerstörung der Demokratie am 11. September 1973 vorgeherrscht hatten. Der politischen Kultur und den Ideologien, die Bestandteile des gemeinsamen Selbstverständnisses der Mehrheit der Chilenen gewesen waren, standen sie fremd gegenüber. Sie unterschieden sich auch von der Ideologie, die für die chilenischen Kapitalistenklassen und für die traditionelle Rechte bis zur Regierung Allende kennzeichnend gewesen waren. Diese Konzepte waren in den Programmen, die die Mehrheit der mächtigen politischen Parteien für die wirtschaftliche Entwicklung hatte, niemals erschienen, ebenso wenig wie in den Vorschlägen, die die wichtigsten Wirtschaftswissenschaftler der politischen Rechten in den dreißig Jahren vor der Unidad Popular vorgestellt hatten. Sie repräsentierten auch definitiv nicht die Gedanken der Militärs bezüglich der Wirtschaft.

Dieser Ideentransfer war keine Verschwörung. Ebenso wenig war er ein zufälliger Prozess ohne eindeutige Absichten. Im Gegenteil wurde der Transfer als Teil eines überlegten Planes durchgeführt, der darauf abzielte, Konzepte einzuführen, die bis dahin auf dem chilenischen »Ideologienmarkt« nicht existiert hatten, Konzepte, die, wo sie isoliert existierten, als unpraktisch verworfen worden waren. Obwohl also das ganze Unternehmen eine Handlung war, die auf Absicht und Absprache beruhte, fehlte ihm doch ein Element, das für jede Verschwörung wesentlich ist: das Geheimnis.

Diese Vereinbarungen waren gleichzeitig Teil einer wahren »Mission«. Sie spiegelten die Bemühungen einer Gruppe von Professoren in Chicago wider, die wahre Wissenschaft der Ökonomie, das heißt die orthodoxe neoklassische Theorie gegen das zu schützen, was sie als die sozialisierende Offensive des Keynesianismus betrachteten. In jener Epoche litten die Gruppen der chilenischen Rechten an einer tiefen Hegemoniekrise, und die Übertragung dieser »Mission« nach Chile verschaffte den in Chicago geschulten chilenischen Ökonomen die Kraft, die Gruppen brauchen, die sich zur Verfolgung revolutionärer Ziele aufgerufen fühlen.

Der Ideologietransfer hätte, wie das zunächst auch über mehr als ein Jahrzehnt lang der Fall gewesen war, relativ randständig und auf den akademischen Rahmen begrenzt bleiben können. Damit dieser Transfer sich in ein umfassendes gesellschaftliches Projekt verwandeln konnte, waren tief greifende Veränderungen in der chilenischen Gesellschaft erforderlich. Mit anderen Worten: Es bedurfte innerhalb des politischen Systems erst einer Krise, damit diese – vorher unmöglich in die Praxis umzusetzenden – Ideen zu einem revolutionären Projekt werden konnten, das von einem großen Sektor der chilenischen Bourgeoisie getragen wurde.

Wenn man heute, ein gutes Vierteljahrhundert nach dem Beginn dieses beispiellosen Unternehmens, nach den Ergebnissen fragt, so wird in der Regel hervorgehoben, dass Chile spätestens seit 1986 eine erstaunliche wirtschaftliche Stabilität und mindestens bis 1998 ein enormes Wirtschaftswachstum erlebt hat. Betrachtet man jedoch den gesamten Zeitraum seit dem Militärputsch des Jahres 1973, so ist das durchschnittliche Wachstum keineswegs höher als in der Epoche der importsubstituierenden Industrialisierung vor dem Militärputsch. Die hohen Wachstumsraten wurden erst erzielt, als zwei schwere Rezessionen 1975 und 1982 mit einem Produktionsrückgang von jeweils vierzehn Prozent überstanden waren. Sie waren das Ergebnis des ordnungspolitischen Zerstörungswerks, das die Chicago Boys für unbedingt erforderlich hielten.

Von der Klassenneutralität, derer sich der »wissenschaftliche« Neoliberalismus so sehr rühmte, konnte dabei keine Rede sein. Das Zerstörungswerk war nämlich verbunden mit einer ebenfalls beispiellosen Umverteilung von Einkommen und Vermögen zu Ungunsten der ärmeren Schichten der Bevölkerung. Jahrelange extrem hohe Arbeitslosigkeit und gewaltsam gedrückte Löhne sorgten dafür, dass diese Schichten, als Wachstum wieder möglich wurde, einen noch kleineren Anteil an dem geschrumpften Kuchen erhielten. Und während die neoliberale Ideologie behauptet, die Entfernung der Politik aus dem Wirtschaftsleben biete die sicherste Garantie dafür, dass es nicht zu Diskriminierungen und zu Korruption kommen könne, hat die neoliberale Politik bei der Organisation des Rückzugs des Staates aus der Wirtschaft durch die Knebelung der Gewerkschaften und die Verschleuderung der Staatsunternehmen große Teile der Bevölkerung bewusst diskriminiert und der Korruption solchen Vorschub geleistet, dass die Militärs sich sogar gezwungen sahen, einzelne der Chicago Boys in ein – sehr komfortables – Gefängnis zu stecken.

Das bleibende Ergebnis der neoliberalen »Revolution« besteht aber vor allem darin, dass die so genannten »Modernisierungen« in fast allen Bereichen des gesellschaftlichen Lebens – Bildungswesen, Gesundheitswesen, Sozialversicherung, Arbeitsordnung, Justiz usw. – eine Atomisierung der Gesellschaft hervorgebracht hat, wie sie in Chile viele Jahrzehnte lang nicht bekannt gewesen war. Die Menschen sind mit aller Macht dazu gebracht worden, nur noch das eigene persönliche Wohlergehen zum Maßstab aller Dinge zu machen. »Jeder ist seines Glückes Schmied.« Solidarität – für Friedrich August von Hayek das Kennzeichen der unzivilisierten Urhorde – ist nicht mehr gefragt.

Die Demokratisierung, die 1990 zum Ende der Militärdiktatur und zur Wahl einer demokratisch orientierten Regierung aus Christdemokraten und Sozialisten führte, hat an diesem Zustand nichts Wesentliches geändert. Hatten die Ökonomen aus diesen demokratischen Parteien noch bis 1989 die neoliberale Theorie und Praxis aufs Heftigste kritisiert, so liefen sie nun mit fliegenden Fahnen über, um das seit 1986 existierende steile Wirtschaftswachstum nicht zu gefährden. Seither wird jede Abweichung vom Pfad der neoliberalen Tugend als »populistische« Verblendung aufs Schärfste gebrandmarkt.

Die von Diktator Pinochet durchgesetzte Verfassung von 1980 setzt einer möglichen Veränderung der Wirtschafts- und Gesellschaftspolitik ohnehin enge Schranken. In der Verfassung ist festgelegt, dass grundsätzliche oder weitreichende Veränderungen praktisch nur im Konsens mit der Minderheit möglich sind, die sich der Erbschaft verpflichtet fühlt, die die Militärs und die Chicago Boys hinterlassen haben. Von einer Demokratie, in der die Mehrheit die Chance hätte, das Schicksal des Landes in eine andere Richtung zu lenken, ist Chile noch weit entfernt.

Anmerkungen

1   Bei den darstellenden Passagen dieses Vortrags handelt es sich im Wesentlichen um eine kurze kombinierende Zusammenfassung der Bücher von Vergara, Pilar: *Auge y caída del neoliberalismo en Chile, Facultad Latinoamericana de Ciencias Sociales* (FLACSO), Santiago 1985; und Valdés, Juan Gabriel: *La Escuela de Chicago: Operación Chile*, Buenos Aires 1989.

2   Das Pareto-Kriterium besagt, dass eine Veränderung oder Handlung nur dann eindeutig gut ist, wenn durch sie die Lage wenigstens einer Person verbessert wird, ohne dass sich die Lage auch nur einer anderen Person verschlechtert, wobei alle beteiligten Personen selbst darüber entscheiden, was für sie eine Verbesserung oder Verschlechterung ihrer Lage bedeutet.

Urs Müller-Plantenberg

Oktober 1988: Chiles langer Weg zur Demokratie

»¡La alegría ya viene!« war das Motto, unter dem im Oktober 1988 die Kampagne für das »No« beim Plebiszit in Chile über die Verlängerung der Amtszeit des Präsidenten und Diktators Augusto Pinochet gestanden hat: »Die Freude ist schon unterwegs!« Die Opposition war sich vor dem Wahltag am 5. Oktober sicher, dass sie die Mehrheit stellen und auch in der Lage sein würde, die Anerkennung des Abstimmungsergebnisses durchzusetzen.

Und so kam es auch: Mehr als 56 Prozent der Chileninnen und Chilenen stimmten mit Nein. Der erste Jubel am Tag danach kannte keine Grenzen. Viele Hunderttausende versammelten sich im größten Park der Hauptstadt Santiago, dem Parque O'Higgins, um Fähnchen schwenkend das Ergebnis begeistert zu feiern.

Dass eine große Minderheit von 43 Prozent für den in aller Welt verhassten Diktator gestimmt hatte, rief im Ausland zunächst Erstaunen hervor. Das Votum für Pinochet wird verständlicher, wenn man sich vor Augen führt, dass das Plebiszit im Augenblick einer für die Militärregierung einmalig günstigen Konjunktur stattgefunden hat:

Hohe Wachstumsraten des Bruttoinlandsprodukts von etwas mehr als fünf Prozent in den Jahren seit 1985 hatten dazu geführt, dass sich das Pro-Kopf-Einkommen jetzt wieder ungefähr auf dem Niveau von 1972 vor dem Putsch befand, nachdem es in den schweren Krisen von 1975 und 1982 extrem gefallen war. Der starke Anstieg des Weltmarktpreises für Kupfer sorgte darüber hinaus seit Anfang 1987 für hohe Einnahmen aus dem wichtigsten Exportprodukt. So konnte Pinochet es sich leisten, Wahlgeschenke zu streuen und insbesondere die Mehrwertsteuer gleich um mehrere

Punkte zu senken. Die selbst für lateinamerikanische Verhältnisse sehr hohe Arbeitslosenquote konnte seit 1984 immerhin um etwa ein Drittel gesenkt werden. Und auch die Inflationsrate sank 1988 deutlich.

Der Minderheit der Reichen in Chile ging es in diesem Moment sehr gut, und sie war mit diesen Kennziffern mehr als zufrieden. Sie war natürlich auch nicht besorgt darüber, dass die Steigerung des Pro-Kopf-Einkommens nur ihr zugutekam, weil die Verteilung des Volkseinkommens sich immer noch weiter konzentrierte.

Zu diesen Schichten, die sich in den Oberklassenvierteln von Santiago ihre Tempel des Luxuskonsums geschaffen haben, kamen manche unter den Ärmsten hinzu, die auch um die Konservierung der herrschenden Zustände bangten, weil ihr Überleben von den Brosamen abhängt, die von den Tischen der Reichen fallen.

Als 1980 in einem überfallartig organisierten, internationalen Standards nicht entsprechenden Plebiszit über die von den Militärs vorgeschlagene Verfassung abgestimmt wurde, war die konjunkturelle Situation für Pinochet ähnlich günstig: Er gewann damals, auch wenn niemand weiß, in welchem Ausmaß neben Einschüchterung auch Betrug an diesem Sieg beteiligt war. Anderthalb Jahre später brach dann eine der schwersten Wirtschaftskrisen über ein Land herein, das sich den Turbulenzen des Weltmarkts schutzlos ausgeliefert hatte. Erst mit dieser Krise von 1982 begann die Opposition wieder, sich aus der Umklammerung der Diktatur zu befreien.

Im Oktober 1988 gewann die Opposition das neue, in den Übergangsbestimmungen der Verfassung von 1980 vorgesehene Plebiszit über die nochmalige Verlängerung der Amtszeit Pinochets. Aber wer war die Opposition?

Noch 1985 hat es keine oppositionelle Gruppe für denkbar gehalten, die Verfassung von 1980 zu akzeptieren und die Weiterexistenz der Diktatur bis 1989 zu dulden. Als aber im September 1986 ein Attentat auf Pinochet scheiterte und der Tag des neuen Plebiszits immer näher rückte, begannen die Parteien der Opposition nacheinander, ihre Mitglieder und Wähler zum Eintrag in die Wählerverzeichnisse aufzurufen: zuerst die Parteien der Rechten, dann die Christdemokraten, dann auch die meisten Parteien der Linken und in letzter Minute sogar die Kommunisten. Parallel entbrannte eine Diskussion darüber, ob die Einschreibung ins Parteiregister taktisch richtig sei oder ungewollt einer Anerkennung der undemokratischen Verfassung gleichkäme, zumal marxistische Parteien gar nicht eingeschrieben werden durften. Das Ergebnis war, dass sich die Christdemokraten (PDC) einschrieben, eine Fraktion der Sozialisten zusammen mit Leuten aus allen politischen Lagern eine zunächst nur als Instrument gemeinte *Partei für die Demokratie* (PPD) gründeten und diese einschrieben und die meisten Parteien der Linken außen vor blieben.

PDC und PPD hatten so wenigstens das Recht, das Plebiszit in jedem Wahllokal zu kontrollieren; und ihr computergestütztes Auszählungs- und Hochrechnungssystem funktionierte sogar schneller als das des Innenministeriums. Paradoxerweise sorgte und garantierte so die Opposition für die Sauberkeit eines Wahlaktes, den sie selber in keiner Weise gewollt hatte, weil er Teil einer institutionellen Ordnung und einer politischen Dramaturgie war, die sie aus Prinzip ablehnte. Teilnahme und Kontrolle aber wurden jetzt zur Voraussetzung für den Sieg des Neins und damit – so war die Erwartung – für die Umkehr des politischen Prozesses in Richtung Demokratie.

Für das Plebiszit hatten sich sechzehn verschiedene Parteien – große und kleine, eingeschriebene und nicht eingeschriebene – in einer konzertierten Aktion zum Kommando des Neins, der sogenannten *Concertación* zusammengeschlossen. Prominente Sprecher des Bündnisses waren vor allem der Parteipräsident der Christdemokraten, Patricio Aylwin, und der sozialistische Präsident der PPD, Ricardo Lagos, der seinen ersten Fernsehauftritt zu einer wirksamen direkten Anklage gegen den Diktator nutzen konnte. Die *Kommunistische Partei* brauchte aus diesem Bündnis nicht ferngehalten werden, weil sie an einer Teilnahme selbst kein Interesse zeigte. Die Kommunisten nahmen aber gleichwohl – ebenso wie eine Fraktion der linksrevolutionären Bewegung MIR – an der Kampagne für das Nein regen Anteil.

Der chilenische Soziologe Manuel Antonio Garretón hat die Bedeutung, die der Sieg dieser Kräfte beim Plebiszit vom Oktober 1988 für Chile gehabt hat, mit der Bedeutung verglichen, die der Tod Francos 1977 für Spanien oder die Niederlage im Malvinen-Krieg 1982 für den General Galtieri in Argentinien hatte. Das ist zumindest insofern richtig, als es von diesem Moment an wieder möglich war, dem breiten sozialen Protest der Jahre seit 1983 politisch Ausdruck zu verleihen und damit – auch im Bewusstsein der Bevölkerung – die Dynamik eines politischen Prozesses auszulösen, der über die Diktatur hinauswies.

Es gibt keinen Zweifel daran, dass die Verfassung von 1980 im Kern undemokratisch ist. An ihrer Ausarbeitung war kein vom Volk gewähltes Gremium beteiligt. Das Plebiszit von 1980 war keine freie Abstimmung, sondern erfolgte unter dem Druck der Militärdiktatur. Wichtiger noch: Die Verfassung ließ für die Zukunft keine freie Entscheidung des Volkes über seine Angelegenheiten zu, da in ihr festgelegt worden war, dass Pinochet nach Ablauf seiner Amtszeit als Präsident Mitglied des Nationalen Sicherheitsrates bleiben sollte. Über diese Regelung würde er auch alle künftigen Entscheidungen von Präsident und Parlament aushebeln und zusätzlich über von ihm ernannte Senatoren eine Sperrminorität gegen Entscheidungen des Parlaments organisieren können. Die Verfassung räumte – und räumt, trotz aller zwischenzeitlichen Änderungen – einem nachfolgenden Präsidenten aus dem Umkreis Pinochets alle erdenkbaren Freiheiten ein. Im Vergleich dazu würde sie einem christdemokratischen Präsidenten und einem PDC-beherrschten Parlament nur wenig Handlungsspielraum lassen und jeden linken Präsidenten völlig knebeln.

Wie nun, so lautete die Frage nach dem Plebiszit, lässt sich die Dynamik eines auf den Übergang zur Demokratie zielenden politischen Prozesses mit der Existenz und Geltung einer Verfassung vereinen, die im Kern undemokratisch ist?

Die in der *Concertación* vereinigten demokratischen Kräfte der Mitte und der Linken versuchten, diesen Widerspruch auf pragmatische Weise zu lösen. Sie vertrauten darauf, dass die ansteckende Kraft der Dynamik des Demokratisierungsprozesses auch die Militärs und wenigstens einen Teil der Rechten erreichen würde und setzten auf die Möglichkeit, in Verhandlungen mit diesen Kräften wesentliche Veränderungen der Verfassung zu erzwingen.

Das schien leichter gesagt als getan, denn die Militärs – außer Pinochet selbst – betrachteten sich nach dem Plebiszit als die eigentlichen Sieger: Sie hatten für die Einhaltung der Verfassung gesorgt, sie hatten eine im Ergebnis unangefochtene Abstimmung organisiert, sie hatten das von ihnen nicht erwünschte Ergebnis anerkannt, sie hatten sich als die Garanten der »neuen Demokratie« erwiesen. Warum sollten sie jetzt von der Verfassung abrücken, die ihnen auch noch für die Zukunft viele Rechte einräumte?

Auf der anderen Seite war nicht sicher, ob die Opposition in dieser Frage emeinsam handeln können würde; denn mit der Verkündung der Ergebnisse des Plebiszits begann bereits der Wahlkampf für die Präsidenten- und Parlamentswahlen Ende 1989, in dem sich jede der sechzehn Parteien profilieren musste.

Die Niederlage des Regimes von Pinochet am 5. Oktober 1988 hat wegen dieses ungleichen Kräfteverhältnisses nur eine »gebremste« Dynamik des Demokratisierungsprozesses ausgelöst. Zwar zogen sich die Streitkräfte graduell von der Ausübung unmittelbarer politischer Macht zurück und gestanden über die von ihnen immer noch kontrollierte Regierung eine Reihe von Verfassungsänderungen zu, die im Juli 1989 in einem weiteren Plebiszit mit großer Mehrheit angenommen wurden. Gleichzeitig sorgten sie aber durch die Verabschiedung verfassungsinterpretierender Gesetze und durch Stellenbesetzungen dafür, dass bestimmte Bereiche – wie das Justizwesen, das Fernsehen oder die Sicherheitspolitik – für eine lange Zukunft ihrer politischen Kontrolle unterliegen würden.

Schon im Oktober 1988 war klar, dass von einer Demokratisierung nur die Rede sein kann, wenn es dem 1989 demokratisch zu wählenden Parlament und dem Präsidenten gelingen wird, auch diese vom Militär kontrollierten Enklaven demokratischer Kontrolle zu unterwerfen. Für eine wirkliche Konsolidierung der zukünftigen Demokratie in Chile ist noch viel mehr erforderlich: Ohne die Aufklärung der von der Militärdiktatur begangenen Menschenrechtsverletzungen, ohne die Untersuchung des Schicksals vieler Hundert Verschwundener und ohne ein System sozialer Gerechtigkeit, das die vom Wirtschaftsmodell der Militärs und ihrer Chicago Boys ausgeschlossenen zwei Drittel der Gesellschaft wieder eingliedert, bleibt Demokratie ein System rein formaler Handlungen und wird nicht das, was sich die chilenische Bevölkerung seit mehr als fünfzehn Jahre als eine bessere Zukunft erträumt hat.

Filmografie

Patricio Guzmán ist in Santiago de Chile geboren. Von 1960 bis 1965 studiert er Theater, Geschichte und Philosophie an der Universität von Chile. 1966 reist er nach Spanien, um an der *Escuela Oficial de Cinematografía* in Madrid Filmregie zu studieren. Er widmet seine Karriere dem Dokumentarfilm. Seine Filme werden beständig auf internationalen Festivals ausgewählt und prämiert. Von 1972 bis 1979 arbeitet er an den Dreharbeiten und an der Montage der »Batalla de Chile«, eine fast 5-stündige Trilogie über die Regierung Allendes und ihren Sturz. Ende 1973 verlässt er Chile und lebt in Kuba, dann in Spanien und danach in Frankreich, wo er weitere Dokumentarfilme produziert: »En Nombre de Dios« (1985) über die Verteidigung der Menschenrechte der chilenischen Kirche gegen Pinochet. Die Dreharbeiten werden mit der Festnahme des Toningenieurs und des Regieassistenten durch das Militär beendet. Patricio Guzmán kehrt nach Madrid zurück, wo er den Film 1986 beendet. 1992 dreht er »La Cruz del Sur« über die volkstümliche Religiosität Lateinamerikas. 1997 kehrt er zum zweiten Mal nach dem Militärputsch nach Chile zurück, um »La Memoria Obstinada« über die politische Amnesie seines Landes zu drehen. 2001 filmt er »El Caso Pinochet«, eine Dokumentation über den Prozess gegen den ehemaligen Diktator in London. 2002 dreht er »Madrid«, eine poetische Reise ins Herz der Stadt, 2004 ein sehr persönliches Portrait von »Salvador Allende«. 2005 filmt er »Mon Jules Verne«. Von 2006 bis 2010 arbeitet er am Filmbuch, der Entwicklung und den Dreharbeiten von »Nostalgie de la Lumière« und fünf Kurzfilmen in der Wüste Atacamas, in der er die historische Erinnerung mit der Archäologie und der Astronomie verknüpft. Patricio Guzmán unterrichtet Dokumentarfilm in seinen Seminaren in Europa und Lateinamerika und präsidiert das 1995 von ihm gegründete

Dokumentarfilm Festival in Santiago de Chile (Fidocs).

Heute lebt er mit seiner Frau Renate Sachse, Mitarbeiterin und Produzentin seiner Filme, in Frankreich. Webseite von Patricio Guzmán: www.patricioguzman.com.

Filmografie (Auswahl)

2010 Nostalgia de la Luz, 90 min
2005 Mi Julio Verne, 58 min
2004 Salvador Allende, 100 min
2002 Madrid, 41 min
2001 El Caso Pinochet, 108 min
1999 Isla de Robinson Crusoe, 42 min
1997 Chile, la Memoria Obstinada, 58 min
1995 Pueblo en Vilo, 52 min
1992 La Cruz del Sur, 75 min
1987 En Nombre de Dios, 95 min
1983 La Rosa de los Vientos, 90 min (1983)
1972–79 La Batalla de Chile I-II-III, 272 min
1972 El Primer Año, 90 min

Walter Heynowski, geboren 1927 in Ingolstadt, ist Filmemacher. Bei Kriegsende 1945 gerät er, mit gerade erst 17 Jahren, als Luftwaffenhelfer in Kriegsgefangenschaft. Nach einem Studium, zunächst der katholischen Theologie, später der Volkswirtschaftslehre, arbeitet er bei verschiedenen Zeitungen, darunter auch der bekannten Satirezeitschrift *Frischer Wind* (später *Eulenspiegel*), bei der er von 1949 bis 1953 als Chefredakteur tätig ist. Danach wechselt er zur DEFA, wo er seinen langjährigen Regiepartner Gerhard Scheumann kennenlernt, mit dem er 1969 das H&S Studio gründet. Die Dokumentarfilme, die hier entstehen, zählen zu den national und international bekanntesten filmischen Werken der DDR. Für ihre engagierten Dokumentationen, deren Kernmotive die Auseinandersetzung mit der NS-Vergangenheit und dem kapitalistischen Imperialismus sind, erhalten die Filmemacher zahlreiche Auszeichnungen, ernten aber auch beißende Kritik. Vor allem westliche Stimmen werfen ihnen ideologische Starrheit und grobe Polemik und Agitation vor.

Walter Heynowski war neben seiner filmischen Tätigkeit auch Vorstandsmitglied des Verbandes Film & Fernsehschaffender in der DDR von 1967 bis 1990 und ist seit 1972 ordentliches Mitglied der Akademie der Künste. Heynowski lebt in Berlin.

Filmografie (Auswahl)

1989 Der Mann an der Rampe, 13 min (zusammen mit Gerhard Scheumann)
1981 Die Angkar, 89 min (zusammen mit Gerhard Scheumann)

1974 Psalm 18, 6 min (zusammen mit Gerhard Scheumann)
1968 Piloten im Pyjama, 4-teilige Serie, insgesamt 311 min (zusammen mit Gerhard Scheumann)
1966 Der lachende Mann – Bekenntnisse eines Mörders, 66 min (zusammen mit Gerhard Scheumann)
1961 Aktion J, 81 min

Gerhard Scheumann, geboren 1930 in Ortelsburg in Ostpreußen, war Dokumentarfilmer. Nach seinem Abitur 1949 beginnt er seine journalistische Laufbahn in der Kreisredaktion des *Thüringer Volks*, bevor er 1953 zum Berliner Rundfunk wechselt. 1962 fängt er seine Laufbahn beim deutschen Fernsehfunk an, wo er sich vor allem durch die Initiierung der Sendung *Prisma* hervortut, die sich mit den innenpolitischen Problemen der DDR auseinandersetzt. Ab 1965 arbeitet Scheumann verstärkt mit dem Filmemacher Walter Heynowski zusammen, mit dem er 1969 das H&S Studio gründet. Dieses wird allerdings 1982 in die DEFA reintegriert, nachdem Scheumann auf dem IV. Kongress des Verbandes der Film- und Fernsehschaffenden der DDR offene Kritik an der Medienpolitik der SED-Führung geübt hat. Ab 1967 ist Scheumann Vorstandsmitglied des Verbandes der Film- und Fernsehschaffenden in der DDR, in dessen Präsidium er von 1972 bis 1977 sitzt. 1988 tritt er aus dem Verband aus. Scheuman ist ordentliches Mitglied der Akademie der Künste der DDR und von 1986 bis 1990 Sekretär der Sektion darstellende Künste. Von 1989 bis zu seinem Tod im Jahr 1998 lehrt er als Professor an der Hochschule für Film und Fernsehen »Konrad Wolf« in Potsdam Babelsberg.

Filmografie (Auswahl)
1989 Der Mann an der Rampe, 13 min (zusammen mit Walter Heynowski)
1981 Die Angkar, 89 min (zusammen mit Walter Heynowski)
1974 Psalm 18, 6 min (zusammen mit Walter Heynowski)
1968 Piloten im Pyjama, 4-teilige Serie, insgesamt 311 min (zusammen mit Walter Heynowski)
1966 Der lachende Mann – Bekenntnisse eines Mörders, 66 min (zusammen mit Walter Heynowski)

Biografisches

Willi Baer, geboren 1951 in Frankfurt/Main, war bis 1977 Redakteur der antifaschistischen Wochenzeitung *Die Tat*, von 1978 bis 1989 Chefredakteur der Zeitschrift *Cinema* und von 1990 bis 2003 unabhängiger Filmproduzent. Willi Baer ist Mitbegründer des 2009 gegründeten LAIKA-Verlags.

Mario Garcés ist Historiker an der Pontificia Universidad Católica de Chile. Sein Forschungsschwerpunkt liegt in der Untersuchung sozialer Bewegungen sowie der wissenschaftlichen Aufarbeitung des kollektiven Gedächtnisses der Arbeiter und Pobladores (Bewohner der Armenviertel) von Santiago. Zur Zeit ist er Professor an der Universidad de Santiago de Chile und Direktor der Organisation ECO (Educación y Comunicaciones). Zu seinen Veröffentlichungen zählen *Crisis social y motines populares* (1991) und *Tomando su sitio. El movimiento de pobladores de Santiago, 1957–1970* (2002).

Friedrich Paul Heller war nach dem Putsch 1973 in der Chile-Solidarität tätig. Er ist Recherchejournalist und schrieb Sachbücher zum Neo-Nationalsozialismus und zum deutschen Folterlager Colonia Dignidad in Chile. Sein jüngster Titel ist eine Biografie über Pinochet (2012).

Sebastián Leiva studierte Geschichtswissenschaften und Geographie an der Universidad de Santiago de Chile. Er veröffentlicht Papers zur Geschichte der chilenischen Arbeiterbewegung und zum kämpferischen Widerstand auf der Internetseite *www.archivochile.com.*

Karlheinz Möbus, geboren 1938, war ab 1960 Mitarbeiter im Ministerium für Auswärtige Angelegenheiten (MfAA) der DDR. Von 1963 bis 1967 war er als Konsul in Kuba und von 1971–1973 als Erster Sekretär/Botschaftsrat in Chile tätig. 1973 wurde Möbus Leiter der AG Chile in der Abteilung Internationale Verbindungen im ZK der SED. Von 1982 bis 1990 war Karlheinz Möbus Botschafter in Kolumbien und Kuba.

Urs Müller-Plantenberg, geboren 1937 in Marienburg/Westpreußen, studierte von 1956–1964 Physik, Politik, Mathematik, Geschichte und Soziologie in Marburg und an der Freien Universität Berlin. 1968 bis 1970 verbrachte er einen Forschungsaufenthalt in der Provinz Tulca in Chile. Der Promotion in Geschichtswissenschaften 1970 folgte 1981 eine Habilitation im Fach Soziologie, beides an der Freien Universität, wo er bis 2002 als wissenschaftlicher Angestellter des lateinamerikanischen Instituts beschäftigt war. Neben seiner Lehrtätigkeit an der Freien Universität hatte Urs Müller-Plantenberg unter anderem auch eine Gastprofessur an der katholischen Universität Santiago de Chile (1972/73) und eine reguläre Professur für Soziologie in Warschau (2004 bis 2007) inne. Zu seinen herausragenden Leistungen auf dem Gebiet der Lateinamerika Studien zählen unter anderem die Mitbegründung und redaktionelle Mitarbeit der *Chile-Nachrichten* seit 1973 (seit 1978 *Latein-Amerika-Nachrichten*), die Mitbegründung des Forschungs- und Dokumentationszentrums Chile-Lateinamerika (FDCL) 1974 sowie die Mitherausgeberschaft des Jahrbuchs *Lateinamerika – Analysen und Berichte* von 1977 bis 2005. Urs Müller-Plantenberg war zudem von 1991 bis 1994 Leiter eines Forschungsprojekts zur Weltmarktintegration von Argentinien, Chile und Uruguay.

Tamara Vidaurrázaga Aránguiz wurde 1977 in Brüssel geboren. Sie studierte an der Universität von Santiago Journalismus und schloss ihr Studium mit einem Magister in Gender- und Kulturwissenschaften an der Universität von Chile ab. Momentan ist sie Doktorandin am Institut für der Lateinamerikastudien und führt eine vergleichende Untersuchung über Frauen im bewaffneten Kampf der MIR in Chile und den Tupamaras in Uruguay durch.

2006 veröffentlichte sie:»Mujeres en Rojo y negro. Reconstrucción de memoria de tres mujeres miristas« (Frauen in Rot und Schwarz. Rekonstruktion der Erinnerung von drei MIR-Aktivistinnen), neu herausgegeben in Argentinien 2007, ein Teil wurde 2010 in Deutschland im Laika-Verlag unter dem Titel *MIR. Die Revolutionäre Linke Chiles* publiziert. 2010 erschien von ihr ein Beitrag in dem Buch *Y votamos por ella. Michelle Bachelet. Miradas feministas* (Und wir stimmten für sie. Michelle Bachelet. Feministische Sichtweisen) und sie publizierte Artikel unter anderem über Frauen im bewaffneten Kampf, die revolutionäre Moral und die Erinnerung der Kinder von Aktivistinnen in verschiedenen akademischen Zeitschriften.

Gotthold Schramm, geboren 1932, war bis 1990 im MfS tätig – seit 1954 in der Hauptverwaltung Aufklärung und von 1969 bis 1986 verantwortlich für die Sicherheit der DDR-Auslandsvertretungen, zuletzt mit dem Dienstgrad Oberst.

Abdruckverzeichnis

Symbol des Widerstands – Der 11. September 1973 in La Legua von Mario Garcés und Sebastián Leiva, erschienen in: Garcés, Mario/Leiva, Sebastián: El Golpe en la Legua. Los Caminos de la Historia y la Memoria, LOM Ediciones, Santiago 2005, S. 27–108.

Die Bundesregierungen nach dem Putsch vom 11. September 1973 – Fünfzehn Jahre Beziehungen zur Militärdiktatur in Chile von Urs Müller-Plantenberg, erschienen in: Fliegende Blätter, Nr. 6, Münster 1988.

Chile und die deutsche Linke – Ein Roundtable-Gespräch mit Dieter Boris, Klaus Meschkat und Urs Müller-Plantenberg, in: Lateinamerika Analysen, Heft 6, 2003.

Despotisch abgesicherter Liberalismus oder: Die systematische »Desorganisation« des Kapitalismus von Urs Müller-Plantenberg, erschienen in: Militär in Lateinamerika. Abschlußbericht eines Forschungsprojekts, Lateinamerika-Institut der Freien Universität Berlin, Berlin 1980 sowie in: Peripherie, Heft 4, 1981.

Die schwarze Utopie der Chicago Boys – Chile als Beispiel für Theorie und Praxis des Neoliberalismus von Urs Müller-Plantenberg, erschienen in: Loccumer Initiative kritischer Wissenschaftlerinnen und Wissenschaftler (Hrsg.), Kritische Interventionen 8, Hannover 2003.

Oktober 1988 – Chiles langer Weg zur Demokratie von Urs Müller-Plantenberg, erschienen in: Komitee für Grundrechte und Demokratie (Hrsg.), Jahrbuch '88/89, Sensbachtal. Eine kürzere Fassung war zuvor unter dem Titel »Noch kein Ende für Pinochet« erschienen in: links, Heft 222, 1988.

Filmrechte

Chile – Hartnäckige Erinnerung: Patricio Guzmán
Der Krieg der Mumien: Lizenziert durch
PROGRESS Film-Verleih GmbH/DEFA-Stiftung

Ich war, ich bin, ich werde sein: Lizenziert durch
PROGRESS Film-Verleih GmbH/DEFA-Stiftung
El golpe blanco – Der weiße Putsch :Lizenziert durch
PROGRESS Film-Verleih GmbH/DEFA-Stiftung
Eine Minute Dunkel macht uns nicht blind: Lizenziert durch
PROGRESS Film-Verleih GmbH/DEFA-Stiftung
Die Toten schweigen nicht: Lizenziert durch
PROGRESS Film-Verleih GmbH/DEFA-Stiftung

Lizenznutzung der DVDs mit freundlicher Genehmigung von Cinemediafilm GmbH & Co. KG, Hamburg.

Bildnachweis

Seite 7; 10–19; 196–207; 292–293; 296–297: Prensa Latina; Seite 8–9; 28–29; 295; 298–299; 301; 358–359: Ullstein Bild; Seite 26; 120; 145: Wikipedia Creative Commens; Seite 30–33; 143; 173; 176–177: Internet-Screenshot; Seite 300: www.mao–projekt.de; Seite 142: Webseite Auswärtiges Amt; Seite 27; 121; 142; 294: Getty Images; Seite 165–168: HE Stiftelsen Fundación Harald Edelstam; Seite 174–175: Solidaritätskomitee der DDR 1980; Seite 241: RZ–Logo ohne Urheber; S. 349–354: bei den Abgebildeten.

Bildauswahl und Bildtexte

Karl-Heinz Dellwo

Impressum

Bibliothek des Widerstands // Band 29 // Diktatur und Widerstand in Chile // 1. Auflage 2013 // © für die deutschsprachige Ausgabe: LAIKA-Verlag // Hamburg // Alle Rechte vorbehalten // www.laika-verlag.de // DVD-Layout: Martin Bergt, Hamburg // DVD-Authoring and Subtitling: B.O.A. VIDEOFILMKUNST München // Logo und Coverentwurf: Maja Bechert, Hamburg // Satz: Peter Bisping // Druck: Freiburger Graphische Betriebe // 2013 // ISBN: 978-3-942281-65-2

11. Oktober 1983: Demonstration gegen die Diktatur, angeführt von Frauen von Vermissten. Die Macht bröckelt, und die Angst verblasst.